JN272498

司法改革の失敗

弁護士過剰の弊害と法科大学院の破綻

弁護士
鈴木秀幸
武本夕香子
鈴木博之
打田正俊
松浦　武
著

花伝社

司法改革の失敗──弁護士過剰の弊害と法科大学院の破綻

◆

目　次

序　論　鈴木秀幸 ……………………………………………………………… 13

I　司法のあり方と適正な弁護士人口政策

鈴木秀幸

1　今回の「司法改革」とあるべき司法政策との乖離　20
　（1）司法改革の発端の法曹基本懇、法務省と日弁連の対立 ……………… 20
　（2）中坊日弁連会長による弁護士自己改革中心の司法改革路線 ………… 26
　（3）戦後及び臨司意見書から藤井会長までの司法問題の取り組みの歴史 … 30
　（4）法曹養成制度等改革協議会の発足と意見書 …………………………… 35
　（5）司法制度改革審議会の発足と意見書、小泉内閣の閣議決定 ………… 40
　（6）司法制度改革審議会意見書に対する基本的な批判 …………………… 42

2　日弁連の司法改革の熱狂と暴走、委員会と有志の抵抗の全過程　46
　（1）日弁連の従来の路線と政策決定方式の破壊 …………………………… 46
　（2）会員アンケートと専門委員会の意見の否定 …………………………… 47
　（3）会員有志の反対運動と派閥の横暴、第1回臨時総会と関連決議 …… 48
　（4）第2回臨時総会の判検増員を条件としない1000人決議 …………… 53
　（5）第16回司法シンポジウム・法曹のあり方と法曹人口の準備と報告 … 54
　（6）第3回臨時総会の修習期間2年堅持案と1年半短縮案の対立 ……… 54
　（7）日弁連の基盤協のA案、B案と改革実現本部の合格者1500人以上案 … 55
　（8）中坊司法審委員のフランス並の法曹人口と3000人案の提案 ……… 60
　（9）法曹一元の幻想と騙し、久保井会長の3000人案の受諾 …………… 63
　（10）第4回臨時総会の前代未聞の午後9時半過ぎの強行採決 …………… 66

3　司法改革の失敗とその原因　67
　（1）司法改革の失敗、割に合わない勘定 …………………………………… 67
　（2）行政府の有識者審議会方式の選択と対応の誤り ……………………… 70
　（3）新自由主義的司法改革に対する批判回避の誤り、研究者の批判 …… 72
　（4）奉仕活動不足論による弁護士「自己改革」と大量増員の誤り ……… 74
　（5）弁護士激増受け入れの人気取りと自滅の道 …………………………… 77
　（6）大増員論者の理不尽な会員批判と排除 ………………………………… 80
　（7）法曹一元制度実現の運動と見通しの誤り ……………………………… 81
　（8）大増員論者の強弁と自賛、国策追随、責任転嫁 ……………………… 82

（9）日弁連執行部派の権力志向と体制化の問題 ………………………… 84

4　戦後の弁護士制度を解体するイデオロギー、マスメディアの責任　85
　（1）新自由主義の競争原理による弁護士大量増員の問題 ……………… 85
　（2）資格試験論による合格者数制限に対する批判の問題 ……………… 88
　（3）マスメディア幹部の弁護士批判の責任の問題 ……………………… 89

5　弁護士の実需と弁護士人口の基本論　94
　（1）弁護士需要と低い利用価値の裁判所及び国民意識の関連性 ……… 94
　（2）弁護士の実需と過大な見積り、法学部卒と隣接業種の存在 ……… 96
　（3）先進諸外国の司法との比較論法の誤り ……………………………… 98
　（4）弁護士の業務拡大の努力と弁護士へのアクセスの問題 …………… 98

6　今回の司法改革と裁判所・検察庁の改革否定の問題　99
　（1）司法官僚制の温存、法曹一元制の否定、弁護士任官の失敗 ……… 99
　（2）貧弱な司法、裁判官不足、裁判迅速化、弁護士強制の危険性 …… 103
　（3）法曹の過剰と質の低下、民事裁判の劣化と改善策 ………………… 106
　（4）刑事司法の現状 ………………………………………………………… 109

7　合格者と弁護士の激増と過剰、法曹三者の不均衡、就職難　111
　（1）合格者と弁護士の激増 ………………………………………………… 111
　（2）法曹三者の人口不均衡と裁判官・検察官の増員の必要性 ………… 112
　（3）就職難 …………………………………………………………………… 114
　（4）弁護士の格差拡大 ……………………………………………………… 116

8　弁護士の所得の減少と10年後の予測（人口2.5倍、所得半減）　117
　（1）日弁連の経営実態調査の10年前との比較、10年後の予測 ………… 117
　（2）弁護士の所得格差拡大と医師との比較 ……………………………… 121

9　弁護士過剰の弊害と良い弁護士制度（職務の独立・適正の確保条件）　122
　（1）弁護士過当競争政策が諸問題の根本的原因 ………………………… 122
　（2）弁護士過剰の国民に与える弊害の負の連鎖 ………………………… 122
　（3）業務拡大の実相と弁護士過剰の弊害 ………………………………… 124
　（4）国民にとって良い弁護士制度のあり方 ……………………………… 126
　（5）弁護士報酬基準規程の復活の必要性 ………………………………… 127

10　司法審意見書批判運動、各地の合格者減員決議、非執行部派会長の誕生　130

- （1）司法審意見書批判運動の展開 …………………………………………… 130
- （2）2007年の弁護士飽和状態と平山日弁連執行部の無策 ……………… 130
- （3）各地の3000人計画見直しの決議とアンケート調査 ………………… 131
- （4）2008年2月の日弁連執行部派に対する不信任選挙 ………………… 132
- （5）2009年10月の中弁連の1000人決議 ………………………………… 132
- （6）2010年3月の宮﨑日弁連執行部の提言とその批判 ………………… 133
- （7）非執行部派宇都宮会長の公約と旧執行部派の抵抗 ………………… 133

11　司法試験合格者1000人以下への減員提言の必要性　135

- （1）国民に正しい情報を発信すべき日弁連の責任 ………………………… 135
- （2）司法改革の経緯の確認と総括の必要性 ………………………………… 137
- （3）弁護士人口の将来予測 …………………………………………………… 138
- （4）法曹人口6万人論と法科大学院存続優先の1500人減員案 ………… 140
- （5）弁護士過剰ライン2万5000人（2008年3月末現在） ……………… 141
- （6）司法試験合格者1000人以下への減員提言の根拠 …………………… 142
- （7）真の司法改革の取り組みの必要性 ……………………………………… 143
- （8）2012年の日弁連会長選挙と法曹人口基本政策 ……………………… 144

12　自治組織の日弁連の意思決定のあり方　149

- （1）会内民主主義の保障 ……………………………………………………… 149
- （2）会員投票制の新設の必要性 ……………………………………………… 151

II　弁護士人口論の原理と法文化

武本夕香子

1　はじめに―2000年という転機―　176

- （1）2000年という鬼門 ……………………………………………………… 176
- （2）3000人路線の理由付けの分類 ………………………………………… 176

2　原理原則論　178

- （1）所謂「法の支配」論について …………………………………………… 178
- （2）「大きな司法」論について ……………………………………………… 180

（3）弁護士の社会的使命論について ……………………………………… 186
　　（4）弁護士を配置させるべきとの主張について ………………………… 190
　　（5）「司法における国民の統治主体性の確保」に対する批判…………… 192
　　（6）「大きな司法」に対する批判………………………………………………… 193

3　弁護士需要論について　195

　　（1）弁護士は足りないのか ………………………………………………… 195
　　（2）日弁連臨時総会決議について ………………………………………… 195
　　（3）司法改革審議会が行ったアンケートについて ……………………… 196
　　（4）日弁連の実施したアンケートについて ……………………………… 200
　　（5）企業や官公庁に対する需要について ………………………………… 201
　　（6）社会生活上の医師たらんとするため ………………………………… 204
　　（7）他士業の果たす役割について ………………………………………… 207
　　（8）審理期間の長短について ……………………………………………… 209
　　（9）「司法過疎解消のために弁護士数の増加が必要」との立論について … 211
　　（10）統計結果から見えるもの ……………………………………………… 214
　　（11）業務拡大について ……………………………………………………… 214
　　（12）被疑者国選問題について ……………………………………………… 215

4　自由競争論とその批判　216

5　法曹一元のための法曹人口増とその批判　217

6　グローバル化対応論とその批判　218

7　法科大学院と院生擁護論とその批判　219

　　（1）法科大学院と大学の既得権益の保持 ………………………………… 219
　　（2）合格者数が増えると信じて司法試験を始めた人の問題 …………… 220

8　合格者1万2000人、日弁連蚊帳の外という暴論　221

　　（1）「3000人に賛成しなければ、1万2000人になっていた」のか ……… 221
　　（2）「既に決まっている。既定路線に反対しても無駄である」のか…… 222
　　（3）「日弁連が司法改革に反対したら蚊帳の外に置かれた」のか……… 222

9　弁護士激増の先に見えるもの　223

　　（1）弁護士のあり方の変容 ………………………………………………… 223

（2）市民の受ける弊害 …………………………………………………… 225
　（3）「法曹人口の増加」が意味するもの ………………………………… 227

10　今後の運動論　228

　（1）弁護士会内における活動 …………………………………………… 228
　（2）国会議員及び行政に対する働きかけ ……………………………… 228
　（3）市民に対する働きかけ ……………………………………………… 229
　（4）最後に ………………………………………………………………… 229

Ⅲ　弁護士の実際の需要（分野別）
　　　　　　　　　　　　　　　　　　　鈴木秀幸、武本夕香子、鈴木博之

1　全裁判所の新受事件数　236

　（1）全事件の新受事件数の推移 ………………………………………… 236
　（2）各事件の新受事件数の推移 ………………………………………… 236

2　地裁民事通常訴訟事件　237

　（1）1990年代の状況 ……………………………………………………… 237
　（2）2000年代の状況 ……………………………………………………… 237

3　専門分野の裁判事件　238

　（1）専門的知見を要する事件 …………………………………………… 238
　（2）労働に関する訴え …………………………………………………… 238
　（3）株主代表訴訟 ………………………………………………………… 238

4　本人訴訟　238

　（1）弁護士関与率の低下 ………………………………………………… 238
　（2）弁護士選任の強制について ………………………………………… 239

5　破産事件　239

6　刑事事件　240

　（1）1990年代の司法改革時の議論状況 ………………………………… 240
　（2）2000年代の状況 ……………………………………………………… 241

（3）低額な国選弁護費用 ··· 242
　（4）弁護士過剰 ·· 242

7　過疎、偏在　243

　（1）1990年代の議論 ··· 243
　（2）2000年代の日弁連の対策 ·· 243
　（3）偏在問題の性格 ··· 244
　（4）ひまわり基金法律事務所の現状と将来 ··· 245

8　民事法律扶助　246

　（1）1990年代の議論 ··· 246
　（2）2000年代の状況 ··· 247
　（3）日本司法支援センター ··· 247
　（4）弁護士会の業務委託事件、給付制、報酬増額問題 ···················· 248
　（5）法テラスの初期相談構想 ··· 248

9　法律相談　249

　（1）年間200万件なら弁護士1万人で足りる ······································· 249
　（2）有料相談が減少し無料相談が増加 ··· 249
　（3）その他 ··· 249

10　顧問需要　250

　（1）顧問業務の実態 ··· 250
　（2）上場企業等では飽和状態 ··· 250

11　中小企業の需要　250

12　渉外、大企業の需要　251

　（1）1990年代の議論状況 ··· 251
　（2）2000年代の状況 ··· 251
　（3）外国法事務弁護士 ··· 252
　（4）弁護士等が雇用する外国弁護士 ··· 252

13　企業内弁護士　252

　（1）1990年代の議論状況 ··· 252
　（2）2000年代の状況 ··· 253

14　任期付公務員、公務員　254

　（1）法学部卒生の進路 …………………………………………… 254
　（2）任期付公務員 ………………………………………………… 254

15　弁護士隣接業種　254

　（1）隣接業種人口 ………………………………………………… 254
　（2）フランスとの比較 …………………………………………… 254

16　新たな分野での需要　255

　（1）1990年代の議論 ……………………………………………… 255
　（2）2000年代の状況 ……………………………………………… 255

17　若手弁護士への影響と意識　256

　（1）若手弁護士の実態 …………………………………………… 256
　（2）弁護士人口問題との関連 …………………………………… 258

Ⅳ　法学教育、司法試験、法曹養成、法務専門家養成のあり方
　　　　　　　　　　　　　　　　　　　　　　　　　　　鈴木秀幸

1　戦後の統一・公平・平等の司法修習制度の創設　262

2　法科大学院創設の経緯　262

　（1）ロースクール構想の登場 …………………………………… 262
　（2）専門委員会と司法研修所教官の反対表明 ………………… 263
　（3）日弁連執行部の強行採決 …………………………………… 264

3　法科大学院制度の根本的な問題　265

　（1）無駄で無理な制度 …………………………………………… 265
　（2）法学部と司法修習の軽視 …………………………………… 266
　（3）教養、基礎知識、専門性の位置付け ……………………… 266
　（4）不合理な実務教育編入 ……………………………………… 266
　（5）不公正な受験資格付与 ……………………………………… 267
　（6）混ぜ合わせの教育課程の不合理 …………………………… 267

（7）法科大学院の不透明な選抜方法と序列化 ……………………………… 267

4　法科大学院の危機的状況　268

　　（1）志願者、入学者の激減 ………………………………………………… 268
　　（2）志願者、入学者の質の低下の原因 …………………………………… 269
　　（3）法科大学院の研究者教員不足 ………………………………………… 269
　　（4）法学研究と研究者養成の犠牲 ………………………………………… 270
　　（5）受験待機 ………………………………………………………………… 271
　　（6）新司法試験の成績分布と合格ライン ………………………………… 271
　　（7）旧司法試験組に対する差別 …………………………………………… 271
　　（8）二回試験の不合格者の増加 …………………………………………… 272
　　（9）給費制廃止の影響 ……………………………………………………… 272
　　（10）就職難、就職活動の影響 …………………………………………… 272
　　（11）弁護士の所得の減少の影響 ………………………………………… 273

5　法科大学院制度の設計ミスと病理　273

　　（1）法学部、司法修習、研究者養成の軽視 ……………………………… 273
　　（2）間違った弁護士の進出先 ……………………………………………… 273
　　（3）有為な人材の確保が困難 ……………………………………………… 274
　　（4）法曹の統制と司法官僚制の強化 ……………………………………… 275
　　（5）予備試験のあり方と実態 ……………………………………………… 275

6　日弁連の法曹養成制度の改善の緊急提言批判　276

　　（1）2011年3月の緊急提言の手続的な問題 ……………………………… 276
　　（2）緊急提言の内容的な問題点 …………………………………………… 277
　　（3）日弁連の大学院教育と修習の連携の提言批判 ……………………… 278

7　総務省の法科大学院に関する政策評価　279

8　法務専門家養成と資格付与の拡散と司法弱体化　279

　　（1）弁護士需要を超過する法曹資格者がもたらす事態 ………………… 279
　　（2）法曹養成研究会の法曹像の変更と法曹資格の拡散増大の提言批判 ……… 280
　　（3）法曹養成フォーラムの反司法性 ……………………………………… 282

V　我が国の弁護士制度とロースクール制度の問題

打田正俊

1　はじめに　288

2　我が国における弁護士制度の位置付け　288

 （1）基本的人権擁護の重要性 …………………………………………… 288
 （2）弁護士制度の保障 …………………………………………………… 289
 （3）弁護士制度は基本的人権保障のための制度 ……………………… 289
 （4）司法改革による法曹増員政策の誤り ……………………………… 301

3　ロースクール制度の問題点　303

 （1）法律知識を持つ多数の人材の必要性 ……………………………… 303
 （2）アメリカの制度と日本の制度の比較 ……………………………… 303
 （3）従前の法曹養成制度 ………………………………………………… 306
 （4）ロースクール制度の問題点 ………………………………………… 308
 （5）ロースクールをめぐる問題の根本原因 …………………………… 315
 （6）司法試験は単なる資格試験ではない ……………………………… 316

4　まとめ　317

Ⅵ　司法と法曹の役割、司法修習と給費制

松浦　武

1　はじめに　320

2　司法の役割と法曹三者（裁判官、検察官、弁護士）の業務　320

 （1）国民が求めている社会と社会秩序 ………………………………… 320
 （2）国民が求めている社会秩序、司法及び法曹三者の役割 ………… 320
 （3）法曹三者の業務の重要な公共性 …………………………………… 322

3　あるべき法曹養成制度　323

 （1）法曹三者養成制度のあり方 ………………………………………… 323

（2）戦前の法曹養成制度 ……………………………………… 323
　（3）戦後の法曹養成制度（司法修習制度）……………………… 323
　（4）司法修習期間2年の意義 ………………………………… 324
　（5）2年間の統一・平等の修習制度の社会的、国民的有益性 ………… 325
　（6）オン・ザ・ジョブ・トレーニング導入の修習期間短縮論 ………… 326
　（7）修習期間1年の制度の不当性とあるべき法曹養成制度 ………… 327

4　司法修習生の給費制について　328
　（1）法曹養成に関するフォーラムの「第一次とりまとめ」………… 328
　（2）国家事務を担う法曹三者の養成制度と給費制 ………………… 329
　（3）司法修習制度の沿革と給費制 …………………………… 330
　（4）弁護士になる司法修習生と給費制 ………………………… 331

5　司法試験合格者数と弁護士制度　332
　（1）司法審意見書の市場原理による合格者増員論 ………………… 332
　（2）司法審意見書のいう「法の支配」………………………… 332
　（3）司法審意見書の企図する弁護士制度 ……………………… 333

6　法科大学院制度の問題性と悲惨な状況と予想の現実化　336
　（1）法曹養成制度ワーキングチームの懸念の表明 ………………… 336
　（2）予想の現実化 ……………………………………… 337

資料編・日弁連史に刻まれなかった資料の幾片　343

あとがき　　武本夕香子 ……………………………………… 489

序　論

　法務省が、1987年に法曹基本問題懇談会を発足させたことが発端となり、1991年に中坊公平日本弁護士連合会会長が弁護士改革中心の「司法改革」を唱え始め、その10年後の2001年6月に政府の司法制度審議会の意見書が、多くの報道関係者が取り囲む中で、小泉純一郎首相に手渡された。この審議会において、司法試験合格者年間3000人案がまとめられたのは2000年8月で、我が国の弁護士数は1万7126人（同年3月末）であった。その12年後の現在、3万2088人（2012年3月末）に急増した。20世紀末の10年余りの時期の司法改革論議を知らない弁護士が、弁護士全体の半数近く（約47％）を占める時代になった。
　この新しい時代の法曹から、なぜこのような司法改革が行われたのか、「全く分からない」と言われる。この司法改革は、就職難、弁護士過剰、資格取得に金がかかること、司法修習期間半減、給費制廃止をもたらし、法科大学院は破綻状態にある。いつか、司法改革世代の者が、新しい世代に「司法改革の時代のこと」を説明しなければならないだろうと思っていた。
　法学者も、意外に司法の実態を知らず、報道関係者や政治家の弁護士業務に対する理解も不十分である。学生も国民も弁護士のことを分からないと言う。日本の社会では、国民も企業も行政も、それほど弁護士に仕事を依頼しないから当然である。
　本書は、「司法改革の失敗」をテーマとするので、難しく感じる内容になっている。しかし、疑問に思っていたこと、知らなかったことを理解していただくのに良い機会になることは間違いなく、これまで報道されなかったことを多く含み、好奇心に応え、かなり納得をしていただける内容ではないかと思う。

　今回の「司法改革」の中心的政策は、年間司法試験合格者数を従前の

500人から3000人に増加させること及び法科大学院の創設であった。要するに、司法修習期間を短縮し、弁護士を短期間に極めて大量に増加させることが狙いであった。

そこで問題の核心は、弁護士を急増させる必要が本当にあったのか、誰がそんなに弁護士に仕事を依頼するのか、誰が何の目的で行ったのか、弁護士の濫造にならないか、という点である。

政策は、綿密な調査、確かな資料、正しい考え方にもとづいて行われねばならない。それでも、計画が狂って失敗に終わることがしばしば起きる。

しかし、今回の弁護士大量増員策は、まともな調査や確かな資料が一切なく、外国の司法との比較及び中坊委員の弁護士需要に関するデマとも言うべき情報が根拠とされた。むしろ反対の証拠が多く、それを無視した。法科大学院構想も、大多数の弁護士と法学者の支持を得ることなく拙速に決定された。司法の分野に経済界のルールを導入し、行政の都合を優先させようとする司法改革であった。日本社会において弁護士の仕事は増えず、司法改革が破綻することは「想定外」のことではなく、100％予想されたことであった。

そのため、今や、立場の違いは、「失敗」の現実と「破綻」の実態を素直に認めるか、単なる大増員の「結果」に過ぎないことを成果と言い張り、新法曹養成制度の「成熟を待つべきである」と言い逃れをするかどうかである。

戦前は、司法省が裁判所と弁護士の監督官庁であった。戦後42年を経た1987年、今から25年前のこと、法務省が、戦後の司法改革で実現した法曹養成と弁護士のあり方を変える必要があると言い出した。「利用者、国民のための司法試験と弁護士の改革」を唱え、戦前の「司法省復活の夢」を叶えようとするかのように、司法試験の回数制限と大学推薦制の新設の政策を掲げた。更には、刑事司法のことではなく、弁護士の大量増員と懲戒制度改革の必要性を唱え、政財官のみならず労組、消費者団体、報道関係の幹部などを巻き込みながら、弁護士の数だけを大幅に増加させる政策を推進した。日弁連の上層部などに対しても、予め手を打ったうえで

のことであった。

　法務省及び内閣が操る審議会が次々と作られ、弁護士業務に対しても過当競争原理を強いる新自由主義イデオロギーと、弁護士の既得権擁護だと決めつけるマスメディアの弁護士バッシングの嵐が吹き荒れて、戦後に日本国憲法の精神にもとづいて制定された弁護士制度を大きく傷つけることになった。先人の力によって獲得された公正平等な司法試験制度と司法修習制度、更に戦前の教訓を生かした国民のための弁護士制度と弁護士自治という、いわば戦後改革の歴史的遺産を破壊しかねない政策がとられた。しかし、司法の問題を行政の審議会が取り扱うこと自体に憲法上疑義がある。司法界に経済や政治の原理を導入することは、司法の存在意義を低下させる。マスメディアは、実態を調査し、本当の輿論を調べ、公正に事実と反対意見を報道する責任があるのに、それを喪失させていた。

　日本弁護士連合会内では、1990年以来、中坊公平執行部らが、外部との協調路線を優先させたことから、専門委員会と一般会員の意思を無視し、人的及び経済的な結びつきによる東京と大阪の大きな派閥及び他の有力な弁護士団体がその後押しをした。そのために全国の会員の間に大きな対立が生じ、間違った司法政策と戦う力を封じられ、途中からは、むしろ日弁連執行部が、間違った司法政策を進んで提案するという致命的な状況に陥った。司法改革推進論者が、一般会員の声や法学、行政学及び経済学の研究者の意見を聞き入れようとせず、熱狂とともに暴走したのである。

　冷静に考えれば、裁判所と検察庁の司法官僚制の変革と国民の人権擁護機能の増大が図られなければ、我が国の司法が良くなるはずがない。官僚制司法、裁判官統制と裁判官不足、貧弱な司法関連予算を変えず、実際の需要をはるかに越えて弁護士ばかりを短期間に5倍以上も増加させる無謀な政策は、弁護士の質を低下させ、我が国の司法を良くしないことは、明らかであろう。必ずや、弁護士過剰が国民に多大な弊害を及ぼし、そのことがアメリカのように大きくクローズアップされる時代が来る。

　既に、弁護士人口2万5000人（2007年現在）の時点で、過疎地域、刑事弁護、扶助事件、少年事件なども対処でき、逆に事件を奪い合う過剰現

象が現れている。現在、弁護士3万2000人で過当競争が進み、更に今後、毎年1500人（入会2000人－退会500人）もの過剰弁護士を累積させて行く。この愚かな政策を、いつまで続けるのであろうか。

現に、法学部教育が空洞化して志願者が大幅に減少し、法科大学院の志願者は爆発的に多かった初年度は別として、その後の7年間に志願者は3分の1以下に激減し、司法界に有為な人材が十分に集まらなくなった。需要の少ない業界に対して志願者が減少するのは当然である。更に深刻なことは、研究者養成も危機に瀕していることである。我が国には、毎年3万8000人が入学する法学部制度及び20万人を越える弁護士隣接業制度が存在する。これらの制度のないアメリカを真似て、法曹資格者を大量生産するために法科大学院制度を拙速に創設させ、かつ教育産業の都合から、74の法科大学院を乱立させた。この破滅的事態をどうするのか。

多人数の法学部生及び弁護士隣接業者の存在に上乗せして、新たに法科大学院を重ね上げた制度設計自体を、素直に元に戻し、法学部と司法修習を充実させる道を選択しなければならない。

国民が求めている弁護士制度は、弁護士同士の激しい宣伝と競争ではなく、「どの弁護士にあたっても安心して頼める」という制度である。料金については、分かりやすく合理的で、国から援助が受けられることである。弁護士の数だけ急増させる「大きい司法」をやめ、弁護士、裁判所、警察などになるべく世話にならないで済む社会を目ざすべきである。「法の支配」のために必要なことは、国民の権利の擁護に消極的で、行政に追従する裁判所と検察庁を改革することであり、法曹一元制と民事・行政の陪審制である。

ところが現在、いわば第2次司法改悪の危険性が生じている。政府の「法曹の養成に関するフォーラム」が、法科大学院制度の矛盾に乗じて、もとから狙っていた司法試験、司法修習、法曹資格の現行制度の変更を企てている。これは、教育業界及び経済界の経営上の都合などから、資格者の規模を拡大する資格制度に変更しようとするもので、本末転倒である。

過去の一時代の記録を含めて本書を世に出すことにしたのは、今回の司法改革について、史実にもとづく正しい歴史を残す必要と責任を感じたからである。次の世代の人々から問われ、かつ、背中を押された。資料編「日弁連史に刻まれなかった資料の幾片」を綴ったのは、明確に反対者の存在を歴史に刻まなければならないと考えたからである。政策決定に関与した者は、司法改革を振り返り、正しく総括する責任を負う。そのうえで、日弁連は、会内の対立を克服し、自治組織にふさわしい団結を復活させなければならない。本書が、それに役立つことを望む。
　弁護士以外の多くの人が、我が国の司法制度及び弁護士制度を理解し、そのあり方に関心を寄せ、ともに考えていただくことを期待する。

　本書では、Ⅰ章で、戦後の司法改革、臨時司法制度調査会意見書に対する日弁連の反対運動、裁判官の差別政策などの問題に触れたうえで、1987年以後の法務省と日弁連の対立、1990年からの中坊執行部の法務省・最高裁との協調路線、それに反対する全国の弁護士有志の反対運動、更に研究者らの意見や論考を紹介した。我が国の弁護士集団と弁護士制度は、今、危機にある。日弁連会長選挙や今後の日弁連の意思決定のあり方まで本書で触れたのは、そのためである。
　Ⅱ章は、国民の負担が過大にならず、必要な限度の「小さい司法」原理をイメージして、そこから国民が必要とする「適正規模の法曹人口と司法」を考えることの必要性を述べ、「大きい司法」に対し、原理的・文化的な観点から根本的な批判を加えた。
　Ⅲ章は、我が国の実際の弁護士需要の実態について、客観的な資料にもとづいて説明をした。弁護士大量増員が議論された1990年代の弁護士の需要がどの程度のものであったか、司法審意見書が「量的に増大するとともに、質的にますます多様化、高度化する」と予想した需要が2000年代にどのようになったか。1990年代の需要から、弁護士を急増させる必要性を読み取ることはできず、2000年代の状況を見れば、需要の予想が如何に的外れであったかが分かる。弁護士人口政策は、実際の国民の弁護士需要を直視しなければならない。

Ⅳ章は、法科大学院制度の問題点と破綻状況を説明し、「法曹の養成に関するフォーラム」が、法曹の養成制度と資格制度を根本的に変える「第2次司法改悪」とも言うべき危険な構想を企てていることについて問題提起をした。

　Ⅴ章は、戦後の弁護士制度の基本と特徴を紹介し、適正規模の弁護士人口政策の必要性を説き、ロースクール制度の問題点を詳細に検討した。

　Ⅵ章は、司法の役割と法曹三者の業務のあり方を述べ、歴史的にあるべき法曹養成制度を検討し、司法修習生の給費制存続の必要性を強調した。国民が普遍的、根元的に求めているものは「安心して暮らせる社会」である。それは、自由権及び社会権を含む基本的人権が擁護され、社会正義が実現されている社会である。このような社会秩序の形成は、今後ますます求められる。司法及び法曹三者のうち、特に弁護士の役割の重要性と公共性について説明し、法曹養成制度について歴史的な検討を加え、国民のために役立ってきたと高い評価を受けてきた司法修習制度を2年間に復活させる必要性を指摘した。国権の一つである司法を担う法曹の養成であることから、必ず給費制を維持すべきであり、国民の理解も得られるとした。

　司法は、独立した精神を保持し、正義と人権を尊重する文化の領域にとどまっていなければならない。司法の論理と独立の必要性を説き、その大切さを次の世代に繋げて来られた人々がいて、有志の反対運動を支えてくれた同僚がいた。心ある人達に対して、尊いこと、ありがたかったことを伝えたい。

2012年4月
鈴木秀幸

Ⅰ　司法のあり方と適正な弁護士人口政策

鈴木秀幸

1 今回の「司法改革」とあるべき司法政策との乖離

(1) 司法改革の発端の法曹基本懇、法務省と日弁連の対立

イ．今回の司法改革は、1987年3月、行政府の法務省（官房人事課長・堀田力）が、司法の問題については法曹三者協議会で話し合うというこれまでの取り決めを無視して、意を汲む、いわゆる有識者を委員とする法曹基本問題懇談会を発足させたことが発端である[1]。即ち、1985年の日米のプラザ合意後の内需拡大政策により、当時は既にバブル経済とグローバリズムと呼ばれる国際化の時代に入っていて、弁護士需要が増加し、更に増加するのではないかと思われた。そのために弁護士の事務所の求人が急増し、特に大手の渉外事務所が「若くて優秀な」司法修習生を高額な給与で早い時期に採用（青田刈り）することになった。この影響を受けて裁判官の希望者が減少した。それよりひどい状況にあったのが、もともと人気のなかった検察官任官で、希望者が激減し、1986年には希望者が十数人に落ち込む事態となった。そこで急遽、裁判官及び検察官の後継者確保の対策が緊急の課題となった。

しかし、この時期に任官希望者不足が生じた原因は、国内及び国際的な経済の急激な変化だけでなく、1981年から1984年まで（修習修了は1984年から1987年）、合格水準に達しないことを理由にして、司法試験合格者数を1割程度少なくし、任官者も抑制する政策をとっていたこともあった。検察官希望者不足について、修習生と弁護士は、戦前と同じような上意下達の体制を嫌って中途退官者の多い我が国の検察庁に人気がないことを当然視していた。

ロ．法務省（と最高裁判所）は、司法試験合格者の増加と若年化を図ろうとすると、日弁連が抵抗し、逆に前々からの要求を出してくるであろうと考え、これまでのように法曹三者協議会で審議することを嫌い、新たに法曹基本懇を発足させたのである。法務省は、修習生の中に敬遠する者がいた裁判所と検察庁の体質をそのままにして、検察庁、裁判所及び経済界の特殊な時代的要請を叶えるためだとして、司法試験制度を変え、若年化を

図り、合格者も増加させ、任官者不足を乗り切ることを当面の課題とした。「若くて優秀で従順」ではない者が、多く法曹になることを嫌い、合格者の若年化の名目で司法試験制度に回数制限、年齢制限及び大学推薦制を導入することは、もともと、後述する1964年8月の臨時司法制度調査会の意見書が検討課題（分離修習も検討の対象）にしていたことであった。この課題が、日弁連の強い反対にあって実現できないでいた。

　法務省は、当面の任官希望者の確保だけではなく、弁護士と日弁連を批判するキャンペーンを展開した。昭和40年代に、自由民主党と最高裁判所が青年法律家協会に対する攻撃をしたように、昭和60年代に入って、財界と法務省が弁護士と日弁連を攻撃対象としたのである。我が国の弁護士制度を根本的に改変することを狙うものであったと考えるべきである[2]。

　事実、法曹基本懇において、幹事の堀田力氏の説明は、「司法試験の合格者が高齢化している」にとどまらず、「高度化、国際化している我が国の社会の動きに対して法曹界が対応できていない」「国民にとって法曹が縁遠い存在で、国民に対する法的サービスが十分でない」「弁護士会はこれを改善する能力を失っている」という弁護士批判で埋め尽くされていた。あたかも、行政府の法務省が、戦前の司法省のように弁護士会と弁護士のことを決め、戦前のように監督する権限があるかのような姿勢で臨み、時代錯誤であったが、残念ながら、それが、その後の日弁連会長中坊公平の弁護士の「自己改革」路線につながっていった。

　憲法と人権の擁護活動に自らは消極的で、扶助事件の援助費や国選弁護費用を極めて低額に抑え続け、弁護士と国民のそれらの活動に対し冷淡で、むしろ抑圧的であった法務省、検察庁（裁判所も同じ）が、日弁連と弁護士を国民と縁遠い、法的サービスが十分でないと批判するのは驚きであり、この批判は極めて政治的な発言と受け取らざるを得ないものであった。特に、司法問題委員会や司法シンポジウムなどで、これまで法務省と最高裁の司法政策の間違いを指摘し、その改善に長年にわたって取り組んできた者にとっては、なおさらであった。

ハ．法務省と最高裁判所（長官・矢口洪一）は、まず司法試験に手を加えて合格者増加と若年化を獲得することを目的とした。それに続けて、弁護

図表1-1　司法修習修了者進路別人数

修習修了年度（期）	修了者数	裁判官	検察官	弁護士	その他
1949（1）	134	72	44	18	
1950（2）	240	106	54	78	2
1955（7）	236	67	59	109	1
1960（12）	291	81	44	166	
1965（17）	441	72	52	316	1
1970（22）	512	64	38	405	5
1975（27）	543	84	38	416	5
1976（28）	537	79	74	376	
1977（29）	487	72	50	363	
1978（30）	463	78	58	325	
1979（31）	465	64	49	350	
1980（32）	454	64	50	336	
1981（33）	484	61	38	378	
1982（34）	499	62	53	383	
1983（35）	483	58	53	370	
1984（36）	436	58	50	325	
1985（37）	447	52	49	343	
1986（38）	450	70	34	342	
1987（39）	448	62	37	347	
1988（40）	482	73	41	367	
1989（41）	470	58	51	360	
1990（42）	489	81	28	376	
1991（43）	506	96	46	359	
1992（44）	508	65	50	378	
1993（45）	506	98	49	356	
1994（46）	594	104	75	406	
1995（47）	633	99	86	438	
1996（48）	699	99	71	521	
1997（49）	720	102	70	543	
1998（50）	726	93	73	553	
1999（51）	729	97	72	549	
2000（52）	742	87	69	579	
2000（53）	788	82	74	625	
2001（54）	975	112	76	771	
2002（55）	988	106	75	799	
2003（56）	1,005	101	75	822	
2004（57）	1,178	109	77	983	
2005（58）	1,187	124	96	954	
2006（59）	1,477	115	87	1,223	
2007（60）	2,376	118	113	2,043	
2008（61）	2,340	99	93	2,026	
2009（62）	2,346	106	78	1,978	
2010（63）	2,144	102	70	1,714	
2011（64）	2,152	98	70	1,621	
2012（65）					

（注）2011年（64期）の弁護士は、2012年1月23日現在の登録者数

図表1-2　司法試験合格者数と法曹人口

	司法試験合格者					修習修了者		弁護士	裁判官	検察官
	旧試験		新試験		旧・新合計	旧・新試験				
	期	人数	期	人数		期	人数			
1946								5,737	1,232	668
1950	5	269				2	240	5,827	1,533	930
1955	10	264				7	236	5,899	1,597	1,000
1960	15	345				12	291	6,321	1,687	1,044
1965	20	526				17	441	7,082	1,760	1,077
1970	25	507				22	512	8,478	1,838	1,132
1975	30	472				27	543	10,115	1,905	1,132
1980	35	486				32	454	11,441	1,956	1,173
1981	36	446				33	484	11,621	1,970	1,173
1982	37	457				34	499	11,888	1,976	1,173
1983	38	448				35	483	12,132	1,983	1,173
1984	39	453				36	436	12,377	1,992	1,173
1985	40	486				37	447	12,604	2,001	1,173
1990	45	499				42	489	13,800	2,017	1,173
1995	50	738				47	633	15,108	2,058	1,229
1996	51	734				48	699	15,456	2,073	1,270
1997	52	746				49	720	15,866	2,093	1,301
1998	53	812				50	726	16,305	2,113	1,325
1999	54	1,000				51	729	16,731	2,143	1,363
2000	55	994				52	742	17,126	2,213	1,375
2000	—	—				53	788	—	—	—
2001	56	990				54	975	18,243	2,243	1,443
2002	57	1,183				55	988	18,838	2,288	1,484
2003	58	1,170				56	1,005	19,508	2,333	1,521
2004	59	1,483				57	1,178	20,224	2,385	1,563
2005	60	1,464				58	1,187	21,185	2,460	1,627
2006	61	549	60	1,009	1,558	59	1,477	22,021	2,535	1,648
2007	62	248	61	1,851	2,099	60	2,376	23,119	2,610	1,667
2008	63	144	62	2,065	2,209	61	2,340	25,041	2,685	1,739
2009	64	92	63	2,043	2,135	62	2,346	26,930	2,760	1,779
2010	65	59	64	2,074	2,133	63	2,144	28,789	2,805	1,806
2011	—	0	65	2,063	2,063	64	2,152	30,485	2,850	1,816
2012	—		66			65		32,088		

(注)
1　弁護士数及び検察官数は3月末日現在のもの
2　裁判官数は、各年4月現在のもの
3　裁判官と検察官の数は1990年までは定員、1995年以降は実数

士制度の根本的な改変を狙った。彼らからすれば、戦後の司法改革に反対したのに、弁護士、GHQ及び国会議員の力で実行されてしまったのである。その行き過ぎた改革を戻そうと考えてきた。これは、戦後の法曹養成と弁護士制度を解体することであり、「司法省」の夢である。

　一方、中坊日弁連執行部より前の日弁連は、長年、裁判官の増員を訴え続け、前年から準備して1986年9月に開催された第11回司法シンポジウム「民事裁判の現状と課題」においても、民事・行政・家事の裁判官を10年間で300人増員する構想を提言したところであった[3]（この大会の準備会において、那須弘平委員は、裁判官の増員策ではなく、訴訟慣行の改善策を強く唱えたが[4]、少数説にとどまった。後に最高裁判所の判事に採用される）。日弁連の裁判官増員の要求を、最高裁判所が無視してきた。それが間違いであり、そのために、バブル経済の発生により、急遽、裁判官希望者不足という事態に直面することになった。日弁連は、作為的な若年化対策に反対した。

　この特殊な時期の任官希望者不足について、弁護士の側は、長年の裁判官増員要求及び上記の司法シンポジウムの提言を無視してきたからだと考え、裁判所と検察庁が直ちに自らの改善（官僚制の改革、思想差別の廃止、職務環境の改善）を行えば、所詮、任官採用枠は多くないのであるから、わざわざ合格者を大幅に増加させなくても十分に志望者が増え、採用枠を満たすことができると考えた。この緊急事態は、思想統制や市民生活の権利を制限して、自ら首を絞めてきたことが原因であるから、裁判所と検察庁が、自らを正せばいいことだとした。

ニ．法曹基本懇は、早々と1年後の1988年3月に若年化と合格者増を求める意見書を発表した。それを受けて法務省が、同年4月に、連続三回の受験回数制限、大学推薦制（1000名程度、短答式免除）、教養選択科目の廃止、合格者700名程度とする司法試験改革試案を発表した[5]。

ホ．以上の法務省の動きに対し、日弁連は、1987年4月に法曹養成問題委員会を発足させて司法試験改革問題の検討に入り、単位会においては、1988年1月に近弁連法曹養成問題対策委員会と福岡弁護士会が、同年2月に東弁司法問題対策特別委員会が意見書をまとめ、同年3月に日弁連法

曹養成問題委員会の中間意見書を発表した。東京弁護士会が同年4月に、名古屋弁護士会が同年7月に意見書を提出した。日弁連の法曹養成委員会が、同年9月に、受験回数制限と大学推薦制に反対、合格者増550〜700人とする最終意見書を発表した。

中部弁護士会連合会は、1988年10月の定期大会のシンポジウム[6]に司法試験と法曹人口の問題を取り上げ、中弁連の会員アンケートを実施し、待遇改善による任官希望者の増加、合格者数及び弁護士需要などを検討した。この会員アンケート結果では、法曹基本懇が素直に裁判官・検察官の不足とその原因を指摘せず、弁護士不足だけを強調していることに大半が反対し、弁護士については、これまで通り司法試験合格者500人で毎年250人増加するペースで足りるとした回答が74%を占めた。

ヘ．1988年12月になって、この司法試験改革問題に関する法曹三者協議会が開かれ、法務省は合格者700人と若年化策の甲、乙、丙案（1988年11月発表の司法試験改革の基本構想）を主張し、日弁連の藤井英男執行部は、若年優遇策のいずれにも反対した。日弁連は、これまでのように弁護士ばかりを増加させること及び弁護士制度の改変を警戒し、司法基盤整備と職務環境の改善による裁判官と検事の増加と平行して、合格者を漸増すべきであるとする案で臨んだ[7]。

そのために、法務省と日弁連が対立することになったが、藤井執行部は、1990年3月の理事会で、合格者700名の単純増員、司法試験の運用改善、教養選択科目の廃止、法曹三者（大学関係者を含む）で裁判官と検察官増員等司法基盤整備計画の協議を目的とする司法制度改革協議会の設置を提言することを決めた[8]。日弁連法曹養成問題委員会は、同年4月、甲乙丙案反対と上記の執行部案と同じ内容の意見書をまとめた。

そして、日弁連は、自らの主張をアピールするために、1990年5月の日弁連定期総会において、司法関連予算の増額、裁判官増員、官僚司法の是正、陪審制及び法曹一元制度など、主に裁判所の改革を求める「司法改革宣言」を採択した。

ト．なお、ここで上記の法曹三者協議会を説明しておくと、1975年から1990年頃まで司法制度の改変について重要な役割を果たした協議会で、

その発足のきっかけは、1970年の裁判所法改正に関する両院の付帯決議により、司法制度の改変については事前に法曹三者で協議し、合意したものを、政府や国会に持ち込むべきべきで、それを政府や国会が尊重して必要な措置をとるとされ、1975年に発足した協議会である[9]。

この慣行は、三権分立、司法の独立及び法曹一元の観点から意義のあることであった。しかし、今回の司法改革では、もともとこの制度下で日弁連が発言を強めていることを法務省と最高裁が嫌い、更には、次に述べる通り、中坊日弁連執行部もこの制度を軽視し、法曹三者とも「司法の利用者ではなく、供給側だけの制度だ」という批判があることを理由として、実質上、法曹三者協議会制度を否定した。そして、司法の独立の趣旨からすると問題のある、いわゆる有識者中心の審議会による審議方式を採用することにしてしまった。（本章の司法改革に関する経緯の記述は、複雑な動きを追って詳細な内容になっているので、本節末尾の図表1-3の「概略の年表」と本章末尾の図表1-12の「経緯」を作成した）

（2）中坊日弁連会長による弁護士自己改革中心の司法改革路線

イ．1990年4月に日弁連会長に就任していた中坊公平氏（大阪弁護士会）は、同年6月から7月初めに、自ら報道関係者の上層部や野党議員に、法務省の司法試験の回数制限の新設について意見を求めるために接触したが、その結果は、回数制限反対だけでは押し通せないという意見が大半だったと言い、また、法曹三者協議会が決裂すれば法務省にフリーハンドを与えて法改正に進みかねないと言い出した[10]。そして、日弁連の専門委員会である法曹養成問題委員会、司法問題委員会、単位会及び会員の大半が回数制限に反対しているにもかかわらず、法務省と最高裁との関係を優先させて妥協をはかる立場をとり、前年度までの日弁連執行部の方針を覆し、同年7月14日に緊急理事会を入れて強引に丙案容認の執行部案を提案することを予定した。これに対して、日弁連法曹養成問題委員会が、再度、同年7月12日に丙案導入に反対の決定をして対抗し、各単位会の委員会も反対をした。

7月14日の緊急理事会を経て、7月20日の理事会で、法務省の司法試

験改革案に反対する単位会の意見や専門委員会の意見を反映させた「司法試験制度改革問題に関する意見書」及び「法曹養成問題委員会答申書」を採択し、それらと矛盾する執行部案をも承認したのである[11]。

ロ．執行部案は、司法試験問題について、①判検増員等の条件を付けることなく合格者を 1991 年から 600 人、1993 年から 700 人に増員し、②若年化が不十分な場合に、若手優遇枠を設定する丙案（合格者の 10 分の 3 を受験期間 3 年以内の者とする案）に代わる司法試験の抜本的改革案がない限り丙案を導入する、③法曹三者各 5 名、大学関係者 10 名前後の改革協議会を設置する、という内容であった。

そして、7 月 25 日、既に、中坊執行部の方針に合わない協議員がやめていた法曹三者協議会において執行部案を提案し、更に、その後に執行部案の具体化を協議するなかで不利な条件を呑みながら、10 月の三者協議会で合意をしてしまった。

ハ．このように、中坊執行部は、前年度の藤井執行部の丙案に反対しつつ、法曹三者（各 5 人）に学者のみ（10 人程度）を含めた改革協議会で協議するという方針を変更し、クリア不可能な厳しい検証条件を容認したうえで丙案を認めてしまい、誰もがあり得ないと思っていた「司法試験の抜本的改革」のためだとして、何の展望もなく、前記の法務省の法曹基本懇と同じような、法務省が操る外部の有識者を中心とした法曹養成制度等改革協議会で協議する方法を選択し、1991 年 3 月の法曹三者協議で合意し、日弁連の舵を大きく切ったのである。

ニ．既に、バブル景気は 1990 年 8 月に崩壊していて、1991 年 4 月は、元通り修習修了者が 506 人となり、任官希望者不足の問題はほぼ解消していた。1992 年 4 月及び 1993 年 4 月も、任官確保に全く困難がなくなっていた。むしろ、修習修了者が 1994 年 4 月に約 600 人となり、任官希望者の方が採用数より多くなった。任官者の確保のために合格者を 600 人より大きくする必要はなくなっていたのである。

ホ．中坊氏は、これまで日弁連の臨時司法制度調査会意見書に対する反対運動を担ってきた司法問題対策委員会の委員（臨司族と呼ばれていた）のうち、中堅どころの人に協力を仰ぎ[12]、自分の考えを説き、これまでの日

弁連の司法問題に対する路線を批難し、それとは違う方向で司法改革を推し進めることにしていた。前記の通り、これまでの法曹三者協議会の協議員を交代させ、更に1991年4月に司法改革組織体制検討委員会（委員長宮本康昭氏）を設置し、これまでの日弁連の専門委員会及び意思決定のあり方を変えることに着手した。

ヘ．中坊執行部は、法務省の弁護士批判キャンペーンを受け入れて、1991年5月に、裁判所改革から重点を弁護士改革に移した司法改革宣言（その2）を採択し、市民（企業を含む利用者）のために奉仕的に働く弁護士への自己改革を打ち上げた。この自己改革宣言は、従来の日弁連の司法問題に対する対応を大きく転換させるものであった。

中坊執行部の路線は、完全に法務省のペースに自らを進んで巻き込んでいくもので、法務省の狙いは、司法試験改革により、まず合格者を若返らせて官僚司法の維持と強化を図り、その次の段階で、弁護士増員の必要性を理由として、戦後の改革の中で勝ち取った統一修習制度と弁護士制度を根本的に破壊するものであった。

中坊氏の言う「弁護士は血や汗を流せ」は弁護士の大量増員という大出血を意味し、「抜本的改革」は戦後の司法改革を解体し、戦後に獲得した貴重な司法の独立及び弁護士制度を危うくする「司法改革」の出発点になるものであった[13]。

ト．藤井執行部までの日弁連は、司法の官僚制及び裁判の消極主義などを批判して抵抗し、司法基盤の整備、差別的裁判官人事の廃止、法曹一元などを要求し、在野法曹を貫いてきた。しかし、中坊氏とその周りの弁護士らは、市民のための司法改革と言うことにより、これまでの日弁連の路線を否定したうえ、最高裁や法務省に対する批判を抑え、「裁判所は殺風景だ、法廷に一輪の花を」と裁判の中身ではなく外観を言うのみで、逆に法務省や最高裁と同じように、弁護士に対する批判と要求を強めていった。為政者の気分で、自らを働く弁護士の立場に置かず、弁護士を使う側の立場に立って、「血を出せ、汗を流せ」「御用聞きに出て行け」「弁護士報酬はお布施である」と言い、市民のために犠牲的に奉仕する弁護士像を掲げて[14]、「弁護士の自己改革」「弁護士任官」が必要だと唱えた。

この日弁連の路線転換は、最高裁と法務省に対し、これまでの司法政策に対する反省と総括を迫ることを放棄し、官僚司法の体制をそのままにして日弁連側が協調していくことを意味し、日弁連を在野法曹から「分かりのよい日弁連」に変え、法務省と最高裁の軍門にくだることになる。それでは、弁護士が、国家権力及び強い社会的勢力から国民の権利を守ることを放棄し、単に、安価にサービスを提供する業者集団に変質することを良しとすることになる。この弁護士のあり方及び官僚司法の関係については、かつて三ヶ月章民訴法教授の「法曹一体化」論と松井康浩日弁連事務総長の「在野法曹」論が論争となった問題であり、極めて重要なテーマである[15]。
チ．1992年4月に司法改革推進本部（事務局長宮本康昭氏、同氏は同年4月に東弁の司法問題委員会委員長にも就任）を発足させ、これまでの専門委員会や単位会の意見を無視し、会員アンケートも実施せず、自治組織としては不健全なトップダウンという手法で、法務省と最高裁と協調する中坊司法改革路線を突っ走る体制を敷いた。

　なお、この中坊弁護士は[16]、1985年7月に裁判所から豊田商事事件の破産管財人に選任され、マスコミが好きで、マスコミに多く登場し、全国に名を知られるようになり、にわかに全国区の弁護士となり、1990年2月の日弁連会長選挙に、東京と大阪の派閥と自由法曹団の会員らの支持を得て立候補し、対立候補に勝利した。

　日弁連の会長に就き、「司法改革」の旗手となり、「マスコミ（の論説委員）の意見が世論である」と言い、会員よりマスコミに関心を持った。その後も国策の債権回収会社のトップに就いて（その後継者が後述する鬼追明夫氏）、「平成の鬼平」と言われマスコミの寵児となった。しかし、日弁連会長になるまで、委員会や司法シンポジウムに出席して司法問題に取り組んだことがなく、司法問題の理解が十分ではなかった。それにもかかわらず、結論が先にあって、会長に立候補した時に、「これまでの日弁連が行ってきた政府の臨時司法制度調査会意見書に対する反対運動は、国や最高裁と対立してばかりいて国民に不幸をもたらしてきた」と公言していた。これは、権力側から日弁連に送り込まれた人間が行う会員にとって背信的な働きをすることの宣言であった。

リ．このような中坊司法改革路線は、弁護士の基盤が掘り崩されることも顧みず、官僚司法の弊害の是正を条件にすることもせず、法曹人口と法曹養成の問題について、法務省と最高裁判所がリードする外部の審議会の意見を日弁連が受け入れていくという、極めて体制に従順な路線であった。そのために、一般会員と対立する臨時総会を繰り返し、10年以上にわたって、「市民のための司法改革」と「大きい司法」という空疎で危険な言葉を謳い文句に、ほとんど裁判所・検察庁の改革を抜きにした弁護士激増の司法改革運動を続け、弁護士の内部対立を大きくしていった。

　この司法改革運動は、法務省の狙った司法改革の通りとなり、結局のところ、国民のための真の司法改革としては全く失敗に終わり、司法の担い手として独立性のある弁護士集団（プロフェッション）を、量的に拡大したが弱体化させ、裁判所と検察庁は「小さい司法」のままであり、官僚司法制を改革して国民の裁判所利用の価値を高めることもなされなかった。

ヌ．この中坊氏の司法問題に関する日弁連の路線転換に対し、なぜか、中坊氏（9期）の前後の期で、司法問題を担ってきた弁護士らが、中坊執行部の「司法改革」に対して団結して批判することをしなかった[17]。その中で、藤井英男氏（期前、東弁）、松井康浩氏（3期、東弁）、斎藤一好氏（3期、東弁）、勅使河原安夫氏（3期、仙台）、中村勝美氏（東弁）、鶴見恒夫氏、伊藤貞利氏、花田啓一氏、原山剛三氏ら（以上愛知）は、司法改革に批判的な立場を堅持した。

（3）戦後及び臨司意見書から藤井会長までの司法問題の取り組みの歴史

イ．このように、グローバル化とバブル経済の発生に伴って、1990年頃から、にわかに、このような「司法改革」がクローズアップされ、中坊氏が「ミスター司法改革」と呼ばれるようになった。しかし、歴史は学ばねば分からないことである。

　日弁連の司法改革の歴史は、決して、中坊司法改革が初めてではない。日弁連の先輩弁護士たちには、この「司法改革」以前から、我が国の司法問題に懸命に取り組んできた長い歴史がある[18]。

　まず、その半分ほどの歴史を概説すると、敗戦直後に、戦前の弾圧を知

る弁護士、苦悩し悲惨な体験をしてきた弁護士、若いときに戦争をくぐり抜けて新しく弁護士になった人、これらの弁護士が、新たに国づくりがなされる中で大いに活躍し、戦後の司法改革を勝ち取った。

しかし、その約20年後、臨時司法制度調査会の意見書が1964年に発表され、続いて、政権政党から「偏向裁判」という圧力が加えられ、裁判官統制が強化されることになった。これに対し、日弁連及び単位会の委員会や弁護士らが国民的な反対運動を展開した。昭和40年代のことである。日弁連は、その後も司法問題対策委員会が中心になって、全国の弁護士が司法の改悪に反対し、改善に取り組んできた。

その後に生じた1990年からの今回の「司法改革」は、我が国の弁護士の司法問題の取り組みの長い歴史からすれば、歴史の一コマにすぎない。しかし、弁護士制度及び法曹養成にとって大きな山場であったことは間違いなく、極めて深刻で、司法の「改憲」的な改悪となる転換点であったことになる。

ロ．今回の司法改革を知るために、少なくとも戦後の出発のところまで振り返ってみる必要がある。我が国の弁護士は、戦前から長年にわたって弁護士自治の獲得及び法曹一元制の実現などを要求して戦ってきた実績があり、敗戦後の改革が始まった時期に、直ちに法曹一元制度と弁護士自治の実現を目指して発言を繰り返した。新しい憲法には、国民の人権保障、裁判制度及び弁護士制度が十分に盛り込まれた。

1946年の裁判所法改正の審議においても法曹一元の構想を強く唱え、これは先延ばしにされたが、妥協の産物として、国費による統一平等の司法修習制度を獲得し、1947年から実施された。更に、弁護士法改正の審議においては、裁判所及び司法省から反対を受けながらも、粘り強い運動を展開し、国会議員とGHQの賛同を得て、議員立法という形で1949年に行政権（戦前の司法省、戦後の法務省）による監督を排し、弁護士の独立と弁護士会の自治を定める現在の弁護士法の制定にこぎつけた[19]。

この時期、我が国の法曹に対しては、歴史的反省を踏まえ、新しい憲法のもとで、人権擁護と司法の独立を強く掲げた戦後の改革を根付かせ、発展させることが大いに期待された。

ところが、その後の政治と憲法の状況の後退に伴って司法も影響を受けることになり、裁判官会議が形骸化され、次第に裁判官に対する官僚制的な統制が加えられるようになった。

ハ．戦後15年が経ち、政府は、1962年9月に臨時司法制度調査会を発足させ、調査会は、1964年8月に意見書（臨司意見書）を発表した。戦後の司法改革において行われず、日弁連が強く要求してきた法曹一元制度の導入について、この意見書は、弁護士の質と量が不十分であることを理由として見送ることにした。

逆に、司法行政一般については、最高裁判所が提案した「司法行政における指揮命令系統を明確にし、かつ、責任体制を確立するための措置」について検討することを認めた。新憲法が定めた裁判官の独立を弱め、司法官僚制を強化することを認め、更には、自主独立の弁護士制度を変える狙いを込めた内容であった。

臨司意見書は、「法曹人口については、法曹一元制度の基盤の培養を図るとすれば、必然的に法曹全体、とりわけ弁護士の数の増加を図らなければならない」「裁判官数に比して著しく多い数の弁護士を擁しなければならない」とした。

また、この臨司意見書は、司法試験制度について、「資格試験及び修習等を統一的に行うことの可否を検討すること」とし、試験方法の改善について、「受験回数又は受験年齢を制限することの可否を検討すること」とした。

ニ．続いて、臨司意見書発表の直後から、司法の危機の時代と言われた昭和40年代に入り、まず1966年には、政府・自由民主党が、憲法裁判の動向（新憲法のもとで育った裁判官が憲法尊重の裁判をする状況）に神経を尖らせて司法への介入を始めた。攻撃の対象となったのが、青年法律家協会に加入していた裁判官であった。この青法協は、1954年4月に憲法擁護を目的として若手の法律家（学者、法曹三者、修習生など）により創設され、修習生の半数以上が修習時代に加入するという幅広い団体であった。左翼でも、革命組織でもなく、憲法と人権の擁護のみを目的としていた。

1967年には、自民党の雑誌『全貌』が青年法律家協会に加入する裁判

官の氏名を一覧表で公表し、反青法協キャンペーンを始め、「偏向判決」批判が展開されるようになった。最高裁は、この『全貌』を買い上げて全国の裁判所に配布するという異常な行動に出た。1969年に自由民主党が党内に司法制度調査会を設けて、青法協会員の裁判官と偏向判決の批判を強めた。

翌1970年1月に、青法協の会員の最高裁事務総局の局付判事補10人全員が、上司から退会勧告を受け、一斉に内容証明郵便で退会届を出すという異常事態が発生した。1970年4月1日に、22期修習生の中から3名が裁判官任官を拒否された。続いて、最高裁が、同年4月に、事務総長の談話という形で、「裁判官は政治的色彩を帯びる団体に加入することを慎むべきである」とする公式見解を表明した。更に、1971年3月31日には、青法協会員の宮本康昭裁判官が再任を拒否され、23期司法修習生7名が裁判官採用を拒否され、修習生代表1名が罷免された。明らかに、裁判所の憲法無視の右旋回の意思表示であった。この時から、思想・信条による裁判官の新任拒否及び裁判官の差別人事が恒常化していった[20]。

この時期の最高裁判所は、長官石田和外、事務総長岸盛一、人事局長矢口洪一の体制であった。最高裁判所は、裁判官の差別的な人事政策をとり、裁判の立法・行政への追従を強めていった。司法の危機、司法反動と言われる時代が続くことになった。

ホ．1970年の司法修習修了の22期から1987年の39期までの裁判官被任官拒否者は49人であった[21]。そのうち31期まで青法協会員の占める割合が多かった。その後は裁判官希望者が青法協に入会しなくなった。このような最高裁判所の差別的な人事政策は、その後の裁判官の質と裁判に大きな影響を及ぼすことになった。

ヘ．これに対して日弁連は、1964年12月の総会において、同年8月の臨時司法制度意見書の4点について反対し、司法協議会に参加しないとする決議をした。1965年5月の総会で、司法の民主化と法曹一元の実現に努める決意を宣言し、1967年5月に、日弁連の臨司意見書批判の文書を発表した[22]。続いて、最高裁の裁判官に対する差別的人事に強く抗議し、司法の危機と裁判官の独立の危機だとして、司法反動阻止の運動を展開し、

戦後の民主的変革を守り発展させようとした。その中心になったのは、戦争を経験し、新憲法のもとで育った法律家たちであった。日弁連は、1970年10月、国民向けの「分離修習に反対する」という小冊子を配布し、統一修習制度を守る運動を展開した[23]。

その理論的支柱を務めた代表的な存在であったのが、1960年代から我が国の司法の歴史、司法のあり方と政策を研究し、日本民主法律家協会など民主主義と憲法擁護目的とする団体の創設に尽力した松井康浩弁護士（東京弁護士会、1973年に日弁連事務総長に就任した）、また、自ら司法修習の経験があり、刑事司法と司法問題の優れた若き研究者であった小田中聰樹氏（都立大教授、東北大教授）であった。この司法の危機、裁判官独立の危機に対して、多くの法律学者、法社会学の研究者など多くの法律家と文化人が結集し、反対した。1971年4月13日、「法学者有志末川博以下604名」で、宮本康昭判事の再任拒否、任官希望者7名の採用拒否、司法修習生代表1名の罷免について抗議の声明を発表した[24]。家永三郎、大江健三郎、中野好夫、松本清張、吉野源三郎らの文化人も抗議の声をあげた。

また、この時代に、青法協は多くの弁護士によって支えられていたが、その中でも、佐々木秀典、鷲野忠雄、堀野紀、高山俊吉の各氏が大いに活躍していた。

ヘ．そのような中で、日弁連は、我が国の司法が国民の権利を救済する機能を十分に果たすために、公正で充実し、かつ迅速な裁判制度を求めて活動を強めた。1973年12月に大阪において第1回司法シンポジウム「裁判の現状はこれでよいか」を開催し、1974年11月に名古屋において第2回司法シンポジウム「裁判官不足の現状と対策――公正・迅速な裁判を実現するために」を開催し、その後1～2年毎に、重要な司法問題をテーマにして司法シンポジウムの回を重ねた。1974年3月に第1回の『司法白書』（第1回司法シンポジウムの報告を中心にした「国民のための司法をめざして」）を刊行し、続々と重要なテーマを本にして出版していった[25]。また、同年6月に司法問題対策委員会を発足させ、司法問題を専門的に恒常的に取り組むことにした。

この時期の司法シンポジウム、司法白書の刊行及び司法問題対策委員会において、松井康浩、斎藤一好、穴水広真、工藤勇治、河崎光成、津田玄児、長野善孝、児玉公男、鷲野忠雄、鳥生忠佑、伊藤和男、堀野紀、赤沢敬之、宮本康昭、宮川光治、寺井一弘の各弁護士が活躍し、川端和治弁護士は司法白書の発刊の幹事、久保利英明弁護士も『簡易裁判所』出版の執筆者に加わっていた。後に、名古屋の鶴見恒夫、伊藤貞利、瀧川治男が加わった。

ト．この昭和 40 年代は、司法反動の時代と言われたが、高度経済成長の時代を経て、産業と生活が向上する中で、憲法擁護運動、原水爆禁止、ベトナム戦争反対と沖縄返還運動、学生運動、革新自治体の誕生、公害裁判など、信条と魂の表現と希望に満ちた時代であったと言えよう。

チ．1967 年に日弁連が臨司意見書批判を発表してから 1990 年に中坊日弁連執行部が登場するまでの四半世紀の間、司法の問題について、日弁連は、上記の司法問題委員会、司法シンポジウム、法曹三者協議会のバックアップ委員会などを中心に、最高裁判所及び法務省の司法政策に対抗して、司法権の独立と強化、弁護士の自治と地位の強化、司法基盤の整備、司法関連予算の増額と裁判官の増員、裁判官の自由と独立の確保と不公正な裁判官人事の是正などの司法官僚制改革（裁判官会議の復活、最高裁判所事務総局の廃止）、裁判官不採用の撤回、司法消極主義の批判、裁判所の統廃合反対、糾問的捜査・調書裁判・有罪推定裁判などの刑事司法の抜本的改革、冤罪再審、判検交流の廃止、法曹一元制度の実現（単なる弁護士任官とか判事補の弁護士経験の制度とは違う）など、「司法改革」後の今も重要な課題である問題について、懸命に取り組んできた。これは、日弁連が在野法曹として国民の側に立ち、社会正義の実現と人権擁護に役立つ司法にするために活動した輝かしい歴史である。

（4）法曹養成制度等改革協議会の発足と意見書

イ．ところが、前記の通り、中坊氏は、1990 年 2 月の日弁連会長立候補に際して、日弁連が最高裁及び法務省と対立して司法問題に取り組んできたことは間違いだったと公言していた。一方、会長選挙において同氏を支

持した革新系の弁護士団体の弁護士が、中坊会長就任以後、法務省及び最高裁の司法改革を厳しく批判する立場から路線転換を図り、今回の弁護士に犠牲的奉仕活動を強制する自己改革中心の今回の司法改革を推し進めるのに大きな役割を果たすことになってしまった。

　そして、中坊氏らが選択した方法は、法務省の制度改革の狙いを受け入れて、それまでの日弁連の戦いの歴史を踏まえず、司法の独立の観点からすると大変に問題のある外部の有識者を委員とした審議会等に身を委ねるという、いわば横からの圧力を利用する方法によって、弁護士改革中心の今回の「司法改革」を実行していくことであった（本間重紀静岡大学教授の指摘）。加えて、改革の対象としては、最高裁の裁判官政策を問題にすることに重きを置かず、むしろ判検交流の批判を弱めるような中途半端な形で弁護士任官を打ち上げ、一時的に裁判官不足で苦しむ裁判所に手を差し伸べる姿勢をとった。弁護士任官は、これまでの最高裁の裁判官対策について反省を迫るものではなかったため、我が国の「司法反動」と司法の欠陥を覆い隠し、法曹一元制度を否定する役割を果たすための制度にならざるを得ない。

ロ．「司法改革」のために、財界、労組、消費者、学者の協議員を中心とした法曹養成制度等改革協議会[26]（日弁連側の責任者は、大阪弁護士会で中坊氏と同じ派閥で同氏に近いと言われた鬼追明夫氏）が1991年6月に発足した。日弁連は、外部委員の選任でイニシアティブをとれずに完全に失敗し、また、法曹養成制度以外の司法改革の諸議題について、法曹三者協議会で協議を進める見込みでいたが、それも失敗した。

　また、改革協の協議において、法曹に対する国民のニーズ、法曹人口、合格者等について世論調査やアンケートをすることになっていて、実施されたが、アンケート項目について、最高裁が裁判所に関する意味のある項目を全部拒否し、裁判所に関する調査ができなかった。このことについて、法務省も外部委員も、最高裁の姿勢をそのまま容認する態度をとった。

ハ．そして、1994年6月に、経済同友会が「現代日本の病理と処方」を発表して、事前規制を緩和し、自己責任のもとで経済を活性化させ、問題が生じたら（司法による）事後救済で対応すればいいと言って、新自由主

義的な規制緩和による構造改革を推進することを提唱した[27]。

改革協の法曹人口等検討小委員会の1994年11月9日及び12月6日の会合で、法務省が、合格者を1996年から1999年まで800名、2000年から2005年に1000名から1500名に増加させ、2006年以後に1500人以上の増員を検討する、1500人まで修習1年で、合格者2000～3000人では実務修習短縮、給与停止となる旨の提案をした[28]。この時に法務省は、日弁連に対して丙案が回避されなくても合格者増は取り下げないことの念を押し、当時約1万5000人であった弁護士を、10年間で8000～9000人急増させることを最優先課題とする戦略をとった。

それは、ギルドの水増し（大量増員）が、ギルド潰しの鉄則であるからである（その後をみると、法務省の狙い通りになった）。最高裁は、合格者の少なからずの増員、修習1年を提案した。

そして、外部委員（民訴法学者2名、TV解説者1名、調査機関役員1名、婦人団体代表1名）がまとまって、これまでの我が国の弁護士制度及び法曹養成制度の価値をほとんど認めず、一致して現行の修習制度を見直してロースクール的制度にし、合格者を1500～3000人とする案を主張し、司法基盤の整備については、法務省、最高裁判所及び財界と同じ考えに立って、迅速化以外に、特段、注文をつけることを考えていなかった[29]。

丙案が実施されていないのに、既に司法修習生594名の半数程度が任官希望をしていて、1994年4月の検察官採用者は75人、裁判官採用者は104人が確保され、1995年4月の修了者633名のときの任官者採用も同様であった。それ以上の任官採用の増員を考えず、希望者が過剰であるにもかかわらず、法務省及び最高裁、特に法務省が大幅な合格者増を唱えたのである（図表1-2）。

二．そして、上記の改革協法曹人口小委員会が改革協に対し、1995年2月に、法曹三者それぞれの案を併記した中間報告書を提出した[30]。法務省案は、上記の前年の提案を踏まえて、合格者1500人案のほかに、継続教育の義務付け、更なる増員、修習制度の抜本的見直し、回数制限を採用する内容で、最高裁の案も、上記の案のほかに、継続教育と回数制限をする内容であった（「継続教育」「修習制度の抜本的見直し」は、2年間の給費

制の統一修習制度の破壊を狙うものであった)。

　日弁連は、後述の1994年12月21日の臨時総会の関連決議にもとづいて、5年間800人を限度とし、その間に司法基盤等の基本計画を策定し、現行統一修習制度を堅持する案であった。

　そして、改革協が1995年11月に発表した意見書[31]は、弁護士の多くが危惧していた通り、完全に法務省と最高裁寄りの内容になっていて、裁判官等の増員や司法基盤整備に全く触れず、中期的に合格者を1500人程度とし、修習期間を大幅に短縮するという内容であった。

　最高裁は年90～100人の裁判官、法務省は年70人程度の検察官しか採用する気がないので、残りが全部弁護士になる。そのため、日弁連と違い、最高裁及び法務省にとっては、合格者が多くなっても採用数を増加させなければ影響はなく、合格者増加は深刻な問題ではなかった。合格者の増加は、今後法務省が日弁連を支配する手段であった。

　上記の改革協の意見は、協議会のメンバー[32]を見れば、法務省のペースで進むことは当初から予想のつくことで、アンケート調査でも裁判所と司法基盤整備については外されてしまい、日弁連の司法基盤整備の要求は、改革協では何一つ採用されず、日弁連だけの少数意見となった。

ホ．この改革協において、日弁連執行部が期待した労働組合や消費者団体の幹部たちは、労働事件や消費者事件で裁判に勝てない原因が裁判所や裁判官にあるにもかかわらず、官僚司法に対する批判を避け、裁判及び検察の改善に重きを置かず、弁護士の方に原因を求め、弁護士に犠牲を強いるという、将来の弁護士過剰の弊害を考えず、その時の利用者の都合のみを優先させる立場に終始した。

　労働組合や消費者団体は大きな団体であるから、弁護士に相当な対価を支払えば、弁護士で、それらの団体の顧問弁護士になることを希望するものは多く、弁護士を十分に確保することが可能な立場にある。自ら、弁護士に相当な対価を支払えるように努めるのが先決である。それを、弁護士に対して、ほとんどボランティアでやってほしいとするところに無理がある。改革協に呼ばれた連合なり消費者団体の幹部が、裁判所等の改革を抜きにして、弁護士の大幅な増員のみを要求するであろうことは、当初から

十分に予想されたことであった。

ヘ．上記の1995年11月の改革協の意見を受ける形で、法曹三者協議会が、1997年10月、司法試験合格者の年間1000人の増員、修習期間の1年半の短縮及びその後に年間1500人程度に増加することについて、「その後の修習の内容や方法の改善、社会のニーズに関連する諸制度の整備状況及び法曹三者の人員の充足状況等をも参酌しつつ、調査及び検討を継続し、新たな司法修習制度による3期目の修習終了後に三者協議会において協議する」と合意した。ところが、その後、三者協議会において、検証のための協議は開始されなかった。

ト．このような司法改革が行われることになったのには、時代的背景があった。

　米国の強い要求で、1985年に日米の貿易不均衡是正のために円高を容認するプラザ合意がなされ、1989年の日米経済構造協議で、日本の内需拡大と米国企業の日本進出を目指して、規制緩和による構造改革の要求が出されていた。そのために、国内はバブル経済に陥り、弁護士業界も大都市を中心に右肩上がりの業績が続いた。1990年8月にバブル経済が崩壊したが、冷戦が終結し、グローバリゼーションが進み、新自由主義の構造改革の取り組みが進められて、対米関係においては、1993年の日米首脳会談の合意にもとづいて、1994年以後毎年、米国政府から日本政府に対し、年次規制撤廃要望書（その後、緩和要望書、改革要望書と名称変更）が提出されるようになった。

　上記の米国政府の日本に対する年次要望書は、繰り返し司法の分野で合格者増を要求し、その要求も具体的なものであった。1995年度倍増、96年度1500人、99年度2000人、2000年度1500〜3000人であった。

　しかし、今回の司法改革を、米国の要求のせいだとして、自らの責任を免れようとしてはならない。米国の年次要望書は、日本側と事前に協議して作成している可能性が強い（今後、2011年からの環太平洋経済連携協定TPPの動きについては重大な関心を寄せる必要がある）。

チ．政府は、時を同じくして、1994年12月に3年間の時限立法として行政改革委員会設置法を成立させ、改革協の審議が途中であるにもかかわら

ず、1995年3月に法曹人口の大幅増員を唱える「規制緩和推進計画」を閣議決定した。行政改革委員会の規制緩和小委員会は、本来、行政が司法に口を出す権限がないにもかかわらず、1995年12月に「規制緩和の推進に関する意見（第一次）——光輝く国を目指して」を発表し、司法の分野の司法試験合格者数について、中期的に1500人程度とし、早期に具体化することを要請する意見を表明した[33]。この行改委の新自由主義的な規制緩和にもとづく構造改革路線が、上記の改革協議会と連動していたとみるべきである。

そして、与党の自由民主党においては、司法制度特別調査会（1997年6月設置）が、1997年11月に「司法制度改革の基本的な方針——透明なルールと自己責任の社会に向けて」を発表して、法曹人口大幅増員とロースクール導入等を提言した。1998年6月には「司法制度特別調査会報告——21世紀の司法の確かな指針」をまとめたうえで、政府に司法制度の審議会を設置することを要請した。

しかし、憲法上、行政は司法のあり方について口を出す権限がない。行政府の中にこのような審議会を設置するのは、司法の独立を侵すもので憲法違反、そうでなくとも極めて不適当である[34]。

（5）司法制度改革審議会の発足と意見書、小泉内閣の閣議決定

イ．そして、1999年7月に司法制度改革審議会[35]（会長・佐藤幸治）が設置された。審議会は、設置されるときの委員の顔ぶれで結論は決まったも同然である。2000年11月20日に中間報告書が発表され、2001年6月、マスコミの前で司法審の会長佐藤幸治から小泉純一郎首相（2001年4月〜2006年9月）に手渡されるという形で最終の報告書が発表された[36]。

この意見書は、「今後、国民生活の様々な場面における法曹需要は、量的に増大するとともに、質的にますます多様化、高度化することが予想される。その要因としては、経済・金融の国際化の進展や人権、環境問題等の地球的課題や国際犯罪等への対処、知的財産権、医療過誤、労働関係等の専門的知見を要する法的紛争の増加、法の支配を全国あまねく実現する前提となる弁護士人口の地域的偏在の是正（いわゆるゼロ・ワン地域の解

消）の必要性、社会経済や国民意識の変化を背景とする国民の社会生活上の医師としての法曹の役割の増大など、枚挙に暇がない。これらの諸要因への対応のためにも、法曹人口の大幅な増加を図ることが喫緊の課題である。司法試験合格者数を法曹三者間の協議で決定することを当然とするかのごとき発想は既に過去のものであり、国民が必要とする質と量の法曹の確保・向上こそが本質的な課題である」（意見書Ⅲの第1の1）とした。

具体的に、司法試験合格者を2002年に1200人、2004年に1500人、2010年に3000人達成を目指し、2018年に実働法曹人口5万人となることを求め（合格者3000人を続けると、将来、法曹人口約13万人となる）、しかも、法曹の数は社会の要請に基づいて市場原理によって決定され、3000人は早期に達成すべき目標であって上限ではない、と述べている。

ロ．この司法審の意見書を受けて、2001年11月、社民党を除く全党の賛成で司法制度推進法が制定された。小泉内閣は2002年3月19日の閣議において、法曹人口が先進諸国と比較して極端に不足していること、今後の国民生活の様々な場面で法的需要が量的に増大するとともに、質的にも多様化・高度化することが予想されること及び弁護士の地域的偏在の是正の必要があることを理由に、「現在の法曹人口が、我が国社会の法的需要に十分に対応することができていない状況にあり、今後の法的需要の増大をも考え併せると、法曹人口の大幅な増加が急務となっている」として、司法制度改革推進計画を決定し、2010年頃に新司法試験の年間合格者を3000人程度に達成させることを目指すことにした。

合わせて、「司法を担う法曹に必要な資質として、豊かな人間性や感受性、幅広い教養と専門的な法律知識、柔軟な思考力、説得・交渉の能力等に加えて、社会や人間関係に対する洞察力、人権感覚、先端的法分野や外国法の知見、国際的視野と語学力、職業倫理等が広く求められることを踏まえ、法曹養成に特化した教育を行う法科大学院を中核とし、法学教育、司法試験、司法修習を有機的に連携させた新たな法曹養成制度を整備することとし、そのための措置を講ずる」とし、法科大学院制度の創設を決定した。

日弁連も、上記の閣議決定と同じ日に、「日本弁護士連合会司法制度改

革推進計画」を発表した。日弁連が、あの小泉純一郎内閣と歩調を合わせるという、驚くような時代になっていた。

そして、2003年7月に裁判の迅速化に関する法律が制定され、2004年5月に裁判員の参加する刑事裁判に関する法律が制定された。

(6) 司法制度改革審議会意見書に対する基本的な批判

イ．2001年6月の司法審意見書は、新自由主義にもとづく「行政改革」の論理で司法改革をやろうとするところに根本的問題があった。そのため、新自由主義の規制緩和と市場主義にもとづいて、司法試験合格者数を3〜6倍に増加させること（1990年までの合格者500人と比較すると6倍、1999年の1000人と比較すると3倍）が突出し、そのために法科大学院を設置するという大改革を唱えるものになった。

しかし、この計画は、歴史的には、前記の1964年の臨時司法制度調査会意見書が掲げた政策課題のうち、これまでに日弁連の反対運動によりやり残してきた、弁護士人口の増加、弁護士制度（統制と弱体化）、司法試験（制限、若年化、推薦制）及び修習制度（国費による修習制度の後退、分離修習）を根本的に改変し、戦後の司法改革を無にしようとするもので、今回の司法改革は、完全に弁護士層をターゲットにした攻撃であった。

これに対し、法曹界は、1990年の少し前のバブル期頃から、戦前の反省と日弁連の臨司意見書批判がかなり風化し、バブル経済の下で危うい状況にあった。

ロ．司法審意見書は、弁護士の問題を大きく取り上げる一方で、裁判所及び検察庁の問題と改革にはほとんど触れず、司法の独立を強化し、司法基盤を整備し、裁判官の独立を回復し、裁判を充実させるという本来の司法政策を置き去りにする内容であった。むしろ、裁判の効率化、迅速化及び裁判外紛争処理機関の強化を求めるものであった。

司法修習制度については、弁護士人口増加のために、修習期間を半減し、給費制について「法曹養成全体の中で司法修習の位置づけを考慮しつつ、そのあり方を検討すべきである」という記載を唐突に記載していた[37]。給費制は、2004年に裁判所法の改正で2010年から貸与制へ移行することに

なった。

ハ．しかし、司法審が提言する司法試験合格者3000人及びそれを上限としないとする弁護士大量増員政策は、確かな根拠や資料は何一つなかった。端的に表現すれば、強者の利益を優先させて、格差社会を生むことになる新自由主義の市場万能論という規制緩和ファシズムと言うべきイデオロギーにもとづく意見であった。

　この司法審意見書は、市場原理が法曹の分野で具体的にどのように作用し、どのような状況を生むのか全く検討せず、明らかにしていない。弁護士業界において、自己宣伝による顧客争奪、価格引き下げ、勤務弁護士の労働条件低下などの競争が行われ、その結果、弁護士登録を抹消されたり、最初から就職難で弁護士登録をしないなどの淘汰による需給調節が行われることになると言うのか。更には、それらの影響が、後継者確保や国民に悪影響を及ぼす恐れはないのか。これらのことが全く検討されていない。いわゆる市場原理万能という神話にとどまっている。

　市場原理を唱えながら、法曹資格の数は、教育産業の圧力を受けつつ政府の政策によって大量増員という作為的な供給を行うことを決定した。両者の整合性はどうなるのか。全く無責任な、弁護士潰しを狙った、神話よりもっと悪いイデオロギーと言うほかない。

ニ．本来、司法試験の合格者数は、まず裁判官、検察官及び弁護士の三者のそれぞれ適正増加数を検討し、それらを合算するという方法がとられるべきであった。

　司法審において、最高裁と法務省は、それぞれ裁判官と検察官の増員の試算を提出したが、これに対して日弁連執行部は、司法改革に関する日弁連臨時総会の第1回目（1994年12月）の決議において、「相当数の増員」と言うだけで、自ら適正な弁護士人口を正式に具体的に提言しない方針をとった。

　弁護士自己改革論者は、審議会（他者）に弁護士の大幅な増員を決定して貰うことがいいとした。それは、審議会に大量増員を唱える中坊委員がいて、裏では、中坊氏を改革推進論者の最も強硬派の弁護士がサポートしていたからである。審議会で、火に油を注いで貰うことにしたのである。

このように、2000年11月の決議においても、後述の通り、「国民が必要とする数」という曖昧な表現をして、弁護士の増員の試算を提出するという最も基本的なことをしなかった。これが、大きな誤りであった。

しかし、医師不足の調査においては、各地の病院等に対し医師不足のアンケート調査等を行って積算する方法をとっている。厚生労働省が初めて行った「必要医師実態調査」では、全国の医療機関で実際に働く医師数が16万7000人に対して、医療機関の回答を合計すると、さらに2万4000人が必要であるという調査結果になっている（2010.9.29の新聞報道）。病院の医師不足は15％にとどまり、一方、個人医院は過剰である。医学部生1学年の定員は、2007年の7625人から2011年8923人と約12％増加しているに過ぎない[38]。

同じように法曹三者のそれぞれの不足数や今後の必要数を、正しく客観的に調査し、それを積算する方法がとられていれば、弁護士ばかりが激増され、司法試験合格者数が1000人を越えるような結論が導き出されることはなかったはずである。日弁連の大増員派の大罪である。

ホ．それが、何故、合格者3000人となったか。第1の理由は、経営者と同じで、人を使うという使用者側の論理を優先させ、使われる側の事情と社会的影響を考えない立場をとったからである。第2の理由としては、根底に、法曹の不足や必要数の次元とは全く異なる考え方があったからである。第3の理由として、法科大学院制の教育産業としての論理があった。

即ち、これまでの法曹の仕事量の増加や職域の拡大という問題ではなく、市場原理の自由競争論に加えて、既にこれまで法曹とは別の範疇の広い職種で活躍してきた法学部出身の人々に対し、法曹と同じ資格を付与する制度へ変更すること、言い換えるならば、法曹資格を大幅に拡張させ、独立性のない法務担当者を法曹として大量に生み出し、法曹の質を著しく変え、影響力のある中間的組織の弁護士集団を弱体化させるという、いわば法曹資格分野のビッグバンと言うべき制度変更が意図されたのである。

ヘ．このように、法曹資格制度（実際上は弁護士制度）が大きく変えられることになると、弁護士の独立した専門家としての基盤が奪われ、基本的人権の擁護と社会正義の実現という制度的機能を低下させる。支配層の要

図表1-3 司法改革に関する概略の年表

（　　）は、本文中の略称

内閣	法務省、最高裁等	日弁連	日弁連会員等
1962.9～1964.8 臨時司法制度調査会 (臨司調査会、臨司意見書)		1964.9 臨司対策委員会	1954.4 青年法律家協会
	1970 最高裁青法協攻撃 1975 法曹三者協議会発足 (三者協議会)	1967.5 臨司意見書批判採択 1973.12.1 第1回司法シンポジウム 1974.6 司法問題対策委員会	
	1987.3～1988.3 法曹基本問題懇談会 (法曹基本懇) 1991.6～1995.11 法曹養成等改革協議会（改革協、意見書）	1986.9.13 第11回司法シンポジウム 1987～1998 法曹養成問題委員会 1990.4 日弁連会長中坊公平就任 1991.4 司法改革組織体制検討委員会 1992.6 司法改革推進本部 1994.12.21 臨時総会第1回 1995.11.2 臨時総会第2回 1996.4 司法基盤改革人口問題基本計画等協議会（基盤協） 1996.6 司法改革推進センター 1996.11.29 第16回司法シンポジウム 1997.10.15 臨時総会第3回 1998.5～2001.5 法曹養成センター 1998.11.6 第17回司法シンポジウム 1999.4	1994.7 法曹人口問題を考える中弁連有志の会 1994.10 法曹人口問題を考える日弁連有志の会 1997 修習短縮反対全国弁護士連絡会 1997.11 弁護士一条の会
1999.7～2001.6 司法制度改革審議会 （司法審、意見書） 2002.3 閣議決定 司法制度改革推進計画 2011.5 法曹養成フォーラム （フォーラム）		司法改革実現本部 2000.11.1 臨時総会第4回 2000.12 法科大学院設立・運営協力センター 2001.4～2004.10 司法改革実現本部再発足 2004.10 司法改革総合推進会議 2008.12 法曹養成検討会議 2010.5 法曹人口政策会議発足	1999.1 憲法と人権の日弁連をめざす会 2011.6.5 法曹人口問題全国会議

請に応える法律家の数が多くなり、弁護士会は自主的な団体としての批判力を喪失していく。日弁連が変質し、裁判所及び裁判批判、更には法務省、検察庁及び検察官批判をしないように抑え込まれ、それらの協力者になることは、統治体制として都合のいいことである。

しかし、権力と癒着し、独立性を失った専門家は、国民にとって極めて有害な存在である。残念ながら、国民が予めそれに気づくことは難しく、規制緩和論に同調し、司法問題に対する理解が不十分なマスメディアもスポンサーに弱く、大衆に迎合し、専門家の味方にはなれなかったのである。

2　日弁連の司法改革の熱狂と暴走、委員会と有志の抵抗の全過程

（1）日弁連の従来の路線と政策決定方式の破壊

前記の通り、1990年4月に発足した中坊日弁連執行部は、本来の司法改革（裁判所の民主化、官僚制の改革、法曹の職務の独立、弁護士自治、判検増員、司法予算増額など）をなおざりにして、日弁連の従来の政策決定及び審議の方式（会内の専門委員会、単位会の尊重、法曹三者協議会）を否定し、法務省、最高裁と同様、弁護士改革を中心とした司法改革を唱え始めた。そして、前記の通り、1991年4月には司法改革組織体制検討委員会、1992年6月には司法改革推進本部を設置した。

この本部は、全国の単位会から委員が選ばれるなどの会内民主主義の基盤がなく、そのために、これまでの日弁連の委員会とは異質な性格を持ち、日弁連執行部と結びついて日弁連の司法改革路線を作り上げていった。

この路線は、「大きい司法」「自己改革」「身近な司法」「法化社会」「法の支配」という一般受けする大袈裟な言葉を振りかざし、弁護士に奉仕的働きを増加させることを求め、潜在的需要の存在を唱え、業務拡大を喧伝し、事後救済の必要性を強調し、弁護士の大量増員を正当化しようとするものであった。

革新系の弁護士団体は、1988年には、まだ、弁護士増員は支配層の要求する政策で極めて危険であると捉えて、鋭く批判的な見解を述べていた[39]。その団体の有力な層が、このような日弁連執行部の路線変更の下で、

増員路線、弁護士批判路線へ方針転換させていった[40,41]。肝心な時の転換であった。

(2) 会員アンケートと専門委員会の意見の否定

　日弁連とそれを支える団体がこのような状況にある中で、1990年以後、丙案阻止のための運動が東京弁護士会の会員（高山俊吉氏、芳賀淳氏ら）を中心に取り組まれた。丙案阻止運動が、合格者増員に利用された。

　しかし、当時一番重要な問題は、法曹人口・法曹養成であった。その専門委員会である日弁連の法曹養成問題委員会（1987年に設置され、1998年5月に法曹養成センターが設置されて廃止。同センターも2001年5月に廃止）は、1990年12月と1992年3月（集約1993年5月）の2回にわたって、全国の会員にアンケートを実施し、3210名の回答中、「700名を越えて増員すべきである」16.1%、「700名を越えて増員すべきではない」27.1%、「700名の増員の結果をみて判断すべき」48.7%であった。後の二つの回答を合わせると76%に達した[42]（図表1-4「司法試験合格者数・弁護士人口に関するアンケートの実施状況」）。1993年には単位会にも照会した。

　その照会と調査の結果を受けて、同委員会は、1994年6月、合格者を700人に増員した後の裁判官と検察官の採用数の結果を検証したうえで次の増員を判断すべきであるとする意見書を採択した（資料編・資料1）。同委員会では、委員長前田知克、青木一男、今井敬彌、上野登子、木村壯、佐久間敬子、中林裕雄、野間美喜子、鳥毛美範、山根二郎、福井正明、藤浦龍治、岸木由起子の各委員と改革協協議員森山文昭の多数意見と、豊川義明委員、渉外・金融法務分野の濱田邦夫委員、改革協協議員池永満の弁護士大幅増員の少数意見とが激しく対立した（後に濱田氏は、最高裁判所の判事に採用された）。

　日弁連では、専門委員会の意見が尊重されてきたが、中坊執行部以後は、1987年以来の各種の資料、単位会及び会員アンケートなどにもとづく貴重な意見書を完全に無視するようになっていた。そのために、この意見書が会員に発表されなかった（資料編・資料1）。日弁連執行部は、改革

協の意見に同調して、司法基盤整備を条件とせずに「相当数の増員」として1000～1500人の増員を認めようとした。

日弁連は、専門委員会の意見より、中坊氏が発足させた司法改革推進本部の意見により方針が決められるように変わり、あたかも法務省の堀田の日弁連に対する改善能力がないという批判を受け入れたかのような官僚的意思決定体制になった。

（3）会員有志の反対運動と派閥の横暴、第1回臨時総会と関連決議

イ．そこで、1994年7月、法曹人口問題を考える中弁連有志の会（野間美喜子、鈴木秀幸、森山文昭、福井正明、岸本由起子、鳥毛美範、澤田儀一）をつくり、名古屋の小さな法律事務所から全国の日弁連会員の全員に対して、「日弁連が司法試験合格者を1000名に増員する提案を行うこと」について、賛否を問う会員投票を、往復葉書の郵送で行った（資料編・資料2）。

この会員投票の投票総数は、4166票（会員数1万5151名）で、投票率28％と高く、賛成16.5％、反対77.1％、その他6.4％であった（資料編・資料3）。

この投票結果を受けて、執行部の独走を止めるため、同年9月以後の日弁連理事会で、名古屋の瀧川治男理事が中心となり、中弁連の理事が執行部案に強く反対の意見を述べる一方で、名古屋の弁護士の有志及び日弁連の法曹養成問題委員会の委員が中心となって、日弁連の臨時総会の開催を請求することを決め、法曹人口問題を考える日弁連有志の会（代表・野間美喜子、鈴木秀幸、森山文昭）をつくり、名古屋から全国の弁護士に呼びかけ文を郵送し、そのうえで各地の世話人がそれぞれの会員に働きかけ、同年10月、臨時総会の開催請求を行った（資料編・資料4）。

急なことであったが、請求者の数は、1994年10月20現在、1171名に達した（資料編・資料4に請求者の一覧表を掲載）。この臨時総会請求の呼びかけ運動を各地で担った有志は、上記の法曹養成問題委員会の委員及び中弁連有志のほか、次の全国の各単位会の心ある会員らであった（資料編・資料5、6、8）。

松江康司、古瀬明徳、冨田秀実、藤井英男、大塚一夫、伊藤和子、野間啓、米倉洋子（東弁）、友光健七（一弁）、駒沢孝、相磯まつ江（二弁）、茆原正道、星山輝男、佐藤典子（横浜）、福田光宏（千葉）、荒井雅彦（栃木）、戸崎悦夫、永田恒治、毛利正道（長野）、砂田徹也（新潟）、植垣幸雄、松浦武、松本健男、岡田忠典、坂井尚美、宮崎乾朗、太田隆徳、大野康平、熊野勝之、藤田一郎、井岡三郎、大西裕子、里見一夫、小泉哲二、大石一二、岩永恵子、宮崎正人、岸本由起子、永嶋眞一、戸田勝、前川清成（大阪）、高見沢昭治（京都）、古高健司、中尾英夫、深草徹（神戸）、福井正明、加藤謙一、尾西孝志、村田正人、渡辺伸二（三重）、山田秀樹、尾関恵一（岐阜）、黒田外來彦（福井）、山腰茂（金沢）、澤田儀一、内山弘道（富山）、加藤寛、久保豊年（広島）、田畑元久、中村覚（山口）、河田英正（岡山）、安田壽朗（鳥取）、河西龍太郎（佐賀）、金子寛道（長崎）、指原幸一（大分）、青木幸男、野口敏夫（熊本）、増田博（鹿児島）、真早流踏雄（宮崎）、織田信夫、角山正、馬場亨、坂野智憲（仙台）、安田純治、安藤和平（福島）、三浦元（山形）、高橋耕（岩手）、沼田敏明、荘司昊、菊地修（秋田）、中林裕雄（青森）、三木正俊、田中宏、髙崎暢（札幌）、山本啓二（函館）、嶋田幸信（香川）、谷口彰一、喜田芳文（徳島）、薦田伸夫、木下常雄（愛媛）

　この全国の会員の反応は、東京と大阪の派閥支配の日弁連政治、法務省、中坊、改革協及びマスメディアが一体となって浴びせてきた弁護士バッシング、司法基盤整備の置き去り、一方的な弁護士の奉仕活動の増大要求、内案反対運動の偏りなどに対する疑問や不満であった。中坊司法改革に身を委ねて、自己改革をして貰う気持ちにはなれない。

　この時の有志の気持ちは、敗北確実な路線を変えさせ、先輩達が築き上げた我が国の価値ある弁護士と弁護士制度を守り、次の世代に引き継ぐことであった（資料編・資料8）。

ロ．有志の会の議案は、「司法試験合格者の更なる増員は、700名増員の結果を検証しつつ、司法改革の進捗度に応じて総会の決議により決定する」及び「法曹養成制度改革協議会に対して、司法試験制度・法曹養成制度の改革の条件として、司法基盤の整備の司法改革の推進、現行の2年間

の統一修習の堅持及び統一・公平・平等の原則の司法試験制度の維持を提案すること」という趣旨であった(資料編・資料9、10)。

　日弁連執行部は、会内合意形成が非民主的であったことや、上記の会員アンケートで、圧倒的多数が執行部案の「相当数の増員」という1000人増員案に反対であったことなどから危機感を募らせ、その対策として、日弁連の会長選挙でもないのに、東京と大阪の派閥が選挙のときのように懸命に動き、組織的に委任状をかき集める方法をとり、一般会員の意思を尊重せず、執行部案に固執し、形勢逆転を図った。

ハ．1994年12月21日の日弁連臨時総会（於東京商工会議所ホール）において、この有志提案は3631票を獲得したが否決され、「合格者数を相当数増員すべきである」という執行部案[43]が5276票で可決された（9335名のうち本人出席が1154名で、他は委任状）。この1645票差は、東京と大阪での合計約1800票の差によるもので、地方会では有志案の賛成票の方が多かった。単位会は、請求者案に賛成19、執行部案に賛成25、棄権6であった。

　特に、名古屋弁護士会は、4回の法曹人口の日弁連臨時総会において、有志案が執行部案の概ね2.5倍、6倍、5倍、3.5倍、平均4倍強で480票くらいの賛成票を獲得していた（資料編・資料13、16、20、33）。

　そのために、弁護士大増員を唱える財界筋から、名古屋弁護士会は特異なところだという批難の声が上がるという状況であった。国（法務省）と経済界が弁護士増員に強い関心をもっていたことを裏付ける話であった。

　名古屋弁護士会においては、日弁連会長選挙において、執行部路線反対の投票がトリプルスコア以上の大差で優位を守り続けてきた。これは、名古屋の司法問題対策特別委員会の知的な伝統、多くの優れた学者との交流と研究会、青法協と憲法問題研究会の集まり、次の期別世話人及び派閥ではなく心ある有志の協力、弁護士の気概とそれを統合する弁護士会の存在であった。

　山本正男、小川剛、花田啓一、鶴見恒夫、瀧川治男、寺澤弘、水口敞、大脇雅子、西尾幸彦、青木茂雄、伊藤貞利、原山剛三、原山恵子、兵藤俊一、二宮純子、服部豊、四橋善美、井上祥子、多田元、那須國宏、楠田堯

爾、村橋泰志、奥村籹軌、内河惠一、浅井正、谷口和夫、美和勇夫、高山光雄、河内尚明、打田正俊、飯田泰啓、野田弘明、宮道佳男、柴田肇、酒井俊皓、三浦和人、水野敏明、内藤義三、入谷正章、山田博、天野茂樹、浅井淳郎、樋口明、渡辺和義、加藤茂、二村満、吉見秀文、内田龍、後藤昌弘、森山文昭、纐纈和義、相羽洋一、山本勉、村田武茂、亀井とも子、秋田光治、浦部康資、串田正克、岩月浩二、花村淑郁、福井悦子、堀龍之、若松英成、谷口優、松本篤周、伊藤邦彦、木下芳宣、北條政郎、原田方子、藤井成俊、石原真二、市川博久、宇津木寧、北村明美、荻原典子、荒川和美、大島真人、石塚徹、中村貴之、石井三一、竹内浩史、角谷晴重、奥村哲司、家田安啓、伊藤倫文、柘植直也、澤健二、寺本ますみ、瀬古賢二、杉浦龍至、天野太郎、杉山修治、三林昭典、北村栄、大西正一、神谷明文、山田尚武、田中智之、木本寛、竹内裕詞、森康人、舟橋直昭、鈴木含美、井上裕介、松本達志、渡邊一平、村山智子、林和宏、森田茂、古井戸康雄、杉浦宇子、森亮爾、松隈知栄子、宮地宏安、石川真司、石川恭久、佐藤成俊、岡嗣人、平林拓也、原島正、川口直也、高橋恭司、堀田崇、桐井弘司

　名古屋にも、中坊氏の弁護士自己改革路線に対する支持を呼びかける弁護士もいたが、それは専門委員として司法問題に携わってこなかった人々であった（資料編・資料7）。

ニ．この臨時総会において、大多数の会員が弁護士だけの大幅な増員に反対であることが明らかであった。双方の提案者が話し合い、会内コンセンサスの表現として、次の4項目の関連決議を事前に準備し（資料編・資料11、12）、東京弁護士会の辻誠氏と藤井英男氏が提案者となった。

①法曹人口のバランスのとれた増加は司法改革と不可分一体のものであることを確認する。

②改革協の論議を踏まえつつ、法曹三者の協議により司法基盤整備・法曹人口問題基本計画（仮称）を策定する。

③今後5年間800名程度を限度とし、この間に平成3年度以降の状況も含めて法曹三者の充足状況及び司法改革の進捗状況を検証する。

④司法基盤整備、法曹人口問題基本計画はこの検証の結果を踏まえたもの

でなければならない。

　臨時総会当日の議案と提案理由、続く質疑と討論において、弁護士有志側の方が圧倒的に優位であったことは一目瞭然であった。臨時総会の最後に、この関連決議が提案されて、満場一致により決議された。

　このように、2年間の司法修習制度を維持し、裁判官と検察官の増員と司法基盤整備を要求しつつ、適正な需給バランスを保ちながら弁護士を漸増するという適正な弁護士人口政策が採択されたのである。

　日弁連は、1年以上遅れて1996年4月に、司法基盤、法曹人口問題基本計画等協議会（司法基盤協、座長宮川光治、副座長田中郁雄、今井敬彌、斎藤浩、事務局長岩井重一）を発足させた。

ホ．この法曹人口に関する臨時総会を経験して明らかになり、驚いたことは、日弁連という組織の有り様と人の生き様である。論争としては有志の弁護士側が圧倒的に優位であった。執行部派が派閥選挙的に委任状を集めるという数の論理をとり、一般の会員の意思を正しく受け止める気持ちを失っていた。このような会員の意思を抑圧する機能を果たす派閥が、自治組織の弁護士集団の中に存在するとは思わなかった。

　東京が、地方の単位会と全く異なる様相を呈し、東京砂漠と呼ばれる一方で、派閥（中近東の部族連合又はトヨタムラのような人脈・金脈の結びつきで成り立っていて、弁護士会より結束が強く、村の選挙と企業ぐるみ選挙の両方を合わせたような体制をとる）が巨大投票マシン組織そのもので、それによって弁護士会を支配し、一般会員の意向がかき消される状況にあった。また、大阪弁護士会も、中坊公平氏と石川元也自由法曹団幹事長が所属するために「司法改革の火元」（同会の宮崎乾朗氏の臨時総会の発言）と言われ、東京と同じように派閥（春秋会など）が支配していた。この東京弁護士会と大阪弁護士会が日弁連政治を牛耳り、会員自治からほど遠い非民主的な支配構造を作り上げていた。このやり方は、自治組織としては、根本にかかわる病理である。これこそ、「自己改革」の対象にすべきであった。

（4）第2回臨時総会の判検増員を条件としない1000人決議

イ．日弁連は、本当の会員の意思を反映し、会員のコンセンサスを得た臨時総会の関連決議にもとづいた政策を1995年以後も貫くべきであった。そのようにすれば、今回の司法改革のような大きな失敗を回避できた可能性があった。ところが、日弁連執行部は、改革協対策と丙案阻止のために、焦って右往左往の末、執行部主導で一般会員の反対意見を押さえつけた。

まず、日弁連の法曹養成問題委員会及び司法修習委員会が、1995年4月、日弁連執行部に対し、同年5月の定期総会において、合格者800人と司法基盤整備計画策定などに関する決議を提出することを求めた。日弁連執行部は、理由を示さず、これに応じなかった[44]。しかし、日弁連理事会は同年7月、合格者800人とし、その時に、裁判官採用年間150人、検察官採用100人とすることを求める執行部案を満場一致で採択した（資料編・資料14）。ところが、執行部は、なぜか、その直後にこの執行部案を撤回し、裁判官と検察官の増員を条件とせずに単に合格者を1000人とする新しい執行部案に変更した。どこからか横やりが入り、それに従ったと思うしかない見苦しく異例な事態が発生した。

ロ．日弁連執行部は、この変更後の無条件合格者1000人の議案で、日弁連臨時総会を開催することにした。そのために、有志の会は、撤回された1995年7月の執行部案（資料編・資料14）を修正案として提案し、前年の1994年12月の関連決議を変更する必要はないと主張した（資料編・資料15）。

1995年にも、全国各地で法曹人口と法曹養成を考える有志の会が結成され、1995年10月に法曹人口問題を考える京都の有志の会（青木一雄、石川晴雄、河田創、木村修一郎、杉島元、竹下義樹、武田忠嗣、南部孝男、橋本皇玄、浜垣真也、尾藤廣喜、藤浦龍治、山崎一雄、山下綾子、古田恭弘）が結成された。

1995年11月2日の日弁連臨時総会では、執行部案が、2年間の修習制度堅持を条件とすることにより、1000人増員案が可決された（資料編・資料16）。その甲斐もなく、1996年から丙案が実施され、1990年以来弁護士増員の理由に利用された面のあった丙案阻止運動が失敗に終わった。

（5）第16回司法シンポジウム・法曹のあり方と法曹人口の準備と報告

　日弁連の1994年12月の臨時総会の関連決議を受けて、1995年から、第16回司法シンポジウム「市民のための司法へ―法曹のあり方と法曹人口―」（1996年11月埼玉県大宮市、大会運営委員長小出重義）の準備が、意見を戦わせながら一緒に行われた。従来通り、会員、単位会、専門委員会及び意見の違う専門家の意見を尊重して準備がなされた。このシンポジウムのために詳細な会員アンケートが実施され、合格者1000人の弁護士人口の需給バランスの予想について、弁護士が大変過剰39.7％と弁護士がやや過剰26.7％で合計66.4％となり、1500人案に対し、反対73.1％、賛成12.2％であった[45]（図表1-4）。

　大会では、様々な資料にもとづいて、弁護士集団の危機であるとし、「弁護士は冬の時代を迎える」という警告的な報告を行い、また、弁護士過疎地に弁護士を毎年80人、5年間で合計400人を適正配置する構想を提案した。我が国の良き弁護士と弁護士制度を守るためだと心に決めていた。

　日弁連の無謀な司法改革路線が変わることを期待していたが、翌1997年には、これまで毎回作成され、この時も作成されることになっていたシンポジウムの報告書が作られないという異変が生じ、会場での基調報告は、幻の発言となった。

（6）第3回臨時総会の修習期間2年堅持案と1年半短縮案の対立

　続いて、前述の改革協の修習期間短縮の意見（1995年11月）を受けて、最高裁判所が1996年に修習期間1年案を提案し、法務省が1997年に1年6ヶ月案を提案した。

　そこで、鬼追明夫（1996年4月会長就任、大阪弁護士会、前記の通り改革協の日弁連の責任者であったが、日弁連の主張が採用されなかったことの責任をとらず、会長に立候補）日弁連執行部も、1997年度に入って、修習期間の短縮を認め、弁護士自己改革的司法改革を大きく進めようとした。そのため、日弁連の会内は、再び大きな対立が生じた。

　そこで、会員有志（日弁連有志の会と修習短縮反対全国弁護士連絡会）

が、反対運動を広範に展開し[46]、修習期間2年堅持を求めて臨時総会招集請求を行った（資料編・資料18、19）。執行部派の会員から、修習期間短縮分について、事前研修制度とか弁護士補制度とかの姑息な方法が唱えられた。そのため、名古屋弁護士会は、反対の意見書を発表した[47]。

　1997年10月15日の臨時総会で、有志案に対抗して、日弁連執行部は、修習期間を1年6ヶ月に短縮し、5年後に1500人増員を法曹三者で協議するという対案を提出し、東京と大阪の派閥が会員の委任状を集め、執行部案を可決させた。東京、大阪を除けば、請求者の有志案が700票ほど多く、単位会も16票の賛成（棄権2）を得た（資料編・資料20）。このように、執行部は、自ら弁護士制度と2年修習制度を破壊した。戦後の改革の遺産を放棄する、暴挙と愚行というほかない。

　これを受けてすぐに、同月の法曹三者協議会で、「1998年度に合格者数を800人程度、1999年度に1000人程度へ増加させ、1999年度（53期）から修習期間を1年6ヶ月に短縮し、合格者数1500人への増加については調査・検討のうえ協議する」旨を合意した。これで、合格者1500人、修習期間1年の寸前まで来た。

（7）日弁連の基盤協のA案、B案と改革実現本部の合格者1500人以上案

イ．日弁連は、1996年6月、前記の1992年発足の司法改革推進本部を解散して、鬼追執行部のもとで司法改革推進センター（委員長菅沼隆志、事務局次長斎藤浩、杉井厳一ら）を発足させ、司法改革に走り出していた。

　1998年2月には、法曹人口の専門委員会である前記の日弁連の司法基盤協議会（1996年4月発足）が、「2010年への司法改革計画」を作成したが、A案（班長・今井敬彌[48]）とB案（班長・斎藤浩）に分かれた。A案は、2003年以後も合格者1000人を維持し、2010年に弁護士2万5000人になるものであり、執行部派のB案は、被疑者弁護のために弁護士数を2倍にする必要があるため2003年から合格者数を1500人に増加し、2010年に弁護士2万8000人になるとする内容であった[49]。

ロ．上記の司法改革推進センター（委員長堀野紀）は、1998年に「司

改革ビジョン」案を作成し、日弁連は、1998年11月、「司法改革ビジョン」[50]を発表した。ここには、司法試験の合格者数が記載されていなかった。

　続いて、1999年4月には、司法改革実現本部（事務局長宮本康昭、その後同氏は堀野紀氏とともに本部長代行に就く）を発足させた。

　同年8月に同本部の弁護士人口チーム（委員10名、四位直毅、大橋正春、岡田和樹、川中宏、野村裕、林光佑、舩木孝和、青木正芳、村松弘康、斎藤浩）が、一致した結論として、「弁護士人口は増員すべきであり、そのため、現行司法試験を前提すれば、その合格者は1500人程度にすべきである。更に必要であるとの具体的提起があれば、1500人以上をも十分検討すべきである。これらの際発生する問題点が仮にあるとすれば、その克服方法を十分講じながら増やすべきである」という報告書を作成した（資料編・資料22）。日弁連は、単位会に照会したり会員アンケートを実施するなど、全国の会員の意思を確認する方法をとらず、突っ走った。この時点で法曹三者協議で1500人案が提起されていないのに、司法審が発足したためか、米国の年次要望書が合格者2000人になったためか、1500人以上の合格者数を受け入れるような考えが打ち出された。専門委員会であったはずであるが、ほとんど増員の根拠や資料を持ち合わせていなかった。日弁連が、日本と米国の時の政府に従属する姿勢をとったのである。

　そして、日弁連は、1999年11月19日、「司法改革実現に向けての基本的提言」を発表した。その中でも、「日弁連は国民が必要とする数の弁護士の増加と質の確保を実現する」という抽象的表現がされ、1500人や1500人以上の数値を隠した。

　そのため、ほとんどの会員が、1999年8月の実現本部弁護士人口チームの1500人案及び1500人以上案という大きな数字を知らなかった。弁護士人口チームの報告書は、会員にとって、沖縄返還の密約文書のようなものであった。

ハ．このような会内状況の中で、合格者を1000人より増員させず、修習期間を1年半より短縮させないために、1997年11月、これまで日弁連執行部に反対してきた弁護士有志のうち、東京の弁護士が中心となって、司

図表1-4　司法試験合格者数・弁護士人口に関するアンケートの実施状況

	時期	質問	回答		実施主体・対象
1	1988年9月	現在の弁護士増加（年250人）で将来需要に応じられない恐れがあるか	な　い	74%	中部弁護士連合会 中部6県全会員
			あ　る	14%	
		合格者700人の増加の必要があるか	あ　る	5%	
2	1993年5月	700人以上の増加の必要性について	増加不要	21.2%	日弁連法曹養成委員会 全単位会
			多少の増加が必要	24.3%	
			大幅な増加が必要	19.6%	
			改革の内容による	27.8%	
			基盤の拡充が伴えば増加容認	6.0%	
3	1993年5月	合格者700人を超えて増加すべきか	増加すべきでない	27.1%	日弁連法曹養成委員会 日弁連の全会員
			700人増加をみて判断すべき	48.7%	
			700人を超えて増加すべき	16.1%	
4	1994年7月	合格者1000人増員について	反　対	77.1%	中部弁護士会連合会有志 日弁連の全会員
			賛　成	16.5%	
5	1996年11月	合格者1000人の弁護士の需給バランスについて	バランスがとれる	7.6%	日弁連司法シンポ実行委員会 日弁連の全会員
			やや過剰	26.7%	
			大変過剰	39.7%	
			予想できない	22.0%	
		合格者1500人増員について	反　対	73.1%	
			賛　成	12.2%	
6	2000年9月	合格者3000人計画について	反　対	83%	名古屋弁護士会（現、愛知県弁護士会）名古屋弁護士会の全会員
			賛　成	10%	
		妥当な合格者数は何人か	1000人未満	28.2%	
			1000人	29.0%	
			1500人	16.0%	
			2000人	8.4%	
			3000人	4.6%	
		法曹一元が近い将来に実現するか	実現する	9.9%	
			実現しない	74.8%	
		弁護士が4万人必要説に	反　対	59.5%	
			賛　成	6.9%	
7	2006年11月	司法修習の全員が就職する合格者数は	1000人未満	20.7%	愛知県弁護士会 愛知県弁護士会の全会員
			1000人	35.2%	
			1500人	24.0%	
			2000人	12.7%	
			3000人	0%	
		妥当な合格者数は何人か	1000人未満	22.5%	
			1000人	32.4%	
			1500人	27.7%	
			2000人	10.8%	
			3000人	0%	
		法曹人口を5万人にすることは必要か	必要ない	81.7%	
			必要である	2.8%	
		相談と受任の件数の増減傾向について	増　加	12.7%	
			減　少	32.9%	
			変わらない	34.7%	

8	2007年10月	司法修習の全員が就職する合格者数は何人か	1000人未満	22.0%	関東十県会 関東十県会の全会員
			1000人	29.0%	
			1500人	29.2%	
			2000人	8.7%	
			3000人	1.1%	
		妥当な合格者数は何人か	1000人未満	22.0%	
			1000人	32.7%	
			1500人	29.7%	
			2000人	7.6%	
			3000人	1.4%	
		法曹人口を5万人にすることは必要か	必要ない	86.6%	
			必要である	2.9%	
		相談と受任の件数の増減傾向について	増加	12.8%	
			減少	42.0%	
			変わらない	37.1%	
9	2009年7月	妥当な合格者数は何人か	800人未満	14%	中部弁護士連合会 中部6県全会員
			800人	10%	
			1000人	41%	
			1500人	24%	
			2000人	5%	
			2500人	1%	
			3000人	1%	
		相談と受任の件数の増減傾向について	大幅に増加	2%	
			少し増加	7%	
			変わらない	32%	
			少し減少	34%	
			大幅に減少	10%	
		所属している弁護士会での弁護士の過不足について	大変不足	1%	
			少し不足	7%	
			適正	17%	
			少し過剰	44%	
			大変過剰	14%	
			わからない	13%	
		日弁連は2009年3月、数年間、合格者数を年間2100〜2200人とし、平成32年頃に法曹を5万人規模に提言するとした。この提言について	賛成	9%	
			反対	77%	
			わからない	9%	
		弁護士需要を上回る弁護士の供給は国民にとり良いか悪いか	良い	1%	
			悪い	83%	
			どちらとも言えない	12%	
			わからない	3%	
		司法修習は、どれだけの期間が適当か	2年	46%	
			1年6ヶ月	43%	
			1年4ヶ月	4%	
			1年	4%	
			修習廃止	0%	
		司法修習の給費制の復活の必要性	必要	85%	
			不要	5%	
			わからない	8%	

Ⅰ　司法のあり方と適正な弁護士人口政策　59

10	2011年8月	相談と受任の件数の増減傾向について	増加	3.9%	日弁連法曹人口問題全国会議 日弁連の全会員
			減少	69.8%	
			変わらない	16.1%	
			わからない	7.4%	
		今後あらたに弁護士に需要拡大が望める分野、範囲があるか	ある	12.3%	
			ない	50.9%	
			わからない	35.9%	
		2011年4月現在、弁護士人口は3万0500人だが、この人数について	多い	62.0%	
			少ない	2.2%	
			適当	22.2%	
			わからない	8.7%	
		わが国で、今後10年間に弁護士5万人の法的需要が見込めると思うか	思う	2.2%	
			思わない	90.4%	
			わからない	5.6%	
		妥当な合格者数は何人か	500人以下	11.6%	
			501～800人	20.9%	
			801～1000人	45.1%	
			1001～1500人	14.2%	
			1501～2000人	1.9%	
			2001～3000人	0.8%	
11	2012年1月	妥当な合格者数は何人か	年間1500人に減員し、更なる原因については検証しつつ対処する	27.4%	愛知県弁護士会司法問題対策特別委員会 愛知県弁護士会の全会員
			年間1500人に減員し、更に段階的に減員して年間1000人以下にする	27.0%	
			年間1000人に減員し、更なる減員については検証しつつ対処する	38.5%	
		相談と受任の件数の増減傾向について	大幅に増加	1.3%	
			少し増加	2.8%	
			変わらない	13.9%	
			少し減少	37.9%	
			大幅に減少	24.0%	
			わからない	17.6%	
		所属している弁護士会における弁護士の充足状況	不足	0.2%	
			少し不足	0.4%	
			バランスがとれている	3.8%	
			過剰	48.8%	
			少し過剰	30.1%	
			わからない	14.3%	

法問題のほか人権擁護と社会正義の実現のために日弁連の再生をめざすとして「弁護士法一条の会」(武内更一、海渡雄一、鈴木達夫、藤田正人、森川文人の各氏らなど)を発足させた。更に 1999 年 10 月、「憲法と人権の日弁連をめざす会」(代表高山俊吉[51]、事務局長武内更一、中本源太郎氏ら)が発足し、2000 年 2 月の日弁連会長選挙に高山俊吉氏が立候補し、執行部派の久保井一匡氏と争ったが、久保井 7977 票、高山 3450 票であった。

ニ．名古屋弁護士会では、那須國宏会長のもと、助言者として小田中聰樹専修大学教授、久保田穰東京農工大学教授、戒能通厚名古屋大学教授、近藤充代日本福祉大学助教授、田中成明京都大学教授の参加を得て、1999 年 9 月に、シンポジウム「徹底討論パート I 『日本の司法』」(弁護士人口問題と法曹養成制度) を開催した。地元以外の弁護士 46 名と大学関係者 28 名も参加し、総勢 141 名で非常に活発な討論がなされた[52]。

日弁連執行部は、2000 年 4 月 15 日に、突如、「いわゆるロースクール構想について」のメモを公表した (資料編・資料 25)。

名古屋弁護士会の司法問題対策特別委員会は、反対の意見書を作成した (資料編・資料 27)。日弁連法曹養成センターの有志も、全国の会員にアンケート調査を実施し、その調査結果の報告書を作成し、日弁連に提出した (資料編・資料 30)。名古屋弁護士会は、2000 年 9 月に弁護士人口に関するアンケート調査を実施したが、適当な合格者数として、1000 人以下が合計 57.2% を占めた (図表 1-4)。同会の司法問題対策特別委員会は、今回の法務省主導、中坊氏主演の司法改革に反対する姿勢を貫いた。

(8) 中坊司法審委員のフランス並の法曹人口と 3000 人案の提案

イ．前記の通り、これまでの「司法改革」を越える司法改革を推し進めようとする自由民主党の要求で、政府が、1999 年 7 月、法曹三者の委員の割合を少なくし、司法の実情、伝統及び理念などについて理解が不十分な有識者を委員に多く入れた司法制度改革審議会を発足させたが、日弁連は、この審議会の発足に何の意見や注文もつけずに積極的に賛意を表明した。日弁連の体質が完全に変わっていたと言うほかない。

なお、司法審の委員構成は、弁護士集団の抵抗を排除するため、弁護士は利害関係者であるから委員にするべきではないとされ、日弁連を代表する委員が1人も選任されなかった。国民・マスメディア受けのスタンドプレーと日弁連執行部への影響力を期待して、中坊氏が一本釣りされた。そのために、中坊氏は個人として委員に任命され、自ら弁護士の代表ではないと公言していた。これでは、我が国の弁護士制度を議論するのに、弁護士業の実情を知らない者ばかりで審議することになる。この審議会の異常さは極端であった。完全に、法務省、財界及び新自由主義的な考え方の学者の言うとおりの司法改革になるように仕組まれていた。

ロ．この時期、日弁連執行部派は、更なる合格者大増員と司法修習期間の短縮（合格者1500人と司法修習1年が想定されていた）を正当化するために、「この機会をとらえなければ100年経っても法曹一元は実現しない」と言って、一気に法曹一元と陪審制が実現する絶好の機会であるかのような誤った宣伝を盛んに行うようになった。

　そして、2000年になって、司法審において、他の委員ではなく、弁護士である中坊委員が、2016年までに法曹人口をフランス並みに5万人にすべきで、そのための合格者3000人案（3倍増）を言い出し、それを受けて久保井一匡（大阪弁護士会）日弁連会長が、それを受け入れると発言した。

ハ．中坊委員は、「自己改革」と「2割司法」（法曹の供給不足で需要の2割しか充たしていないという意味）を唱えてきた人で、まず2000年2月の審議会の会議において、「弁護士改革は、司法の担い手改革の登山口に位置する」と切り出した。次に、「改革協及び法律扶助の各アンケートの結果を踏まえ、年間200万件が日本の1年間の法律問題総数として、弁護士一人が年間に受ける新件（法律相談を含む）を50件とする──4万名」、「当番弁護士完全実施に必要な数──5万名」とするレポートを提出した。そして、フランス並みに弁護士人口5～6万人程度を目指すべきであるとする意見を表明したのである（資料編・資料24）。しかし、この中坊氏の弁護士4万名、5万名の試算は、次の通り、ひどい間違い（デマ）であった。

①上記の改革協のアンケート調査によれば、年間200万件の法律問題が推定されるとした。しかし、そのうちの75.1％が、弁護士に相談したり、裁判等にすることが適当でないと回答しており、単純に考えれば、実際の弁護士需要は200万件の24.9％（約50万件）にすぎなかった。弁護士に相談したとする回答は21％に達しているので、弁護士に相談すべき法律問題のうち84.3％（21％÷24.9％）が弁護士に相談していることになる。概ね「8割司法」となる。「弁護士を知らなかったので裁判手続をしなかった」という回答が8.9％にすぎなかったことも、「2割司法」が全く間違いであることが分かる[53]。

　②法律扶助の調査は、4万2000件への増加を予想したが、この程度の件数は、約2万人の弁護士集団にとって大きな需要ではなく、3％程度の増加である。

　③当番弁護士も、刑事裁判が終わるまで事件の処理をすると考え、しかも最大値の年間8万の件数を想定しても、1件当り20時間で弁護士800人分の仕事量にすぎない（8万×20時間÷年間労働2000時間）。しかも、既に被告人弁護は行われていて、新しい需要は被疑者段階だけである。弁護士全体の仕事量からすれば、2％程度の増加にすぎない。問題は、全国的な配置だけのことである。全国に2万人の弁護士で足り、むしろ上記の調査結果を前提にすると、地方で刑事事件は多いが、民事事件が不足し、弁護士過剰になってしまう。

　④フランスの法曹人口は、2000年に、裁判官は通常裁判所6539人、行政裁判所940人、検察官1400人、（代訴士、商事代理人、法律顧問職をアボカに統合後の）弁護士3万6445人であった[54]。人権宣言の国フランスは、事件、裁判官、法学部生、隣接業種の人口などが全く違う。

ニ．同年8月1日頃、久保井日弁連会長が佐藤改革審会長に非公式に面会し、事実上、法曹一元が実現しない場合にも合格者3000人を受け入れることの下相談がなされ[55]、続いて、中坊委員が、同年8月7日の審議会で、唐突に合格者3000人案を提案した（資料編・資料28、2000年8月9日、10日の各新聞が、「合格者3000人」と「判事補制度廃止せず」を報道）。当時、アメリカ政府、日本の政財界、マスメディア幹部及び一部の

学者などが、規制緩和と構造改革を唱え、弁護士人口については、自由競争論や依頼者主権論にもとづく弁護士大量増員を主張し、労組連合幹部と消費者団体幹部も、利用者の都合に偏った弁護士増員論に与する立場をとっていた。合格者3000人の中坊提案は、これらの弁護士大幅増員論の最大値であった。

（9）法曹一元の幻想と騙し、久保井会長の3000人案の受諾
イ．次に、この中坊提案に呼応して、2000年8月29日の審議会で、久保井日弁連会長が、審議会の委員から心配の声が出ているにもかかわらず、合格者3000人を容認する発言を行ったのである[56]。久保井氏は、委員から、急激に法曹人口が増えて心配ではないのかと問われたのに対し、倫理研修を強化したり綱紀・懲戒制度を整備することで弁護士の質の確保を図ることを提案し、弁護士需要については、「法律扶助が大幅に拡大する、公的被疑者弁護制度ができる、破産事件が増えて管財人が不足していることなど需要が増えつつある事情を挙げ、様々な国民の法的ニーズに応える弁護士像を目指し、裁判が中心であった弁護士の活動を様々な分野に広げて行けば、大幅に増えても大丈夫である」と答えた。

しかし、上記の扶助、破産、被疑者弁護が大幅に増加したとしても、合算しても弁護士全体の平均では仕事量の10%くらいを占めるだけで、収入は5%未満である。弁護士の仕事は、今後とも、裁判手続の仕事が50〜60%程度を占める。この中坊及び久保井の両氏は、平均的には司法試験合格者が1990年まで500人程度であった我が国の司法において、短期間に6倍の3000人にした場合、合格者のレベル、就職及び弁護士過剰がどのようになると考えたのであろうか。

このような経緯であったために、後日、3000人計画の無謀さが問題になると、裁判官らは、3000人増員は日弁連が言い出したことであると言うのである。

この時期、日弁連の理事会は、2000年8月10日、8月25日、9月14日に開催され、8月10日に久保井会長が「国民を味方につけて大きな運動を作ること、100万人署名は120万人達成した。9月末までに200万人

を提出したい。弁護士改革を進めて、弁護士の力量を高める必要がある」と発言した（資料編・資料23）。

また、川端副会長が、「ロースクール卒業を受験資格とするのが検討会議の基本的な一致点である。審議会では他のルートも認めるべきという意見も出ている」「今までロースクールの定員を3000人と想定したのは、200人×5校、100人×10校、50人×20校で3000人と算定してきた。当面、現実的な線と思う」と答弁している。

そして、9月14日の理事会で、2000年11月1日の臨時総会の決議案（事実上、合格者3000人以上と法科大学院創設）が、賛成64、反対10、留保9で承認された。

しかし、全国の単位会で、合格者3000人及び法科大学院創設に反対する運動が展開された（資料編・資料29、32）。

司法研修所刑事弁護教官14名が、連名で日弁連全会員に対し、2000年10月5日、「司法制度改革に関する日弁連執行部案について十分な議論を」という題名の文書を送信した（資料編・資料31）[57]。

ロ．法曹一元制度への制度改革については、1999年12月の司法審において、最高裁判所は全く消極的な意見を述べ、裁判遅延など司法制度の問題は、裁判所に原因はなく、弁護士の態勢が不十分であることが原因であるとした。この最高裁の言い分は、昔からのものである。

日弁連では、坂元和夫、後藤富士子、豊川義明、明賀英樹、中村和雄、斎藤浩、大橋正春の各氏らが、相手のある話の法曹一元の実現を、「もはや単なる夢物語ではなくなった」と一方的に夢を求めて、日弁連として2000年2月に法曹一元制度の提言と要綱試案を発表した。そして、3月の自民党制度調査会（保岡興治会長）の会合で強く訴え、同年4月の司法審では、中坊委員が法曹一元制度採用を主張したが、支持を得られなかった。

また、司法審において裁判官委員が強く反対し、他の委員は十分な関心を持たずに終わり、マスコミも冷淡で、同年5月には、自由民主党が、法曹一元制度の導入について実現の前提条件の多くが未整備であることを理由に、法曹一元を見送ることを盛り込んだ報告書をまとめた[58]。米国も、合格者増加は要求するが、法曹一元については全く触れなかった。

以上の経過をみると、日弁連執行部は、2000年5月には、既に法曹一元制が採用される可能性がないことを承知していたことになる（資料編・資料26）。
　そして、同年8月、9月の司法審において、判事補制度の廃止を合意しないことが確認され、法曹一元制度の実現が否定された[59]。
　このように、日弁連執行部は、法曹一元の実現の見込みが全くないにもかかわらず、会員に法曹一元実現の幻想をふりまき、法曹一元制のための弁護士増員を強調して、2000年11月1日の臨時総会の執行部案の支持を訴えるという、会員を騙す不当な方法をとった。
ハ．このように、弁護士集団のトップが、現実に立脚せず、一般会員の意向も顧みず、世間に対し「自己改革」と称して自ら弁護士大量増員を唱えれば、それが弁護士業務の実態とかけ離れていても、通常、自分に不利益なことは自ら言い出さないであろうから、世間はそれを信じることになり、反対する弁護士は手の打ちようが無くなる。
　集団のトップが会員のことを考えず、むしろ嘘を並べ立て、権力とマスメディアと手を組んで集団を叩き出したら、その集団は完全に弱体化して潰される。有為な後継者も得られなくなる。
　マスメディアはこぞって、反対派の弁護士の主張に対し「守旧派だ」「ギルドのエゴだ」「既得権の擁護だ」「敷居が高い」などとバッシングを繰り返した。
　健全な弁護士制度と弁護士全体が危機に陥り、司法が劣化することを心配する日弁連有志の会の弁護士の方が悪者にされ、市民のための司法を掲げて自己顕示をする執行部派の者が立派な弁護士とされた。善悪及び公私が逆さまのままの評価の状況において、弁護士人口問題は決着されてしまうことになった。本当の国民の意思及び一般会員の意見を封じて行われた司法審と日弁連執行部のやり方は、実にフェアでなかった。
ニ．また、この久保井日弁連執行部時代の2000年度の理事会及び正副会長会議の構成が、極めて特殊であった。即ち、特定の弁護士団体に所属する弁護士が比較的多く理事に就き、正副会長会の副会長においては半数以上を占めていて[60]、それが、日弁連自らが合格者3000人、司法修習短縮、

法科大学院及び新司法試験という大改革を、一気に強引に推し進めることを可能にした。むしろ、そのために、この体制が敷かれたのではないかと疑われるほどであった。これは、驚くべき歴史的事実である。

(10) 第4回臨時総会の前代未聞の午後9時半過ぎの強行採決
イ．日弁連執行部は、上記の通り、先に司法審で3000人案を容認する見解を表明したが、2000年11月1日の日弁連臨時総会はその後の開催である[61]。日弁連執行部は、このような非民主的な手順をとったうえ、東京・大阪の派閥の力を借りて委任状をかき集め、会員の強い反対意見を押し切るという方法をとった。そして、この臨時総会において、これまでの「需要を検証しつつ漸増させる」という方針を転換させ、「法曹人口については、法曹一元制の実現を期して、憲法と世界人権宣言の基本理念による法の支配を社会の隅々にまでゆきわたらせ、社会のさまざまな分野・地域における法的需要を満たすために、国民が必要とする数を、質を維持しながら確保するよう努める」として、「国民が必要とする適正な法曹人口」を「おおむね5万人程度」として、事実上3000人計画を認める決議を抗議と混乱の中で強行採決した[62]。

即ち、この臨時総会の終盤において、法曹人口と法科大学院を分割して決議するとの動議が出されたが、反対多数で否決され、18番目の討議者が意見を述べず討議打ち切りの動議を出し、反対派が続会の動議や議長不信任の動議を提出したが、結局、打ち切り動議が認められた。法科大学院創設の問題については1～2の質問で打ち切られ、討議は全くなされなかった。50数人の発言通告者を残して、午後9時35分過ぎに強行採決され、賛成7437人、反対3425人で執行部案が可決された。東京で約3200票、大阪で約800票、合計約4000票の開きが生じ、地方は五分五分であった。名古屋を含む14の単位会が反対し、1単位会が棄権した（資料編・資料33、34、35）。地方単位会から委任状を背負って出席した会員のかなりの人が、その日の夜に帰ることができなくなった。

このような混乱と強行採決は、前代未聞の異常な出来事であり、日弁連の歴史に汚点を残すものであった。この議場の混乱を理由に、会員が会員

に対し懲戒申立をするということも生じたが、懲戒不相当となった。

ロ．この臨時総会は、日弁連執行部とマスメディア（新聞）の関係においても異例であった。総会の直前に、マスメディアは一斉に弁護士が合格者増に消極的なのは業界エゴであると批難する記事を掲載し、総会当日も、多くのマスメディア陣が会場の前の席を占め、この異常な総会を取材、撮影していて、強行採決と議場の混乱が全国に報道されることとなった。

ハ．この2000年度の久保井日弁連会長は、当時、司法審は憲法の理念を社会に活かし、国民のために抜本的改革を志向しているので共感していると述べていた。

この総会決議の中には、「法曹人口をユーザーである市民の視点で決すべきことを求めている。もっとも、その際、市民に身近な法律家として、市民のニーズを受けとめ、市民の司法の確立を目指す弁護士会が、法曹人口のあり方について必要な提言をしていくことは依然として重要なことであり、この点への取り組みを欠いてはならない」という記載があるが、日弁連は、「司法改革」のみに突き進み、法曹人口のあり方に関する調査・検討を欠いた。

やっと、2008年3月に、初めての報告書がまとめられた。この報告書は、ほぼ弁護士人口が飽和状態にあることを裏付ける内容となっていて、そのためか、会員に広報されることがなかった。

3　司法改革の失敗とその原因

（1）司法改革の失敗、割に合わない勘定

イ．法務省は、1985年以後、新たな司法の欠陥と危機に直面し、その原因は自ら及び最高裁判所のこれまでの司法政策であったにもかかわらず、それを認めようとせず、別のところに犯人を見つけようとした。日弁連及び弁護士を犯人に仕立て上げ、批判キャンペーンを展開することを始めた。

日弁連及び弁護士は、弁護士法第一条第1項で、弁護士の使命として基本的人権の擁護と社会正義の実現を掲げられ、同条2項で、職務の誠実な遂行、社会秩序の維持及び法律制度の改善に努力することを定められてい

るが、今回の司法改革は、弁護士が使命を遂行し、重要な任務である法制度の改善に努力できるための条件を整えようとしたのであろうか。

条件整備としては、まず、それだけの精神と能力を持つ有為な人材をこれまで以上に集め、育てなければならない。次に、集められ養成された有為な人材が、使命と任務を果たすことができる条件を整えなければならない。この２つの条件に必要なことは、やり甲斐などの精神的要素の充実と財政・収入などの経済的条件の優遇である。法曹の権限と職域を拡大し、法務省、検察庁、裁判所、弁護士会及び各法曹人を経済的に優遇することである。

それらを全く行わず、依然として、司法に国家予算を極めて少額しか回さず、権限と職域を拡大せず、単に司法試験合格者数を根拠なく大量に増員することを決め、そのために法科大学院を作っただけのことである。

これは、弁護士が既得権にあぐらをかいてきたので、数を激増させれば、食うために必死に働かざるを得なくなり、そのために利用者に対するサービス向上及び報酬の低廉化が実現するであろうという考え方にもとづく。この考え方は、司法全体のこと、弁護士及び法曹を志望する者のことではなく、弁護士を使う側の都合のみ一方的に優先させた改革である。

これが、今回の司法改革の根本的なイデオロギーであるが、我が国の司法と弁護士制度が国民のために良くなるものならいいが、この楽で都合の良さそうに見える方法は、犯人捜しをして、不満に対する目くらましの役割を果たさせようとする、余りに皮相的なものである。

我が国の司法の根本的な問題は、その辺にあるのではなく、この方法では、決して司法を改善することはできず、むしろ改悪されることになる。本当の司法改革は、裁判所と検察庁、それに法務省の司法政策の正しい変更と財政措置であり、その実行なくして改善はないのである。

ロ．久保井元日弁連会長は、更に司法審意見書10周年の2011年６月には、「司法審意見書には日弁連が目指したものが積極的に取り入れられたと評価する」との声明を発表している[63]。しかし、この声明は、およそ事実に反している。

日弁連は、2000年に自ら主張する司法改革を司法審に認めさせようと

して、国民の「100万人署名運動」を行ったが、その時の請求項目は、司法予算の大幅増額、判検増員、公設法律事務所の設置、行政事件の改善、社会的弱者救済の法制度の整備、法曹一元制度、陪審・参審、法律扶助制度の抜本的拡充、被疑者弁護人制度、国費による少年事件付添人制度などを実現することであった（資料編・資料23）。

しかし、今回の「司法改革」により制度化されたものは、被疑者弁護、法律扶助、裁判員制度及び労働審判などにすぎず、それに加えて、裁判官・検事の増員が以前より少し多くなっただけである。

ハ．しかも、「司法改革」で得たものは、年間50億円程度の被疑者弁護と同額程度の法律扶助の拡大にすぎない。その代わり、被疑者弁護は、国選刑事弁護人の選任権を法務省に握られることと引き換えであり、法律扶助も、弁護士会の扶助協会から法務省に取り上げられるという、大きな損失と引き換えであった。法務省の狙い通りであった。

また、国民の司法参加が、なぜ重罪の刑事事件に限られるのか、なぜ裁判員裁判という裁判官主導の曖昧な形なのか。なぜアメリカの陪審制と違って多数決で死刑を決めるのか、なぜ重大事件なのに短期間で決着していいのか、疑問が尽きない。重罰化だけは確実に進む制度である。

そして、一方、破滅的な弁護士過剰、公平・平等な法曹養成制度の破壊、裁判の省力迅速化及び国選弁護人選任と扶助の法テラスへの権限移譲という、とてつもなく大きな損失がある。合格者3000人計画は、司法修習期間の半減と給費制の廃止、更には修習制度の廃止へと進み、法曹人口も5万人にとどまらず、法曹資格者が10万人をはるかに越えることになる。

法科大学院は負の遺産と化し、日弁連の過疎対策のひまわり法律事務所は赤字経営となり、今後ますます弁護士の負担を多くする[64]。

以上の致命的に大きなマイナスを逆に大きなプラスと考える特殊な者でないと、司法改革が成功したと言えない。成功と評価できる者は、大量増員論者と法科大学院礼賛者だけである。

ニ．また、今回の司法改革は、裁判所改革について極めて消極的なものであった。日弁連の裁判所及び裁判に対する批判的姿勢は、影を潜めてしまった。官僚司法及び国民の権利救済に消極な裁判など、裁判官と裁判の

質について何の改善もなく、むしろ悪化させている。改革推進論者は、法科大学院と弁護士の大幅増員が、法曹一元制の実現の「登山口」になると言ったが、とてもそのようには思えない[65]。

このように、一般の弁護士にとっては、「司法改革」は失うものばかりで、得たものはほとんどない。日弁連が、なぜ司法改革を推進したのか、全く理屈にも割にも合わない改革であった。

法務省は、1987年の法曹基本懇発足以来、弁護士批判キャンペーンを張ったが、法務省こそ、長年にわたって国民のための司法改革を怠ってきた。1980年代の法律扶助の国費負担は、1億円より少額であった。日弁連が、法務省の弁護士批判に的確に反論することなく、むしろそれに屈し、更には同調し、法務省の司法政策と弁護士対策に寄り添うような協調路線をとってきたことは、決して国民のためにならない。「改革」なら何でもよいのではなく、「良い改革」と「悪い改革」がある。

（2）行政府の有識者審議会方式の選択と対応の誤り

イ．司法制度の改変は、これまで法曹三者協議会が取り扱ってきたが、1987年以後、それが否定され、前記の通り、法務省が1987年3月に法曹基本問題懇談会を設置した。次に、1991年3月の法曹三者協議会において、法曹養成制度等改革協議会を設置することを決め、1991年6月に発足させた。そして、政府が、1999年7月に、司法制度改革審議会を設置し、更に2011年6月に、法曹の養成に関するフォーラム[66]を設置した。日弁連は、憲法違反ないしは極めて不適当と言うべき行政府の中の審議会の設置を、積極的に支持した。司法界の外の、特に行政府が設置した組織で司法制度が審議される方法は、妥当ではない。

外部の有識者と称する委員により構成された審議会で審議する方式は、選ばれた委員によって意見が決まり、もっと言えば、委員の選任権者で決まる。行政府（官僚）が協力的学者（いわゆる御用学者）、文化人、財界の人たちを集めれば、行政府の思うままになる。審議会は、行政府の操る出先機関である。「独立の司法と法曹」と「自治の弁護士会」の命運を、委員選任権者の官僚に委ねてよいわけがない。この方式は、司法の独立性

と弁護士の活動基盤を危うくし、裁判所改革などの真の司法改革を求める弁護士集団の主張を一層通らないものにし、そればかりか、全て押し切られることになった。

ロ．特に、1900年代の後半は、グローバリゼーションと規制緩和という新自由主義的改革の嵐が吹き荒れ、弁護士隣接業種が業界団体として業務拡大を政権政党の自民党に強く働きかけていた時期であった。危険極まりない時期に、改革推進論者の弁護士たちが、この機会を逃したら法曹一元を含む改革は数十年先になっても不可能だと言って、全く展望もなく、「改革、改革」と言って、「同床異夢」とか「庇を借りて母屋を奪う」と表現された危険な賭けに出たのである。これでは、弁護士制度が犠牲となり、崩壊する。自壊か自爆であるが、反対していた弁護士も、道連れにされる。

ハ．このようになることは、予め十分に分かっていたことで、日弁連執行部はこの方式と運動のやり方を避けるべきであった。なぜ、避けることをしなかったのかと言えば、閉塞感に加えて、警戒感の喪失とひがみのような感情が、弁護士大量増員についての影響評価や検討を全く行わず、やみくもに危うい選択をさせた。冷静に考えれば、日弁連の「司法改革」推進論者と外部の者とが一緒になって、それまで司法問題を担当してきた弁護士及び一般会員の、弁護士大量増員、修習期間短縮、法科大学院に反対する抵抗を押さえ込み、排除するために、政治的にとられた選択肢であった。このことは、改革推進論者も否定しない事実である。改革推進論者が強かったのではなく、権力と同じ方向に走っただけである。

ニ．このような事態となったことを出発点まで振り返ってみると、まず、1987年の法務省の法曹基本問題懇談会の設置という事態について、1964年に司法研修所入所以来、刑事法及び司法問題を深く研究し、意見を表明してきた小田中聰樹教授[67]（東北大学）は、狙いは弁護士を増加させ、競争原理によって弁護士業務の変質（プロフェッションからビジネスへ）、即ち企業のニーズに応え企業への忠誠度を深めさせるとともに、弁護士の経済的基盤を沈下させ、任官希望者を増加させ、選別を強化し、法曹全体を統制することを狙っていると指摘した。また、改革協との関係で、1994年12月の日弁連の臨時総会の関連決議について、執行部案の弁護士増員

の先行容認的色彩を払拭するものと理解されるとの認識を示した。
　1988 年と 89 年度の 2 年間日弁連会長をつとめ、1994 年 12 月の関連決議の発議者の一人で、戦前の弁護士の危機と司法の戦争責任をよく知る藤井英男氏[68]は、裁判官と検察官を増員せずに弁護士ばかりの増加になることについて警戒感を強く持ち、弁護士会の派閥を基盤に急進的な司法改革運動に走る寺井一弘氏、丸島俊介氏、椛嶋裕之氏らについて、戦前の若い将校と同じだとして危惧の念を表明していた。
　日弁連が 10 周年記念として 1959 年に刊行した『日本弁護士沿革史』の執筆を担当した頃ないし 1962 年の臨時司法制度調査会発足の時から司法政策の研究にとりかかり（同氏が「司法改革の基本問題」で自ら述べている）、その後一貫して司法問題に取り組んで来た松井康浩弁護士[69]（東京弁護士会）も、前々から法曹一元制度と「法曹一体化」論とは違うことを強調し、法曹基本懇設置の法務省の狙いに強く問題性を感じ、その不当性及び危険性を強く指摘し、更にはその後の、地に足が着いていない「司法改革」運動の、権力寄りで幼稚な戦術に懸念を表明していた（資料編・資料 21）。

（3）新自由主義的司法改革に対する批判回避の誤り、研究者の批判
イ．司法改革において日弁連執行部派が間違っていたことは、新自由主義の規制緩和路線とは異なり、市民のための司法を作るためだと言うものの、批判精神を低下させていて、新自由主義の本質的理解を欠く知的水準で、事前規制緩和と事後救済論について反論をしなかったことである。
　自己改革推進論者は、要するに、弁護士に対してこれまで以上の奉仕活動をすることを要求する一方で、弁護士過剰の弊害と弁護士経済の破綻の危険性に口を噤み、司法分野における規制緩和と自由競争論に抗することなく同調したうえ、むしろ合格者増加、修習期間短縮、法科大学院を自ら推進した。政財界の格差社会を生む規制緩和路線と、日弁連の市民のための司法改革路線が、弁護士大量増員策で一致し、「同床異夢」と言いつつ、客観的には全く同じ方向の改革を進めることになり、思う壺にはまったのである。正確に表現するならば、共同して、弁護士集団を罠にはめたとい

うことである。

ロ．渡辺洋三氏[70]（東大名誉教授）は、1995年に小田中教授及び江藤价泰教授との共著『日本の裁判』（岩波書店）で、1994年6月の経済同友会の「現代日本社会の病理と処方」で、今回の司法改革について、現在の司法官僚制について全く批判せず、立法・行政と異なる司法の存在理由、司法の公共性を減殺し、司法解体、司法民活路線だと批判した。

本間重紀教授[71]（静岡大学）は、1995年頃から（資料編・資料17）、「弁護士は二面的である。公共的であると同時に事業者的である」「弁護士サービスをめぐる市場は自己完結性を持たない。弁護士サービスの質は司法によって決まる」「弁護士に対する横からの攻撃、競争を利用した共同の破壊という新しいタイプの攻撃が、いま始まったのではないかというのが私の理解である」と指摘し、規制緩和的司法改革を強く批判し、弁護士大量増員策が弁護士集団に対する攻撃であると指摘した。

その後、染野義信[72]日大教授、池田恒男都立大教授、が司法改革批判の意見を表明し、1988年以後、久保田穣[73]東京農工大教授、戒能通厚[74]名古屋大学教授が、矮小な法曹一元の議論及び設計ミスのロースクールなどについて批判的な見解を表明した。

また、渡辺治一橋大学教授[75]は、2000年11月、新自由主義・構造改革を批判する中で司法改革を批判し、その第1の狙いは、弁護士の増加と弁護士業務の独占の打破であるとした。第2は、大学のロースクール化によって、「企業活動をサポートする能力の育成要求を保障する制度づくりが強く主張されるであろう」と述べ、第3に、法曹一元制について、「弁護士会を改革につなぎ止めるために決着を最後まで引きずりつつ、最終的には、司法官僚による裁判官統制の体制を堅持しての裁判官への弁護士登用の大幅拡大——企業法務に習熟した弁護士の裁判官登用は財界が望むところである——を軸に妥協が求められるであろう」と述べている。

更に、清水誠[76]都立大教授、森島昭夫上智大教授、小沢隆一[77]静岡大学教授、土田和博[78]早稲田大学教授、今関源成[79]早稲田大学教授、近藤充代[80]日本福祉大学助教授、藤倉皓一郎[81]帝塚山大学教授、二宮厚美[82]神戸大学教授、新藤宗幸[83]千葉大教授らが、今回の司法改革について、

司法に新自由主義的な市場原理を導入することの間違い、司法の理念との乖離、法の支配の誤用、弊害を生んでいるアメリカのロースクールと弁護士制度を真似ることの愚かさ、司法修習制度の優越性、法学部教育の衰退、学問研究が多大な犠牲を蒙ること、法律学者からの判例批判が弱くなり、実務法学の独占、官僚司法が温存されること、弁護士需要の飛躍的増大に根拠がないこと、弁護士集団の弱体化などを理由に、批判的であった。
ハ．弁護士自己改革を推進してきた弁護士らは、呆れるほど頑なで、自分たちは正しいとして、これらの研究者の助言や意見に耳を貸さなかった。

（4）奉仕活動不足論による弁護士「自己改革」と大量増員の誤り

イ．1987年の法務省の弁護士批判キャンペーンに続いて、日弁連執行部と司法改革推進論者も、中坊日弁連執行部の2年目の1991年頃から、同僚批判を展開した。市民に犠牲的に奉仕する弁護士像を掲げ、「司法改革」を「弁護士の自己改革」に置き換え、これまでの我が国の弁護士には、無償ないしは低額で奉仕的に働くことが不足ないし欠けていたと、虚偽の批判キャンペーンを開始した。同僚の弁護士たちを、既得権益に安住してきた者とみなし、「自己改革」を迫る運動を始め、弁護士大増員を推進した。

しかし、我が国の弁護士ほど、日常的な業務においても、またボランティア活動においても、社会正義の実現と国民の人権擁護に努め、自ら必要と判断した時に金と時間を使ってきた弁護士は、世界に類例がない。弁護士会の高額な会費及び数多い委員会の存在も特徴的である。我が国の弁護士の人権活動は、被害分野別では、戦争、公害、環境、憲法、行政、基地、原発、刑事司法、消費者取引、住宅、食品と薬、医療、マスメディア、子供・少年・老人、貧困、外国人など広範囲に及んだ。また、弁護士は、憲法擁護、法と司法制度についても国民の利益のために特段の働きをしてきた。

人権擁護や被害救済に消極的であったのが、我が国の政府、裁判所、検察庁であったことは争う余地がない。支配層も、弁護士の人権と法制に関する活動を嫌い、弱体化を狙っていた。
ロ．ところが、弁護士側の弁護士増員論者が、法務省及び財界の弁護士批

判キャンペーンに合わせ、急に、弁護士が様々な地域と階層の人々の期待に応えて来なかった、弁護士が不足しているので弁護士の大幅な増員が必要であると主張し始めた。また、公益的事務に就く義務を定めるべきであると主張した。我が国の弁護士に対し、全く逆の評価をするようになった（『世界』2000年3月号の小田中聰樹、宮本康昭、枝野幸男の三氏の座談会の中の宮本氏の発言。小田中氏が、弁護士大量増員の狙いと弊害を説き、日本の弁護士の人権活動を高く評価して対立した）。

　この弁護士集団の国民に対する役立ち方の問題は、歴史的、客観的、合理的に考えねばならない。1995年の弁護士集団約1万5000人の年間総売上高は4000億円程度で、日弁連と単位会の年間予算合計額は50億円程度で、極めて小さな規模である。しかも、弁護士集団には、立法権限がなく、税金が使われるわけでもなく、強制捜査権限もなく、裁判権限もない。広範囲かつ強力に経済的利益を提供する形で国民のために働けるわけがない。しかも、我が国の支配層は、弁護士の活躍を好ましく思わず、これまで弁護士を大きく有効に利用することをしてこなかった。我々弁護士にイギリス並に年間国家予算の0.5％（約4000億円）でも使わせてくれたなら、国民のために相当なことができる。

ハ．司法的救済に限っても、弁護士だけで十分に行えるわけがないし、無償の活動には限界がある。弁護士大増員論者が「公益活動」として示した典型的な活動が、当番弁護士と裁判官就任であった。今までの人権活動とは違う、国や裁判所の役割を弁護士に無償又は極めて低額な報酬で肩代わりさせるような「国定及び弁護士会公認の公益活動」であった。そうであるなら、特段、「公益活動」として義務づけてはならない。国が司法関係予算を増額させ、法律扶助や国選弁護の費用などを適正化したり、最高裁判所が思想的な差別をせず、裁判官の職務の独立や市民的自由を保障すれば完全に支障がなくなる。

　私選弁護と国選弁護は、仕事は同じで、弁護士報酬の負担者と金額が違うだけである。国が負担すべき費用を不当に節約することに協力すると「公益がある」と言うことになる。また、弁護士から任官するのも、修習生から任官するのも裁判官の仕事をすることである。弁護士任官が少なく

て失敗したから義務化しようとするだけである。既に弁護士となり、修習生の時代に裁判所を嫌うか、裁判所から嫌われた者が、弁護士任官の希望を持つには、裁判所が変わらなければ無理である。
ニ．公益活動が、「公務的公益活動」と過疎地の住民のための「公益活動」くらいのことならば、司法改革推進論者とそれを支持する主に東京と大阪の弁護士たちは人数が多いのだから、少し、率先して、自らないし若手も入れて公益活動を担えば、弁護士の大幅増員をしなくとも十分にできることであった。

現に、弁護士人口が２万3000人で、刑事弁護分野の需給が逆転し、過疎地の弁護士のポストも埋まっている。「公務的公益活動」論で残る公益活動は、弁護士任官だけになったが、逆に、かなりの数の者が裁判官の採用拒否にあっている。修習生の判事・検事志望者は、採用数より多い。
ホ．弁護士「自己改革」は、司法改革推進論者の、一般会員に対する一方的な批判と説教の類である。それ故、一般会員を善導するとか、無視して構わないという精神構造となり、優越した気持ちに陥る。

ここでの「自己」とは、まず、司法の権力機構の裁判所や検察庁ではなく、公的性格があるが非権力的で税金で賄われていない弁護士会と弁護士を指す。「自己」と「改革」を連結した「自己改革」という言葉になると、特別な感じになる。弁護士大量増員論者が、自分たちとは違うギルド的根性を持つ弁護士らを想定し、それらの弁護士に批難を浴びせ、それぞれの生き方を否定する意味の言葉となる。普通は、このような言葉遣いをしない。生き物を「改革」するとは言わず、改革の対象とする事柄を表示する。「自己改革」という言葉を聞くと、昭和40年代の中国の文化大革命や日本の学生運動で使われた「自己批判」という言葉を思い出す。

文化大革命の最中の1966年に偶然の機会を得て中国旅行をしたが、紅衛兵が毛沢東語録をかざして知識人や専門家に対し、「走資派だ」（資本主義に走る）と批判し、人民に奉仕せよと吊し上げをして「自己批判」を迫ったり、人民に奉仕したという英雄の物語が作られた時代であった。多くの犠牲者を出し、国の制度と人民の生活を混乱させたが、真相は、毛沢東の権力奪還のためであった。

日本の学生運動家も、学者、先輩及び同僚を批判し、「糾弾」と言って「自己批判」を迫った。一般社会では冗談として流行語になったが、自己批判は、文化的なものではなかった。

ヘ．歴史的教訓として、制度の政策を論じる場合には、仮に自らは、人のために献身的に働く清貧で立派な人であっても、そのような「普通の人間を越える人間像」を基準とせず、普通の人を基準としなければならない。大義をかかげて勇ましさと善行を競うような愚を犯さず、熱狂の感情を抑えねばならない。その冷静さを失うと、「地獄への道は善意で敷き詰められている」[84]（「善意がファシズムへの道を清める」とも言われる）という社会思想家が本で紹介しているロシアの諺のように、善意と熱狂が、地獄に導いたり、ファシズムを呼び込むという大きな過ちを犯すことになる。

　立派な人間像が語られ、それを耳にする時代こそ危険である。その時代こそ、実際には、言葉と違う現実が進行し、危機の時代を迎えることになる。

（5）弁護士激増受け入れの人気取りと自滅の道

イ．日弁連執行部と司法改革推進論者らが、弁護士不足のために弁護士大量増員が必要であると言い出せば、それが嘘であっても、世間は、自分に不利になることを自ら言い出すようなことは絶対にしないだろうと考え、それを信じ、他の者がそれを打ち消そうとしても、それが困難となる。よって、この手口はフェアではなく禁じ手であり、全体が致命傷を負う。それを言い出した弁護士は、「マスコミが世論である」と言った中坊氏と、主にその人を支持した周りの組織的な人たちであった。法務省、マスメディアだけではなく、連合や消費者団体などの力を借りて弁護士バッシングを行った。

　普通、弁護士は、弁護士過剰とその弊害が実際にあっても、それを言い出すことに躊躇する。その弁護士にとって格好のいいことではないうえに、すぐに自分の利益に結び付かないから、言い出さない。また、弁護士自らが、弁護士過剰がもたらす弊害を指摘することは、身内の悪事を積極的に想定して公にすることであるから、それを避け、正直に述べたくない。特

に、自らを立場がある人物だと思う人ほど、そうである。しかし、それは不誠実で無責任である。

ロ．弁護士自らが弁護士過剰を作り出したが、弁護士需要は、1980年代後半から2000年頃までの約15年の期間は、バブル経済とその破綻の処理のために弁護士需要と弁護士1人当りの売上が維持されたが、2004年頃から下降を始めた。2006年以後に過払金と破産の事件が急増し、一時的に需要が増えて弁護士急増の影響を緩和させたが、それも2009年までのことで、2010年頃から事件が著しく減少し、急速に売上を減少させ、その後も減少傾向を強めている。

1999年から2019年までの20年間に、弁護士の所得が半減することが予想されるが、これは、弁護士人口を急激に2.5倍にさせようとした人為の必然的な結果である。今回の司法改革は、意図的な弁護士弱体化政策と、市民のためと称する無謀な「弁護士自己改革」路線の二つが、手を携えて推進したことである。

司法改革の熱気の中で、弁護士の中から、「弁護士もサラリーマンと一緒の収入で何が悪い」という立派な発言が声高になされた。しかし、弁護士には退職金も企業年金もなく、病気になった時に収入が途絶えて経費分が全額赤字となり、昇給があるわけでもない。生涯所得は大企業及び官庁のサラリーマン以下で、優れた人材が弁護士を希望しなくなる。

ハ．「弁護士は、もっと市民のために働くべきである」「弁護士が食えないから弁護士を増やすなという話は国民に説得力がない」「弁護士の収入は国民にとって関係ないことだ」と言って弁護士大増員を唱えた人々がもたらした現実は、どのようなものか。

弁護士に有為な人材が集まらなくなり、教養と見識を深める余裕もなく質を低下させ、「弁護士は社会生活上の医師」「法の支配の担い手」という立派な議論も恥ずかしくて登場させられなくなる。問題は、弁護士が一所懸命に働いても裁判所が認めないこと、食えないのに食おうとすること及び社会正義の実現と人権擁護の責任を行う余裕を失うことの弊害である。いずれも、国民に深く関係する。

弁護士激増策がもたらす実際の様相を探るならば、富裕層の出身が多く

なる。弁護士及び隣接士業の子弟が容易に法曹資格を取得し、弁護士の仕事にありつくが、そうでない修習生は、一部を除いて就職先に困る。一旦、勤務弁護士になっても、独立することが困難である。独立していても事務所を持てず、既存の事務所も閉鎖に追い込まれる。身一つで事件を求めて動き回る弁護士が増加する。仕事の稼働率が低下し、忙しくても単価の低い事件ばかりで効率が悪くなる。弁護士専業でない者や企業などに就職して弁護士にならない者の割合が多くなる。

　更に、その先は、官庁や会社に就職できた者がエリートで、就職できずに残った者が細々と弁護士をやるという今と逆転したことになる。エリートと言われ、知識人であるべき集団が解体され、ビジネスマンや商売人タイプの人たちで占められ、荒涼たる世界が残る。これでは、弁護士の質が低下し社会的信頼が失われ、戦前のように、裁判官と弁護士は官尊民卑の関係に戻り、法曹一元の裁判官制度の実現どころではない。

ニ．我が国で弁護士がこのような悲惨な事態を迎えるのは、今回が初めてのことではない。大正9年に3082名であった弁護士が、人為的理由により増加が図られ、昭和3年には6304名と2倍になり、更に昭和7年には7055名となった。そのため、昭和4年には、弁護士の窮乏と非行が社会問題になっていることを指摘する論文が発表された。そこで、同年、日本弁護士協会がアンケートをした結果、既に弁護士の約6割が、弁護士収入で生活ができなくなっていた。しかし、弁護士層は、この問題に直面したとき、全くバラバラで無力であった。弁護士は、経済的基盤を失い、人心を失い、鼻つまみとなり、職業的意義を失い、「正業」と評価されなくなったと述べられている（『弁護士の団休』大野正男編、日本評論社）。この頃、弁護士と文屋（新聞記者）には家を貸すなと言われていたとある。弁護士人口は、昭和9年の7082名をピークに減少を続け、同19年には5174名となった。

　弁護士の仕事が正業となるには、戦後の日本国憲法と弁護士法の制定を待たねばならなかった。

(6) 大増員論者の理不尽な会員批判と排除
イ．中坊日弁連執行部以後、司法改革推進論者は、一般会員の意見を聞くという姿勢をとらず、裁判官・検察官の増員及び司法基盤整備を伴うことのない、弁護士人口だけの大幅増員計画に反対しなかった。1994 年には、司法試験合格者数の増員について「相当数の増員」と表現し、法曹養成改革協に青天井で合格者数の決定を委ねようとした。

そのため、前記の通り、全国の会員有志が、1994 年 10 月に、日弁連に司法試験合格者数について臨時総会請求を行ったが、この時の法曹人口問題を考える日弁連有志の会の議案は、合格者を 500 人に引き戻せとか、先に司法基盤を整備せよとするものではなく、合格者が 700 人となり、裁判官・検事の充足及び司法基盤整備がどのような状況になるかを検証し、次の合格者増員を考えようとするものであった。

ところが、執行部派は、執行部案に反対する有志の考え方に対し、司法基盤整備先行論であり弁護士人口の増加自体に反対する勢力（守旧派）であると、極めて政治的な批難をした。しかし、有志の考え方こそ、弁護士人口増加と司法基盤整備を同時並行的に行うべきであるとするものであって、執行部派の有志案に対する批判は、自らの弁護士の一方的増員論を隠すための理不尽な間違った悪宣伝であった。

ロ．前記の通り、1994 年 12 月の臨時総会において、今後 5 年間は合格者年 800 人を限度とし、その間に司法基盤整備・法曹人口問題基本計画を策定するという関連決議を満場一致で採択したことから、日弁連は、弁護士だけを大幅に増員させるという暴走路線を止め、対立を一旦は解消することに成功したかに思えた。

しかし、前記の通り、1997 年には、鬼追日弁連執行部が修習期間の 1 年半の短縮を容認し、広範囲の会員が修習短縮反対連絡会を結成して、2 年間の司法修習制度を守ろうとしたために、再び対立することになった。第 17 回司法シンポジウム（「法曹一元の実現をめざす司法改革の実践」1998 年 11 月、高松市開催）の準備の段階から、前回と違い、委員も学者等の助言者も「司法改革」を支持する考え方の人々が支配し、弁護士増加による弁護士の奉仕活動を目的とする「司法改革」推進に偏重したものに

変わっていった。

ハ．このようにして、日弁連執行部、日弁連司法改革推進センター及び東京と大阪の派閥の幹部によって、司法改革路線が強引に押し進められ、前記の通り、1999年4月に日弁連司法改革推進本部が作られ、更に、会員の知らぬ間に内部的に「1500人、必要であるとの具体的提起があれば1500人以上も検討する」ということが取り決められた。

　一方で、司法問題対策委員会、法曹養成問題委員会、法曹養成センターなどが、順次、変えられたり取りつぶされ、1975年から続けられてきた法曹三者協議会も形骸化していった。

　そして、法曹三者協議会が開かれなくなり、日弁連は、国及び最高裁判所の司法政策について独立した立場から批判的意見を述べてきた路線から、戦いを避けてそれらに妥協し、審議会等に加わって、それらと協調する路線に変わっていった。

　そのために、2000年11月の司法シンポジウムから、一般会員が一番関心を持っている法曹人口、法曹養成、就職難など弁護士人口問題、裁判と検察の官僚司法制及び裁判と捜査のあり方などをテーマに取り上げることをせず、会員アンケートも実施せず、これらの問題を検証し、会員の意思を反映させ、「司法改革」自体を議論するということを避ける方法をとってきた。

(7) 法曹一元制度実現の運動と見通しの誤り

イ．日弁連執行部と改革推進論者は、法務省の司法試験改革、それに続く司法改革の本質を見抜こうとせず、協調路線をとり、官僚制司法に対する批判を弱めていた。

　日弁連は、1997年10月の臨時総会で、修習期間1年6ヶ月を受け入れたとき、同時に、法曹一元制度に焦点を定めて実現に取り組むとして、研修弁護士制度の創設をも決議した。そして、上記(6)ロの通り、1998年11月の第17回司法シンポジウムのテーマを「法曹一元の実現をめざす司法改革の実践」としたうえで、2000年2月に、法曹一元制度の提言と要綱試案を発表した。

しかし、前記2の（9）ロの通り、法曹一元制度は、司法審で1999年12月から2000年8月までに3回ほど議論され、他の委員から支持されず否定され葬り去られた。
　日弁連執行部は、法曹一元制が葬り去られたことにも頬被りし、合格者3000人という大幅増員を唱え、弁護士過剰と就職難になる事態に目をつぶった。
ロ．このような日弁連の動きに対し、熱心な法曹一元論者であった松井康浩弁護士は、実現の手順、方法、闘い方についての綿密な計画が成熟を見ないままに、理念的問題に終始したり、あるいは技術的問題（必要とする弁護士経験年数、採用方法、任期、報酬等）のみを議論することによる弊害を考慮すべきであると指摘した[85]（資料編・資料21）。
　我が国における法曹一元への現実的な道すじは、裁判官会議の復活を求め、官僚裁判を徹底的に批判し、それを知れわたらせること、司法の独立、裁判官の独立を十分に確保し、裁判官の市民的自由を保障し、また、現行の統一修習制度を守り、充実させ続けながら、日弁連が司法試験と研修所の運営、裁判官の推薦などにおいて大きな役割を担い、官僚システム全体を打破して行くことである。法曹三者及び政・官・財三者の間の人事交流的な法曹一元などは、官僚司法の補完物及び強者に奉仕する司法への転換物となってしまうことを銘記すべきであった（資料編・資料21）。
　心配した通り、2001年6月の司法審意見書以後、日弁連は法曹一元制度の実現をめざすことすら撤回したかのような状況になった。司法問題に対する在野法曹として掲げてきた日弁連の理念と歴史的な活動が断絶され、日弁連の司法問題に関する活動は、司法改革一辺倒になっていった。

（8）大増員論者の強弁と自賛、国策追随、責任転嫁
イ．このように、日弁連は、主張すべきことを主張せず、自立すべき職能集団の責任を放棄し、今回の「司法改革」の推進を最優先課題として突き進んだが、日弁連執行部とそれを支える人々は、「反対するのは玉砕戦法だ。反対しては司法改革に対する影響力を失うことになる」と強弁し、反対派を批難し、弁護士需要の実状と会員の意思と苦境を顧みることをしな

かった。司法審意見書については、「玉砕戦法をとらずに審議会の中に入り、各種勢力とせめぎ合いをした中で、司法改革を成し遂げた」と言って自賛した。

そして、日弁連は、1996年発足の司法改革推進センターを1999年4月発足の司法改革実現本部に2001年4月に統合し、この本部を再発足させた。この司法改革実現本部は2004年10月に解散し（司法改革実現本部が解散する時、本部長代行が川中宏と山内堅史、副本部長が杉井厳一、寺井一弘、有正二朗、松森彬、事務局長が髙中正彦、事務局次長が中尾正信、明賀英樹、小川達雄、中村元弥、西村健であった）、同時に、司法改革総合推進会議を発足させた。

ロ．司法審意見書が合格者3000人計画を打ち出し、その結果、就職難と弁護士集団の経済基盤の危機を迎える事態が避けられないことが明白になるや、執行部を支持してきた者達から、弁護士集団が弁護士増加に反対するというギルド的な態度をとったことが外部の人々からひどく反発を受けて、そのために大増員という結果を導いてしまったのだという言説が振りまかれるようになった。

しかし、この言説は、日弁連執行部派が、新自由主義にもとづく司法改革路線を「同床異夢」だと言いながら、一般会員の意思を尊重せず、「市民のための弁護士の大量増員」「法曹一元実現のための弁護士大増員」と言って突っ走ったという事実に頬被りをした主張である。執行部派は、東京と大阪の大派閥の集票能力をフルに発揮して、一般会員を無視し、やりたいように日弁連の方針を決めてきたのであり、それにもかかわらずこの言い草はない。極めて政治的な言動である。法務省は、遅くとも1994年11月の時点で合格者を1500〜3000人にし、修習期間を1年以下ないし廃止し、給費制廃止まで口にしていた。これに歩調を合わせる学者、連合、消費者、マスメディアが改革協の委員に集められていた。日弁連は、どの辺で手を打つべきだったと言うのであろうか。言われるままに従うべきだったと言うのであろうか。それは、戦後の民主的な司法改革の解体攻撃に対する全面的敗北である。官僚司法に寄り添う体質の弁護士集団になったのでは、国民のためにならない。戦前、司法省の監督下にあった弁護士

に戻るのか。
ハ．弁護士の大量増員に反対したから、より一層弁護士が大量増員される結果になったのだという批判は、屁理屈の類で、歴史を踏まえない非科学的な主張である。新自由主義の攻撃に対し、保身のために情況主義に陥り、自らの主張を放棄し、真実をなおざりにした卑屈な姿勢をとったことこそ、反省しなければならないはずである。

上記の言説は、日弁連執行部の「市民の司法改革」路線の破綻を隠せなくなった事態に直面し、弁護士大量増員、司法修習短縮及び法科大学院制度創設を推進してきた立場にあった者が、それを批判してきた者に対し、責任を転嫁しようとする見苦しい考えである。

これは、規制緩和的司法政策に反対し、日弁連執行部に反対する立場をとった有志に対する理不尽な批判であり、総括を拒否した自己正当化の論理というほかない。

ニ．もともと、伝統的職能集団の人数を短期間に激増させる政策が、その集団を破壊させることになることは明白であった。それにもかかわらず、日弁連執行部は、それに進んで手を貸し、一般会員の正当な主張と権利を抑え込むことを続けた。

日弁連執行部の外部との協調路線は、会内民主主義の問題としては、コンセンサスによる会内合意形成の方法を放擲し、派閥選挙と派閥により臨時総会の委任状集めによって、数の論理で押し通す方法をとり続けた。マスメディアと一部の学者を利用しながら、反対者に対する誹謗中傷を繰り返した。そのために、日弁連と一般会員の意識との乖離を拡大させ、会内に亀裂と分断を持ち込むことになった。強制加入の自治組織において、東京、大阪の派閥が日弁連を支配し、会内民主主義を形骸化させたことは、会の求心力を失うことになり、極めて深刻な問題である。

（9）日弁連執行部派の権力志向と体制化の問題

イ．この間、日弁連執行部は会員に対し、司法改革推進、ボランティア活動、特別会費納入及び修習生の雇用など、多くの協力を求めたが、一般会員の意見を広く汲み取ることをしようとしなかった。

一方で、「司法改革の推進」に功績のあった者達が、債権整理回収組織、政府や地方自治体の各組織や審議会、最高裁判所[86]、法科大学院、日弁連の役員などにおけるポジションを手に入れていった。これらのポジションは、今回の司法改革以前に司法問題に取り組んでいた弁護士たちが、日弁連役員を除いて決して手にしなかった地位である。

ロ．一般会員に対する奉仕活動や協力金の要請は美しい世界を語ることであり、ポジションを手に入れることは野心や俗欲の見苦しい世界のことである。この二つの世界の大本のところを、今回の日弁連の司法改革という政治の中では同じ人達が占めていた。司法改革の失敗の根源的な原因が、この辺りにうかがえる。

　今、我が国の弁護士集団が緊急になすべきことは、まず客観的歴史と事実から学び、市民のためと偽り、市民を偽装した新自由主義の構造改革にもとづく「司法改革」路線を総括することである。そして、この路線から完全に脱却し、弁護士人口の急増政策を拒否し、司法の独立に相応しい正しい司法政策の立案と遂行に取り組むことである。

4　戦後の弁護士制度を解体するイデオロギー、マスメディアの責任

（1）新自由主義の競争原理による弁護士大量増員の問題

イ．今回の弁護士の大幅増員策は、経済分野での規制緩和と自由競争原理を司法界に導入したものである。その際、事前規制型社会から事後救済型社会になると、司法の需要が増加するので「大きい司法」が必要である、そのためにそれを担う弁護士の大幅増員が不可欠だとした。

　しかし、規制自体の緩和により、法律が変えられているから、司法救済も不可能になっており、弁護士の需要が増加するものではないことなど、すぐに分かることである。

　この経済界と政界が要求した新自由主義的司法改革は、紛争の適正な処理という内容面を改善することは度外視され、弁護士及び裁判所に迅速で安価な紛争処理及び裁判外の紛争処理機関における効率的な処理を狙った

ものである。
　そのため、当時から、このような「新自由主義的司法改革」と同床異夢だと指摘された「市民のための司法改革」は、このキャッチフレーズから期待される内実を目指した改革ではなかったのである。
ロ．また、今回の司法改革では、司法の一翼を担う弁護士の分野にも経済界と同様の規制緩和と自由競争原理を導入すれば、弁護士の質が高くなり、「市民のための司法」が実現するとした。
　しかし、絶対にそのようにはならない。弁護士が自由競争に置かれていないという指摘は事実ではなく、依頼者が弁護士を選ぶのに規制はなく、自由競争の関係にあったが、利用度が高い職業ではなかっただけである。もともと法曹の質は、他との競争によって向上するものではなく、精神的・経済的に余裕のある職業の魅力により有為な人材が集まること、自らの研鑽、教養と品性を高める自覚と努力及び職務の独立性の保障などによって決まるものである。「社会的サービス労働は、専門的な知的熟練と専門的判断・裁量の自由が求められ、そのために、雇用の保障と労働・賃金条件の確保と職場自治が必要である」（二宮厚美神戸大学教授）という指摘の通りである。
ハ．弁護士に対する過当競争の強制は、弁護士を粗製濫造し、宣伝活動に走らせ、それには上達するが、仕事の質を高くするわけではなく、むしろ質を劣化させる。宣伝上手を競うことによって著しく品格を落とした弁護士業界は、弁護士にとっても国民にもいいことではない。新自由主義の考えは、弁護士の職務の性格を無視し、格差社会の中で、弁護士の仕事をビジネスと割り切らせ、弁護士の社会的使命、あるいは公益的活動を軽視するものである。結局のところ、この政策は、弁護士費用のコストダウンと弁護士の職務の独立性及び適正性を奪うことを目的としたものである。
ニ．格差社会に目をつぶり、聖域なき構造改革を唱える小泉内閣時代の2005年に、新自由主義的な司法改革論が究極の姿を現したというべきことがあった。内閣府に置かれた規制改革・民間開放推進会議（議長・宮内義彦オリックス会長）の司法改革問題の専門ワーキンググループ（座長・鈴木良男旭リサーチセンター社長）が、2005年7月、法務省に対して司

法試験合格者3000人の前倒しを要求し、合格者年間9000人案を提案し、この要求と提案がそのまま上記の推進会議の答申とされた（但し、9000人という具体的数値は削除して）。それをそのまま、2006年3月に「規制改革・民間開放推進3ヶ年計画」として閣議決定している。規制改革イデオロギーが、弁護士制度を破壊し、資格制度自体を大きく変容させることを狙ったものであることがよく分かる。

2007年3月から2008年3月まで、規制改革会議の答申とそれを受けた閣議決定が繰り返された。そして、この流れが、2010年2月の法曹養成に関する研究会の提言、更に2011年5月の法曹の養成に関するフォーラムと続いている。

ホ．ところが、弁護士及び学者の中に、未だに今回の司法改革がこのような新自由主義にもとづくものであったことを認めようとせず、「市民のためだ」と言い、就職難から法曹になれずにやむを得ず職を求めてサラリーマン（企業内弁護士）になる事態を「法の支配」の実現だとしてプラス評価する考えがある。

しかし、身分や経済的保障のない立場に置かれた者が、そのような厳しい役割を果たせると考えるのは、非現実的である。彼らは、法律の技術的専門家ではあるが、社会正義と人権擁護を担うプロフェッションとしての法曹ではない。

更に、法曹資格者が著しく過剰になると、関係が全く逆転し、ドイツのように、裁判所、検察庁、行政、官庁、大法律事務所に就職できた者が勝ち組のエリートで、就職できなかった者は細々と弁護士をやることになる。

法曹資格を有する企業従業員の増大は、司法機能の充実強化には結び付かず、むしろ司法が企業の論理に従属させられ、弱体化させられる方向にいく。弁護士過剰は、本来の「法の支配」とか「法化社会」を進めるものではなく、それらの後退をもたらす。

ヘ．また、今回の司法改革を正当化するために、「東西冷戦体制が崩壊し、世界はフラットな市民社会になったので、市民社会に合った司法改革を進めることになった」とか「東西冷戦体制の影響を受けて我が国の司法においても厳しい対立があったが、東西冷戦体制が崩壊したことにより、対立

せずに一致して市民のための司法改革ができるようになった」と説明する人々がいる。しかし、なぜ今回の司法改革と東西冷戦体制の崩壊が結び付くのか分からない。この説明は、従前、日弁連が反体制の立場をとり続けてきたので、司法改革の成果を上げられなかったが、その立場を捨てて、最高裁、国、財界、政党などと協調して今回の司法改革を行ったので成果が上がったと言いたいと思われる。

　しかし、我が国の司法界が、20年前まで東西冷戦体制の影響を直接に受けて東と西の立場で真っ二つに対立した状況にあって、日弁連が東側に立っていたという認識は事実に反する。日弁連は、昭和24年9月、日本国憲法のもとの新しい弁護士法の制度とともに創設され、弁護士の使命として人権擁護、社会正義の実現及び憲法擁護を掲げてきたのであって、東側の立場に立った時代はない。上記の説明は、かつて東側の立場にあって、その後転向したとか、最高裁が行ってきた裁判官の思想による差別人事を容認して協調する路線へ転向したという変わり身を正当化する論理のように思える。しかし、日弁連の多くの会員が、最高裁判所の人事政策や裁判を批判したのは、憲法遵守か憲法否定ないし軽視かという法的、思想的な対立であって、東西体制の対立ではなかった。

(2) 資格試験論による合格者数制限に対する批判の問題

　弁護士増員論の根拠として、司法試験は、競争試験ではなく資格試験であるから、合格者数を予め決めることは許されず、一定の水準以上の者は全て合格させるべきであるとする考え方が述べられてきた。

　この説によるならば、今回のように、政策的に増員計画を策定して合格者数を多くすることも間違いである。なぜならば、政策的に増員するためには、「一定の水準」に達しなくても合格させてしまい、資格試験と言えないレベルにまで低下してしまう。

　資格試験論は尤もらしい説であるが、有為な人材を確保して充実した養成を行うためには、必ず合格者数を適正な規模に保つ必要があることを忘れた議論である。過剰な合格者数を続ければ、必ずや有為な人材は集まらなくなり、試験の成績が下がり、「一定の水準」以上の合格者を多く確保

できなくなる。合格者の水準を維持するためには、合格者を適正数に保つことにより、法曹資格を付与するに相応しい人材を確保するという方法をとり続ける以外にない。

　また、合格者数の制限を職業選択の自由の憲法違反とする考え方がある。プロ野球のドラフト制度を憲法違反と考えるのと同様、利用者側ではなく、法曹になる側の論理である。しかし、国民全体にとって望ましい弁護士制度の方を優先させなければいけない。不十分な法曹養成制度や弁護士過剰の弊害を無視して、不必要な弁護士増員策をとることは、妥当ではない。法曹を目指す者は、自らが司法試験の合格水準に達するようにもう少し勉強すればいいだけのことであり、合格者を適正な規模にすることは、法曹になる自由を奪ってはいない。法科大学院制度こそ、自由な司法試験の受験の機会を奪っている。

(3) マスメディア幹部の弁護士批判の責任の問題

イ．規制緩和と市場原理を唱えてきたマスメディア（主に全国紙とNHK）は、自らが価格維持策の再販制度などによって売上げを確保していることについては、強く正当性を主張してきた。それでいて、スポンサーとの関係を配慮したり、司法官僚制批判を避けたりしながら、弁護士大量増員及び司法修習期間短縮などに与してきた。今回の司法改革に関する報道と論説は、我が国の弁護士制度と弁護士の職務の性格の理解を欠き、弁護士の需要の実態を調査せずに弁護士不足を唱え、偏って、感情的に弁護士バッシングを続けるものであった。

　弁護士側に改めるべき点はあろうが、概ね我が国の弁護士制度と弁護士の活動実績は、国民の利益を守るものであったとみるのが公平な判断ではなかろうか。その実績を否定するかのように、「敷居が高い」「既得権擁護だ」「平均所得が1600万円と高額である」「弁護士は需要拡大に努めよ」「経済的保障を言う弁護士に人権活動をしてもらう必要はない」「弁護士の資格をとったら一生メシが食えるというのはおかしい」「司法試験合格者数の問題は内向きの議論だ」などと批難する言論を盛んに展開し、司法改革に反対する側の言論を掲載することを拒否する不公平な立場をとった。

図表1-5　マスメディアと学者の弁護士バッシングの言論のサミングアップ

(2010年3月)

1　司法改革の理念と目的，外国との比較
①　縁遠く「高嶺の花」であった司法を身近で利用しやすくする。法曹人口拡大は市民が自由に生きられる国にするため，法の支配を強めるためである（佐藤幸治 07.11.17 朝日）
②　先進国の中で少ないフランス並みの数字の3000人は，増やすことはあっても減らす必要はない。韓国も中国も多い。内向きの議論ではなく国際的観点が必要である（佐藤幸治）
③　人口当りの法曹数は，日本は英・独の9分の1と，先進国では極端に少ない（日経コラム）
④　市民に身近な司法を作るというのが司法改革だった（朝日社説）
⑤　法曹三者に法曹の果たすべき役割について意識変更がなかった。社会の側もそのような理解が進まず，訴訟外の活動を容易にする仕組みが整わなかった。3000人計画を実現したうえで弁護士が裁判以外にも活動領域を広げるべき（10.2.26 改革審元委員等）
⑥　「国民に身近で利用しやすい司法」の実現のために弁護士大量増員は欠かせない条件である（10.3.11 日経社説）
⑦　司法を身近なものにするには，弁護士の増員が欠かせない。地方では依頼件数が少なく，業務が成り立たなくなるという声が多い（10.3.12 読売社説）
⑧　法の専門家の助けが必要な人たちに応えるために，改革を停滞させてはならない（10.3.12 朝日社説）
⑨　「国民の社会生活上の医師」として全国であまねく法的サービスを受けられるようにする（10.3.12 毎日社説）
⑩　司法改革の際，法曹人口を増やす根拠として指摘された社会構造の変化がある（10.3.12 毎日社説）
⑪　法曹人口の拡大は，市民が司法を身近で利用しやすいものにするという理念に基づいて計画された。簡単に方向転換されては，国民の期待を裏切る（10.3.12 中日社説）

2　ギルド的利益擁護という批判（高額所得を安定的保証）
①　削減論は，業界の視点で「木を見て森を見ない」議論である。国民の視点から増員の意義を考えるべきである（佐藤幸治）
②　合格者抑制策は法曹に独占的利益を享受させた結果となり，法の支配を妨げる制度的要因として機能したとの反省から，司法改革がなされた（伊藤真 08.11.7 朝日）
③　弁護士のギルド的利益擁護（収益が減るという弁護士内の勝手な言い分）という面があるので，理解が得られない（毎日）
④　質の維持・向上と言わず，法曹人口と言うとギルド的に見える（NHK）
⑤　需要を満たしていないと一方で言いつつ，一足飛びに法曹人口の話を持っていくのは，弁護士の商売上の問題という疑念を呼ぶ（NHK）
⑥　ここは歯をくいしばって増員賛成論を続けた方が，イメージが良い（朝日）
⑦　弁護士の年間所得は平均1600万円，就職難も額面通り受け取れない（08.2.17 朝日社説）
⑧　他の専門資格でも，安定した報酬が保証されるわけではない（日経コラム）
⑨　割の良い仕事が少ない地方が，急増の影響が甚大であるから，宇都宮支持に回った（10.3.11 日経社説）
⑩　国民には，高い収入を失いたくない特権的職業集団のエゴとしか映らない（10.3.11 日経社説）
⑪　弁護士の利益を最優先に守る姿勢では日弁連の信頼は生まれない（10.3.12 読売社説）
⑫　急激な増員がひずみをもたらした面はあるとしても，あまりに内向きな論理である（10.3.12 朝日社説）
⑬　大幅減が必要なら，数字の根拠を明らかにし，今後の弁護士界のあり方を含めた全体像を示すべきだ。でなければ，業界が既得権益を守ろうとしていると受け取られる（10.3.12 毎日社説）
⑭　過当競争を避けたいという弁護士らの本音が読みとれる。業界利益の優先の表れではないか（10.3.12 中日社説）

3　法曹の質の低下に対する対応
①　法科大学院の定員を削減しないと合格率が高くならない。合格率が低いと，法科大学院で総合的な法学教育を修了するよりも，受験対策が優先し，予備校にも通い，以前の解消しようとした状況に戻る（宮澤節生）

② 定員を減らさず，修了認定を厳しくするという意見は，多くの学生に多大な経済的・心理的負担を強いたうえ，多数の落伍者を出すことになる（宮澤節生）
③ 合格者数を少なくすると，優秀な人材が集まるというのは，少子化で学生数が激減する中で通用しない論理である。「狭き門」にすると，司法の道を敬遠する人が出る（佐藤幸治）
④ 国民は，少数のエリートではなく豊かな人間性をもった多くの法律家の誕生を望む（伊藤真）
⑤ 研修所で不適格者をふるい落としているし弁護士の質も時代によって違う（朝日社説）
⑥ ペーパーテストに受かっただけでは役立たない。他の職業では長年の実務経験で一人前（日経コラム）
⑦ 試験はレベルが低くても，顧客から見て質が低いとは限らない。弱者のために働きたいと願う者も多い（日経コラム）
⑧ 司法試験は，必要最低限の法律知識を試す資格試験である（日経コラム）
⑨ 質が保てないから数を減らせと言う前に，手だてがあるのではないか（毎日）
⑩ 質が落ちてはいけないと言ってロースクールを作ったから質が落ちないようにやれ（NHK）
⑪ 質を維持しながら量を増やす方法としてロースクールを作った。質の低下は専門家内部で解決すべきである。八方手を尽くした後でしかスローダウンは認められない（NHK）
⑫ 質を維持したうえで大量の法曹を養成すると言ったのだから，質が落ちるので減らすというのは，当初の理念から逆行する（日経）
⑬ 旧司法試験は法律知識に偏りすぎだとして養成制度と試験を改革したはずではないか（日経）
⑭ 法科大学院のカリキュラムを国内外の課題解決者に合うものに再編する必要がある。国内訴訟担当者の養成の現行制度の見直しを検討すべき（10.2.26改革審元委員等）
⑮ 法科大学院が養成の機能を十分に果たしていない。教育現場の弁護士の意見を参考に，合格者増に向けて方策を探れ（10.3.12読売社説）
⑯ 増員ペースが速すぎるなら，問題点を洗い出し改善策を示すのが筋だ。就職難を言うのなら，他への進出を真剣に検討すべきである。質の低下を言うのなら，法科大学院の改革の議論を優先せよ（10.3.12朝日社説）
⑰ 法科大学院が一大打撃を受け，制度崩壊にもつながる。法曹をめざす若者の失望ばかりか，人材さえ失うことになる（10.3.12中日社説）

4 弁護士間の競争のメリット

① 弁護士の競争を抑制し，公益活動をするという論理は，企業が競争の中で質を高め，活力ある社会の維持に貢献していることと全く対立する（伊藤真）
② 弁護士が増えると，割のいい仕事にあぶれる弁護士が出る。競争相手を増やしたくないというのは身勝手である（朝日社説）
③ どの職業でも，すそ野が広がるほど優秀な人材が増えるはずである。数を制限すると，質の低い弁護士でも食いっぱぐれない（日経コラム）
④ 弁護士の質は，法律事務所のブランド力と長年の評判で担保される。格付けや会員登録制が普及する。市場での競争で質が向上する仕組みを整えるといい（日経コラム）
⑤ 司法試験は，供給側の論理だけではなく，顧客の視点からも考えるべきである（日経コラム）
⑥ 敷居が高すぎた，報酬の決め方が不明朗だという批判がある（毎日）
⑦ 敷居が高いのは，アクセス障害である（読売）
⑧ 弁護士増加によって競争状態になるのは良いことで，アクセス障害がなくなる（日経）
⑨ 依頼者からみれば，能力や専門分野によって弁護士を選べる。競争によって質も高まる(10.3.12読売社説)

5 需要の拡大分野及び裁判員制度への対応の必要性

① 裁判員制度，司法支援センターか豊かな人材を得なければ「絵に描いた餅」となる（佐藤幸治）
② 「就職難が進む」という指摘は，従来の弁護士のイメージにとらわれ過ぎだ。過疎地と公設事務所という新しい弁護士像で考えたい（佐藤幸治）
③ 企業の法令遵守，地域の事業の再生，犯罪被害者の利益保護，被疑者・被告人の権利擁護など，需要は飽和状態ではない（伊藤真）
④ 民事賠償，懲罰的損害賠償，弁護士の完全成功報酬制などの要因がなければ，訴訟社会にならない（伊藤真）
⑤ 就職難は，受験生が考慮することであり，既成の弁護士がそれを言うのは，新規参入抑制の議論と誤解される。就職難を言うのではなく，潜在的需要を掘り起こし，就職難を解消する努力をすべきである。弁護士の質は，教育や試験のみによって決定されるものではなく，弁護士としての活動後に，自らの努力によって研鑽を積むことによって左右されることが大きい（伊藤真）

⑥　国内の事情のみならず，国際化の課題に対応という高次の政策的決断が求められる（伊藤真）
⑦　弁護士会は刑事事件に力を入れる時期が来ている。被疑者国選が十分な体制でないと聞く（毎日）
⑧　裁判員制度で弁護士が不足する（朝日社説）
⑨　被疑者弁護，被害者参加で弁護士が必要となる（朝日社説）
⑩　弁護士不足を解決してから，弁護士を増やすなと言うべきである（朝日社説）
⑪　並はずれた高収入は望めなくとも弁護士の仕事は全国津々浦々に沢山ある（朝日社説）
⑫　高度な渉外事務から高齢化で増える相続などの家族の法務ヘルパーまで，多種多様である（日経コラム）
⑬　守られるべき権利が守られていない。雇用の問題や生活保護を受けている弱者を支えるなど，活路の場がある。法的救済を待ち望んでいる人が多い（NHK）
⑭　裁判員制度で国民に義務を押し付けていて自分達は数を減らせでは，理解が得られない（毎日）
⑮　国際的課題にあたっての存在感は小勢を余儀なくされている。国内的には地域主権，公務員制度，教育，裁判員制度，法テラスなど幅広い分野で法曹の役割が拡大している（10.2.26 改革審元委員等）
⑯　他分野への法曹資格者の採用拡大の制度検討。修習非経由の資格取得期間の3年短縮と会費減額（10.2.26 改革審元委員等）
⑰　弁護士がいない過疎問題，金がない人の民事訴訟や刑事弁護を引き受ける弁護士が少ない問題を解決してから増員反対を言え（10.3.11 日経社説）
⑱　法テラスのコールセンターの問い合わせ件数が28万8000件である。被疑者国選弁護も実現した。弁護士を必要とする人が沢山いる（10.3.12 朝日社説）
⑲　弁護士任官者が少ない。他の分野へ活路を見出す努力は十分であったか。裁判員制度や被疑者弁護の弁護士の確保が不十分であった（10.3.12 毎日社説）
⑳　他の分野で，弁護士採用を義務づける提言をしている。日弁連は，職域拡大に向けて努力すべきである（10.3.12 中日社説）

6　偏在，過疎問題

①　弁護士過疎の問題が解消していない。法テラスのスタッフ弁護士が必要数300人のうち3分の1である（朝日社説）
②　大都市に集中している弁護士が増えれば，大都会であぶれた若手が地方に行き，過疎の問題も解消する（日経コラム）
③　偏在問題が解消していない段階で（弁護士が足りない所がある），総数を増やしてはならないという話にはなりにくい（NHK）
④　東京は弁護士が多いが，地方の過疎は否定しようがない以上，弁護士の数が増えすぎているから抑えろと言っても，納得できない（NHK）
⑤　都市部への偏在を解消することも急務である（10.3.12 読売社説）
⑥　全国203の地裁支部で弁護士ゼロが2か所，一人が13か所ある（10.3.12 朝日社説）
⑦　地裁支部で弁護士が3人以下の地域が64か所ある。地方こそ，法律家の増員が求められるのではないか（10.3.12 中日社説）

7　一度決定したこと，想定内の事態

①　法曹人口の拡大は，国民の総意である。「霞が関主導」ではなく，市民が自由に生きられる国にするために，法の支配を強めるためである（佐藤幸治）
②　閣議決定をひっくり返し，ロースクールを潰して，前の試験制度に戻すのか（NHK）
③　法曹人口増加に待ったをかけるには，しっかりした根拠がいる（NHK）
④　法曹一元を実現するためにも法曹を増やすと訴えてきたのに，ここでストップというのは唐突すぎて，現実には動き出さない状況にある（朝日）
⑤　法曹を増やすと市民のためだと言って閣議決定までした。日弁連も賛成した。過当競争が始まったから，いろいろ理屈をつけて文句を言い出した（朝日）
⑥　3000人とは，日弁連が積極的に主張したこと。指摘する問題点は，当時から分かっていたことで，賛成しておいてやっぱり駄目と言われても，市民としては腑に落ちない（朝日）
⑦　法科大学院の問題というのも，修習1年というのも，最初から分かっていた問題である（日経）
⑧　3000人は，社会に対する約束した数字であるから，見直しは，社会から見て分かる検証をした後で，社会が納得できる理屈がなければおかしい（日経）
⑨　司法改革は幅広い国民の要請を受け，法曹三者で進めてきた経緯があり，弁護士会の都合だけで大幅な見直しをすることはできない（10.3.12 朝日社説）。
⑩　法曹界だけでなく，経済界や労働界も巻き込み，長年議論し道筋をつけたものだ。日弁連も決議をした（10.3.12 毎日社説）

この間、マスメディアは、弁護士の問題について、実際に国民に対し、マスメディアが頻繁に行ういつもの世論調査や、外国の弁護士過剰の弊害の実態調査などを行って主張の裏付けをすることをせずに、国民の名を騙って弁護士バッシングをし、弁護士と国民が対立する構図を作ってきたと言わざるを得ない。

ロ．このように、マスメディアが司法改革批判の言論を抹殺する報道姿勢をとり続ける中で、地方紙の方がましであった。また、司法界の新聞の週刊「法律新聞」の報道は、2010年夏頃までは、公平で優れた編集がなされ、弁護士などから司法改革批判の言論が寄せられていた。社説と天声人語の中間のような「飛耳長目」は、一般会員の素直な心情と考え方を表現した、時局に流されないジャーナリストの批判精神を読み取ることができた[87]。日弁連の『自由と正義』及び「日弁連新聞」が専門誌と党派の機関誌（紙）のようになり、本来日弁連が受け持つべき会員間の意見交換のために紙面が保証されず、「法律新聞」が補完する役割を果たした。

ハ．マスメディアが、本当に弁護士が需要に応えず潜在的需要が多いと思うなら、第四の権力と言われるマスメディアの宣伝力で、国民の需要を、事件として弁護士の事務所や裁判所に顕在化させてくれたらどうか。本人が裁判に消極的である事件、この国の裁判では勝訴見込みの少ない事件、勝訴しても割りの悪い事件及び弁護士報酬を支払う意思のない需要などを顕在化させることが可能であろうか、妥当なことであろうか。本当に需要を顕在化させるには、裁判所のあり方を変えて、裁判が権利救済を飛躍的に認めるように改善され、法律扶助費が数千億円に増額され、国民が負担を覚悟して法的正義の実現に積極的になるのでなければ、無理な話である。弁護士は金持ちだ、もっと国民に犠牲的な奉仕活動をせよという弁護士バッシングをすることから卒業し、この国民の意識と裁判所の実態を変えるために、マスメディアの経営者と論説委員クラスの人たちが、広告料なしで、司法官僚制と司法消極主義の批判、裁判所の改革の必要性、国民の法と裁判に対する意識改革及び司法予算の増額などを訴えるキャンペーンを繰り返し展開してくれたらどうであろうかと期待する。

5 弁護士の実需と弁護士人口の基本論

(1) 弁護士需要と低い利用価値の裁判所及び国民意識の関連性

イ．今回の司法改革の眼目は、「大きい司法」「法の支配」を謳い文句に、弁護士人口を短期間に大幅に増加させ、弁護士集団の性格を変えることであった。

　しかし、必要な弁護士人口（弁護士需要）は、法律と司法のあり方（特に司法予算と裁判所・裁判官制度など）とともに、国民の意識により大きく左右されるものである。つまり、弁護士が増加しても、法律制度が権利救済に十分であり、裁判所が利用しやすく、判決も良いものでなければ、弁護士需要は拡大しない。これまでの我が国の裁判は、裁判利用を促進しようとするものではなく、利用価値が低く、国民の裁判利用を抑え込む消極的な判決を続け、特に近年、裁判需要抑制策がとられていると思えるほど判決が悪化し、その傾向を強めている。

　この点について、司法制度改革審議会が2000年に実施した「民事訴訟利用者調査」の報告書によれば、我が国の裁判制度について、満足とする回答は18.6%で、大変に低い評価となっている[88]。

　また、2006年の「紛争行動調査基本集計書」によれば、過去5年間に問題を経験したとする2343人のうち、相手方と接触した者は1645人で、そのうち裁判所の手続を用いた者は76人（約4.6%）と少ない[89]。

ロ．そこで、まず人権の砦、憲法の番人からほど遠い存在である「頼りがいのない」裁判所を、容易かつ十分に権利の救済が受けられる公正な裁判所にするために、裁判所のあり方と裁判官の体質を改善する必要がある。それを行うことにより、司法による救済を拡充し、裁判所の事件数が増加することが最も重要なことである。もちろん、紛争の少ない社会が望ましい。

　また、裁判所の改革は、司法の国民参加を言う前に、裁判所自ら及び法曹一元制度により、法曹自らの手でなすべき問題である。それを行わず、国民参加の制度を採用しても、それは形だけのものとなる。

それでも、長い間、「裁判沙汰」と言って裁判所嫌いで過ごしてきた国民と系列取引中心の企業が、弁護士に対する需要を拡大するには、長い年月を要すると考えねばならない。このような弁護士需要を規定する基本的な制度及び条件が何も変わらず、裁判所の利用が少ないのに、弁護士だけを増加させる「大きい司法」への改革をしても、それは幻想に終わる。
　このように、法律と裁判所による司法救済の拡充なくして、弁護士増員だけで「大きな司法」の実現はあり得ず、過剰になった弁護士は、生き残りのためにビジネス化を進めることになり、弁護士会は一般の業界と同じように、ビジネス業務の体質になる。このことを無視して、潜在的需要があるとか、供給が需要を生むという論法によって弁護士人口だけを増加させることは、完全に間違った政策であった。
ハ．むしろこの間、「敷居が高い」「専門家の独善だ」「既得権擁護のギルド集団だ」「守旧派だ」「弁護士過疎があるのになぜ増員に反対する」「経済的保証を要求する者に人権を守って貰わなくていい」という弁護士バッシングの嵐の中で、日弁連が、これまで我が国の弁護士集団が国民のために果たしてきた実績を正当に評価することなく、評判を気にして弁護士の自己改革ばかりを唱えてきたことは、弁護士需要の拡大と法曹一元の実現に逆効果であった。
　本当に特定の業務や業界を大きく育成しようとするならば、国が、それなりの財政措置を伴う、司法利用拡大のための助成政策を立案し、実行することが不可欠である。それを全く行わず、安上がりの司法のまま、弁護士だけを増加させて自由競争をせよという政策では、逆の結果しか生まれない。
ニ．国民にとって、裁判による救済だけではなく、犯罪を捜査機関（警察と検察）がどの程度有効に取り締まり、それが被害救済に結びついているのかも、極めて重要な問題である。
　ところが、我が国の捜査機関は、国民の犯罪捜査の申立（被害届及び告訴・告発）に対し、極めて冷淡な対応を続けてきた。弁護士が代理人となって犯罪行為を訴えても、捜査機関が取り合わない事例が余りに多い。犯罪行為による悪徳商法が頻繁に発生し長年にわたって繰り返されてき

ているが、刑事司法が防止と被害回復に役立ってこなかったことが大きな原因である。検察は、消費者被害及び老人等の弱者を食い物にする経済犯（知能犯）の捜査、摘発に極めて消極的で、警察に対して、立件が困難であることを理由に摘発を控えることを指示している。捜査機関が「民事不介入」と言って犯罪を放置することにより、国民が犯罪被害者になり続けている。「市民のための司法改革」と言うのであれば、この点の刑事司法を改善しなければならない。今回の司法改革では、「市民のための裁判所」とともに、「市民のための捜査機関」という観点が抜け落ちている。

（2）弁護士の実需と過大な見積り、法学部卒と隣接業種の存在

イ．近時の実際の弁護士需要は、どのようになっているのか。2006年1月の過払金事件の最高裁判決以後、地方裁判所民事通常訴訟事件の新受件数が増加したが、2009年度の23万5508件をピークに、2011年度は19万6380件に減少している。過払金事件が5割程度を占めると思われ、これを除けば、9万件程度で、1970年代の事件数である。既に破産事件も過払金事件もピークを過ぎて減少している。裁判は、依然として権利救済に消極的な傾向が強く、損害の認容額も低く、行政事件はほとんど勝訴しない。弁護士会の法律相談所の件数もここ数年でほぼ半減し、予約の相談者がゼロで担当弁護士のキャンセルが相次いでいる。

ロ．我が国は、法学部のない米国と違い、毎年約3万8000人の法学部生を輩出し、企業、官庁及び各種団体に100万人を越える法学修得者が就労している。

そのため、企業の90％が法曹資格者の採用に消極的である。今後、企業内弁護士が増加するが、弁護士を志望したがそれが叶えられなくて企業に就職するのは、弁護士過剰を意味する。加えて、もし、企業内弁護士が増加し、日弁連の選挙や意思決定に大きな力を持つようになるとしたら、司法の崩壊である。

また、弁護士隣接業種の人口も20数万人に達している。このように、我が国の制度は、法的素養のある者が、既に社会に行き渡っている。もし、社会の隅々まで行き渡っている大量の法学部の出身者で「法の支配」が不

十分だと言うなら、まず法学部の4年間の充実強化を図ることである。

ハ．弁護士増員のために弁護士過疎の問題がよく取り上げられてきたが、弁護士過疎地に必要な弁護士数は、数百人程度であって、弁護士大量増員論に不当に利用されたのである。過疎問題は、サラクレ問題と被疑者弁護という時代的背景があって強調されたが、「大きい司法」という政策が必要ではなく、本来的な政策によって対処されるべき問題である[90]。

　まず第1に、司法を利用するための福祉行政として過疎対策が行われ、それに弁護士が協力する、第2に、過疎地は大きな民事事件は少なく、それに比して刑事事件は普通にあるので、国選弁護料を、法律扶助とともに2～3倍にして適正化する。これまでの国選弁護料は、仮に1人の弁護士が仕事の全部を国選弁護に振り向け、年間100件処理しても、売上げは800万円程度にとどまり、年間の事務所の維持費より低額で、生活費が全く出ない。国がやることや負担すべき費用のために、弁護士が犠牲になっている。これは「小さい司法」である。

ニ．法律扶助の問題も、給付制に変えれば、弁護士需要が多少増加するが、多くは受任弁護士や弁護士費用が変わるだけで、弁護士全体としての需要が飛躍的に増加するわけではない。

ホ．渉外の需要については、我が国の司法試験と法曹養成は日本法を対象としており、グローバル化によるアメリカ法及びアジア各国の法の需要が増えてはいるが、日本の弁護士の需要となるものではなく、その国の法曹資格取得者の需要であることも承知しておかないと、間違った議論をすることになる。我が国の渉外事務所の大規模化、早期採用内定と高額な初任給が話題になってきたが、所属する弁護士数は、全体の弁護士増加以上に大幅に増加したわけではない。アジア進出という弁護士需要の話自体が、国内の弁護士過剰を意味する。

ヘ．日弁連の2000年11月の総会決議にもとづくものとして、2008年3月及び6月に、日弁連の弁護士業務総合推進センター内に設けられた法的ニーズ・法曹人口調査検討PTの報告書が作成された。3月の報告書では、法的需要について調査・検討した結果、「現在における法的ニーズ・弁護士採用ニーズが向後5年間程度で飛躍的に増大していく見込みについて

は、なかなか認めることができない。ましてや、10年後の2018年（平成30年）において、現在の2倍に相当する5万人規模の弁護士人口を安定的に吸収しうるだけの法的ニーズを予測することも、困難と言わざるを得ない」と結論づけている。

実質上、この報告書は、2007年現在の弁護士人口2万3000人程度で飽和状態にあることを裏付ける内容となっている。

（3）先進諸外国の司法との比較論法の誤り

今回の法曹基本懇、改革協及び司法審の議論において、弁護士大量増員のために外国の司法と比較して弁護士の数が少ない、早期にフランス並みに法曹人口を5万人にすべきであるとした。しかし、その外国と日本とでは全く歴史が異なっていたり、欧米の先進諸国の司法自体が既に新自由主義による経済のグローバル化の津波によってかなりの程度変容している（弁護士の大量増員、資格の一元化、ローファーム支配など）。

しかも、その国の司法の全体ではなく弁護士数だけを取り上げ、国民の数との割合を比較し、日本は弁護士の数が少ないとした。しかし、日本は外国と比較して、弁護士が少ないことよりも裁判官や扶助予算が少ないことの方が際だっている。また、弁護士隣接業種や法学部出身者が非常に多いことも無視している。要するに、司法審は、弁護士増員という結論が先にある偏頗な比較論法を取ったものである。司法のように、物質文化の領域でない慣習と文化の分野で、外国と同一視すること自体が不合理である。

（4）弁護士の業務拡大の努力と弁護士へのアクセスの問題

イ．2007年に司法修習生の就職難が騒がれるようになり、2008年秋にはリーマンショックが発生し、我が国の弁護士需要の実情を無視した弁護士大幅増員計画の破綻がはっきりとした。そこで、弁護士増員論の法科大学院関係者やマスコミから、現場の弁護士がもっと業務拡大に努めないからいけないのだという主張が盛んになされるようになった。

しかし、我が国の弁護士は、現在一部の弁護士事務所が行っているような高額な金を使っての広告宣伝をして来なかったが、親戚、知人、友人だ

けではなく、人によって程度の差はあれ、「歩く広告塔」になって同窓会、ロータリー、ライオンズクラブ、青年会議所などありとあらゆる人の集まる機会で顔を広めることに努め、また、司法書士、税理士など全ての隣接業者と知己になる関係を熱心に築き、顧客獲得を図ってきたのが実態である。それらに熱心な弁護士が、客商売としてはやっているのである。

業務拡大せよと言われても、裁判実務的には勝訴の可能性が低い事件、採算のとれない事件、勝訴しても目的を達成しない事件などは、弁護士の手弁当、持ち出しでしか行えない事件であり、無理筋の事件、裁判になじまない事件、適正な弁護士報酬を支払おうとしない事件及び悪徳商法やマネーゲームにかかわるビジネスなどは、需要とすることは妥当でない。

ロ．前記の司法審が、弁護士へのアクセス障害を調べるために2000年に実施した国民に対する「民事訴訟利用者調査」の調査報告書によれば、裁判所利用者に限られることであるが、弁護士を探すのに苦労したとする回答は9.9％にとどまり、「弁護士に対するアクセス障害は認められず」と報告されている[91]。

また、前記の2006年の「紛争行動調査基本集計書」によれば、少額事件が81％を占める中で、弁護士など法律専門職への相談・依頼が24％あり、結構高い割合である[92]。

6　今回の司法改革と裁判所・検察庁の改革否定の問題

（1）司法官僚制の温存、法曹一元制の否定、弁護士任官の失敗

イ．我が国の裁判所について、日本研究家のウォルフレン[93]が「最高裁事務総局の司法官僚群が日本の司法全体を監督している。裁判実務に携わる裁判官ではないこうした官僚が、裁判官の任命・昇格人事、給与の決定、解任を牛耳っている」と指摘しているが、この裁判官と裁判の統制の打破こそ、裁判所改革の中心的課題であったはずである。

ところが、審議会の審議及び意見書は、裁判所内の司法官僚制による支配の実態や弊害を無視し、それらに対する認識も批判も示さず、単に裁判官給源の多様化、任命手続の透明化・客観化、説明責任、国民の参加等を

打ち出し、裁判所改革の主目的を裁判の迅速化・効率化とした。

　それで、今回の司法改革が、我が国の裁判を改善することになったのであろうか。最高裁判所は、今回の司法改革において、裁判所側に問題はなく、改革すべきものは何もないという姿勢をとり（法務省も同じ姿勢であった）、改革すべきものがあるとすれば、弁護士制度である、司法改革は弁護士改革であると主張してきた。

ロ．我が国の弁護士が明治以来唱えてきた法曹一元制は、1964年の臨時司法制度調査会の意見書は、法曹一元制は望ましい制度であるが条件が整っていないとして先送りにした。

　今回の司法改革ではどうであったか。最高裁判所及び法務省のみならず、他の委員も支持せず、司法審意見書は法曹一元制を抹殺した。では、日弁連が支持した司法試験合格者の大量増員による弁護士の激増及び法科大学院創設は、法曹一元制の実現に近づけるものであったのだろうか。そうとは、とても思えない。

　今回の司法改革においては、弁護士バッシングの嵐が吹きまくる一方、我が国の裁判所の官僚制については、その弊害が強く指摘されることがなかった。裁判所及び裁判の弊害が十分に認識されない限り、人は、法曹一元制の実現の必要性を感じない。法曹一元制は、我が国の裁判所の病理、裁判の不当性に対する徹底的な批判とそれらの認識が広がることがなければ実現しないものである。批判を弱めた協調路線をとった日弁連執行部は、法曹一元を弁護士の大量増員を正当化するのに使っただけで、法曹一元について何の成果も上げていない。

　結局のところ、日弁連の中で法曹一元制の実現に取り組んできた委員会も、既になくなっていて、法曹一元の実現は完全に遠のいてしまった。

ハ．最高裁は、今回の司法審の意見書を受けて、2002年6月に最高裁判所一般規則制定諮問委員会（日弁連委員は宮本康昭氏）、2003年に下級裁判所裁判官指名諮問委員会を設置した（中央に一つの委員会、高裁所在地に八つの地域委員会）。

　この委員会は、判事補新任、判事補からの判事任命及び判事再任を審査するだけで、これまで裁判官統制の手段として用いられてきた異動、補職、

昇給は審査の対象としない。

　裁判官の評価としては、これまでとほぼ同様、裁判所で監督的地位にある裁判官の部下に対する評価資料にもとづいて、委員会の作業部会が「重点審議対象者」を絞り込み、委員会の全体会当日に、その案が提出され、「重点審議対象者」以外はその場で決定される。次回に重点審議対象者について、地域委員会の情報を加えて決定され、最高裁に答申される。しかし、この答申に拘束力はない。

　このような制度は、最高裁の気に入る裁判官を最初から審議対象者から外し、排除したい裁判官のみ審議対象者とするもので、最高裁の不当な人事政策をチェックする機能は期待できない。むしろ、大量の任官拒否にお墨付きを与え、裁判官10年任期制を現実化させ、裁判官の職務の独立に悪影響を及ぼすことになる。改革の対象は、裁判官の職務の独立、身分と市民的自由の保障及び労働条件の改善とすべきであったはずである。

　裁判官指名諮問委員会が設置された2003年から、再び司法修習生からの裁判官不採用が8人（56期）、7人（57期）、9人（58期）、10人（59期）と飛躍的に多くなり、裁判官になって10年後及びその後の10年ごとの判事任命の辞退者と被拒否者が多くなっている。また、弁護士任官についても、概ね3人に1人の割合で裁判官採用を拒否されている。

　しかし、以前と違って、日弁連もマスメディアも、この裁判官統制の問題を取り上げることをしない。最高裁判所としては、今回の司法改革の成果と言えるが、我が国の裁判所の病理を強めるものである。

　裁判官の独立を守るためには、1955年以前のように、裁判官会議が裁判官の評価・人事を行うことにし、将来的には、裁判官を含む弁護士集団全体での権限とすべきである。それが法曹一元の理念に沿う方法である。
　ニ．弁護士から裁判官に任官することが、戦後しばらくの間にかなりの人数あったが、次第に例外的なケースとなった。バブル経済の影響で裁判官任官希望者の減少もあって、1991年に法曹三者で弁護士任官に関して合意がなされ、それを推進することになった。しかし、この弁護士の裁判官任官制度は人気がなく、1992年6月から2011年4月までの常勤の任官者は、累計で101名にとどまる（年平均約5人）。

図表1-6　裁判所予算

	予算額（千円）	対国家予算比（%）		予算額（千円）	対国家予算比（%）
1947	533,007	0.25	1980	180,102,206	0.41
1948	2,001,189	0.42	1981	188,054,299	0.40
1949	4,212,688	0.57	1982	198,193,026	0.42
1950	4,834,316	0.73	1983	199,650,892	0.39
1951	5,874,139	0.74	1984	209,544,522	0.41
1952	7,062,681	0.76	1985	218,392,283	0.42
1953	8,268,128	0.80	1986	229,790,264	0.42
1954	8,697,255	0.87	1987	235,547,066	0.42
1955	9,176,320	0.93	1988	240,847,032	0.42
1956	9,503,619	0.87	1989	248,841,410	0.41
1957	10,670,796	0.90	1990	257,403,727	0.39
1958	11,129,033	0.83	1991	267,512,060	0.38
1959	12,433,933	0.82	1992	277,672,580	0.38
1960	13,833,933	0.78	1993	283,898,974	0.39
1961	16,958,927	0.80	1994	288,319,798	0.39
1962	18,636,205	0.73	1995	295,047,940	0.42
1963	21,196,372	0.69	1996	305,285,978	0.41
1964	23,959,742	0.71	1997	310,787,900	0.40
1965	27,827,303	0.74	1998	310,228,613	0.40
1966	31,557,261	0.70	1999	318,406,357	0.39
1967	34,345,463	0.66	2000	318,655,895	0.38
1968	37,781,954	0.64	2001	319,785,378	0.39
1969	42,385,868	0.61	2002	317,103,560	0.39
1970	48,894,810	0.60	2003	317,831,163	0.39
1971	58,997,770	0.61	2004	315,627,056	0.38
1972	70,457,925	0.58	2005	325,948,805	0.40
1973	84,833,891	0.56	2006	333,106,391	0.42
1974	91,440,440	0.48	2007	330,394,123	0.40
1975	123,644,701	0.59	2008	327,580,849	0.39
1976	137,159,931	0.56	2009	324,732,707	0.37
1977	147,806,170	0.50	2010	323,178,496	0.35
1978	162,246,822	0.47	2011	320,021,993	0.35
1979	173,764,198	0.44	2012	315,029,000	

これまで、日弁連は、一度も本格的に、この制度の人気のない理由について会員にアンケート調査などをしてこなかったが、採用基準、人事差別及び裁判官の職務環境を根本的に変え、司法官僚制を変える方向を打ち出さなければ、弁護士任官者は増えない。

（2）貧弱な司法、裁判官不足、裁判迅速化、弁護士強制の危険性

イ．裁判所予算の国家予算に対する比率は、1955 年の 0.926％（対 GNP 比 0.104％）がピークで毎年下降し、最高裁判所は、1958 年、日弁連に予算確保の協力を要請し、日弁連がこれに応えて各方面に働きかけをしたことがあるが、その後はそのようなことが全くない。

裁判所予算は国法上特別な考慮が払われており、裁判所の要求額を内閣が削るときは国会で復活し易いように原案を付記し、かつ財源を掲げなければならないことになっているが、最高裁判所は、発足以来 1969 年までにわずか 3 回この権限を行使したにとどまり、以後は全くこの権限を行使せず、予算獲得に消極的であった。

裁判所予算は、1984 年に 0.4％を下回り、緊縮財政のために一時期 0.4％をわずかに越えたことがあるが、ほとんど 0.4％を少し割り込むという貧困な状況にある。司法改革で、裁判官増員と裁判員制度のために少し増額し、2006 年に 3331 億円となったが、その後減額され、2011 年は 3200 億円で、国家予算の 0.346％まで低下した。裁判所予算は、人件費の割合が年々増大して 85％程度に達し、施設費や裁判費が極度に圧迫されている。全く「小さな司法」である。この「小さい司法」と弁護士大量増員の組み合わせは、無理なことである。

ロ．我が国の裁判官人口（定員）は、1890 年（明治 23 年）に 1531 人であった。戦後の裁判官の定員の推移を見ると、1954 年に 1597 人（別に簡裁 730 人）であったのが、40 年後の 1994 年においても 2036 人（別に簡裁 806 人）にとどまり、40 年間の増加率は 1.26 倍、年平均 10 人の増加数にすぎなかった。特に、1972 年以後の 20 年間には、平均毎年約 5 人の増加にとどめられた。

この異常な裁判官数の抑制策は、裁判官の統制と関係があると考えざる

を得ない。このように裁判官の増員が極度に抑えられたが、弁護士だけは着実に増員された結果、弁護士数と裁判官数の比率は、1954年に裁判官1人に弁護士3.7人（簡裁判事を含めると2.5人）であったのに対し、1994年には裁判官1人に弁護士7.4人（同5.3人）となり、両者の間に大きな開きが生じた。

　今回の司法改革により、両者の開きが更に拡大し、現在、裁判官1人に対し弁護士約11人である。このような両者の不均衡は、諸外国では見られず、今後、不均衡が拡大する。外国との比較と言うならば、我が国は、弁護士ではなく、裁判官の数が最も少ないことこそ、問題にすべきである。

　以上に述べた裁判所の状況こそ、「安上がりの小さい司法」として改革の対象とすべきであった。裁判所の官僚制及び裁判官の思想統制とともに、裁判官増員と裁判官の待遇改善は、我が国の司法改革において、最優先で取り組むべき課題であった。

ハ．司法審の審議において、最高裁は、迅速化、専門分野のため今後10年間で裁判官450人増加が必要であるとし、それ以上の増員については、仮に事件数が3割増加の場合、300〜400人の増加が必要であるとした。地裁通常訴訟事件は、1965年頃から2000年までの35年間で2倍程度増加したに過ぎないので、10年間で3割増の見立ては、最高裁としては最大値であったが、裁判官不足（裁判官の過重労働）を解消するほどの増員ではなかった。

　司法審意見書以後、以前より裁判官採用者数を年間30〜40人多くし、10年間で約600人増員させた。しかし、現在も裁判所予算は増加せず、裁判官不足が続き（省力迅速化とADRを指向）、裁判官が過重労働で、歯車のように働く状態は解消されていない。そのために、日弁連は、司法審意見書以後、弁護士急増を放置しながらも、裁判官を2倍に増加させることを要求した。しかし、この要求は、事件数などの増減見通しからして過大な要求であり、むしろ、裁判官を年間150人程度採用させる要求や、弁護士急増を止める要求の方が緊急に必要なことであった。

ニ．2003年に「裁判の迅速化に関する法律」が制定され、2年毎に最高裁判所が「裁判の迅速化に係る検証に関する報告書」を公表している。2011

年7月8日公表の報告書（第4回）は、本人訴訟に対する弁護士強制の導入を検討するとして、「弁護士にアクセスできるにもかかわらず自ら訴訟を追行する当事者の割合が増加している現状をも踏まえ、弁護士強制制度の導入について、部分的導入の可能性も含め、検討を進める」と述べている。

　しかし、本人訴訟率の上昇は、過剰状態の司法書士が裁判上の書類を作成することが多くなったことが主な原因で、それに、少額事件が増えたこと及び国民の所得が減少したことが原因に付け加わっているだけである。拙速に司法書士に簡裁代理権を与えたことが影響しており、それに司法書士人口の過剰という経済問題と、司法書士が難しい訴訟の書類作成まで仕事にしてしまうという倫理問題がある。

　このこととは別に、もともと本人訴訟のかなりの割合が無理な事件という特異性があり、その対応は難儀なことが多い。この難儀さを、弁護士に代理人として負担させるのではなく、権限を有し税金で賄われている裁判所が、裁判官の数を増加させて背負うのでなければ、困難である。

　もし、弁護士強制制度を導入するとしたら、弁護士強制は裁判利用者本人に弁護士を依頼する義務を課すのであるから、弁護士報酬の訴訟費用化などにより、裁判所による弁護士報酬の規制又は国による弁護士報酬の規制及び保険の制度とセットになる可能性が高い。

　日弁連の弁護士報酬規程が独禁法違反と自由競争を理由として2004年4月に廃止されたこともあって、弁護士強制が導入された場合、その際の弁護士報酬の基準は、これまでの刑事国選弁護料、裁判例による弁護士報酬認容額、調停委員などの日当、法テラスの報酬基準、損害賠償保険会社の弁護士報酬基準などを考えると、事務所を維持できないほどに低額に抑えられることが予想される。刑事国選弁護事件が増えて私選弁護が少なくなった現象が、民事事件にも起こることを予想せざるを得ない。

　弁護士の経済的自立及び職務の自由と独立に重大な影響を及ぼすことが危惧される。本人訴訟及び弁護士報酬の規制は、弁護士人口増加とともに弁護士統制の両輪となることを十分に警戒しなければならない。

ホ．また、上記の最高裁の報告書では、第3回報告書に続いて、「弁護士

の執務態勢等に関連する要因」の項において、弁護士へのアクセスの遅れ及び弁護士の負担の過重さを問題にしている。しかし、第１回目の期日までの弁護士の準備不足や一部の弁護士の手持ち事件の過多は、現在、審理期間の長期化の原因として取り扱う必要があるほどの問題ではない。更に、陳述書の利用による裁判の迅速化が、裁判の真実発見との関係で問題を生じさせ、裁判の充実に結び付いていない現状をそのままにして、反対尋問まで当事者間で実施して尋問調書を裁判所に提出させるなどによって裁判の省力化が図られることは、更に裁判の形骸化を進める恐れが大きい。

（３）法曹の過剰と質の低下、民事裁判の劣化と改善策

イ．司法試験合格者の大量増員は、法曹の過剰と質の低下をもたらし、弁護士のみならず、裁判官にも悪影響を与えている。司法修習生が増えれば、最高裁判所の選別がより厳しくなり、裁判官に採用して貰うためには、一層の自己規制が必要となる。また、裁判官が、弁護士過剰のために、弁護士への転身が困難となり、退官覚悟で信条を貫くことが以前より勇気が要ることになった。裁判官指名諮問委員会も、裁判官の独立性を回復する制度になっていない。

ロ．日弁連が「自己改革」に熱中している間に、裁判は裁判迅速化法により審理の省力化が正当化され、ますます進められ、真実発見の能力を弱め、権利救済の範囲と程度を低下させ、損害賠償額を抑制し、いわゆる司法消極主義を強め、検証や人証の省略、制限及び早期の和解の勧めなどによって、裁判の省力化が進められてきた。

　民事裁判の傾向としては、裁判官の間で丁寧さや荒っぽさにバラツキがあり、事件処理を優先させて判決が書き易い方向に判断が流れ、悩まずに決めつけたうえで安易な判断を下し、ご都合主義でいい加減な判断が多くなったという評価が、弁護士の間に多く出ている。

　真実を見抜こうとする熱意、誠実さと見抜く力が裁判の生命であるのに、それを低下させては、裁判の存在意義を失う。実態を深く把握しようとしない形式的な判断、深い洞察力を働かせず書面証拠に寄りかかる皮相的な判断、弱者や一般人の判断力や対応力と裁判官のそれらとの違いを考慮し

ない判断、自己責任を強いる判断、自分の下した結論に都合のよい証拠ばかりを重視し他の証拠を無視又は軽視する判断、上級審の判例に逆らわない判断、行政やその他の権威を一方的に信用する不公平な判断、書面証拠に寄りかかって思考力や想像力を鈍らせている判断、蒙った損害に対する低い感受性と低額な賠償評価など、権利の救済が不十分な裁判を改善する必要がある。

　充実した審理と公正な裁判という司法にとって最も重要なことが相当程度に失われている。弁護士が裁判手続をとることを躊躇させるような、「冷淡で頼りにならない裁判」が増加しているという弁護士の評価を多く聞くようになった。

ハ．判決で、「……を認めるに足る証拠がない」という記載の仕方がなされることが多いが、「認めるに足る証拠」になる可能性のある証人、鑑定、検証等の証拠の採用を拒否しておきながら、裁判官がそのように判示するのは矛盾であり、また、洞察力が弱く感受性が低いと、「認めるに足る」証拠もそのように思えない。更に、民事の控訴審は、刑事の控訴審のように形骸化し、一審の判決を点検する機能を弱くしている。

　被告の騙し、強迫、いじめなどの悪事を理由に賠償を請求する民事裁判において、原告の請求を認容する立証の程度であるが、刑事裁判の検察官の立証に近い程度の立証を要求したら、強制捜査がなされていない民事事件では、多くの場合、「認めるに足る証拠」がないことになる。民事訴訟の証明について、昭和50年10月24日の最高裁判所判決は、証拠の優越（少数説）では足りず、「高度の蓋然性を証明することであり、通常人が疑いを差し挟まない程度に真実性を持ちうるものであることが必要」と判示し（判例、多数説）、それは十中八九確かであるとの判断と説明されている。

　悪事を働く者は、確たる証拠を残さないようにやるのが一般的であるために、被害者及びその関係者の供述証拠を丁寧に聞き、洞察力や想像力を十分に働かせ、積極的に真実を突き止めようとする姿勢が不可欠であるが、それを面倒に思い怠って、ありきたりの消極的な判断に傾けば、司法救済はほとんど不可能になる。証明の程度が厳しすぎることは、「大きい司法」

に全く似つかわしくない。証拠の優越を大幅に越える立証を求めたり、社会の実態に疎く、洞察力を欠いて証拠の優越を認めない裁判は、著しく救済の範囲を狭くし、国民の裁判利用を著しく抑制する。

　裁判官の仕事が歯車の働きのようになることは、裁判が裁判所の利用を促進させるのとは全く逆の傾向である。世間の自己責任論の裁判所版と言うべき立証論と裁判官不足による拙速主義が、ますます裁判官の目を節穴同然にし、救済を求める者を落胆させ、善良な弁護士が窮地に立たされる。このような裁判は、勝訴した側からも舌を出され、信頼されない。

ニ．以上の裁判の質の低下と頼りなさの原因として考えられることは、裁判所側の事情としては、多忙による余裕のなさ、気骨のある裁判官の減少、裁判官になるまで及び裁判官になってからの社会経験の不足と偏り、新方式の判決書き、陳述書による尋問軽視、集中審理方式による不十分な反対尋問及び弾劾証拠、裁判官に対する迅速化の強要など、裁判官が自分の頭を使うのに十分な時間が保証されていないことなどが考えられる。

　一方、代理人側の原因として、まず、弁護士急増で法律知識などの質の低下及び依頼者の言いなりの訴訟活動による裁判官の負担の増大が、裁判官側から指摘されている。また、代理人が、自分の役割は書類を作成・整理してそれらを裁判所に提出すれば足ることだと心得て、その後は裁判官の安易な和解の勧めに応じたり、裁判官と論争せず判断は任せればよいとする物分かりの良さがある。更には、学者とマスコミの裁判批判の力の低下などがある[94]。

ホ．このように、裁判が権利救済に極めて消極的になっている現状をしばしば経験すると、「大きい司法」や「法の支配」という司法改革の謳い文句は何であったのか、と思わざるを得ず、これが「司法改革の成果」なのかと絶望的な批判を加えざるを得ない。

　このような裁判の現実から脱却して、裁判を改善する方法は、まず、裁判官を増やし、土日のうち1日か2日の休暇を可能にし、仕事と生活にゆとりを持たせ、歯車ではなく、誇りを持って誠実に知識人・文化人の役割を果たせる職場と生活環境を確保することである。

　弁護士会は、裁判官を評価するアンケート調査を実施しているが、弁護

士の協力がほとんど得られていない。以前のように、裁判に関する専門委員会を発足させ、司法シンポジウムのテーマに、例えば「裁判に対する批判と改善策」、「裁判官制度」などを取り上げ、その成果を「司法白書」などで発表する方法をとることの方が効果的である。

　また、合議で審理する事件を増加させ、最高裁判所判事のように調査官をつけて起案の負担を軽減する方法をとって、経験豊かな、選ばれたベテラン弁護士を採用し（同期の裁判官と同じ待遇）、重罪を対象とする裁判員制度より先に、国民がよく経験する民事・行政裁判にこそ、国民を参加させる方法を採用すべきであった。そうしないと、我が国の司法は、権利救済が狭く、不十分なままである。

ヘ．1963 年 8 月から 9 月に欧米の司法を視察した横田喜三郎最高裁判所長官が報告を書いている[95]。

　イギリスのバリスターが裁判官を希望する理由として、中年の弁護士の年収が 3000 〜 5000 ポンドであるのに対し、正規の裁判官の年俸が 8000 ポンドに値上げされていて、中年の成功した弁護士に比べても高い給与となり、裁判官希望者が増加し、希望者の不足がなくなった。仕事量も 9 時出勤で 4 時か 5 時には帰宅でき、土日は休みで、1 年に 2 〜 3 ヶ月の休暇があるが、バリスターにはそんな暇はない。我が国の裁判官は、非常に忙しく、転勤が多すぎ、なり手が少ない。裁判官が倍になれば、楽になり、弁護士から裁判官になる人が多くなる。

（4）刑事司法の現状

イ．刑事司法の問題について少し述べると、刑事裁判は、事実上有罪が推定され、被告人側に挙証責任が転換されている。捜査機関が見立てた筋書きが見破られることなく、架空の物語であったとしても、物語が事実として認定される。捜査機関から間違って事案の見立てを受けた者は、それと完全に矛盾する客観的な証拠がない限り、不幸と思って観念せよという世界にはまってしまう。被告人側に合理的な疑いを差し挟まない程度の反証の責任を負わされる。

　実際上、被告人に課されている、この被告人の反証責任は、無かったこ

との証明となり、悪魔の証明と言われる。有ったことの証明より難しく、ほとんど不可能である。

　我が国の裁判の実態は、確たる証拠を、民事の原告の立証と刑事の被告人の反証に要求していると言っても構わないほどの傾向にある。弁護士が増加しても、損害を蒙った被害者も無実の被告人も、救われない。

　弁護人が、実務法律家として、裁判官が誤判しないように努力している弁護活動に対して、裁判官がそれを理解しようとせず、批難の目で見られるのは、弁護人にとって理不尽で、割も合わない。

　刑事事件は、弁護士を10年くらい経験した人にしか裁けないのではないだろうか。また、弁護人も、低額な国選弁護報酬のために、経験不足で刑事事件を専門としない若手と老齢者が中心となっていては、裁判官、捜査官、検察官と戦えるかどうか、心配な事件がある。

ロ．刑事捜査では、急に身柄をとられて、人との接触や仕事を遮断され、取り調べが専門の玄人から脅されたり騙されたりした被疑者が、それから早く逃れたい一心で、取調官の書いた調書に署名してしまう。この被告人の供述調書の書き手は捜査官であるから、本当は捜査報告書というべき性格の書類である。なぜ、それが自供調書となるのか。そろそろ、そのようなやり方を改めた方がいい。

ハ．捜査の可視化は、一部と全面的とでは全く異なる。全面可視化と捜査のあり方は密接不可分である。捜査の人的・物的設備の規模と質を飛躍的に高めて捜査力を向上させ、客観的証拠の収集力を高め、更には、取調官と被疑者の会話がそのまま正確に記録されるの尋問調書の形式に変更しなければならない。このような捜査のあり方の大改革と一緒でなければ、全面可視化は実現しない。一部可視化は、調書を書き上げてしまったうえで、読み聞かせと署名の場面だけの可視化となり、むしろ有害である[96]。一部可視化は、捜査機関が名張毒ブドウ酒事件でも行い、報道機関に公開し、世論操作をした危ういものである。

　刑事裁判官の保釈を否定する罪証隠滅の判断も、証人の供述調書を採用する判断も、ほとんど原則と例外が逆転しているのが実際である。

ニ．刑事司法に関して、我が国は、間違いなくひどく非情な国である。事

務員一人の小さな税理士事務所を営む善良な老齢の税理士が、突然、脱税の協力をしたと疑われて逮捕され、マスコミにも大きく報道された事案[97]を経験した。この税理士には持病があり、三人の嫁いだ娘とその孫がいた。

　税理士は、20日間ほど若い検察官に乱暴に脅され続け、数回保釈申請したが、半年間勾留され、一審と控訴審で4年の歳月がかかり、その間、嫌疑を晴らすことにほとんどの時間を使った。幸運にも、一審の合議の担当裁判官との巡り合わせが良く、一審で無罪の判決を得た。控訴審後は、検事は引き延ばしにかかり、控訴審の裁判官は、露骨に有罪の方向で改めて証人調べを実施したが、検察官側の主犯の証人の頭がそれについていけず、無罪を覆せなかった。

　無実の者が、無罪の結果を得るのは、いくつかの幸運（捜査官からすれば不運）が重なったときだけである。

ホ．その後、この冤罪の被害者に対し、国家はどの程度の補償をしたか。半年の勾留分の刑事補償金250万円（1日1万2500円、最高額）と無罪費用補償金（弁護人2人の報酬とコピー代等の実費）228万円であった。彼の本当の損害は、顧客の半分の喪失、半年の身柄拘束、保釈後の3年半の裁判対策の日々及び2000万円程度はかかるはずの弁護費用などである（2人の弁護士が弁護活動合計2000時間程度をかけた）。1億円の賠償金を支払われても埋まらないほどの損害である。それに対し、合計478万円の国家補償であった。冤罪が晴らせただけ幸せだったと思うしかないのか。

　この国家のひどさを改善することを対象としない司法改革は、一体何のためであったのか。この非情で非常識な刑事補償が、今も改められていない。

7　合格者と弁護士の激増と過剰、法曹三者の不均衡、就職難

（1）合格者と弁護士の激増

イ．司法試験合格者数は、1947年から1962年まで年間200人から300人台で推移し、1963年から1990年まで400人から500人台で推移した。1991年から100人程度ずつ漸増され、1999年の54期から修習期間が1年

半に短縮され、合格者は約1000人となった。

　2001年6月に司法審の意見書が発表され、2002年に約1200人となり、2004年4月には法科大学院が発足し、2004年に約1500人となり、2006年に旧試験549人及び第1回新試験1009人の合計1558人となった（現61期、修習期間1年半。新60期、修習期間1年）。

　2010年は旧試験59人と新試験2074人（現65期、新64期）となり、2011年は旧試験が廃止され、新試験2063人であった。2011年3月の日弁連の「相当数の減員」提言は、無視された。

ロ．弁護士人口は、1992年3月に1万4329人であったが、10年後の2002年3月に1万8838人と4509人（約31％）増加となり、更に2012年3月に約3万2000人となって、司法審後の10年間で約1万3000人（約70％）急増した（図表1-2）。

ハ．弁護士過剰の問題と適正な合格者数については後で述べるが、弁護士人口の需給バランスの状況は、2006年10月に修習修了者1500人を受け入れ、弁護士人口が2007年3月末日現在2万3119人になった時に、弁護士集団全体をならして考えれば飽和状態に達した。2007年に旧60期約1500人と新60期約1000人の修習修了者を受け入れて、2008年3月末日現在2万5041人になって完全に過剰状態になったと判断すべきである。

　その頃、過払金返還と世界金融のバブル期であったが、2008年2月の日弁連会長選挙では、反執行部の候補が大きく票を伸ばし、会員から執行部路線に完全に不信任が突きつけられたのである。

　ところが、東京と大阪を中心に、未だに法曹人口5万人必要説が撤回されていない。5万人に到達した後をどうするのかについては口を閉じてきた。5万人以後、増加しないように合格者を500人に激減させるというのであろうか。全く無責任な人達と言うほかない。このまま合格者2000人を続ければ、いずれ法曹資格者は8万人を越えることになる。合格者1500人でも6万人を越える。

（2）法曹三者の人口不均衡と裁判官・検察官の増員の必要性
イ．1960年頃まで、司法修習生が年間250〜350人くらいで、そのうち

半数程度が裁判官や検察官に採用された。その後、司法修習生が増加しても任官者が増加せず、弁護士ばかりが増えた。

　法曹三者のそれぞれの増加状況が、特に1964年の臨司意見書の発表以後、大きな差異が生じるようになった。1964年から2004年の40年間に、弁護士は7128人から2万236人（2.84倍）に増加したのに対し、裁判官の定員（簡裁判事を除く）は1760人から2383人（1.35倍）、検察官の定員は1067人から1483人（1.39倍）の増加にすぎなかった。

ロ．更に、2001年の司法審意見書の発表以後、司法修習修了者が2004年10月に約1200人、2006年10月に約1500人、2007年から2000人を越えることになったが、任官者数は修習生の数に比例して増加せず、裁判官は平均年約100人、検察官は平均年約80人にとどまり、修習生の9割以上が弁護士に就いた（図表1-1「司法修習修了者進路別人数」）。そのために、弁護士が、2011年3月現在、3万485人であるのに対し、裁判官の定員は、2011年4月現在2850人、検察官の定員は、2011年3月末現在1816人である。裁判官数と弁護士数の比率が、1960年代まで1対4ほどであったのが、今や1対11以上に拡大した（図表1-2）。

　司法審は、「法曹の数は社会の要請に基づいて市場原理によって決定される」と言うが、実際は、裁判官と検察官の定員の抑制をそのままにして、弁護士の大増員を、市場原理万能主義にもとづくと称して、国策をもって強行したのである。

ハ．司法修習生が年間2000人程度になっても、年平均、裁判官に100人程度、検察官に70人程度と、修習生が500人であった時代と比較して、裁判官及び検察官は2割程度（合計40人程度）多く採用されるようになっただけである。

　ある国会議員が、最高裁判所に対し、非公式の機会に、なぜもっと裁判官を多く採用しないのかと質問したところ、その答えは、裁判官になるには成績が「300番以内」の修習生でなければ無理で、そうすると採用できる人数が今程度となるとのことだったそうである。弁護士任官も3人に1人が不採用となっている。合格者が500人時代には、「成績が平均以上」と言っていた。近頃の「300番以内」という基準と司法試験合格者2000

人との間に、最高裁判所から裁判官に採用するには成績が悪いとされた1700人もの修習生が存在し、弁護士になる。法曹の質を考えたら、どちらかの数字が間違いである。

合格者数を減員しても、成績の良い人が減るわけではない。合格者を1000人以下にして、一応「成績が平均以上」を基準としたうえ、思想信条を問うことなく、多忙と転勤を改善し、裁判官希望者を増加させれば足ることである。

（3）就職難

イ．2007年に就職難がはっきりと表面化し、2011年までの5年間に、就職難と就職条件が年々悪化してきた。大増員を支持した大都市の渉外事務所や自由法曹団系の事務所も新人採用を大幅に減少させている。2007年から毎年実施することになった修習生に対するアンケート調査（回収率50％程度）によれば、就職先未定者は、7月時点で、2007年8％、2008年17％、2009年24％、2010年35％、2011年43％である。9月時点では、2009年12％、2010年23％、2011年35％であり（弁護士希望の新64期修習生2023人の約48％の967人が回答し、338人が未定者）、2012年は50％程度になるであろう。

2010年12月に弁護士登録しなかった者は258名（現行63期44名、新63期214名）、2011年12月は404名と増加し、2012年12月は600人を越えるであろう。

ロ．このような状況に対し、修習生の就職難は「当初予想されていた弁護士への法的需要がいまだ社会に現れていない証である」という主張がある（前記の日弁連の平成22年3月の意見書）。

しかし、司法改革の当初から、急激な需要拡大が予測されたことはなく、そのような予測を裏付ける資料もなかった。それにもかかわらず、弁護士を「国民生活上の医師」だ、「法曹増員で正義の総量を増やせ」、「弁護士が増えても、無限に弁護士需要はある」と言って、あたかも供給が需要を作り出すかのような考えが強調され、実際の弁護士需要を無視して、弁護士大量供給政策がとられた。

ハ．また、急激な司法試験合格者の増員によって生じた問題として、「法曹の質」及び「就職難問題」（OJT の機会がない問題）を強調する考えが主張されている。

　裁判官及び検察官は、採用人数を絞り、一定の質を確保することが可能であるが、弁護士は、日弁連に登録申請があれば全て受け入れざるを得ないので、困るのは弁護士側である。裁判官制度において、10 年間判事補をつとめて判事になるが、裁判官不足もあって 5 年で特例判事補となって単独で裁判を担当する制度が設けられている。弁護士も 5 年程度の勤務弁護士経験が必要であることは間違いない。弁護士事務所は、仕事が十分にあれば弁護士を雇うから、就職難の問題は、端的に弁護士の需要を大幅に越える弁護士過剰の問題と捉えるべきである。それと切り離して、法曹の質と就職難の問題であるとすることは、皮相的な理解である。一般の弁護士は、仕事が減少し、経営が悪化していて、勤務弁護士を雇用しようにも、分担させて研修させる事件が少ないので、どうしようもないというのが実際のところである。修習生の就職難や弁護士の経営悪化を世間の状況と同一視し、世の中一般にあることだと考えるのは、暴論である。

ニ．OJT 不足の問題を他の職業でみると、公認会計士は、試験合格後に監査法人に勤務し、3 年間の研修をして資格を取得するが、研修のポストは多くない。イギリスのバリスターも研修のために事務所に採用されて、一定の研修期間を経て資格を取得するが、研修を受け入れる事務所は多くない。

　我が国の弁護士養成も、合格者が多すぎて、司法修習期間が半分に短縮されたうえ、就職先が不足している。そのため、司法試験合格者数を大幅に削減するか、弁護士会が試験をするか、就職先で一定期間の修習を終えた者にしか最終的な法曹資格を与えないか、いずれかを考えねばならない。これまでの我が国の法曹養成制度の歴史からすると、新しい制度を導入することより、合格者数を制限する方が現実的である。しかし、そうなると、法科大学院が存続の危機に陥るという問題が生じるとされている。

(4) 弁護士の格差拡大

イ．弁護士過剰と広告自由化時代には、商売上手で、はやっている事務所とそうでない事務所の間の仕事量や収入に大きな差が生じる。はやっている事務所は弁護士過剰を実感しない。弁護士過剰問題において、仕事をはやらせている事務所の弁護士の意見を強引に通すのは、間違いである。この問題は、弁護士間の格差のために仕事や収入がまだら状態に分布する中で、全体をならして把握し、客観的、統計的に理解する必要がある。

　弱い者に対する優しい心を失った新自由主義的な考え方の持ち主にとっては、弁護士過剰に問題はなく、安く若い弁護士を雇い事務所を拡大することができて、成功した企業家のようになったことになる。

ロ．修習生の就職先は、基本的には、弁護士人口が過剰な状態にありながら経営が順調な法律事務所である。一般の法律事務所の経営状態の悪化は、修習生の就職状況と比べればずっと表面化しにくい。今後ますます、弁護士間で経済的格差が拡大し、経営基盤の弱い法律事務所の経営悪化が進む。世間の小売業においては、スーパーマーケットの職場などで従業員の採用が拡充する一方で、商店街の小規模な店舗の経営が悪化している。これと同じように、修習生の大量の採用と平行して、事務所間で大きな格差が生じていて、弱小な法律事務所の経営悪化が進行している。世界金融危機後、大規模な渉外事務所も採用数を減らし、リストラを進めている。

ハ．今回の弁護士の大量増員は、弁護士報酬の低額化（利用者からするとコストダウン）と弁護士の変質を狙ったものであるが、このコストダウンは、弁護士間の経済格差の拡大の構造、即ち一部の弁護士が経営者として大量の安価な勤務弁護士を雇用するという構造を作ることによって達成される。弁護士業界は、ビジネス化した大きな事務所及び市民のための法律事務所をうたう集団的な事務所が発展し、その裏で、低賃金労働の弁護士層の大量発生と小規模事務所の経営悪化が進む事態となる。それは、弁護士会が自治組織の前提条件を後退させていることを意味する。

8 弁護士の所得の減少と10年後の予測（人口2.5倍、所得半減）

（1）日弁連の経営実態調査の10年前との比較、10年後の予測

イ．2009年度の弁護士の売上げと所得に関する「弁護士業務の経済的基盤に関する実態調査報告書2010」（2011年6月発行の『自由と正義』2011年臨時増刊号）にもとづいて、10年前の1999年度の調査と比較すると、弁護士の売上と所得が大幅に減少したことが分かる。今後、司法試験合格者数約2000人が続いた場合、1999年以後の20年間で弁護士人口が約2.5倍となり、そのために売上と所得が概ね2分の1に激減したことになることが予測される。

　まず、単独事務所の弁護士の所得の平均値は、1999年度に1436万円、2009年度に1132万円（雑所得を差し引いた金額。過払金等の事件の所得を除くと982万円）、2019年度に762万円と53％に減少する。中央値は、10年毎に1200万円、885万円、570万円に減少する。

　次に、全形態の弁護士の所得の平均値は、1999年度に1700万円、2009年度に1416万円（雑所得を差し引いた金額。過払金等の事件の所得を除くと1266万円）、2019年度に860万円と50％に減少する。中央値は、10年毎に1300万円、894万円、516万円に減少する。

　以上の予測値以上の所得を、2019年の弁護士らが手にするとしたならば、それは、無理な仕事と高額な報酬が原因であろう。

　なお、1999年度の調査では、雑所得を除いていたので、比較のために、上記の所得は弁護士業務以外の所得55万円を除く調整をし、また、2009年度の所得には、一過性の過払・破産の事件の所得150万円（推定）を含むために、2019年度の所得の予測では過払事件を除いた所得金額をもとに算出した。

ロ．上記の報告書では、今回、増員による人口構成の変化により、弁護士経験の浅い層の回答数が多いことが強調され、そのために売上や所得が下がったと解説しているが、経験の長い弁護士も下がっている。

　平均値と中央値の差が拡大し、弁護士業界も格差社会となっている。

　この日弁連の調査については、これまでに会員の間で、低額所得者の回

図表 1-7　弁護士の売上、所得の変動と予測

売上（雑収入を除く）		1999 年度	2009 年度	2019 年度（予測）
A 単独事務所	平均値	3154	2881	1905
	平均値修正		2501	
B 単独事務所	中央値	2700	2306	1467
	中央値修正		1926	
C 全形態	平均値	3792	3202	2150
	平均値修正		2822	
D 全形態	中央値	2800	2010	1290
	中央値修正		1630	
所得（雑所得を除く）		1999 年度	2009 年度	2019 年度（予測）
A 単独事務所	平均値	1436	1132	762
	平均値修正		982	
B 単独事務所	中央値	1200	885	570
	中央値修正		735	
C 全形態	平均値	1700	1416	860
	平均値修正		1266	
D 全形態	中央値	1300	894	516
	中央値修正		744	

1999 年度は雑売上の雑所得が含まれず、2009 年度は含まれるので、同年度の金額から雑売上 102 万円、雑所得 55 万円を差し引く調整をした。
一過性の過払金事件と破産事件の報酬を除く修正（弁護士 1 人当たり売上額 380、所得額 150）

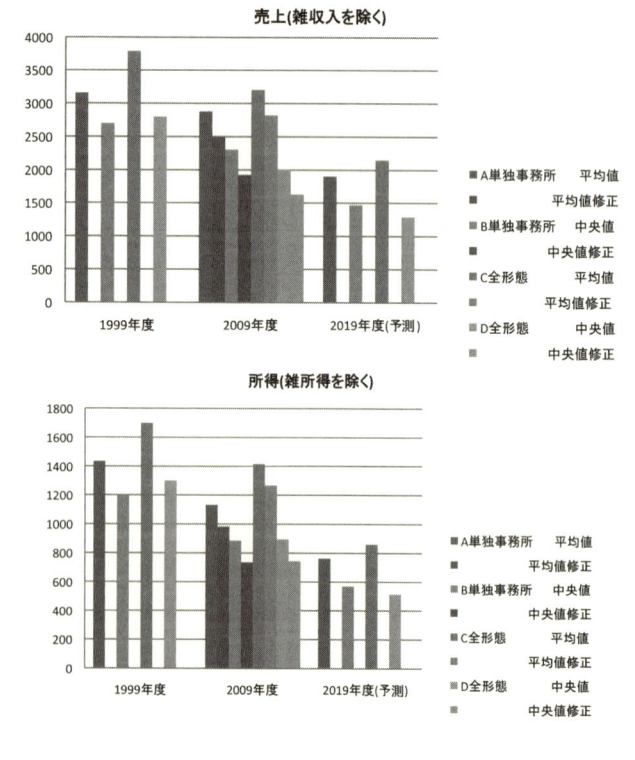

図表 1-8　弁護士の売上と所得の減少の検討と 10 年後の予測

1	日弁連の 10 年毎の経営実態調査と報告書
	2009 年度の弁護士の売上と所得に関する「弁護士業務の経済的基盤に関する実態調査報告書 2010」(「自由と正義」2011 年 6 月臨時増刊号) が 2011 年 6 月に発行された。会員 1 万人の選定方式のアンケート調査であるが、回答率が低く (17%)、不十分なアンケート調査ではある。しかし、売上・所得の変動の様子を知ることができるので、以下において、最も基本的なところを読み取ってみる。
2	単独事務所 (基本形) の弁護士の売上と所得の平均値、中央値
	我が国の法律事務所は、約 1 万 2100 のうち約 7800 (約 65%) が単独事務所 (街弁と呼ばれる) である。まず、この単純な基本形で売上と所得を読み取ると分かり易い。10 年前と比較すると (注・以前の調査は弁護士業務外の収入と所得を除いていたが、今回雑収入を含めて平均値・中央値が収入 102 万円・所得 55 万円であったので、この業務外の収入と所得を除いて計算した)。
(1)	売上の平均値は 3154 万円 (回答者数 413 人) から 2881 万円 (回答者数 492 人、2983 万円 - 雑収入 102 万円) へと 273 万円 (約 11%) 減少した。売上の中央値は 2700 万円から 2306 万円 (雑収入 102 万円を引く) へと 394 万円 (約 15%) 減少した。 売上の中央値は 2700 万円から 2306 万円 (雑収入 102 万円を引く) へと 394 万円 (約 15%) 減少した。
(2)	所得の平均値は 1436 万円 (回答者数 401 人) から 1132 万円 (回答者数 457 人、1187 万円から雑所得 55 万円を引く) へと 304 万円 (約 21%) 減少した。 所得の中央値は 1200 万円から 885 万円 (雑所得 55 万円を引く) へと 315 万円 (約 26%) 減少した。(注・経費率は約 60% である)
(3)	しかも、2009 年度は過払金事件及び破産事件が多く、この一過性の売上増加分は、年間 1020 億円程度 (過払金事件 6000 億円×弁護士関与率 0.6×報酬率 0.2=720 億円、破産事件 10 万件×30 万円=300 億円) と推定される。弁護士 (2 万 6930 人) 1 人当り、売上約 380 万円、所得約 150 万円 (売上の約 40%) 増加させたと推定され、この過払・破産バブルがなければ、売上と所得が一層大幅に減少していたことになる。 この増加分を除くと、売上の平均値は 2501 万円、中央値 1926 万円であり、所得の平均値は 982 万円、中央値 735 万円となる。
(4)	このように、過払金・破産事件を除くと、この 10 年間で売上の平均値が 3154 万円から 2501 万円へと 653 万円 (約 20%) も減少し、所得の平均値が 1436 万円から 982 万円へと 454 万円 (約 30%) の大幅な減少である。このことは、今回の収入減少の原因として登録期間の短い回答者が多かっただけの説明では足りず、過払金、破産事件を除く弁護士の需要の拡大が極めて少なかったと考えるべきである。
3	全体の事務所 (全形態) の弁護士の売上と所得の平均値、中央値
	次に、あらゆる形態の法律事務所の収入と所得について 10 年前と比較すると (業務外の収入と所得を除く)。
(1)	売上の平均値は 3793 万円から 3202 万円 (3304 万円 - 雑収入 102 万円) へと 591 万円 (約 16%) 減少し、売上の中央値が 2800 万円から 2010 万円 (2112 万円 - 102 万円) と 790 万円 (約 28%) 減少した。
(2)	所得の平均値は 1700 万円から 1416 万円 (1471 万円 - 雑所得 55 万円) へと 284 万円 (約 17%) 減少し、所得の中央値が 1300 万円から 894 万円 (949 万円 - 55 万円) へと 406 万円 (約 31%) 減少した (経費率が約 55% である)。
(3)	この全形態の事務所と上記 2 の単独事務所の弁護士とを比較して、全形態の事務所の弁護士の方が、売上の平均値は約 300 万円高いが、中央値は逆に約 300 万円低いという結果になっている。所得の平均値も約 300 万円高いが、中央値はほぼ同額である。
(4)	過払金、破産の報酬増加分を除く、売上と所得の平均値、中央値の推定 ①この 10 年間に、弁護士は 1 万 7194 人 (1999 年 3 月) から 2 万 6930 人 (2009 年 3 月) と、9736 人 (57%) 増加した。弁護士全形態の売上総額を推計すると、1999 年の 6522 億円 (売上平均値 3793 万円×1 万 7194 人) から 2009 年の 8622 億円 (売上平均値 3202 万円×2 万 6930 人) となり、10 年間で 2100 億円 (約 32%) 増加したことになる。 ②2009 年の売上総額 8622 億円から、上記の過払金事件と破産事件の一過性の報酬増加分 1020 億円 (上記 2 (3)) を除くと、売上総額は 7602 億円にとどまったことになる。

>   1人分の売上の金額については，過払分 380 万円を差し引くと，平均値は 2822 万円（3202 万 - 380 万，約 28％減），中央値は 1630 万円（2010 万 - 380 万，約 43％減）となる。1人分の所得は，過払分 150 万円を差し引いて，平均値は 1266 万円（1416 万 - 150 万，約 26％減），中央値は 744 万円（894 万 - 150 万，約 42％）となる。この 10 年間で極めて大幅に減少していることが分かる。
>   ③要するに，10 年前と比較すると，弁護士が 9736 人増えたが，一過性の過払金事件と破産事件を除く他の裁判事件（地裁民事通常事件）は微増にとどまり，現在では減少傾向にある。弁護士全体の売上総額の増加は，1080 億円（2100 億円 - 1020 億円）にすぎず，弁護士 1 人増加当りで売上約 1100 万円増額のペースという極めて低調であったことになる。
>
> 4　2019 年度の予測
>   (1) この予想は難しいことであるが，これまでの議論で欠落させてきた重要な客観的な要素であるから，試算して予測を提示する意義はある。
>   司法試験合格者数が減員されず 2000 人程度が続き，売上は過払金事件等の一過性の報酬がなくなって，上記の弁護士 1 人増に対し売上の実績より 100 万円低い 1000 万円増のペースであると想定して計算をする。
>   既に，裁判所の事件数と弁護士報酬が減少し，既に売上減少時代に入っていて，パイの奪い合いが増え，新規の事件の掘り起こしは相当に困難である。しかも，生計が成り立たないので，売上を無理に確保しようとして，どれだけの無理がきくか，という余り表面化させたくない状況下の予測である。
>   (2) 弁護士が年間 1500 人増加して 10 年後に弁護士 4 万 2250 人，弁護士全体の売上が 9102 億円（2009 年の修正後総売上 7602 億円 +1500 億円）となり，全形態で弁護士 1 人当りの売上の平均値が 2150 万円となる。中央値は 1290 万円（前記の 3（4）②の 2009 年度の平均値と中央値の比 0.6 を採用）。所得の平均値 860 万円（売上の 0.4），中央値 516 万円（平均値の 0.6）になる。
>   (3) 単独事務所の売上の平均値は 1905 万円（上記の全形態の平均値 2150 万円に対し，前記の 3（4）②の 2822 万円と前記の 2（3）の 2501 万円の比 0.886 を採用），中央値 1467 万円（2009 年度の平均値と中央値の比 0.77 を採用），所得の平均値は 762 万円（売上の 0.4），中央値 570 万円（平均値の 0.77）になる。

答率が低く，回答が高額所得者に偏り実際より数値が高すぎるという見方がされてきた。1980 年 41.3％，1990 年 25.8％ であったのに対して，1999 年度対象の前回（2002 年 13 号臨時増刊）のアンケートの回答率が 17.0％，今回も 17.95％ と低下した。しかも 1 万人の選定方式を採用しているので，全会員に対する回答者の割合は約 7％ に過ぎず，資料価値を不十分なものにしている。

　これまでのアンケートのやり方では、今後とも低い回答率が続く。回答率を上げるためには、別のアンケート調査をし、アンケートの目的を絞り、項目を少なくして簡単なものにし、多くの会員が、自分のためになる資料と思ってアンケートに振り向くようにしなければならない。

（2）弁護士の所得格差拡大と医師との比較
イ．弁護士の場合、サラリーマンの給与体系と違って、一部の高額所得者

が所得の平均値を大きく引き上げる。所得 4000 万円以上の者が約 10% いて、この層が経済界やマスコミに高額な弁護士報酬を印象づけている。この層にとって、合格者増は、雇主又は成功者の立場から歓迎する傾向にある。平均値は上位から 4 分の 1 くらいの成功者の所得額である。弁護士の平均像は中央値であるという認識が必要である。

　弁護士の売上げと所得の低下の原因は、弁護士が報酬一般を低額にしたからではない。企業の顧問料が減少し、保険会社の弁護士報酬が低額化したが、主には、仕事が少なく稼働率が低くなったり、採算の良い仕事が少なくなっているからである。潜在的需要がたくさんあって、それが顕在化するというのであれば、弁護士が増加しても、このような売上げの低下はないはずである。

ロ．全国の弁護士事務所の総売上高は、前記の日弁連の実態調査報告書の収入（売上）平均値と弁護士人口から推測すると、8600 億円程度（3202 万円× 2 万 6930 人）である。

　単独の事務所の弁護士の所得の平均値は約 1100 万円程度であり、開業医の 40% 程度に落ち込んでいる。しかも、10 年後は約 750 万円になり、30% 以下となる。弁護士を、「国民の社会生活上の医師」と言いながら、ちぐはぐなことに、医師との所得の差が大きくなるばかりである。弁護士バッシングを繰り返してきたマスメディア関係の人の給与より低額になる。

ハ．厚生労働省の「医療経済実態調査」では、2010 年度医師の平均年収について、開業医が多い診療所の院長が 2750 万円、病院の院長と勤務医は、民間病院 2865 万円と 1550 万円、国立病院 1982 万円と 1468 万円、公立病院 2100 万円と 1540 万円である[98]。

　弁護士業界の総売上額は年間約 9000 億円程度で、年間 35 兆円程度の医療費の 40 分の 1 である。我が国において、弁護士人口は医師人口の 10 分の 1 以下で足るとするのが常識的な判断である。後で述べるが、弁護士人口は、2 万 5000 人を超えれば過剰状態に陥り、3 万人で経営状態が苦しくなるというのが実態である。

9 弁護士過剰の弊害と良い弁護士制度（職務の独立・適正の確保条件）

（1）弁護士過当競争政策が諸問題の根本的原因

　法曹資格者の急増の問題において、修習生の就職難とか、OJT の必要性が強調されている（平成 23 年 3 月の日弁連の「法曹人口政策に関する緊急提言」）。しかし、この問題は、弁護士過剰が問題の本質であり、弁護士過剰を是正しなければ、就職難と OJT 不足の問題は解消できない。そのため、弁護士過剰が根本的な原因である。弁護士大量増員による過当競争政策は、弁護士の専門的、倫理的、教養的な質の劣化及び弁護士の経済的基盤の脆弱化を進める。弁護士が事務所経営と生活の維持に追われれば、弁護士の職務の独立と適正の確保に深刻な影響を及ぼす。弁護士が社会的使命（社会正義の実現と人権擁護）を遂行することを困難にさせるばかりか、国民に弊害をもたらし、弁護士への信頼を喪失させていく。これは避け難いことである。

　また、司法試験合格者の激増がもたらす弁護士過剰の事態は、統一司法修習制度、無償の会員の役員による弁護士会の運営、会員の手弁当による各種委員会の活動、弁護士会の会費負担、強制加入制、弁護士自治、弁護士の法律事務独占と隣接業資格の付与などに支障や危機をもたらす。

　以上の変化は、決して弁護士だけにとどまるものではなく、我が国の司法と国民の権利と生活に重大な影響を及ぼす。

（2）弁護士過剰の国民に与える弊害の負の連鎖

イ．戦後長きにわたって司法試験の合格者数を適正な規模に制限してきたので、弁護士過剰の社会を経験していない。そのために、一般の人は弁護士過剰の弊害を考えにくい。

　そこで、弁護士過剰がなぜ国民に弊害をもたらすのかという問題について、いくつかの基本的要素（原因）と様々な影響（結果）の連鎖の関係（メカニズム）を整理して考える必要がある。

　まず、今回の司法改革で人為的に悪しき事態を発生させた根本的な要素

（原因）として、次の3点がある。
①法科大学院を司法試験受験の資格要件にして法曹志願者にとって金と時間がかかる制度にした。
②合格者を以前の4倍の毎年約2000〜2200人と飛躍的に増加させた。
③弁護士過剰が、仕事、収入、やり甲斐を減少させて職業的魅力を低下させた。

ロ．そのためにもたらされた影響（結果）としては、次の4点がある。
①法学部と法科大学院に有為な人材が集まらないこと、十分な能力がなくても法科大学院や司法試験に合格すること、修習期間の半減による修習不足、OJT不足及び経済的・精神的余裕の不足などにより、法曹の後継者の質が低下した。
②法曹の根本的な質として、プロフェッションとしての教養と見識を身につける素養と余裕を失い、日常的な仕事以外の問題に対し関心を持たなくなる。
③広く深刻な問題として、弁護士過剰のために仕事と収入が減少するために、意図的に仕事や収入の減少を食い止めようとしたり、増加させようとする。また、弁護士過剰のために顧客と弁護士の関係が変化して弁護士が従属的で卑屈になり、社会的正義より依頼者の利益を優先させることになる。職務の公正性、独立性が損なわれ、職業的魅力も質も低下する。
④単価が低く、仕事に振り回され、広く関心を持つ余裕を失う。余裕を失って役員・委員・ボランティア活動が少なくなり、国民の尊敬と信頼を失う。
⑤正義の味方であるべき弁護士が、悪事の味方になることが目立つようになり、人権を侵害して傍迷惑な存在となる。
⑥質を低下させて国民の信頼を失った弁護士に対し、裁判所と検察が優位に立ち、司法界は再び官尊民卑の状況になり、国民のための人権擁護が劣勢に立たされる。

ハ．日弁連は、自ら弁護士過剰とその弊害を言い出さなかった。マスメディアが、若手弁護士の窮状を報道した。弁護士は、現場における弁護士

の需給バランス、弁護士の職務の性質及び弁護士過剰の弊害を一番よく知る専門家であることを自覚し、国民に対し、正しい情報と予想を提供し、弁護士過剰の弊害を説明しなければならない立場にあったはずである。ところが、上に立つ者、経営がうまくいっている者、法科大学院に関係してきた者、左翼の弁護士及び奉仕的弁護士像を持つ人達が、弁護士過剰の弊害に口を閉ざす傾向にあった。為政者や世間から高い評価を受けようとする者にとって、弁護士自らが弁護士過剰の弊害を口外することは格好の良いことでなく、名誉心を満たさず、自分が得することでもない。少なくとも地位を得てからは、避けて通りたい問題であった。

ニ．しかし、日弁連は、法科大学院のために弁護士制度があるかのような議論の誤りをはっきりと指摘し、国民に多大な損害を蒙らせないために、弁護士の仕事と収入が著しく減少していること及び弁護士過剰が国民に弊害をもたらすことを十分に説明する責任がある。ところが、未だにOJT不足による法曹の質の低下を強調するにとどまり、最も根本的問題である弁護士の仕事と収入の減少及び弁護士過剰の弊害を指摘しない。この態度は、余りに無責任である。

（3）業務拡大の実相と弁護士過剰の弊害

イ．弁護士過剰の影響について、「司法試験合格者1500人増員の影響に関する設問」（1996年11月の第16回日弁連司法シンポジウムにおける弁護士のあり方と弁護士人口に関する会員アンケート）及び「司法試験合格者2000〜3000人増員の影響に関する設問」（2000年9月の名古屋弁護士会の弁護士人口に関する会員アンケート）は、早くに調査をしている。回答の多数意見をまとめると、大幅な合格者増加は、「過当競争となり、職務の公共性・独立性が損なわれ、倫理と業務の質が低下し、国民の信頼も低下し、濫訴・不適切な業務が増加し、人権・公益活動が低下し、勤務弁護士の採用数はそれほど増加せず、企業内弁護士が増加し、共同化・専門化が進む」という結果をもたらすと考えているのである。

更に、現場では、2009年10月の中部弁護士会連合会定期大会の適正な弁護士人口政策を求める決議のための会員アンケートにおいては、「弁護

士需要を上回って弁護士が供給されることは、国民にとって良いことだと思いますか、悪いことだと思いますか」という設問に対し、「悪い」83％、「どちらとも言えない」12％、「わからない」3％に対し、「良い」は1％にすぎないという結果が出ている。

　弁護士過剰が弁護士と利用者及び国民との関係に与える影響は、広く深いが、すぐには表面化しにくい性質である。しかし、弁護士自らが、弁護士過剰の国民に対する弊害を大変に心配しているという事実を、重く受け止める必要がある。

ロ．弁護士増員を抑制せよという要求に対して、最近、特に法科大学院やマスコミの上の方の増員論者が、業務拡大に努めないからいけないのだと強く反論している。

　しかし、弁護士が無理な業務の拡大と売上げの確保をしようとすれば、アメリカの弁護士のように資格のあるセールスマンと化した姿を世間に頻繁に露見させ、依頼者受けを狙った法律家らしからぬやり方が流行ることになる。弁護士が宣伝上手、商売上手を競争することとなり、プロフェッション集団らしからぬ業界となり、ビジネスの理論が支配する一般の業界と同じ体質になる。

　経済的理由から無理筋の事件を受任し、事件を漁り、事件を奪い合い、事件を掘り起こすことが生じる。弁護士の職務及び報酬の適正さも担保されることなく、社会的な信用を失っていく。経済的理由から、依頼者に対する指導力を失い、むしろ依頼者に従属したひどい事件処理を行い、弁護士は人権の擁護者ではなく、不正義と人権侵害の悪しき隣人となる。

　これまでも、日本の弁護士のバッジはひまわりの図柄であることから、いつも太陽の方向に首を振るひまわりのように、弁護士が、懐の暖かい顧客の方にばかり顔を向けるという自嘲気味の揶揄があるが、その傾向を強めることになる。前々から、アメリカでは、ギャラップ調査によれば、弁護士に対する評価（信頼度）は、白人13％、黒人28％と、最下位のセールスマン（8％）より少しましな程度で、極めて低い（1997年12月22日「読売新聞」夕刊）。弁護士がひどくブラックジョークの対象とされ、信用されない嫌われる職業のトップを争う位置にある[99]。アメリカを知る者が、

何故アメリカを真似るのかと言う。
　以上のことが「業務拡大」の実態であり、避けられない病理である。
ハ．弁護士は、数が多かったり、単に法律を知っていればよいというものではない。このことは、多くの人が分かっていたことである。弁護士は、正義の味方だけではなくなり、悪事を働く者の代理人になる。これまでも「悪徳弁護士」という言われ方をする難しい職業である。
　弁護士を増やせば、良い司法が作れるといううまい話はなく、逆に弁護士から、依頼者や事件の相手方が被害を蒙ることになる。弁護士の職務の性質上、職務の独立性と適正性を確保する条件が崩壊すれば、事件屋と異ならなくなる。弁護士の質の劣化と経済的弱体化は、司法の論理の後退をもたらす。このような事態は、紛争の処理のあり方や国民の人権侵害に直結する重要な問題を生じさせる。
　しかし、弁護士過剰の弊害は、懲戒制度の強化では十分に防止、救済されない。
　弁護士過剰の深刻な事態を迎えないためには、早期に適正な弁護士人口政策に転換させる以外にない。そのことを、弁護士という職能集団が言わずして、誰が言うのであろうか。ギルド集団の利益擁護だと言われて引き下がることこそ、本当は利己的で無責任な態度である。

(4) 国民にとって良い弁護士制度のあり方
イ．では、国民にとって、どのような法曹資格制度と弁護士制度がよいのであろうか。専門性が高く、利用する回数が少ないため、弁護士の評価が分からない一般の利用者からすれば、間違いなく、司法の独立及び弁護士の職務の独立と適正さが保証されたなかで、知らない弁護士に当たっても安心して任せられる頼りになる弁護士制度である。
　また、相手方とされて不当な裁判を起こされることを心配せず、安心していられる弁護士制度である。
　更に、権力から監督や支配を受けず権力に対峙して権力の濫用を抑制する社会的責務を果たせる弁護士制度である。
　加えて、国民に十分に知られていないが、国民にとって極めて貴重な

ことは、我が国の弁護士が、個別の事件処理とは別に、弁護士全体として、法律の改変について、独立した専門家として国民のために意見を述べてきた集団であり、今後もそうであり続けることができる弁護士制度である。自立した専門家の存在は、国民に非常に大切である。
ロ．国民にとって良い弁護士制度を維持するためには、裁判と裁判官の独立のために、裁判官の身分的・経済的保障制度が必要であるとされるのと同様に、弁護士についても、職務の独立性の保持及び適正化のために、経済的自立が制度的に担保される必要がある。しかし、弁護士は、裁判官・検察官と異なり、経済的自立を保障する制度が存在しないのであるから、需給の適切なバランスを保つ政策をとるほかないのである。

　更に、この政策は、弁護士になろうとする者に厳格な試験と研修という高いリスクと負担を負わせ、一方で、国民と利用者に対しては、弁護士の品質保証に必要なコストを負担させることになる。

　このようにして初めて、弁護士は、プロフェッションとして専門能力を発揮し、公共性と批判の精神を保持して社会に発言し、理性と知性をもって知識人としての役割を果たし続け、また、後進を養成することが可能になるのである。

(5) 弁護士報酬基準規程の復活の必要性

イ．弁護士過剰を作り出す目的として、競争による弁護士報酬のコストダウンがあった。しかし、弁護士の仕事は、一つひとつ内容が違うために、工業製品のように量産ができない。また、多くの場合に対立関係の中に立たされ、真実の発見や妥当な解決に知識と労力がかかり．能率が悪く、精神的負担も大きく、身の危険もある職業である。

　弁護士報酬は、人件費と精神的負担の対価の占める割合が高いため、弁護士報酬のコストダウンはなかなか難しい。弁護士報酬が高くて簡単に弁護士を依頼できないことは事実である。その一方で、自分で解決する努力をせず、自己負担もなく、誰でもがすぐに弁護士を依頼できる制度にしようとすると、社会的に無駄で大きな費用を覚悟しなければならなくなる。事件に関係のない人まで巻き込んで、高コスト構造の社会を作り出すこと

になる。

ロ．これまでの弁護士報酬の議論では、弁護士報酬自体の高額さではなく、弁護士報酬の分かりにくさが強調されてきた。弁護士に依頼するとき、いくら金がかかるか分からないので頼めないと批判された。この批判は、弁護士の立場からも理解できることである。依頼される事件が、どのような工程で、どのくらい時間がかかるかについては、相手方や裁判所次第のところがあって決められないことが多い。そのため、タイムチャージ制は合理的であるが、依頼者からすれば、料金の総額が事前に分からないことになる。勝ち目の低い事件に多額の金を負担することにもなる。

そこで、従前通り、「事件等の対象の経済的利益の額」を基準として、着手金が何％、成功報酬が何％とする算定方法が、多くの依頼者には分かり易いことになる。そして、たとえば、「経済的利益の額」が300万円又は500万円の場合に着手金10％、報酬10％とすることを基本的な基準とし、不動産仲介の3％（双方から受け取ると6％）というように、この基準を世間に周知徹底させる。そのうえで、利益額の多寡及び事件の難易により30％の範囲で調整するという基準を設ける方が、分かり易く合理的である。

一般的に、利用者に弁護士報酬基準を知ってもらうためには、「司法改革」で2004年4月に廃止した日弁連の「弁護士報酬等基準規程」を復活させることが一番良い方法である。そして、年に1回、法の日に、全国紙で弁護士の業務紹介として掲載すれば、よく知られることになる。

弁護士報酬が分からないことが弁護士へのアクセス障害になっているというのであれば、一般の経済分野や射程とする独占禁止法違反などと言わず、単純明快な内容の「弁護士報酬等基準規程」の復活をすべきである。

なお、弁護士報酬規程の撤廃で得をしたのは、大手の保険会社などであり、一般の利用者ではない。また、法律扶助と国選刑事弁護の費用を負担する国も、独自の低価格が維持できるので都合の良いことであった。しかし、健全な弁護士制度を破壊するものである。

図表1-9　弁護士の仕事と報酬の例

(2009年度の個人事務所の収入平均値から想定)
(単位：万円)

	顧問	相談	事件の規模				
経済的利益		0.5～1	100以下	300	500	1000	5000
利益に対する報酬割合			30%	25%	20%	15%	10%
着手金			15	37.5	50	75	250
成功報酬			15	37.5	50	75	250
着手金・報酬合計の平均	2.5		22.5	56.25	75	112.5	375
顧問・相談・処理件数	10件	150件	15件	10件	10件	4件	1件
報酬の合計	300	100	337.5	562.5	750	450	375
	300	100	2475				
総収入（売上）	2875						
所得	2875 × 0.4=1150						

1. 顧問　　1件当り月額1～5万円、10件で月額25万円（年間300万円）
2. 相談料　1件5000円～1万円
3. 報酬の割合　概ね2004年までの日弁連の弁護士報酬等基準規程に準拠
4. 着手金・報酬合計の平均　成功報酬を得られる事件と得られない事件と半々と想定して成功報酬を50%で計算（事件の難易で3割増減する）
5. 件数　相談を年間150件、受任を40件、処理期間を平均1年簡単な事件、国選弁護、少額事件は件数が増え単価が低い
6. 年間労働時間　2000時間(1時間当り約1万5000円) + 無償活動200時間
7. 所得　総収入の40%程度
8. 弁護士の所得の格差　高所得者は、顧問料が多い、時給制で5万円以上と高い、事件規模が大きい、人を雇用している
9. 個人事務所2009年収入 2012年の収入予測　平均値2881万円、中央値は平均値の80%程度
過払金事件の減少及び弁護士人口の増加等により、2009年より20%程度減少の年間2400万円程度
10. 法律事務所の維持費　弁護士1人事務員1人の事務所と生活を維持するために年間売上が2400万円程度必要、（注）裁判所予算を裁判官の数で除すと、裁判官1人当り約8500万円かかっている、その30%の売上げが、弁護士1人の事務所に必要

10 司法審意見書批判運動、各地の合格者減員決議、非執行部派会長の誕生

(1) 司法審意見書批判運動の展開
イ．司法審が、2001年6月に意見書を発表し、小泉内閣が2002年3月に司法制度改革推進計画を閣議決定した。

日弁連は、2002年2月28日の臨時総会で、懲戒申立人が日弁連の綱紀委員会に対し異議申立をして棄却された場合に、市民が参加する「綱紀審査会」[100]に審査申出できる制度を可決した。その後、この審査会に法的拘束力が認められないことを批判され、同年10月30日の臨時総会で、審査会が3分の2の多数で決議した場合には、所属の懲戒委員会の審査に付されることを可決した。この問題についても、前記の日弁連有志の会は反対運動を展開した（資料編・資料36）。

また、弁護士費用の敗訴者負担についての反対運動[101]と、行政訴訟についての法改正運動が展開され、前者については撤回されるという成果を収めた。

ロ．司法審意見書以後も、前記の「憲法と人権の日弁連をめざす会」が活動を続け、2年毎の日弁連会長選挙に対立候補を立てた。

また、関東十県会有志の会（小出重義、小川修、木村壯、田中重仁、立石雅彦、新穗正俊、及川智志、立松彰、横井快太、樋口和彦、伊澤正之、富岡規雄、茆原正道、髙島章などの各氏）も、粘り強く反司法改革の運動を続け、神戸弁護士会の有志は、2006年、がんこの会（代表・武本夕香子、佐々木伸、白川哲朗、戸谷嘉秀、藤原唯人、村上英樹などの各氏）を結成し、司法改革に対する批判を続けた。

(2) 2007年の弁護士飽和状態と平山日弁連執行部の無策
イ．2006年2月の日弁連会長選挙は、平山正剛氏、高山俊吉氏、久保利英明氏[102]の3氏で争われた。久保利氏は、弁護士過剰を心配する会員からの支持を受けるため、弁護士業務を拡大する力があることをアピールした。投票率67.9％で平山氏が当選し、高山氏が2位であった。

ロ．2006年4月から平山正剛日弁連会長の執行部が発足した。2006年1月に過払金返還請求を認容する判決が出て、同種の事件が急増した。同年10月から刑事の重大事件に被疑者国選弁護人がつけられるようになり、2009年5月から裁判員制度が開始され、被疑者国選弁護人制度が拡大されることが予定されていた。しかし、その弁護士の仕事の増加分は、弁護士500人程度のわずかなことである。「2007年問題」と言われた就職難問題を抱え、深刻な雰囲気が漂っていた。

ハ．前記の日弁連の弁護士業務総合推進センター内の法的ニーズ・法曹人口調査検討PTが、主に2006年及び2007年について調査と研究を進め、実質上、弁護士の飽和状況を浮き彫りにしていた（2008年3月に報告書を発表）。しかし、平山日弁連執行部は、現実を見ず、空想的なビジョンを追い求めて、これまでの日弁連執行部の方針を全く変えなかった。

（3）各地の3000人計画見直しの決議とアンケート調査

今回の弁護士大幅増員策による危機的状況に対し、2007年2月から2009年2月までに、愛知、京都、中国弁連、中部弁連、埼玉[103]（1000人案）、仙台[104]、千葉[105]、東北弁連、兵庫、大阪、愛媛、四国弁連、金沢が、合格者3000人増員計画の見直しを求める決議や意見書を採択した。2009年5月から2012年2月までに、埼玉、栃木、中部弁連、兵庫、長野、千葉、大分、四国弁連、札幌、佐賀が、1000人への削減決議をしている。2008年12月から2011年9月までに、群馬、山形、新潟、横浜、静岡、沖縄が1500人（静岡、沖縄は1500人以下という表現）への削減決議を採択している。大阪、東弁及び一弁の意見書は、これまでの司法改革体制に固執して、速やかに合格者の減員を求める内容になっていない。

日弁連では、当面の妥当な合格者数について、1993年5月の日弁連法曹養成委員会及び1996年の第11回司法シンポジウム準備会が全国的にアンケート調査を行ったが、その後、日弁連執行部は会員に対するアンケート調査を拒否し続けてきた。それでも、全国各地でアンケート調査が行われてきた（図表1-4）。

2006年11月の愛知県弁護士会の会員アンケート調査では、1000人未

満 22.5%、1000 人 32.4%、1500 人 27.7%、2000 人 10.8%、3000 人 0% である。2007 年 9 月の関東十県会有志の会の日弁連会員に対するアンケート調査でも、1000 人未満 22.0%、1000 人 32.7%、1500 人 29.7%、2000 人 7.6%、3000 人 1.4% であった。両アンケートとも、1000 人以下が 55% を占めていた。

鳩山法相が 2008 年 1 月に 3000 人の閣議決定見直しの必要性を発言して以後、自民党及び民主党の国会議員グループで、合格者減員の提案がなされるようになった[106]。

（4）2008 年 2 月の日弁連執行部派に対する不信任選挙

2008 年 2 月の日弁連会長選挙において、「2007 年問題」と言われた就職難を背景にして、連続 4 回、日弁連会長に立候補していた反執行部の高山俊吉候補が、弁護士激増に対し不安と反感を持つ一般会員の支持を得て、大きく票を伸ばし（宮﨑誠 9402 票、高山俊吉 7043 票。投票率 66.5%、選挙人数約 2 万 5080 人）、司法改革路線の破綻による会員の反乱を生んだ。執行部路線に対し、会員が不信任を突きつけた形であった。政治的主張を入れず、激増反対だけを訴える候補者なら当選しただろうと言われた。場合によっては、次の選挙で生じた結果がこの時に起きた可能性があった。しかし、それから 4 年経っても、日弁連は司法改革の総括を行っていない。

（5）2009 年 10 月の中弁連の 1000 人決議

中部弁護士会連合会の司法問題委員会の委員長纐纈和義氏を代表とする有志が、2007 年 10 月の定期弁護士大会において、合格者 3000 人増員計画を見直し、国民の需要に見合った適正な法曹人口政策をとることを求める「適正な弁護士人口に関する決議」を提案し、賛成 162 名、反対 29 名、棄権・留保 21 名で採択した[107]。

続いて、2009 年 7 月〜 8 月に、弁護士に対する需要と合格者数などについて 6 県の全会員にアンケート調査を実施したところ、回収率が 39% と極めて高く、適正な合格者数は 800 人が 10%、1000 人が 41%、1500 人が 24% であり、仕事量は減少傾向にあり、弁護士過剰とする回答が多かっ

た（図表1-4）。

　そこで、会員に働きかけ（資料編・資料37）、2009年10月16日の定期大会で、「適正な弁護士政策を求める決議」として、「我が国の弁護士が、社会的使命を果たし、適正に職務を行い、自治権のある弁護士制度を維持・発展させるためには、実際の需要に見合った適正な弁護士数を保つ必要があり、そのためには、2001年6月の司法制度改革審議会の意見書以後、現在までに行われてきた大幅な弁護士増加政策を見直し、今後、司法試験の合格者を段階的に減少させて、早期に年間1000人程度にすべきである」とする議案を、賛成167名、反対55名、棄権・留保33名で採択した[108]。

　この中弁連の決議では、「司法改革時代以後の日弁連執行部派と一般会員の意識は乖離しており、その程度を拡大してきた。強制加入の自治組織の民主主義の形骸化は、極めて深刻な問題である」と指摘している。

（6）2010年3月の宮﨑日弁連執行部の提言とその批判

　宮﨑（大阪弁護士会）日弁連執行部は、2010年3月19日の理事会で、合格者数について、今後数年間、現状の2100〜2200人を目安とし、2020年に法曹人口を5万人にするという提言を採択するだけであった。

　この提言は、今後数年間にわたる合格者の現状維持を唱える内容であるが、弁護士需給及び修習生の就職の状況は、既に弁護士過剰及び修習生過剰に陥り、現状維持ができない状況にあり、直ちに合格者1500人まで削減し、次の段階で1000人まで削減しなければならない状況にあった。この提言は、危機感のない、時代遅れのものであった。

（7）非執行部派宇都宮会長の公約と旧執行部派の抵抗

　イ．2010年2月の日弁連会長選挙において、従来の日弁連執行部の流れに属していなかった無派閥の候補者宇都宮健児氏（東弁）は、執行部派の現状の合格者数と法曹人口5万人策を維持するという提言に対して、合格者1500人の実現を公約し、選挙の終盤には地方会の合格者1000人の意見も尊重しなければならない旨を表明し、それでもって、2月の選挙は8555票（42単位会）と9525票（9単位会）として（過去16年で最低の

投票率 63.9％）、再投票に持ち込み、9720 票対 8284 票で逆転当選した（選挙人数 2 万 8745 人、投票率 63.2％）。反執行部の高山俊吉氏が立候補できなかったことも有利に働いた（日弁連会長選挙規定第 14 条 1 号は、戒告の処分を受けた者は 3 年間被選挙権を失う。戒告の多くは極めて軽い過ちで、政治的に利用される危険もある。そのために、被選挙権を認め、選挙権者が判断すれば足りることで、改正すべきである）。

ロ．しかし、宇都宮執行部は、その後、司法問題では、給費制の維持の取り組みに集中するとともに、法曹人口政策会議を設置した（ただし、委員 42 名のうち東京三会で 24 名を占めている）。会内議論を活発化させたことは評価できるが、日弁連の 2011 年 3 月の「法曹人口政策に関する緊急提言」は、合格者について、「相当数の減員」と述べるのみで、公約の 1500 ～ 1000 人を明確に唱えなかった。しかも、この提言は無視されて、2011 年 9 月 8 日に発表された司法試験合格者数は 2063 人であった。

　宇都宮会長は、旧執行部派の強い抵抗を受けたためか、期待されたほどに合格者削減に向けて強いリーダーシップを発揮することをしなかった。そのため、日弁連は、一般会員に対して求心力を保てるかどうかの瀬戸際に立たされている。

ハ．法曹人口問題全国会議[109]（事務局長武本夕香子、日弁連の法曹人口政策会議の委員が中心となり 2011 年 6 月に設立した全国の弁護士の有志の連絡会）が、2011 年 8 月に行った日弁連の全会員を対象としたアンケート調査において、仕事の減少 69.8％、現在の弁護士数が多い 62.0％、10 年後の 5 万人の需要は見込めない 90.4％、合格者 1000 人以下の回答の累計 77.6％であった（図表 1-4）。これまでのアンケート調査より厳しくなっており、弁護士過剰が進行していることが反映されている。

ニ．愛知県弁護士会の司法問題対策特別委員会が 2012 年 1 月に実施した会員アンケート調査（回収率 30％）においても、司法試験合格者数の問に、「年間 1000 人に減員し、更なる減員については検証しつつ対処する」の回答が一番多く 38.8％であり、「年間 1500 人に減員し、更に段階的に減員して年間 1000 人以下にする」の回答が 27.0％で、この二つの回答で 1000 人以下を達成値とする回答が 65.5％を占めた。日弁連執行部案の「年間

1500 人に減員し、更なる減員については検証しつつ対処する」の回答は 27.4% にすぎない。

仕事の増減傾向については、「少し減少」37.9%、「大幅に減少」24.0% と仕事減少の回答が 62% を占め[110]、「大幅に増加」1.3%、「少し増加」2.8% にすぎない。当会の弁護士の充足状況について、「過剰」48.8%、「少し過剰」30.1% と過剰が 78.9% を占め、「不足」0.2%、「少し不足」0.4% で、不足は 0.6% にすぎない（図表 1-4）。

ところが、日弁連執行部と同じで、会員アンケートを自ら行うことを拒否した愛知県弁護士会の執行部は、日弁連のまとまりを口実に、専門委員会の司法問題対策特別委員会の意見書（速やかに 1000 人以下に減員）と今回のアンケート結果と違う意見を会の意見に採用した。

11 司法試験合格者 1000 人以下への減員提言の必要性

(1) 国民に正しい情報を発信すべき日弁連の責任

イ．従来の日弁連執行部は、我が国の司法問題に対する歴史認識と現状把握を欠落させたうえ、想像力を停止させ、新自由主義的な司法改革を推進させ、弁護士大増員により、弁護士暗黒時代の戦前の歴史を繰り返すことになった。それを避けるためには、冷静に事実を客観的に把握し、職業人が善意を売り物にするような愚を犯さず、また、「反対していては蚊帳の外に置かれてしまい、日弁連が司法改革に影響力を及ぼせなくなり、もっと悪い結果になる」という状況主義に陥らず、20 年先、少なくとも 10 年先に通用する見識を貫かねばならなかった。

「司法試験合格者 3000 人計画の見直し」の決議を、2007 年 10 月の中部弁護士会連合会の定期大会に提案する必要性を説き、自ら提案説明に立った纐纈和義氏（2009 年度まで、中弁連司法問題委員会委員長。2012 年度愛知県弁護士会会長）が、2009 年 10 月の中弁連の 1000 人決議採択の後に、日弁連の委員会に説明せよと呼びつけられたことがあった。その頃、同氏は、「自ら反（かえり）みて縮（なお）くんば、千万人と雖も、吾往かん」（孟子）の気概を持たなくて、何が弁護士か、との心境を語っていた。

残念ながら、風見鶏が大物振り、東京や大阪の弁護士会においては、弁護士でありながら主に仕事がらみの派閥の締め付けによって任意に委任状を出してしまい、今回の司法改革の時流にさえ抗することができなかった弁護士たちであった。これらの事実こそ、適正な弁護士人口政策の必要性の根拠である。

ロ．司法改革に対するこれまでの日弁連の対応の問題について、愛知県弁護士会が2011年11月12日に開催した弁護士人口問題に関する市民シンポジウム「弁護士大量増員の光と影」にパネリストとして出席された前川清成弁護士（参議院議員・民主党法曹養成制度検討PT事務局長）が、「今日のシンポジウムで私が伝えたかったのは、司法制度に関して弁護士は自信を持って発言すべきであるということです。その発言に対しギルドの論理だとか業界エゴだという批判を恐れて言うべきことに口を閉ざすのは無責任です。日弁連が言わないのに国会議員など他の者が言い出すわけがありません」と発言している。

　弁護士自らは、自分の経済のことを言うのも、弁護士過剰がもたらす弊害を指摘するのも避けたい。しかし、会員から会務を付託され、責任ある立場に就いた者こそ、避けて通れないはずである。

　「弁護士は民衆の口である」（ドイツの法学者サヴィニー）ことから、弁護士が権力におもねることなく、権力に物を言う気概を持つことが期待されている。日弁連執行部が、多数原理ではなく、独立した原理と論理によって支えられるべき司法の問題について、市民を偽装する審議会などに身を委ね、むしろ一緒になって会員叩きをすることなどは論外であった。

ハ．日弁連は、適正な弁護士人口政策に立ち戻らせるためには「社会に理解され支持される政策」を唱えるべきであると、無責任で大衆迎合的な考え方を示している（前記の2011年3月の日弁連の緊急提言）。しかし、まずもって為されるべきことは、会員から情報と意見を集め、実態の把握に努めるという基礎的な作業を行ったうえで、日弁連として賢明で明確な政策を立案し、現場を担う独立した専門家集団の見解として、それを国民に対して発信することである。審議会において、毅然として主張することである。政治家に、司法改革の愚を説明すべきである。

ニ．OJT が重要であることを強調するならば、合格者数について、修習生が無理なく就職できるだけの人数を、はっきりと正直に言うべきである。そして、弁護士の職務の性格と弁護士過剰の弊害が国民に与える悪影響を説明するとともに、あるべき弁護士制度について理解と協力を得る活動を断固としてやり抜くことである。

これ以外にとるべき道はなく、それが専門家として責任ある態度である。ギルドだ、既得権擁護だという批難に腰を引かず、まともに立ち向かい、腰を据えてかからなければ、暗い将来を回避することはできない。

これまでの日弁連執行部は、現場を一番よく知る専門家として、正しい情報を国民に提供するという責任を果たしてこなかった。逆に、弁護士需要が多くなく、修習生の就職先も少ないのに、潜在的な需要が極めて多いと言い、間違った情報を流してきた。この責任は重く、深刻な事態は容易に回復しないであろう。

（2）司法改革の経緯の確認と総括の必要性

イ．今回の司法改革による弁護士の大量増員及び法科大学院創設は、弁護士と弁護士会のみならず法学部と大学院などに歴史的な大変動を生じさせるものである。

今後及び後世のために、日弁連は、今回の司法改革について、必ず早期に経緯の確認と総括をしなければならない[111]。今回の司法改革を推進した関係者の責任を歴史的事実として記録しておかねばならない。そして、反対した者の意思を歴史に刻まなければならない。

ロ．今回の司法改革の中心的位置を占める司法改革の合格者 3000 人計画をみると、2006 年に司法修習修了者が 1500 人になった段階で就職難が心配された。次に、「2007 年問題」と騒がれ、2007 年以後の合格者を 2200 人以下にとどめざるを得なくなった。一度も合格者 3000 人にすることができず、2000 人程度が 5 年間続いて完全に破綻するという計画であった。

これほど大幅に狂った計画にかかわった有識者、弁護士、マスメディアの幹部に、そのまま弁護士人口を論じる資格があるとは思えない。まずもって日弁連が、3000 人計画にかかわった過ちを調べ、責任を明らかにし、

謝罪するとともに、審議会方式の間違いに気づき、政府に対し、この計画と審議のやり方を撤回させる努力をすべきである。これが、世に示すべき普通の誠実さである。

ハ．残念ながら、未だに、ごまかしようのない破綻の現実の方が先行し、それを突きつけられて計画の変更を議論するという賢明ではない先後関係にある。負の遺産が余りに大きく、今や手遅れの感が強い。

それでも弁護士人口問題は、司法のあり方と弁護士制度にとって最も重要な事柄であるから、日弁連執行部は、これまでの姿勢を改め、緊急に会員の意思を反映する専門委員会を設置し、会員アンケート、シンポジウム及び総会決議等で取り扱うべきである。弁護士の仕事と収入の減少など、弁護士業務の実態を把握し、弁護士過剰の弊害を明確にし、司法試験、合格者数、法科大学院、修習期間などについて、実態と本当の会員の意見を政策に反映させる方法をとる必要がある。そして広報し、政府及び最高裁判所が正しい司法政策を行うよう、運動に取り組まなければならない。

（3）弁護士人口の将来予測

まず、弁護士人口の将来予測の数値を頭に入れなければならない。2012年からの2年間、合格者2000人が続き、その後に減員された場合にどのような数値となるのか（図表1-10）[112]。

①合格者が1500人に減員された場合に、ピーク時に約6万3000人（数が多すぎて困っている歯科医が6万8097人）、均衡時に約5万8000人となる。
②合格者が1000人に減員された場合には、ピーク時に約4万6000人（コンビニが約4万5000店）、均衡時に約3万7000人になる。
③合格者を800人に減員しても、ピーク時に約4万1000人、均衡時に約2万8000人となる。

合格者1500人減員で弁護士が6万人程度になり、弁護士過剰ラインを2万5000人から3万人とすると、所詮2倍以上の過剰になるから、それだけの数は弁護士業が成り立たず、無理して弁護士業を続けないから、たとえば、4～5万人のあたりで打ち止めとなる。そのために、合格者2000

図表 1‑10　弁護士人口将来予測

　2012 年及び 2013 年まで、司法試験合格者数が年 2000 人（修習修了者が 2014 年 10 月まで年 2000 人）で、その後に減員され、裁判官と検察官合計 5000 人と仮定した。生存率については、29 歳と 74 歳の中間の 52 歳の生存率の概数を採用した。

1. 2014 年から司法試験合格者 800 人
   均衡時：800 人 × 45 年間（29 歳から 74 歳）× 0.93（生存率の概数）
   　　　　 ＝ 3 万 3480 人 − 5000 人（裁判官と検察官の数）＝ 2 万 8480 人
   ピーク時：2001 年 10 月からの 800 人超過分 1 万 2136 人を加算し、4 万 0616 人
2. 2014 年から司法試験合格者 1000 人
   均衡時：1000 人 × 45 年間 × 0.93 − 5000 人 ＝ 3 万 6850 人
   ピーク時：2004 年 10 月からの 1000 人超過分 9532 人を加算し、4 万 6382 人
3. 2014 年から司法試験合格者 1500 人
   均衡時：1500 人 × 45 年間 × 0.93 − 5000 人 ＝ 5 万 7775 人
   ピーク時：2007 年 12 月からの 1500 人超過分 4975 人を加算し、6 万 2750 人
4. 2014 年から司法試験合格者 2000 人
   均衡時：2000 人 × 45 年間 × 0.93 − 5000 人 ＝ 7 万 8700 人
   ピーク時：2000 人超過分 1255 人を加算し、7 万 9955 人

司法試験合格者数別の超過人数の計算

2014 年からの司法試験合格者数	800 人	1000 人	1500 人	2000 人
	超過人数			
2001 年 10 月	200			
2002 年 10 月	200			
2003 年 10 月	200			
2004 年 10 月	400	200		
2005 年 10 月	400	200		
2006 年 10 月	700	500		
2007 年 10 月	700	500		
2007 年 12 月	1200	1000	1000	500
2008 年 10 月 12 月	1350	1350	850	350
2009 年 10 月 12 月	1550	1350	850	350
2010 年 10 月 12 月	1350	1150	650	150
2011 年 10 月 12 月	1200	1000	500	
2012 年 12 月	1200	1000	500	
2013 年 12 月	1200	1000	500	
2014 年 12 月	1200	1000	500	
合　計（人）	1 万 3050	1 万 0250	5350	1350
合計 × 0.93（生存率）	1 万 2136	9532	4975	1255

人と 1500 人も五十歩百歩の違いでしかないことになる。

（4）法曹人口 6 万人論と法科大学院存続優先の 1500 人減員案
イ．日弁連は、弁護士過剰が他人事にすぎないと考える人々が中心となって、弁護士の仕事量と収入の大幅な減少という現状を踏まえず、弁護士の過剰状態が、どの時期の、何人くらいのときに生じたかの調査・検討をせずに合格者数を議論してきた。

これまで司法改革推進論者であった勢力が、以前決めた法曹人口 5 ～ 6 万人論と法科大学院制度が否定されないことのみに関心を寄せ、現実に目をつぶり、想像力を欠如させ、1500 人減員案を唱え、1000 人減員を阻止するのに懸命になっている。

しかし、弁護士人口が飽和状態と言われなかった 2006 年の状況と、2008 年秋のリーマンショックとその後の過払金バブルの終焉を迎えた現在のでは、状況が違う。更に、集中豪雨の連続を想定してみれば明らかで、最初と 1 週間続いた後とでは、同じ雨量でも全く被害が違う。

ところが、再び日弁連は過ちを犯そうとしている。合格者 1500 人減員で、弁護士業界が成り立っていくわけがない。1990 年代の合格者増員のときも、正しい司法政策と適正な法曹人口の主張を断固として続けることをしなかったが、減員のときも同じ対応である。

ロ．今、弁護士過剰の問題を考える場合に重要なことは、合格者 2000 人で将来約 8 万人になるのも、合格者 1500 人で約 6 万人になるのも、著しい弁護士過剰の弊害を避けられないことでは同じであることを知り、絶対に合格者を 1000 人以下まで減員しなければ弁護士業に展望を持ち得ないと、素直に事実を主張することである。合格者数 1500 人は、現在が大幅に過剰状態にあるうえに、今後、毎年 1000 人という過剰人口を累積させていく。

法科大学院制度を守るため、弁護士の仕事と収入を激減させ、就職難をひどくさせていっていいのだろうか。年間合格者 1500 人（将来の弁護士数 6 万人）は、独立した弁護士制度を維持することを不可能にする合格者数である。

ハ．ますます、宣伝に熱心な強欲な弁護士が業務を拡大し、弁護士の間の格差を広げ、半数を越える弁護士が経営を悪化させ、精神的な余裕を失うであろう。

　就職先についても、従来からの一定の年収を保証されて雇用される勤務弁護士の口数（正規型就労）は、雇用条件が低下しても減少し続け、就職口の数は既に1500人を下回り、今後1000人以下になることが予想される。2011年12月の一括登録時の未登録者は404人であったが、登録者の中にも、少額な給与しか得られない就労、籍だけを置くノキ弁、自宅事務所のタク弁など正規型就労に就けなかった新規参入者がいて、その数が、一括登録時の未登録者数より少ないとは常識的には考えにくい。しかも、今後、加速度的に増加することが予想される。

　この非正規型就労と所得が中央値から底辺の、商売上手を拒む善良な弁護士の経済的状況の実態調査をし、有効な対策が何かを考えるべきである。

ニ．思えば、弁護士人口の議論は難しい。人それぞれの経済と思想・信条がからむ。自分が経済的に上位にある者は、増加されても安心であり、むしろ低額で若い弁護士を雇用できる利益があると考える人もいる。しかし、自分は心配なくても、他の弁護士の経済が崩壊するならば、弁護士及び司法制度に悪い影響を及ぼすと考え、思想・信条の問題として反対する人もいる。経済的階層と思想性が論争の軸となる。しかし、そこに、経済的な結びつきのある派閥の締め付けが強力に働く。弁護士が増加して、経済が逼迫すれば、よりその傾向を強めるという情けないことに直面する。

　弁護士人口の制限問題は、それが適切な数と主張する場合であっても、それ自体は夢のある議論ではない。しかし、底の抜けた船の甲板で明るい夢を語り続けられるのか。まずは、抜けた底を塞ぐことが先決であろう。自分にとっては他人事である人も、人為的な政策により今回のことが生じているのであるから、政策を変えることに努めねばならない。

（5）弁護士過剰ライン2万5000人（2008年3月末現在）

イ．2007年以来、新人の就職を無理に受け入れてきたが、特に2010年以後、弁護士の仕事と収入は著しく減少している。現在までの様々な実証的

な調査や社会情勢からみて、2007年3月末の弁護士2万3119人の段階で、弁護士全体をならして考えると飽和状態に達し（前記の日弁連の法的ニーズ・法曹人口調査検討PTの報告書）、2007年の修習修了者約2500人を抱え、2008年3月末日の弁護士登録数2万5041人の時点で完全に過剰に転換したと判断すべきである。

その後の2008年秋からの世界金融危機及び2010年からの過払金バブルの終焉の影響で、弁護士過剰の度合いを深め、現在、既に著しい弁護士間の格差拡大と仕事の減少が生じ、すぐに1万人に迫る弁護士過剰状況が作り出される。加えて、今後毎年5％程度の過剰を累積していくという危機的状況にある。

これまで、司法試験合格者数の議論が、この弁護士過剰ラインという前提事実の確認作業を抜きにしてなされてきた。司法審と同じ誤りを犯している。

ロ．司法改革が、裁判所予算と司法関連予算の飛躍的増額を伴わず、裁判所改革と経済（知能）犯罪摘発の強化が行われず、弁護士の経済基盤を無視したものである限り、日弁連は会員に対する求心力を失い、弁護士過剰の弊害は避け難く、国民のための司法改革にはなり得ない。

我が国の人口が長期減少傾向の逆ピラミッド構成にあり（2012年1月30日の厚生労働省の研究所の発表では、2060年の人口は3割減の8674万人に減少）、国内新車販売台数も1990年をピークに半減し[113]、更に減少傾向にある中で、弁護士人口だけピラミッド型が健全に成り立つことはあり得ない。

弁護士需要が増大する社会でなく、弁護士の必要性が減少する社会を作ることの方が、国民のためになる。

（6）司法試験合格者1000人以下への減員提言の根拠

イ．日弁連は、前記の通り、1994年12月の臨時総会の関連決議で合格者800人案を満場一致で採択し、この関連決議にもとづいて設置された前記の1998年2月の司法基盤協のA案は、1000人を維持し、2010年に弁護士2万5000人になり、将来3万5000人近くになるとした。この流れの弁

護士人口論が、法科大学院も創設せず、2年の司法修習も維持され、最も適正な内容であった。

合格者が500人より多ければ、今後約25年間は弁護士が増加し、弁護士過剰が進み、決して弁護士不足が生じることはないし、合格者が1000人以下であっても、新任の裁判官を毎年約100人から150人、検察官を約70人から100人に引き上げて確保することも可能である。

ロ．日弁連は、1996年頃までの適正な弁護士人口論に立ち戻り、以下の趣旨の弁護士人口政策の基本的提言をすべきである。

我が国の弁護士が、社会的使命を果たし、適正に職務を行い、自治権のある弁護士制度を維持発展させるためには、実際の需要に見合った適正な弁護士数を保つ必要がある。そのため、2010年頃に新司法試験の年間合格者数3000人程度の達成を目指すとした2002年3月の弁護士激増計画の閣議決定を見直し、今後の司法試験合格者については、速やかに1500人に減員し、その後段階的に減員し、早期に年間1000人以下に減員し、弁護士急増計画から弁護士漸増計画に転換する。

（7）真の司法改革の取り組みの必要性

そして、日弁連が今回の「司法改革」に対して臨むべき態度は、早急に正しい総括を行い、第二次司法改革ではなく、憲法を生かすための、真の司法改革に取り組むことである。そのために、会員及び単位会に基盤を置いた、強力な専門委員会を設置する必要がある。

それは、今回の司法改革で改悪されたものを早期に回復したうえで、我が国の司法を担う裁判所及び検察庁の改革、裁判官と検察官の増員、裁判と捜査の改善を中心的課題とするものである。

司法改革において実効性を確保するために、財政措置を伴うものでなければならない。国選刑事弁護及び扶助事件等の弁護士報酬は、支払能力のある国が支払う費用であり、採算割れの低額であることは許されない。この異常さを指摘し、是正を強く要求しなければならない。

しかし、問題は、日弁連に対する期待と失望の中で、どれだけの会員がそのような気持ちと余裕を残しているかである。失われた信頼の回復は、

とても難しい。司法改革推進の中で排除された者、嫌気がさして退いた者、違和感を覚えて近づかなかった者など、独立の気概と高い見識と能力のある会員に、日弁連に復帰することを要請せねばならない。しかし、そのような時が来るであろうか。

逆に、今、2011年6月に設置された法曹の養成に関するフォーラムが、第2次「司法改悪」を計画している。それと、どう戦うのか。

(8) 2012年の日弁連会長選挙と法曹人口基本政策

イ．2月10日の日弁連会長選挙の立候補者は、宇都宮健児氏（東弁）、山岸憲司氏（東弁）、尾崎純理氏（二弁）、森川文人氏（二弁）の四氏であった。

朝日新聞は、2008年2月17日の社説で、「弁護士の年間所得は平均1600万円で、就職難も額面通りには受け取れない。弁護士増員に抵抗するのは身勝手である」と批難した。また、2012年2月9日の夕刊で、日弁連会長選挙について、会員の関心は合格者の削減など内向きのテーマに集中しているという批判的な記事を載せた。マスメディアの「内向きな議論」という批判は、会内外の弁護士改革論や業務拡大要求による弁護士大増員論[114]と同趣旨の批判である。しかし、候補者が1500人減員や500人減員の政策を唱えていること及び弁護士の仕事と収入が減少していることなどの具体的な内容は一切記事にしていない。意図的である。また、上記の平均値1600万円は、既に急激に下がり、2009年に約1400万円（中央値894万円）であり、2011年に約1200万円（中央値約700万円）程度と推定される。朝日新聞は、弁護士の所得が大幅に減少という情報の更新をする義務があると思うが、知らぬ顔である（なお、給付制の運動の関係で、57期と62期をアンケート調査した結果は、57期の平均値が1014万円、中央値857万円で、予想より高い。なぜかというと、まず、過払金事件の報酬200～100万円が含まれていること、更に、独立できずに長く勤務弁護士である層が、収入の割に経費負担が少なく、その分、所得が多くなっていることからである。従って、昔のように早期に独立していれば、所得はもっと少ない）。

ロ．選挙結果は、山岸氏7958票、宇都宮氏6608票、尾崎氏3318票、森

川氏 1805 票であった（投票率 62.34％）。山岸氏が 1 位になった単位会が 12 で、3 分の 1 に 6 単位会不足していたので、決選投票となった。再び、朝日新聞の社説は、「日弁連会長選、利益団体でいいのか」と題して、合格者減員の提言を既得権益の擁護であると批判した[115]。

　選挙結果を見てまず思うことは、第 1 に、2 期目を狙う宇都宮氏が 1 位をとれなかったこと、第 2 に、4 人が立候補しているのに投票率が 62.34％ と極めて低かったこと、その中で東弁の投票率が 74.19％ と非常に高く、山岸氏と宇都宮氏の得票差が 2125 票あったこと[116]、第 3 に、それでも宇都宮氏が 1 位だった単位会が 37 あったことである。

　この時期に日弁連が弁護士人口の基本政策として司法試験合格者数について提言するならば、少なくとも、1500 人減員の次のステップとして段階的に 1000 人以下に減員することを加えるべきであった。宇都宮氏は、リーダーシップをとらず、単なる 1500 人減員案になり、対立候補との関係において合格者数が争点でなくなってしまった。そのうえ、出馬表明が 2011 年 11 月下旬と遅れた。

　これまでの司法政策が続く限り我が国の弁護士需要は、合格者 1000 人以下であるという真実を掲げるべきである。会員アンケートか臨時総会を開催し、戦い続けなければ、会員から信頼を得ることができない。会は、会員に対する求心力を失う。加えて、もし、過払金バブルが過ぎて、若手が余裕を失い、期待もしなくなったというのであれば、問題は深刻である。

ハ．今後、日弁連会長選挙の投票率は下がり続け、50％ を割ることになるであろう。自治組織としては、根本的な病理である。求心力低下の証である。これが、「司法改革」の狙った成果であることを否定できないのではないだろうか。

　弁護士大量増員が、1987 年に、まず任官者確保、企業及び市民のためだとされ、次いで、1990 年代に丙案阻止のため、更には被疑者弁護のため、最後は法曹一元のためだとされ、性急に計画された。21 世紀になって、弁護士があらゆる分野に進出するため、業務を拡大すればいいとされ、弁護士大量増員が正当化され続けてきた。しかし、他の分野進出と業務拡大は、単に弁護士過剰のもとで生きるために生じる現象にすぎない。

ニ．小林正啓弁護士（大阪弁護士会）の『こんな日弁連に誰がした？』（平凡社新書）は、司法改革の経緯について、筆者自らは当時関わりを持たなかったと断りながら、内容的には詳しく興味深く上手に書かれた本で、購読をお勧めするが、本書と、この小林氏の本では、こんな日弁連の「こんな」についても、誰がしたの「誰が」についても、肝心なところで事実と評価が違う。この違いは、小林氏が、今回の選挙において山岸候補の推薦演説を行い、演説の中で、今回の司法改革以後の日弁連の屈服路線とも言われている協調路線と山岸候補の話し合いの交渉力を評価すると指摘したことと、関係があると思われる。司法の独立及び弁護士の職務の独立に対する価値観、それと深く関係する、いわゆる政・財・官の司法改革に対する評価や距離感の違いである。弁護士集団が、官僚司法に寄り添うような体質になったのでは、司法の機能を低下させる。

ホ．日弁連法曹人口政策会議は、2011 年 11 月 19 日に、「『法曹人口に関する日本弁護士連合会の基本政策』についての提言案」として、「まず 1500 人にまで減員し」という 1500 人減員案を、採決を回避して採択し、同年 12 月に単位会にこの案を照会した。

2012 年 2 月 18 日の同会議において、途中で、木村清志議長代行（徳島）が、採決の方法をとると言い出し（そうであるならば、前回も採決をとるべきであり、なぜそれをしなかったのか疑問である）、これに対し、「相当数の単位会（注・実質的には 20）が 1000 人減員という決議を行っていることを踏まえて」という客観的事実を入れるという修正案が提出され、それを議題にするかどうかで賛否がとられ、賛成 39 人、反対 51 人で否決された。結局、原案について採決がとられ、原案が賛成 76 人、反対 28 人、棄権 5 人で採択された。反対の中に、合格者の人数を入れるべきではないという意見が 2 人含まれている。原案に賛成する単位会の回答の中には、愛知県のように、1000 人減員を否定しない単位会が複数存在する一方、1000 人減員が入るならば反対という単位会もある。3 月 16 日の日弁連理事会で、賛成多数（反対 10、棄権 2）で可決された。

ヘ．3 月 14 日の再投票の結果は、山岸 8558 票 14 単位会、宇都宮 7486 票 37 単位会、1 単位会は同数であった（選挙人 3 万 1874 人、投票率

50.83％)。その結果、再選挙(投票日 4 月 27 日)となった。

　日弁連会長選挙の投票率は、2008 年 2 月が候補者 2 人で 66.5％、2010 年 2 月が候補者 2 人で投票率 63.9％、再投票が 63.2％、2012 年 2 月が候補者 4 人で 62.3％(過去 18 年、10 回の選挙で最低値)、再投票が 50.8％で、投票率が下がり続けている。会が会員に対する求心力を低下させている。今年の再投票では、宇都宮候補が、2 年前より選挙人数が約 3200 人増加しているのに、投票率が 12.4％減少したこともあるが、逆に 9720 票から 7486 票に 2234 票減少させている。司法試験合格者数問題で、法科大学院問題がネックとなったのか、支持母体に増員論者がいるためか、1000人減員を打ち出さず、運動もしなかったためであるが、同氏が就職難と弁護士過剰をマスコミに訴えてくれたことは大きい。

ト．1500 人減員提言は、法科大学院進学希望者が 3 分の 1 程度に激減していることと比較すると、4 分の 3 にとどまる減員は高止まりであり、今後、ますます法曹の質の劣化に拍車がかかる。その一方で、毎年 1000 人の弁護士過剰を累積させながら、ピーク時に弁護士が 6 万 3000 人となる弁護士過剰政策である。法科大学院という「資格取得の教育産業」の生き残りを優先させ、国民に直接弊害を及ぼす「弁護士産業」の過剰に目を向けない政策である。1500 人案は、2000 人案と五十歩百歩の違いでしかなくなることを知るべきである。公認会計士の合格者数は、一気に 3 分の 1 程度に減員した。

　韓国の法科大学院[117]でも、2013 年 3 月卒業の 1500 人の就職先は 500人程度しかなく大量の失業が出ると報道されている。

チ．2 人の日弁連会長候補者が、ともに会員の多数意見を反映させようとせず、会長選挙としては、会員をないがしろにするという病理を呈していると言わざるを得ない。これは戦前の誤りの繰り返しであり、一般の会員が、日弁連丸から脱出することになる。

　旧執行部側の候補者は、選挙の直前まで弁護士激増論者であり[118]、性急に減員しては世間の反発を受けると言うが、それは性急な激増を推進したからであり、その弊害の方が大きい。ひどく派閥選挙を強めたが、選挙人数が大幅に増加したにもかかわらず、一般会員の気持ちとの距離が遠

く、2年前の候補者程度の票しか獲得できなかった。この候補者が、現執行部候補者を不信任とする選挙であったと主張できる立場にはない。一方、現職候補者は、よりましな候補者として票を得ているが、獲得票の多くは1500人減員の提言に納得していない。

当選要件の単位会の3分の1で獲得票が1位であることの当否については、日弁連が全国52の単位会の連合体であること、及び東京と大阪の会員が全体の約59％を占めているという現実を踏まえて考えるべきである。単位会の支持を半分も得られない候補者は日弁連会長に相応しくないので、単位会の要件を2分の1にすることも考えられる。3分の2以上の単位会で1位になった候補者を当選とすることの方が妥当である。3分の1は最低限の要件と考えて、絶対に削除してはならない。

そのようなことをすれば、これまで以上に、大単位会の大きな派閥の横暴を許し、日弁連内の対立を深くする。弁護士弱体化政策の狙いが露骨な形で現れているが、大単位会の会員の自覚が強く求められる。

日弁連の現在の危機は、会長が決まるのに手間がかかっていることではなく、それは表面上のことに過ぎない。実質は、1991年以来「市民のため」の司法改革の成果だと強がりを言い続けたために、弁護士の大量増員によって様変わりした弁護士の業務実績の下落と過剰人口の累積が続くことである。そのような状況下の日弁連会長選挙の争点が、東京の大派閥か地方かの選択では、余りに内容が不十分である。そのうえで、後述する通り、現在、法曹の養成に関するフォーラムが法曹資格の拡張による格下げを考えていて、これまでの我が国の弁護士制度自体を大きく変容させようとしている事態にあり、これに対し、これまでのような日弁連執行部で立ち向かうことができるのか否かという危機的状況にある。

リ．要するに今回の司法改革が始まった約20年前から、本当の会員の多数意見が否定されるという異常なことが繰り返されているのである。明らかに、弁護士の需給バランスは合格者1000人以下でないと保てない。会員の多数意見は1000人減員説である。日弁連執行部が、「1500人減員案」ではなく、「1000人減員案」ないし「直ちに1500人減員、段階的に1000人以下減員案」を単位会に照会していれば、会員アンケートと同じよう

に、1000人以下の減員を達成値とする案が多数を占めたことは間違いない。2010年までの執行部派は、1996年の第16回司法シンポジウムの全会員アンケートを最後に、二度と全会員アンケートを実施しない方針をとっている。

一方、1000人以下の減員を唱える委員らも、法曹人口政策会議でその意見を取り入れさせる方法を選び、他の方法、例えば今次年度以降のことを考えて、委任状の数で負けることを覚悟のうえで臨時総会を請求し、日弁連会長選挙を間近にして全国の多くの会員で議論し、宇都宮執行部に対しても問題提起をする趣旨を含む方法を選択しなかった。

こんなことで大丈夫であろうか。既に法科大学院希望者が6000人程度（入学者が3000人程度）に減少する現状にある。今後、法科大学院希望者が4000～5000人、入学者が2000～2500人になるであろう。それにもかかわらず、時代錯誤にも、希望者何万人という時代の合格者2000人案よりもレベルが低下する1500人減員案にとどめる決定をした。1500人減員案は、弁護士過剰を毎年1000人程度累積させていく。弁護士は、医師の10分の1程度で足りると考えるのが、常識的である。

中坊司法改革以後、法務省の狙い通り、日弁連という自治組織において、東京と大阪の派閥組織が[119]、会員の多数意見を抑える役割を果たし続けている。この自治組織において、一般会員の暗黒時代をいつまで続けるつもりなのか。会が求心力を失い、会と会員の関係が崩れて行く様を見る。

今回の司法改革は、法務省が始めた。今後、それほど遅くない時期に、戦前の「司法省」の出番が来るかもしれない。

12 自治組織の日弁連の意思決定のあり方

（1）会内民主主義の保障

イ．法曹の選抜と養成のあり方及び弁護士人口は、我が国の司法、特に弁護士制度及び国民に大きな影響を及ぼす重大な問題である。そのために、日弁連の方針決定には、関連委員会及び単位会に意見照会を行うのは当然のことであるが、更に、全会員の意見が十分に反映されるように会員にア

図表1-11 日弁連の全会員による意向投票制度の提案の趣旨及び実施に関する要綱(案)

会員意向投票制度の提案の趣旨

1 日本弁護士連合会が、真に自治組織としての実態を有し、その役割を果たすためには、会の意思形成が民主的方法によって行われ、かつ、全体の会員の意思が正しく反映されることが不可欠である。そのために従前の日弁連は、重要案件について、単位会への意見照会、会員アンケートの実施、シンポジウムでの十分な議論など、全国の会員の意向を十分に汲み取る手順が踏まれ、これらが会内の合意形成に大いに寄与してきた。
2 ところが、1990年代になって司法改革問題に直面し、日弁連を取り巻く情勢が、急速に大きく動き、執行部がそれに対応して日弁連の方針を短期間に次々と変更しようとしたことから、上記のような会内の合意形成の手順を踏まず、単位会や会員の意向を十分確認して日弁連の意思を形成するという従来の手法が採られなくなった。
　逆に、執行部主導の体制が敷かれ、特に会員間で意見の相違が大きい問題について、専門委員会の意見を無視して、協議会や作業部会などを設けて、少人数による会の意思形成をしたり、東京・大阪などの大会派が統一的に行動することによって会の意思決定をするなど横暴なやり方が多くなった。
3 このような日弁連の会務運営は、会員間の意思の疎通を困難にし、会員が会の運営に無関心と無力感を抱く原因となり、現在の日弁連は、急速に求心力と一体感が弱まり、自主独立の会員弁護士によって支えられるべき弁護士自治さえ、危機に瀕する事態に陥っている。
4 このように深刻な状況におかれている日弁連としては、今後、会の求心力を回復し、重要問題について自治組織として適切な解決をしていくために、従前にも増して効果的な会内合意形成の方法をつくりあげることが何よりも大切である。総会が会の最高意思決定機関であることは当然であるとしても、総会における手続のみでは、十分かつ正確に会員の意思を汲み上げることは困難であり、これを補う手段として、新たに全会員による意向投票の制度を設けることは是非とも必要であると考える。特に、弁護士が急激に増加した日弁連の今後の意思決定のあり方として、この制度が不可欠である。
　本提案における意向投票の結果は、会の意思として法的な拘束力を有するものではないが、全会員の意思を直接表明するものであることから、会の執行部はこの結果を尊重する政治的な責任を負うものであり、会の運営において重要な指針となることが期待される。

会員意向投票の実施に関する要綱（案）

1 目的
　本規程は、日本弁護士連合会（以下、会という）が重要事項に関する意思を決定するにあたり、全会員による意向投票を実施するための手続を定め、もって会の運営に会員の総意を反映させることを目的とする。
2 意向投票の実施
　(1) 次のいずれかに該当するときは、全会員による意向投票を実施する。
　　　i 弁護士である会員の5パーセント以上が、投票の目的事項を記載した書面によって意向投票の実施を請求したとき。
　　　ii 理事会が意向投票の実施を決議したとき。
　(2) 前項各号のいずれかの事由が成立したときは、会長は4週間以内に全会員による意向投票を実施しなければならない。
3 投票の方法
　(1) 意向投票は、弁護士である会員の1人が1票を行使する。
　(2) 弁護士法人は、投票権を有しない。
　(3) 外国特別会員は、外国特別会員としての権利義務に直接関わる事項が意向投票の対象になっているときに限り、1人1票を行使することができる。
　(4) 意向投票は、無記名秘密投票により行い、代理投票は認めない。
　(5) 不在者投票の制度については、別に規則で定める。
4 投票の管理者
　(1) 意向投票は、選挙管理委員会が管理する。
　(2) 意向投票の実施に関する細則は、別に規則で定める。
5 意向尊重義務
　意向投票によって示された会員の意思は、会の運営において尊重されなければならない。

ンケート調査を行ったり、司法シンポジウムのテーマとして研究と会内議論を十分に行うべきである。

　日弁連の「法曹養成検討会議」は、法科大学院擁護と弁護士大増員を主張する委員ばかりで、偏った体質になっている。民主的な基盤のない委員構成を抜本的に改善し、日弁連の一般会員の意見が反映されるようにする必要がある。

ロ．司法試験合格者の質の低下の問題が議論になっているが、法科大学院、予備校、司法修習、雇用などで直接に院生、修習生及び弁護士に接している一般の弁護士が多くいるので、合格者及び修習生の質については、直接にアンケート調査をすれば分かることである。早急に調査を実施すべきである。

（2）会員投票制の新設の必要性

　日弁連は、一般会員の意向と乖離した意思形成を行う傾向を強め、会員に対する求心力を低下させてきた。日弁連の役員及び各種委員会の委員と一般会員との間の経済格差と意識格差が大きく、役員や委員の選任が偏り、会員の直接選挙である日弁連会長選挙においても、事務所関係、経済がらみの関係及び村の選挙や企業ぐるみの選挙のような派閥選挙と巨額な選挙資金が原因で、一般会員の多数意見を代表するような弁護士の立候補が困難であり、限界のある選択となっている。

　日弁連が、本当に会内の意思を反映して運営されるようにするためには、重要問題について、会員投票制を導入する時期にきている[120]。まず、その前段階の方法として、ファックスによる会員の意向アンケート調査を実施することが最善である[121]。

　まずもって、会員の、会員による、会員のための日弁連にすることこそ、自治組織に要求されることである。それが、弁護士会が会員に対する求心力を失わないために不可欠なことであり、歴史の中で先に生きた者が後から来る者に対して行っておくべき責務である。

　また、今回の司法改革について、歴史の忘却と改ざんを許さず、正しく歴史を伝えることこそ、将来に責任を負うことである。

図表 1-12　司法試験合格者増員と法曹養成制度改変の経緯

年	月	日	事項
1946			裁判所法改正
1949			弁護士法制定
1954.	4		青年法律家協会
1962.	9		内閣・臨時司法制度調査会発足
1964.	8		臨時司法制度調査会意見書発表
	9		日弁連・臨司対策委員会発足
1967.	5		日弁連・臨司意見書批判採択
1967			自由民主党・青法協攻撃，偏向判決批判
1969			自由民主党・司法制度調査会設置
1970			最高裁・青法協攻撃
1971			宮本裁判官再任拒否
1973.	12		第1回司法シンポジウム
1974			日弁連「司法白書」発行
1974.	6		日弁連・司法問題対策委員会発足
1975			法曹三者協議会発足
1986.	9		第11回司法シンポジウム
1987.	3		法務省・法曹基本問題懇談会発足
1987.	4		日弁連・法曹養成問題委員会発足
1988.	3		法曹基本問題懇談会意見書発表
1988.	4		藤井英男日弁連会長就任，事務総長大石隆久
1990.	4		中坊公平日弁連会長就任，事務総長井田惠子
	10		法曹三者協議会で司法試験制度改革に関する基本合意
			（1991年600人翌年から700人，条件付丙案）
1991.	6		法曹養成等改革協議会発足
1992.	4		阿部三郎日弁連会長就任，事務総長堀野紀
1994.	4		土屋公献日弁連会長就任，事務総長稲田寛
	6		経済同友会「現代日本の病理と処方」
	7		法曹人口問題を考える中弁連有志の会発足
	10		法曹人口問題を考える日弁連有志の会発足
	11.	15	米国の日本に対する年次規制撤廃要望書
	12		政府・行政改革委員会
	12.	21	法曹人口と養成制度に関する日弁連臨時総会（第1回）
			臨時総会請求の会員有志議案と日弁連執行部議案が対決。
			（5年間800人の関連決議採択）
1995.	11.	2	法曹人口等の日弁連臨時総会（第2回）
			（修習期間2年堅持して1999年から1000人）
	11		改革協意見書（中期的に1500人，修習期間短縮）
1996.	4		鬼追明夫日弁連会長就任，事務総長小川信明
	4		日弁連・司法基盤改革人口問題基本計画等協議会発足
	11.	29	第16回司法シンポジウム「法曹のあり方と法曹人口」
1997			修習短縮反対全国弁護士連絡会発足
	10.	15	法曹人口等の日弁連臨時総会（第3回）
			請求側の修習2年堅持案と1998年から
			1000人，修習期間1年6か月の執行部案と対決。
	11		法曹三者協議1000人中期的1500人期間1年半
	11		弁護士法一条の会発足
1998.	2		日弁連基盤協A案1000人，B案1500人
	4		小堀樹日弁連会長就任，事務総長寺井一弘
	5		日弁連・法曹養成センター発足
	11.	6	第17回司法シンポジウム「法曹一元の実現に向けて」

1999.	1		憲法と人権の日弁連をめざす会発足
	4		京都大学の法科大学院のシンポ（各大学で続々開催）
	7		司法制度改革審議会第1回会合
2000.	2		日弁連「法曹一元制度の実現に向けての提言」
	3		日弁連「陪審制度の実現に向けての提言」
	4		久保井一匡日弁連会長就任，事務総長三羽正人
	8		改革審で中坊委員3000人提言，久保井日弁会長容認
	11.	1	法曹人口等日弁連臨時総会（第4回）
			「国民が必要とする数を質を維持しながら確保するように努める」
			事実上3000人以上の増員と法科大学院容認案可決
	11		日弁連第18回司法シンポ「法曹一元・陪参審の実現」
	12		日弁連・法科大学院設立運営協力センター発足
2001.	6.	12	司法制度改革審議会意見書，2010年頃3000人
			2003年に法科大学院設立
2002.	3.	19	司法制度改革推進計画の閣議決定
	4		本林徹日弁連会長就任，事務総長大川真郎
2003.	7		裁判の迅速化に関する法律
2004.	4		梶谷剛氏日弁連会長就任，事務総長山岸憲司
	4		日弁連・弁護士報酬規定廃止
2006.	1		最高裁・過払金請求認容判決
	4		平山正剛日弁連会長就任，事務総長明賀英樹
2007.	2.	13	愛知県弁護士会，3000人増員計画の見直し意見書
	7		京都弁護士会意見書「3000人を見直し」
	9.	4	鳩山法相，閣議後の記者会見で「3000人は多すぎる」
	10		現行60期修習修了
	10.	12	中国弁連定期総会「司法試験の合格者数を適正水準まで削減するように求める決議」
	10.	19	中部弁連定期総会「3000人見直し決議」
	11		新60期修習修了（2期分の就職問題発生）
	12.	15	埼玉弁護士会総会「調査・検証が完了まで1000名の決議」
2008.	1.	25	鳩山法相，記者会見で3000人閣議決定の見直し
	2		日弁連会長選　宮崎，高山
	2.	23	仙台弁護士会「年間3000人の変更を求める決議」
	3		日弁連法的ニーズ法曹人口調査検討PT報告書
	3.	25	政府規制改革計画改定で前倒しと更なる増員の文言削除
	4		宮崎誠日弁連会長就任，事務総長丸島俊介
	5.	15	千葉県弁護士会定期総会「当面1500人決議」
	7.	4	東北弁連定期総会，「3000人程度とする政策の変更を求める決議」
	7.	10	兵庫県弁護士会，3000人即時見直し緊急提言
	7.	18	日弁連理事会，緊急提言と法曹人口問題検討会議発足
	8.	6	大阪弁護士会臨時総会「合格者数の適正化を求める決議」
	8.	8	愛媛弁護士会臨時総会「3000人見直し決議」
	11.	14	四国弁連「3000人見直し決議」
	12.	13	日弁連・法曹養成検討会議発足
	12.	26	群馬弁護士会「すみやかに1500人決議」
2009.	1.	13	東京弁護士会意見書「2100～2500人」
	2.	27	山形県弁護士会決議「すみやかに1500人決議」
	2.	27	金沢弁護士会会長「3000人見直し声明」
	3.	18	日弁連理事会，法曹人口5万人，2100～2200人提言
	5.	23	埼玉弁護士会「4～5年かけて年間1000人決議」
	5.	30	栃木県弁護士会「当面1000人程度に減少」
	6.	17	千葉県弁護士会「日弁連の3月の提言を批判する決議」
	10.	16	中部弁連定期大会「早期に1000人に削減決議」
2010.	3.	23	兵庫県弁護士会「早期に1000人決議」
	4		宇都宮健児日弁連会長就任，事務総長海渡雄一

		5	日弁連・法曹人口政策会議発足
	11.	19	新潟県弁護士会「当面1500人決議」
	11.	20	長野県弁護士会「4万人達成後1000人決議」
2011.	2.	10	横浜弁護士会「当面1500人決議」
	2.	10	千葉県弁護士会「1000人以下決議」
		3	日弁連「まず1500人に減員、更なる減員は検証」
	3.	27	日弁連理事会「相当数減員」
	3.	31	第一東京「1500人が多数意見だが，当面2000人」
		5	内閣・法曹養成フォーラム発足
	6.	3	静岡県弁護士会「1500人以下決議」
	6.	5	法曹人口問題全国会議発足
	9.	14	大分県弁護士会「すみやかに1000人決議」
	10.	4	沖縄弁護士会「当分の間1500人以下決議」
	11.	14	四国弁連「早期に1000人決議」
	11.	29	札幌弁護士会「段階的に1000人決議」
2012.	2.	10	佐賀県弁護士会「早急に1000人決議」

注
1 「司法試験改革を考える――基本資料集」(『ジュリスト増刊』1987年8月5日号)
　メンバー、池浦喜三郎(経団連常任理事)、石井成一(元日弁連会長)、江幡修三(元検事総長)、大塚正夫(元東京高裁長官)、川口弘(元中央大学学長)、佐藤功(成蹊大学教授、上智大学教授)、清水司(元早稲田大学総長)、鈴木治雄(昭和電工名誉会長)、寺田治郎(元最高裁事務総長)、中根千枝(東京大学名誉教授)、三ケ月章(東京大学名誉教授)、山口光秀(元大蔵事務次官)の12名。幹事、法務省：人事課長堀田力、人事課付田島優子、司法法制課長但木敬一ら、オブザーバー、最高裁：事務総局人事局長櫻井文夫、総務局第一課長竹﨑博允ら、日弁連：橋元四郎平、花岡巖、堀野紀、中川徹也。
2 法務省の弁護士と日弁連を批判するキャンペーンと弁護士制度改変
　上記の『ジュリスト増刊』の3〜8頁、法務省の説明(『判例時報』1236、1244、1246号)、「司法――その現状と展望」特集(『法と民主主義』1988年1月号)、小田中聰樹『現代司法と刑事訴訟の改革課題』(1995年、日本評論社)の第1篇第3章「法曹養成制度改革と法曹像」、『名古屋法曹フォーラム』の次の松井康浩講演記録、森山文昭論文。
　『名古屋法曹フォーラム』は、日本民主法律家協会名古屋支部の機関誌で、1986年から1996年まで、法曹基本懇、司法試験改革、合格者増加、司法改革について、学者と弁護士の論考を掲載している。『自由と正義』の編集委員をつとめ、司法問題に詳しい伊藤貞利弁護士が編集を一手に引き受けられた(国会図書館に所蔵)。
　「総括にならない総括」庭山英雄(1986年10月創刊号)「簡裁統廃合問題について」戒能通厚(同)「憂愁裁判官人事」鶴見恒夫(同)。「法曹のありかたを求めて(一)」

戒能通厚（1987年10月第2号）「法曹基本問題懇談会は何を狙っているのか」森山文昭（同）、「法曹基本問題懇談会の問題性」松井康浩講演記録（1988年5月第3号）「弁護士のあり方――その歴史と理論」庭山英雄（同）、「法曹のありかたを求めて（二）」戒能通厚（1988年12月第4号）「法務省の司法試験改革試案のなかの合格者増加について」鈴木秀幸（同）、「司法試験『改革』問題その後」森山文昭（1992年8月第11号）、「重大な山場にさしかかった司法試験『改革』問題」森山文昭（1994年9月第15号）、「司法改革を考える」山田幸彦（1995年11月第17号）。

森山文昭氏の著作「規制緩和路線と法曹人口問題」（共著『法の科学』1998年27号）、「ロースクール問題に関する議論の背景と視点」（『法と民主主義』1999年10月号）、「法科大学院（ロースクール）構想の隘路」（『自由と正義』2000年7月号）、「法科大学院と法学教育」（『法律時報』2000年72巻12号）、「司法審中間報告と弁護士改造論」（『法と民主主義』2001年1月号）、「だれのための「司法改革」か」共著の「司法制度改革審議会の弁護士改造論」（2001年3月、『法の科学』特別増刊、日本評論社）、「中間報告と法曹制度」（共著『法の科学』2001年31号）、『みんなで考えよう司法改革』共著（2001年9月、日本評論社）の「人権擁護司法の変質を迫る司法制度改革審議会」、「弁護士制度改革とあるべき弁護士の姿」（共著『法の科学』2004年34号）、「弁護士制度改革と弁護士像――新しい人権モデルの提唱」（共著『いま弁護士は、そして明日は？』2004年、エディックス）、『「司法改革」の総決算』共著の「弁護士自治と綱紀・懲戒制度」（2006年6月、『法の科学』特別増刊、日本評論社）、「法科大学院における研究者教員の役割」（共著『法の科学』2011年42号）

3　「民事裁判の現状と課題」（1986年9月）の問題提起の裁判遅延問題の担当鈴木秀幸、「民事裁判遅延の現状とその改善」鈴木秀幸（『自由と正義』1989年8月号）

4　第二東京弁護士会紫水会は、1984年から1998年まで、民事訴訟促進研究会（座長畠山保雄、小山稔、那須弘平ら）が訴訟慣行の改善で裁判促進をはかることを研究テーマに例会を開き、『判例タイムズ』に論文を寄せていた。

5　「特集司法試験改革問題資料集」（『自由と正義』1994年12月号）、『ジュリスト』1988年5月1日907号と908号、「特集　司法試験改革と法曹養成の展望」（『ジュリスト』特集1991年8月1-15日合併号）「法曹養成制度改革（基本資料集）」（『ジュリスト増刊』1991年9月20日）

6　シンポジウム「国民のための法曹養成問題を考える」

委員長・瀧川治男、報告者・鳥毛美範（司法試験改革の経過と問題点）、福井正明（回数制限、大学推薦制）、鈴木秀幸（国民のための法曹人口のあり方について）。鳥毛報告に、伊藤検事総長「司法試験に問題がある。判検事への任官はここ数年110人前後で、あまり変わらない。これを裁判所と検察庁で取り合うのではなく、全体のパ

イを大きくしなければならない」(『法学セミナー』406 号、388 号)、「定員不足の問題で深刻なのは、検事以上に裁判官の方だと言える。……裁判官のなり手が少なくなることに対して憂えている」(「東大新報」1987 年 6 月 10 日号) とある。鈴木報告は、前記の『名古屋法曹フォーラム』第 4 号の鈴木秀幸の論考で述べている。

7　名古屋弁護士会の意見書 1989 年 4 月 (会報 4 月号、5 月号)
8　『自由と正義』1994 年 12 月号
9　法曹三者協議会と、1987 年以後に今回の「司法改革」を推進した幾つかの審議会との違いを知る必要がある。法曹三者協議会は、1970 年、簡裁事物管轄拡張の裁判所法改正に関連して、法曹三者が対立したまま国会に改正法案が持ち込まれたために、参議院において、今後、司法制度の改正には法曹三者の意見を一致させて実施に努めることを求める付帯決議がなされ、また、衆議院においても、司法制度の改正に政府及び裁判所は在野法曹と密接に連絡をとって意見の調整に努めることを求める付帯決議がなされ、これをきっかけに法曹三者の間で話し合いが行われて、1975 年 3 月 24 日に協議会が設けられた (『日弁連 30 年』)。法曹一元制度の一つのあり方である。
10　中坊氏は、①日弁連が回数制限に反対し続けるならば、法務省が、7 月 25 日で三者協議を打ち切って法制審に諮問し法改正を目指す、藤井日弁連執行部が提案した改革協の設置もできないと主張するので、逆に法務省にフリーハンドを与えることになる、②自ら報道機関の全ての論説委員、解説委員、編集委員に意見を求めたところ、丙案は小手先の姑息な改革案であるが、日弁連の合格者増に賛成で丙案に反対という案では司法試験の過酷な状況は残るという意見が大半であった、③野党の国会議員も、法務省案に反対ということで野党が一致して同調するのはむずかしいという意見が多い状況であった、などと説明し、加えて、少しの差で二つに分裂した会内意見を収拾するために、自分は仲介役として、敢えて火中の栗を拾う覚悟で執行部案を考えて提案したと説明している (『自由と正義』1994 年 12 月号 117 頁、資料 24、「新たな展開にむかって—会長から皆様へ—　平成 2 年 7 月 31 日　日本弁護士連合会会長中坊公平」)。しかし、同氏こそ、会内対立を拡大し、反対派を批判するために外部の力を利用した。

　回数制限の丙案は、合格者 700 人の場合、試験の成績が 490 番 (7 割部分) までは成績順に合格させ、残る 210 人 (3 割部分) を 3 回以内の受験者にする案なので、4 回以上の受験者の 491 番の者が不合格になる一方で、3 回以内の者は、試験の成績が 1500 番くらいでも合格する可能性が生ずる不公平な試験となる。そのために、多くが賛成するわけがなく、中坊氏の外部の状況の説明は、自分の考えを述べているとしか考えようがない。しかも、会内の賛否の意見に余り差がなく分裂しているという認識も間違っていた。会内分裂を収拾するために執行部案を考えたというのも、嘘であ

る。一般会員からすれば、中坊氏に「敢えて会内において火中の栗を拾う」ことを頼む気持ちはなく、彼が、司法官僚と自分とその周辺の者のために会長の権限を振りかざして、これまで司法問題対策委員会及び法曹養成委員会に対して、いわば第二組合を作るようなものであった。

　その後、会内の対立は、法曹養成問題委員会及び日弁連の改革協の協議員の間で激しく現れた。しかし、1990年12月及び1992年5月の2回の全国の会員アンケートで、同委員会の多数意見が圧倒的に支持される調査結果になっている。そこで、同委員会は、1994年6月に、合格者700人以上の増員については、判検の増員及び司法基盤の整備状況を検証しながら検討すべきである旨の意見書（本書の資料1）をまとめて執行部に提出した。しかし、執行部は全くこれを無視し、『自由と正義』などに掲載しなかった。自治組織としての、会内民主制の否定である。

11　1990年7月から1991年3月までの経緯（『自由と正義』1990年10月号、1994年12月号）。

12　日弁連の司法問題対策委員会の宮本康昭委員と中坊会長の関係について
　「20年の歳月が流れて、1990年に中坊公平氏が司法改革の公約を掲げて日弁連会長に就任した。中坊氏は司法改革を推進するにさいし、従来の日弁連司法問題対策委員会を会内の抵抗勢力と見ていた節がある。この委員会は、略して『司対』委員会と称され、その活動メンバーは『司対族』と呼ばれていたが、中坊氏は、これをもじって『死体族』だと揶揄した。つまり、裁判所の批判ばかりしていて何一つ成果を挙げていないのだから、それこそ『死に体』に等しいというのである。彼は、司法改革を推進するには、日弁連から『司対』的体質を払拭し、『司対族』を押さえ込み味方に付けなければならないと考えた。そこで、『司対族』の理論的指導者であり司法運営批判運動の象徴的存在であった宮本氏を口説き落とし、三顧の礼をもって推進本部の要の地位に就いてもらった。中坊氏のこの戦法が正しかったことは、宮本氏自身が司法改革の強力な推進力になっただけでなく、やがて『司対族』全体が中坊司法改革に全面的に賛成しその推進の中心的役割を担うようになったことによって証明される。今次司法改革が大きな成果を挙げることができた功労者は、中坊氏を別格とすれば、第一に宮本氏に指を屈しなければならない」（宮本康昭先生古稀記念論文集『市民の司法をめざして』（2006年、日本評論社）の坂元和夫論文553頁以下）

13　中坊氏の司法改革論について、『自由と正義』の編集委員会委員長が詳細にインタビューした記事がある。同氏の弁護士改革論が、ほとんど放言の類のお喋りで続いているが、この調子の司法改革を目指したからこそ、20年後の現在の結果があり、それは必然である。同氏は、世間から拍手喝采を受けることを優先させる。同氏の改革論では、法務省と最高裁が認める今回のような「官許の司法改革」にならざるを得ず、

弁護士集団が危機に陥る。
14　同氏の市民主義、2割司法論については、「『司法改革』を推進する日弁連の基本姿勢」（『自由と正義』1992年10月号）。中坊氏は、宮内義彦オリックス社長と紙上討論をして、2割司法を改革し司法を国民の手に取り戻す、そのために、弁護士を増員する、と意気投合している（1994年10月23日付『日本経済新聞』）。
15　松井康浩弁護士は、「昭和史における弁護士の活動と今後の課題」（『自由と正義』1976年1月号）で、次のように記述している。

　　三ヶ月章氏（東大の元民訴法教授）は、今の弁護士は、自治権、司法修習、立法、司法行政など「弁護士の関与率は戦前にくらべていちじるしく高まっている。このような事態の変化は法曹一体化のためにまことに好ましいことであり、弁護士が「在野」の人として疎外された戦前の実態の大幅な修正である。このような事態の変化を一方で肯定ないし主張しつつ、しかも昔と全く同じ形での在野性とか、在野精神とかが主張されるのだとしたら、それはアナクロニズム以外の何物でもない」と主張される（『岩波現代法6』228頁）。しかし、弁護士が在野性ないし在野精神を抛棄して、法曹一体化したならば、国民は官憲からの権利侵害に対してどこに権利保障を求めたらいいのだろうか。「法曹一体化」論こそは、弁護士が、国民のためにその職責を果たそうとすることを抑止するための権力側のイデオロギーに外ならないといわざるを得ない。弁護士の在野精神は、判・検事に対する個人的な反発のなかから形成されるといった次元のものではなく、国家権力の国民に対する横暴な非違行為から国民の権利を守ることを基本とし、その擁護者としての長い弁護活動を通じて培われたものである。

16　中坊氏は、1996年、政府が作った不良債権の回収を目的とする株式会社住宅金融債権管理機構（1999年から株式会社整理回収機構）の初代の代表取締役（二代目は鬼追明夫氏）に就任し、不良債権の解決に「国民の税金は一切使わせない」と発言し、多くの弁護士を配下に置いた。1時間当り1万7000円のタイムチャージ制で、合計270人余の弁護士が、1人平均月100時間従事した（黒田純吉、『自由と正義』1998年10月号）。2000年3月には、小渕恵三首相のもとで内閣特別顧問に就任し、「次の首相は中坊さん」などとマスメディアにもてはやされた。「私の司法改革──金権弁護士を法で縛れ。特権の上にあぐらをかき、口先だけで人権擁護を叫ぶ独善集団。まず弁護士改革なくして司法改革はありえない」（中坊公平、『文藝春秋』1999年12月号）。

　同氏は、2002年10月に詐欺容疑で告発されたために、2003年10月に弁護士の登録取消届を提出したので、起訴猶予となったが、大阪弁護士会の懲戒手続では、綱紀委員会が2004年3月に懲戒相当とした。懲戒委員会は、同年10月、非行に該当する

と判断したが、3年の請求期間を経過したとして懲戒請求を却下した。2007年4月に再登録の申請を大阪弁護士会にしたが、同年7月に再登録申請を取り下げた。

17　松井康浩弁護士還暦記念論文集『現代司法の課題』(勁草書房) の執筆者18名のうち、松井氏とともに中坊氏の司法改革路線と対決した人は少なかった。

18　『日本弁護士沿革史』(1959年3月)、『日弁連20年』(1970年6月)、『日弁連30年』(1981年5月)、『日弁連40年』(1992年3月)

19　『弁護士自治の研究』(第二東京弁護士会編、1976年、日本評論社) 第2章「弁護士自治の歴史」(上野登子執筆) は、若い弁護士に必読の書である。上野氏の司法改革に関する著作『だれのための「司法改革」か』共著の「弁護士自治破壊の道筋」(2001年3月、『法の科学』特別増刊、日本評論社)

20　『司法官僚』新藤宗幸千葉大教授 (2009年、岩波新書)。新藤教授は行政法の研究者であるが、日弁連ないし法曹の誰もがこのような本を著作しなかった。『日本国憲法と裁判官——戦後司法の証言とよりよき司法への提言』守屋克彦編著、元裁判官30名執筆 (2010年11月、日本評論社)。多くの人が読むといい本である。『裁判の独立のために　裁判官懇話会報告』各裁判官懇話会 (懇談会) 世話人一同編 (1975年7月、判例時報社)『あるべき裁判をもとめて　裁判官懇話会報告 (2)』全国裁判官懇話会世話人一同編 (1982年9月、判例時報社)。『刑事裁判の空洞化——改革への道標』石松竹雄 (1993年、勁草書房)、『市民と歩む裁判官——ドイツと日本の司法改革』札幌弁護士会編 (1993年、北海道大学図書刊行会)、『裁判官になれない理由』ネット46編 (1995年、青木書店)、『裁判官は訴える』日本裁判官ネットワーク (1999年、講談社)、『貧困なる精神O集「裁判官」という情ない職業』本多勝一 (2001年、朝日新聞社)、『犬になれなかった裁判官——司法官僚統制に抗して36年』安倍晴彦 (2001年、NHK出版)、『裁判官はなぜ誤るのか』秋山賢三 (2002年10月、岩波新書)

21　青年法律家協会弁学合同部会第42回定時総会 (2011年6月25、26日) の議案書第1部38頁。青年法律家協会が記録しているが、60期修習生が修了した2007年からデータが途絶えている。

22　日弁連の『臨時司法制度調査会意見書批判』　付録　臨時司法制度調査会意見書——日弁連は、1982年11月に復刻版を出した。今回の司法改革を考えるうえで、必読書である。

23　「公正な裁判を守るために　裁判官・検察官・弁護士養成の分離修習に反対する国民の皆さんへ」(日弁連が1970年10月に作成した小冊子) では、
「(法曹一元制度は) 昭和13年には衆議院でこの制度の採用が決議されましたが、いま一歩のところで実現されなかったのです。しかし、司法制度の理想として戦後も

けつがれ、その土台として今日の司法修習制度が実施されてきたのです」「現在の制度は、制度としてきわめてすぐれたもので、法曹一元制度のための大切な土台になっており、ここ 20 年あまりの実績からみても、国民の人権擁護に大きくこうけんしているものです」「弁護士の職務の公共性は、国家公務員である裁判官や検察官となんら異りません」「弁護士は公的な職務をおこなうものですから、これを国費で養成するのは当然のことです」と書かれている。

24 「声明」法学者有志末川博以下 604 名（4 月 13 日現在）（『法と民主主義』1971 年 5 月号）『鐘鳴りわたれ――回想の群像・法律家運動』小田成光（1987 年、勁草書房）

25 日弁連が司法問題について 1974 年から 1980 年にかけて出版した書籍
『司法白書　国民のための司法をめざして〔昭和 49 年版〕』1973 年 12 月の第 1 回司法シンポジウム（大阪）の報告書（1974 年 3 月、日本評論社）。『司法修習白書　国民のための法曹養成制度の確立をめざして』（1974 年 11 月、日本評論社）。『裁判官　公正な裁判と裁判官不足』1974 年 11 月の第 2 回司法シンポジウム（名古屋）の報告書（1975 年 8 月、日本評論社）。『簡易裁判所　庶民の裁判所をめざして』1975 年 11 月の第 3 回司法シンポジウム（仙台）の報告書（1976 年 5 月、日本評論社）。『法曹養成白書』1978 年 3 月の第 5 回司法シンポジウム（東京）の報告書（1979 年 3 月、日本評論社）。『最高裁判所』1979 年 3 月の第 6 回司法シンポジウム（京都）の報告書（1980 年 3 月、日本評論社）

26 青山善充（東京大学法学部教授）、奥田昌道（京都大学法学部教授）、北川隆吉（専修大学文学部教授）、清水鳩子（主婦連合会会長）、鈴木良男（株式会社旭リサーチセンター社長）、角田邦重（中央大学法学部教授）、染野義信（日本大学名誉教授）、松尾龍彦（日本放送協会部外解説委員）、吉村德重（西南学院大学法学部教授）、高木國雄（弁護士）、柳瀬康治（弁護士）、伊達俊二（弁護士）、鬼追明夫（弁護士）、森山文昭（弁護士）、池永満（弁護士）、堀野紀（弁護士、1992 年 4 月まで）。裁判官と検察官も数名ずつ委員であったが、頻繁に交替した。
　この外部の委員と一般の弁護士及び国民の考え方との間に決定的なギャップがあり、国民のための司法を審議するのに相応しいと思えない人選であった。今井敬彌氏の著作（注 48）に詳述されている。

27 経済同友会の「現代日本社会の病理と処方」に対し、東京弁護士会の期成会が配布した冊子「現代司法の病理と処方」（代表髙橋利明）は、規制緩和の影響によって司法救済の需要が増加するため、司法機能を高める必要があり、そのために弁護士の大幅な増加が必要と説いた（髙橋利明氏の報告、『法と民主主義』1996 年 1 月号）。これに対し、意見を求められた小田中教授が、驚いて反論を寄せた。この『法と民主主義』には、高見澤昭治弁護士の「『司法改革』を巡る司法当局の狙いと『日弁連協議

路線』への疑問」も掲載されている。高見澤氏の司法改革に関する著作『だれのための「司法改革」か』共著（2001年3月、『法の科学』特別増刊、日本評論社）の「官僚司法制・最高裁の支配は改革されるか」

28　法務省の二つの案が詳細に報じられている。修習1年短縮、合格者3000人、給付制廃止まで言及（1994年11月18日「朝日新聞」）。

小田中聰樹著『現代司法と刑事訴訟の改革課題』（1995年8月、日本評論社）の116頁以下に、1987年以後の「司法改革の問題性」が詳述されている。

29　「日弁連新聞」1995年1月1日2頁

30　中間報告書については、小田中氏の上記の著作に詳述されている。

31　『自由と正義』1995年12月号

32　改革協の外部委員については、今井敬彌氏の著作（注48）に詳述されている。

33　自民党の司法制度特別委員会の保岡興治、杉浦正健、規制改革民間開放推進会議議長のオリックス宮内義彦、同会議の司法改革問題班座長の鈴木良男などが弁護士の大量増員を強く唱えた。

34　『世界』2000年3月号、小田中聰樹、宮本康昭との座談会「いまなぜ司法改革なのか」での枝野幸男氏の発言。この座談会で、小田中氏が今回の司法改革の危険性を説き、枝野氏がこの時期の司法改革の危険性を指摘しているのに対し、宮本氏は弁護士の大幅増員の必要性と公益活動の義務化を強調し、決定的な対立を示している。

35　会長・佐藤幸治（京都大学名誉教授）、会長代理・竹下守夫（一橋大学名誉教授）、委員・石井宏治（株式会社石井鐵工所社長）、井上正仁（東京大学法学部教授）、北村敬子（中央大学商学部長）、曽野綾子（作家）、髙木剛（日本労働組合総連合会副会長）、鳥居泰彦（慶應義塾大学学事顧問）、中坊公平（弁護士）、藤田耕三（弁護士、元広島高裁長官）、水原敏博（弁護士、元名古屋高検検事長）、山本勝（東京電力副社長）、吉岡初子（主婦連事務局長）

この委員らに、弁護士業務の実情、市民や国民の気持ちなどが分かるとすること自体が無理である。弁護士バッシングの中では、日弁連の法曹一元制度の実現の可能性はゼロである。

36　『自由と正義』2001年8月号、『ジュリスト』2001年9月15日号

37　「法曹増員なら給与見直し」（「中日新聞」2001年6月13日）。財務省は、政治家に働きかけ、法務省との話し合いでも主張を変えていない。

38　「毎日新聞」2012年3月2日「深刻な被災地の医師不足」に、医学部の定員増加が記載されている。同紙3月5日「福島を去る医療従事者」の記事での主張と全体の医師の過不足とは別問題である。

39　自由法曹団は、1988年の総会（松本市）において、司法試験改革にかかわる議案

を採択している。この議案書について、松井繁明前幹事長が、同執行部の見解を簡潔に示すとして、「法務省の狙いが、大幅増員にあるものととらえ、日弁連の変質をもたらすものとして反対する」「条件整備なしの増員は弁護士の経済的基盤を切り崩すものであり、国民に対する法的サービスを減退させるものとして反対する」「法務省・最高裁には条件整備の意見は全く無いので、そのようなもとでの増員論には絶対に反対する」「受験回数の制限など若年化のため、平等原則に反する不合理な操作をすることには反対する」「法務省試案は若年化を当面の主眼とし、長期的な狙いが大幅増員にあることを十分に警戒しつつ、この試案を阻止することに全力を上げる」と説明している。

自由法曹団司法問題委員会は、上記の説明と同趣旨の詳細な内容の司法試験「改革」論議に関する意見書を作成している（1988年10月）。

40　前掲の坂元和夫氏の論考。

法曹人口に関する4回の日弁連臨時総会、司法改革推進センター、司法改革実現本部、他の委員会及び研究会などでの執行部案支持の発言。

日民協及び青法協においても、弁護士人口問題は会員間で対立が大きく、団結の維持という大義のために、弁護士にとって最も深刻な問題であるのに対応不能となり、致命傷を負った。未だに同じ状態が続く。両団体とも存在意義が問われ、若い法曹などへの影響力低下が避けられない。1997年6月28日の日民協など主催のシンポジウム「規制緩和の中の『司法改革』」の特別報告者の森山文昭弁護士（名古屋）が、同年5月19日の三者協議会で法務省が、1000人と修習期間1年半を提案したこと及び1500人（修習期間1年）にするための三者協議を2002年から開始することを提案していると報告し、弁護士大増員の危険と弊害を指摘した。この森山報告に対し、岡田和樹弁護士（第二東京）が長文の反論を寄せている（「自由法曹団通信」1998年8月又は9月号）。

41　自由法曹団は、1998年10月、総会（長野）で「21世紀の司法の民主化のための提言案──財界や自民党のめざす司法改造か、国民のための司法の民主化か」を採択した。この提言案の四項を「抜本的な制度改革を支える法曹人口の大幅な増大」として、次のように記述している。

「法律扶助制度の抜本的強化に伴って弁護士人口を大幅に増大させる必要があり、また、年間約10万人にのぼる未決拘禁被疑者に完全な弁護人依頼権を保障するに足る弁護士数を確保する必要があります。国民にとって、相談したり交渉や裁判を頼みたいときにいい弁護士が身近にいないのでは、人権を十分にまもることはできません。簡易裁判所事件の訴訟代理権などをめぐっての司法書士参入論や弁護士の法律事務独占についての解禁論など、弁護士が全体として社会のニーズに応えきれていないこと

から生ずる問題も提起されています。このように、法曹三者のどれを見ても、現状では法曹人口の不足は歴然としており、社会のすみずみまで法の支配を貫き、国民の要求に応えるためには、裁判官、検察官の増員とともに弁護士人口の大幅な増大が必要です」「弁護士の大幅増大による弁護士会の変質やビジネスロイヤー化、所得の減少に伴って生ずるさまざまな弊害の心配も指摘されていますが、これは、弁護士が広く深く国民の中に入っていくという活動スタイルを徹底し、弁護士会内での論議を強める方向で解決すべき問題だと考えます。そのようなとりくみの中で、司法基盤整備の課題もかちとっていくことが可能になるのではないでしょうか」

しかし、法律扶助及び被疑者弁護の完全実施に弁護士の大量増員は必要でなく、弁護士大量増員の弊害の防止及び司法基盤整備の実現は、性質上、弁護士が国民の中に入っていくとか、会内論議を強化する方法で可能になるものではない。

42 　法曹養成委員会のアンケート調査（『自由と正義』1994年1月号）

43 　執行部の司法試験・法曹養成制度の抜本的改革大綱案
「日弁連新聞」1994年9月1日、『自由と正義』1994年12月号、1995年3月号。
いろいろな議論を展開しているが、最大の論点である弁護士人口については、無責任な改革協に対するお任せ路線である。中坊路線の失敗（成功）の上塗りの作品。

44 　「法律新聞」1995年5月12日

45 　第16回司法シンポジウムの基調報告書「市民のための司法へ──法曹のあり方と法曹人口」。報告書の第2章弁護士のあり方と弁護士人口39〜180頁まで、鈴木秀幸と松浦武が執筆。

46 　「1500人増の中期目標、日弁連は不同意明確に」野間美喜子氏の反対意見（「法律新聞」1997年1月3日）

47 　「弁護士補制度・研修法曹制度の提案に対する批判の意見書」名古屋弁護士会司法問題対策特別委員会（1997年8月5日）

48 　今井敬彌弁護士
『法曹人口論の基本的視点』（1997年8月、成文堂）、『私の体験的日本弁護士論序説──司法改革の王道を歩んで』（2007年9月、日本評論社）、『『司法制度改革』と日本弁護士連合会の変容過程』（『法律時報』2006年7月号）は、弁護士の司法改革批判の極めて少ない著作の中で、本格的な内容となっている。

49 　日弁連の司法基盤協議会のA案とB案
「報告書2010年への司法改革」（『自由と正義』1998年4月号）

50 　「司法改革ビジョン」（『自由と正義』1999年1月号）、「法曹養成制度改革座談会」（『自由と正義』1999年3月号）

51 　高山俊吉氏の「自民党提言の司法制度審議会設置に反対する」（「法律新聞」1998

年7月)、「自民の司法改革構想の危うさ」(「朝日新聞」論壇1998年9月4日)、「司法審路線と中坊司法改革路線に敢然と対決しよう」(「青年法律家」2000年4月25日)、「『司法改革』はこれでいいのか」(『司法改革』研究会編、2002年12月、八朔社)

52　名古屋弁護士会主催シンポジウム「日本の司法」の報告書、徹底討論パートⅠ「日本の司法」(「名古屋弁護士会会報」1999年9月号)報告者は、基調報告「法曹人口問題の経過と論議の現状」野間美喜子、「被疑者弁護と弁護士人口」鈴木秀幸、「法律扶助改革と弁護士人口」松隈知栄子、「法律相談体制と弁護士人口」井上裕介、「弁護士偏在・過疎問題と弁護士人口」杉山修治、司法改革関連資料(中弁連、名古屋弁護士会、1999年11月)。徹底討論パートⅡ「司法改革の現状と展望」(2001年9月)報告集、会長奥村牧軌、報告者は、「法曹人口問題」鈴木秀幸、「法科大学院と法曹養成制度」鈴木含美、「弁護士制度改革」井上裕介、「裁判官制度改革」高山光雄、「刑事司法改革と裁判員制度」森山文昭、講演は、戒能通厚早稲田大学教授「論争としての司法改革——日法曹論・法学論を中心として」。

53　改革協のアンケート調査による推定年間200万件の法律問題総数のうち、相談相手が弁護士であったとする回答が21％にとどまったことから、「2割司法」を裏付けたように思える。しかし、実は、弁護士に相談しなかった理由について、「弁護士に相談するほどの問題ではない」の回答が63.9％、「裁判等の解決は適当でないと考えた」の回答が11.2％で、合計75.1％であった。単純化すれば、残る24.9％が弁護士の実際の需要である。従って、実際の弁護士需要の84.3％(21％÷24.9％)が弁護士に相談している。即ち、アンケート調査結果は、概ね「8割司法」だったことになる。「弁護士を知らなかったので裁判手続をしなかった」という回答が8.9％にすぎなかったことも、「2割司法」を完全に否定する。このように、年間200万件の法律問題総数のうち、実際に弁護士を必要とする件数は、その4分の1の50万件程度にすぎないことになる。これに対し、当時の弁護士人口は約1万5000人で、弁護士は法律相談と受任事件の件数を合算して1人当り年間200件程度を処理することができるので、年間合計300万件の処理が可能な供給体制であった。アンケート調査による需要に対して、約6倍(50万件対300万件)の弁護士の供給がなされていたことになる。即ち、当時需給のバランスがとれていたと仮定すると、上記のアンケート調査は、実際の需要を約6分の1しか捕捉できなかったということになる(但し、アンケート自体、弁護士の企業からの需要が抜け落ちている)。しかも、仮に弁護士を必要とする法律問題総数が年間200万件であったとしても、弁護士1人当り年間200件(相談件数を含む)処理できるので、弁護士1万人で対応できる件数にすぎない。

　改革協の世論調査において、日弁連は裁判所の役割について16項目を用意したが、最高裁が強く反対して多くが調査項目にならなかったので、裁判に対する不満が表面

化していない。このことについて、外部委員は日弁連に全く協力的ではなかった（前掲の今井敬彌著作）。
54　フランスの法曹人口、『法曹の比較法社会学』広渡清吾編389頁（2003年、東京大学出版会）
55　共同通信配信の2000年8月18日の「秋田さきがけ新聞」の記事
　「この自民党案が5月にまとまった際、法曹一元に消極的な最高裁の事務総局幹部は党本部で同党議員に深々と頭を下げた。法務省関係者は、最高裁の主張が85％は入ったねと解説していた」「集中審議の約1週間前、日弁連の久保井一匡会長は同審議会の佐藤幸治会長に面会し、11月の臨時総会で、法曹一元実現の基盤として法曹（裁判官、検事、弁護士）人口増員の決議を提案すると伝えていた」「『日弁連は本当にやる気ですか。ついてくるかどうか不安で、思い切った方針を出せないでいます』増員に消極的だった日弁連の方針転換に佐藤会長は驚きと安どの表情で、こう語ったという」「『3000人の話』の伏線だったが、肝心の法曹一元は『思い切った方針が出せない』ままだ」
56　「朝日新聞」2000年8月30日、「法律新聞」2000年9月10日
57　「『司法改革』を考え直そう」中村勝美弁護士（「法律新聞」論壇2000年8月25日）、「ロースクール構想よりも司法試験の平等化の徹底を」同氏（「NBL」1999年9月1日～）
58　「自民党調査会法曹一元見送りへ、弁護士人口に偏り」（「読売新聞」2000年5月12日）
59　2000年8月9日と同月10日の各社新聞
60　「平成12年度役員」（「日弁連新聞」2000年4月1日、『自由と正義』2001年1月号）会長・久保井一匡（大阪）、副会長・平山正剛（東京）、城山忠人（一弁）、川端和治（二弁）、城口順二（埼玉）、児玉憲夫（大阪）、岡本浩（和歌山）、山田幸彦（名古屋）、大賀良一（島根）、津田聰夫（福岡）、浅野孝雄（仙台）、後藤徹（札幌）、西薗健（愛媛）
61　2000年11月1日の日弁連臨時総会は、有志の会として議案を提案しなかったので、鈴木秀幸が青色の小冊子「弁護士大量増員論に対する批判的検討——検証なき司法試験合格者3000人増員の本質（弁護士層の劣化と司法の存在意義の低下）」を会場で約1000部配布した。
62　2000年11月1日の日弁連臨時総会の執行部案（『自由と正義』2001年3月号）、「弁護士のあり方」について司法制度改革審議会日弁連プレゼンテーション（同号）
63　「法律新聞」2011年6月17日。『司法改革』日弁連司法改革実現本部（編）（日本評論社、2005年2月）。なお、久保井氏は、安倍晴彦元裁判官の『犬になれなかった裁判官』という本の推薦文を書きながら、最高裁から文句を言われ、撤回している。

64 「中部弁護士会連合会会報」(2011年10月17日発行№75)「特集　岐路に立つ法律センター」(藤田哲委員長ほか)

65 日本民主法律家協会の第42回司法制度研究集会で、鈴木秀幸が報告者の宮本康昭氏らに対し、①今回の司法改革が裁判所の改革にならなかった理由と②裁判所の改革のために今回の合格者大量増員と法科大学院創設が役立つことだったのかを質問したが、①は、最高裁は裁判所の側に改革をすべきものは何もないという態度であり、「改革すべきものがあるとすればそれは弁護士制度です。司法改革の問題は弁護士改革の問題である」と言っていたと答え、②は、他の報告者に振って、自らは答えなかった(『法と民主主義』2011年11月号)。

66 【関係政務】内閣官房長官の指名する者、総務大臣の指名する者、法務大臣の指名する者、財務大臣の指名する者、文部科学大臣の指名する者、経済産業大臣の指名する者【有識者】座長・佐々木毅(学習院大学法学部教授)、伊藤鉄男(弁護士、元次長検事)、井上正仁(東京大学法学部教授)、岡田ヒロミ(消費生活専門相談員)、翁百合(株式会社日本総合研究所理事)、鎌田薫(早稲田大学総長)、久保潔(元読売新聞東京本社論説副委員長)、田中康郎(明治大学法科大学院法務研究科教授、元札幌高裁長官)、南雲弘行(日本労働組合総連合会事務局長)、丸島俊介(弁護士)、宮脇淳(北海道大学公共政策大学院長)、山口義行(立教大学経済学部教授)【関係機関】最高裁判所事務総局審議官【オブザーバー】最高検察庁総務部長、日本弁護士連合会法曹養成検討会議委員

67 小田中聰樹教授

『現代司法の思想と構造』(1973年、日本評論社)、『続現代司法の思想と構造』(1981年、日本評論社)、『国民のための司法』共著(1983年、新日本出版社)、「司法試験改革の意味」(『法学セミナー』1987年9月号)、「現代社会と司法制度の基本問題」(『法と民主主義』1988年1月号)、「司法の公共性と司法改革の課題」(『法と民主主義』1995年1月号)、『現代司法と刑事訴訟の改革課題』(1995年8月、日本評論社)、「法曹養成と司法試験制度改革」(『法律時報』1996年3月号)、「現代弁護士論の陥穽」(『自由と正義』1996年11月号)、「法曹養成の現代的課題　大学教育・司法修習そして法曹人口」(『法と民主主義』1997年6月号)、シンポジウム「法曹養成と大学の法曹養成を考える」(1997年1月25日、名古屋の法律家6団体主催)の講演記録、『人身の自由の存在構造』(1999年、信山社)、「司法改革への展望」(座談会、『法律時報』2000年1月号)、「憲法的司法の充実・強化を」(『法と民主主義』2000年1月号)、「司法改革審『中間報告』の評価基準」(渡辺保夫先生古稀論集『誤判救済と刑事司法の課題』2000年、日本評論社)、『だれのための「司法改革」か――「司法制度改革審議会中間報告」の批判的検討』共著(法の科学特別増刊2001年3月、日本

評論社)、『司法改革の思想と論理』(2001 年、信山社)、「地方自治・司法改革」(2001 年、〈日本国憲法・検証〉第 6 巻、天川晃と共著、小学館文庫)、『希望としての憲法』(2004 年、花伝社)、『刑事訴訟法の変動と憲法的思考』(2006 年、日本評論社)、『「司法改革」の総決算』共著の「司法改革はなにを狙いとしたのか、それを実現したのか」(2006 年 6 月、『法の科学』特別増刊)、『裁判員制度を批判する』(2008 年、花伝社)

68　藤井英男弁護士は、法曹人口増加について慎重論を唱え、心配の余り、土屋公献日弁連会長に、司法改革路線の危険性について申出書を提出している。更に、1994 年 11 月 11 日、「法曹人口増加論に対して」と題するリーフレットを多数の会員に配布している。その冒頭で、「私はさきの慎重論で、法曹人口の大幅な増加は必ずや法曹養成制度の大きな改変を来すことを予告し、養成制度を従来のままとし、合格者の増加を提唱することは、現実を無視した空論である、と指摘しました。果たせるかな、法務省、最高裁は、合格者増加の条件として現行司法修習制度の改変を提示してきたのです。しかも、その内容は、かつて日弁連が全面的に反対した、法曹基本問題懇談会の意見書(昭和 63 年 3 月)、法務省人事課長試案(同年 4 月)よりも、はるかに改悪された内容です。事態はさらに深刻化したと考えられます」と記述している。

69　松井康浩弁護士
「昭和史における弁護士の活動と今後の課題」(『自由と正義』1976 年 1 月号)、『現代司法の課題』松井康浩弁護士還暦記念(1982 年、勁草書房)、『司法政策の基本問題』(1987 年、勁草書房)、『日本弁護士論』(1990 年、日本評論社)、『法曹一元論』(1993 年、日本評論社)、「危惧される司法修習制度の変質」(『法と民主主義』1997 年 8・9 月合併号)、「司法制度の改革と法曹一元制」(『自由と正義』1998 年 8 月号)、「臨司反対と司法改革運動、理解すべき連続性」(「法律新聞」論壇 1999 年 1 月 2 日)、「一すじの道」(1998 年 10 月、本の泉社、同氏の経歴、著書、論文の一覧を紹介)、「司法制度改革審議会の動向に注目」(『法と民主主義』2000 年 10 月号)

70　渡辺洋三東大名誉教授
『日本の裁判』共著(1995 年、岩波書店)、「規制緩和のなかの『司法改革』あらためて司法改革を問う」(『法と民主主義』1997 年 7 月号)、「同上(その 2)」(『法と民主主義』1997 年 8・9 月合併号)

71　本間重紀教授
「規制緩和と『司法改革』」(『法と民主主義』1996 年 1 月号)、「規制緩和的『司法改革』論批判」(『自由と正義』1996 年 4 月号)、座談会「法曹養成はどのように変えられようとしているか」(『法と民主主義』1997 年 4 月号)、『暴走する資本主義』(1998 年、花伝社)、「規制緩和的『司法改革』」(『法と民主主義』1998 年 1 月号)、ディス

カッション「私たちがめざす改革と運動の方向」池田恒男、鈴木秀幸、本間重紀、宮本康昭ら(『法と民主主義』1999年1月号)、「競争社会と『司法改革』」(『法と民主主義』1999年5月号)、「司法改革審議会の『論点整理』の本質」(『法と民主主義』2000年4月号)、「統治戦略の新たな段階と対抗軸——競争社会と『司法改革』」(『法と民主主義』1999年5月号)、「自民党司法制度調査会『21世紀の司法の確かな一歩』の論理と本質」(『法と民主主義』2000年7月号)、「『中間報告』の評価基準と対抗戦略についての二、三の論点」(『法と民主主義』2001年1月号)、『だれのための「司法改革」か』共著の「財界統治戦略としての規制緩和的司法改革論の現段階像——自民党報告と司法審『中間報告』」(2001年3月、『法の科学』特別増刊)

72　染野義信教授

「改革協議見書をつらぬく仮説を危ぶむ」(『自由と正義』1996年5月号)

73　久保田穰教授

「司法行政の現在と最高裁判所」(『法律時報』1998年1月号)、「政治課題化した司法制度改革」(『法と民主主義』1999年1月号)、「市場経済推進の司法改革の問題性」(『法律時報』2000年1月号)、『だれのための「司法改革」か』共著の「司法『改革』の国家像」(2001年3月、『法の科学』特別増刊)、「『司法制度改革』と憲法原理」(民主主義科学者協会法律部会司法特別研究会編「改悪改革と法」『法律時報』増刊2008年4月)

74　戒能通厚教授

「法曹一元と裁判官『司法改革を展望して』」(『自由と正義』1997年9月号)、「弁護士自治の理念とは——迫り来る市場化と司法改革の課題」(『法律時報』1998年10月号)、「司法改革の周辺——流れに任せていいのか」(『法と民主主義』1999年1月号)、「司法制度改革審議会設置法案への若干の提案」(『法と民主主義』1999年5月号)、「司法改革とロースクール構想」(『法律時報』1998年8月号)、「法科大学院構想と司法改革の課題」(『法律時報』2000年1月号)、「法学教育における法概念の変容と基礎法学の任務」(『法律時報』2000年4月号)、「大学改革・司法改革の原点から——課題の提起」(『法律時報』2000年8月号)、『プロフェッションとしての法律家』(清水誠先生古希記念論集、2000年12月、日本評論社)、「司法改革5　弁護士増の是非」(中坊公平氏との対論、「朝日新聞」2000年12月23日)、「『この国のかたち』と司法改革」(『法律時報』2001年7月号)、『だれのための「司法改革」か』共著の「『法曹』イメージからみた中間報告」(2001年3月、『法の科学』特別増刊)、『みんなで考えよう司法改革』(戒能監修、森山文昭、立松彰ら弁護士12名の執筆、2001年9月、日本評論社)、「論争としての司法改革」(『法律時報』2001年12月号)、『「司法改革」の総決算』共著の「司法改革と法律家論——あるアメリカの法律家」(2006

年6月、『法の科学』特別増刊)、『土地法のパラドックス――イギリス法研究、歴史と展開』(2010年、日本評論社)、「法曹一元論の原点」(『法社会学』53号)

75　渡辺治教授

「新自由主義線戦略としての司法改革・大学改革」(初出・『法律時報』2000年11月、2005年花伝社の『構造改革政治の時代』に収録)、「司法改革の本質と背景」(『法と民主主義』2001年7月号)

76　清水誠教授

「「司法改革」論議・管見」(『法律時報』2000年1月号)、『だれのための「司法改革」か』共著の「法律家養成のあるべき姿」(2001年3月、『法の科学』特別増刊)、「敗訴者負担法の廃案とそれをめぐる感懐」(『法と民主主義』2005年2・3月合併号)、『「司法改革」の総決算』共著の「市民の観点から見た『司法改革』の一断面」(2006年6月、『法の科学』特別増刊)

77　小沢隆一教授

「自民党司法制度調査会のゆがんだ権力分立論・司法権論」(『法と民主主義』1999年1月号)、『現代日本の法――「改革」を問う』(2000年、法律文化社)、「『国家改造』と『司法改革』の憲法論――佐藤幸治氏の所説をめぐって」(『法律時報』2000年1月号)、『だれのための「司法改革」か』共著の「憲法から見た司法権のあり方」(2001年3月、『法の科学』特別増刊)、(2001年2月、法制研究・静岡大第5巻3、4号)、『「司法改革」の総決算――憲法の理念に基づく真の司法改革をめざして』共著の「司法改革と日本国憲法――国民の裁判を受ける権利のゆくえ」(2006年6月、『法の科学』特別増刊、日本評論社)、「法曹養成と法科大学院をめぐる制度と市場」(『法と民主主義』2007年4月号)

78　土田和博教授

「司法改革をめぐる諸潮流――審議会の発足と今日の情勢」(『法律時報』2000年1月号)

79　今関源成教授

『だれのための「司法改革」か』共著の「憲法裁判をどうするか」(2001年3月、『法の科学』特別増刊)、『法律時報増刊　憲法改正問題』共著の「参加型司法」(全国憲法研究会編、2005年5月、日本評論社)

80　近藤充代助教授

「司法改革における弁護士制度改革の位置づけ」(『法律時報』2000年5月号)、「弁護士制度改革の方向性について」(『法と民主主義』2001年1月号)、『だれのための「司法改革」か』共著の「司法制度改革審議会審議の方向性と限界(民事司法のあり方、法曹人口問題を中心に)」(2001年3月、『法の科学』特別増刊)

81　藤倉皓一郎教授
　　「ロースクールは『人権』を教えられるか」(「日弁連新聞」2000年7月1日)、「アメリカにおけるロースクールの実像」(『法律時報』2000年1月号)
82　二宮厚美教授
　　『現代資本主義と新自由主義の暴走』(1999年、新日本出版社)、『新自由主義の破局と決着――格差社会から21世紀恐慌へ』(2009年、新日本出版社)
83　新藤宗幸教授
　　「ロースクールへの懸念――少人数教育で授業料が高額に、無邪気なエリートでいいか」(「朝日新聞」2001年7月13日夕刊)、『司法官僚　裁判所の権力者たち』(2009年、岩波新書)
84　『なにをなすべきか』119頁(レーニン著、大月書店国民文庫)。著者が、「いくら意図がよくても結果がそれに応じるものでなければだめだ」という意味のロシアの諺がもとになっていると記述している。その後、もっと深い意味を込めて使われるようになった。
85　『自由と正義』1998年8月号
86　濱田邦夫(二弁)、滝井繁男(大阪)、宮川光治(東弁)、那須弘平(二弁)、大橋正春(一弁)が、続々と最高裁判所判事に就任した。
87　法律新聞元編集長河野真樹著『大増員時代の弁護士――弁護士観察日記PART1』『破綻する法科大学院と弁護士――弁護士観察日記PART2』『司法改革の失敗と弁護士――弁護士観察日記PART3』(2011年、2012年、共栄書房)
88　「裁判制度全体への評価は必ずしも高いものではなかった。裁判制度に対し満足しているものは全体の18.6%、利用しやすいと答えたものは全体の22.4%にとどまっている」と報告されている。
89　研究者グループが2005年に実施した調査の「紛争行動調査基本集計書」(村山眞維・松村良之編2006年)によれば、過去5年間に問題を経験した者のうち裁判所の手続の利用者が約5%と大変に少ない結果となっている(20歳以上70歳以下の2万5014人、回収1万2408人、回収率49.6%)。過去5年間に問題を経験した者が2343人、そのうち相手方と接触した者は1645人と多い。しかし、少額事件が81%(140万円以下、そのうち30万円以下57%)を占め、裁判所の手続を用いた者は76人(約4.6%)と少ない。
90　紙上討論会「どうみる弁護士偏在」鈴木秀幸(「法律新聞」1995年1月6日)
91　弁護士を知ったアクセスも、元から知っていた、親戚や知人の紹介、職場の紹介及び会社の顧問で合計79%を占め、それに法律相談所と弁護士会の紹介の9%を加えると88%を占め、弁護士へのアクセス障害は少なかった。

92 「問題経験1000件のうち、相手方への接触733、紛争発生484、弁護士など以外への相談417、弁護士などに相談・依頼116、裁判所手続52」の数値が示されているが、1000件のうち少額事件が多い（140万円以下81％、90万円以下73％、30万円以下57％）ことを考えると、「紛争発生」のうち「弁護士など法律専門職への相談・依頼」が約24％（116÷484）は、意外に多い。

93 K.V. ウォルフレン『日本／権力構造の謎 上』（1990年、早川書房）

94 西谷敏教授

『法律時報増刊 改憲・改革と法』共著の序文のⅲ頁（民主主義科学者協会法律部会編、2008年、日本評論社）、「ドイツ法曹養成制度と法科大学院構想」（『法律時報』2000年1月号）、『「司法改革」の総決算』共著の「司法改革と労働審判制度」（2006年6月、『法の科学』特別増刊）

95 法曹百年史に昭和38年寄稿（「法律新聞」2012年1月20日の5面）

96 取り調べや捜査手法の在り方を検討する警察庁の有識者研究会が、23日、最終報告書を松原仁国家公安委員長に提出した。「取り調べの録音・録画（可視化）の試行範囲拡大を提言する一方で、一律に全過程で実施する全面可視化の是非は委員の意見がまとまらず、結論を見送った。DNA型データベースの拡充など証拠収集に効果的な捜査手法の充実も求めた」「警察は08年から裁判員裁判の対象罪種の事件で可視化を試行しているが、容疑者が自白している事件が対象で、核心部分の供述調書を捜査員が読み聞かせる場面などに限っている。報告書は『可視化の在り方を検討するには十分と言えない』と指摘。録音・録画の対象とする場面を増やすよう求めた。これを受け警察庁は、容疑者が供述している場面を録音・録画することや、新たに否認事件でも試行することを検討する」（「毎日新聞」2012年2月23日夕刊）

97 税理士脱税指南事件 名古屋地方裁判所平成10年（わ）第1678号（平成12年4月27日判決）、名古屋高等裁判所平成12年（う）第242号（平成14年10月2日判決）名古屋弁護士会・刑事弁護委員会「刑事弁護ニュース」27（2003年4月30日）

98 「毎日新聞」（2011年11月2日夕刊）

99 『アメリカの弁護士 その素顔とつき合い方』柏木昇（1988年、有斐閣ビジネス）、『弁護士社会アメリカの内幕』M. マコーマック（1989年、ダイヤモンド社）、『くたばれアメリカ弁護士 ジョークで知る爆笑訴訟社会』服部健一（1996年、DHC）、小冊子「外から見た日本司法の先進性──市民の視点から見たアメリカ司法の実像」鈴木仁志49期弁護士（1999年頃）

100 「弁護士自治と綱紀・懲戒の第三者審査機関」鈴木秀幸（『法と民主主義』2001年7月号）

101 辻公雄弁護士

『司法の未来像作りは我々の手で』(2002年、有限会社ヴィーブ)、『強者の論理に負けないで』(2009年、せせらぎ出版)

102 「法曹増員で『正義の総量』を増やせ」久保利英明弁護士(「朝日新聞」論壇2000年10月24日)

103 2007年度埼玉弁護士会(会長小川修氏)が合格者1000人決議を採択した。小川氏と久保利英明氏の対論(「朝日新聞」2008年4月21日)。

なお、「2007年問題」の発生時期の日経コラム大機小機「法科大学院――露呈する設計ミス」の内容は素直で優れている(「日本経済新聞」2007年11月27日19面)。

104 仙台弁護士会は、2008年2月23日の総会で3000人計画の見直し要求を決議した。同会弁護士人口問題検討特別委員会は、2010年11月に合格者1000人減員の答申書(案)を作成したが、日弁連法曹人口政策会議において、正副事務局による「中間取りまとめ案」が示されたので、答申書(案)が答申に至らなかった。委員長坂野智憲によりこの答申書(案)が公表されている(「法律新聞」2011年1月14日)。優れた内容である。

105 千葉県弁護士会は、2008年11月15日に「適正な弁護士人口に関する決議」を採択し、日弁連の2009年3月18日付「当面の法曹人口問題のあり方に関する提言」に対する意見書を2009年6月17日に発表している。この意見書は、弁護士激増の経過、宮﨑執行部の提言策定の経過と問題、各地の増員見直し決議、日弁連の提言批判、今後の議論のあり方を詳細に論述し、高く評価できる内容である。

106 2008年1月25日、鳩山法相は、3000人の閣議決定の見直しが必要であると発言し、同年3月、法務省内に検討機関が設置された。同年になって自民党の「法曹のあり方を考える若手国会議員の会」が自民党司法制度調査会等に対し、修習生で基本的な法的知識の不足する者が相当数いること及び各地の弁護士会からヒアリングする必要があるとし、司法試験合格者数を見直して1200～1500人にすべきである旨の提言を申し入れた。同年12月11日、自民党の「法曹の資質について考える会」が、法科大学院の実態、二回試験の結果、法律事務所の実務指導許容能力等を踏まえれば、毎年の適正な合格者数は、せいぜい現在の半分程度の1000人であると考えられるとの具体的な数値を示し、「司法制度改革は夢見る改革であってはならない。現実の生身の国民の生活に最も良い結果をもたらすべきで、現実離れすることがあってはならない」と提言した。自民党も、議員連盟「法曹養成と法曹人口を考える国会議員の会」を発足させ、2009年4月17日、3000人計画を見直して法曹人口が過剰にならないようにすることを求める緊急提言をまとめた。民主党も、同年6月4日、法曹人口・法曹養成の問題について専門のプロジェクトチームの初会合を開いて、制度見直しに向けて議論を始めた。

107 「読売新聞」2007年10月20日
108 「愛知県弁護士会会報」2009年10月号。「法律新聞」2009年10月30日
109 法曹人口問題全国会議のホームページがある。
110 「中日新聞」(東京新聞) 2011年11月12日1面報道「弁護士7割仕事減った」
111 「『司法改革』の総決算」共著(『法の科学』特別増刊号、民主主義科学者協会法律部会司法特別研究会編、2006年6月、日本評論社)広渡清吾、小沢隆一、小田中聰樹、清水誠、西谷敏、戒能通厚ら、弁護士では鈴木秀幸、森山文昭、立松彰、打田正俊が執筆。
112 この予測では、概数として29歳から74歳までの45年間を平均の就労期間とし、中間の⑤2歳の生存率の0.93を乗じ、裁判官と検察官の合計数を5000人と想定した。
113 「毎日新聞」2012年1月6日
114 日弁連司法改革実施対策ワーキンググループ(吉野正、宮本康昭、丸島俊介、中尾正信、濱田広道、五十嵐裕美、小池純一、杉村亜紀子、高橋太郎、相原佳子、尾崎純理、柳志郎、藍原義章、浦田修志、伊藤寛、坂元和夫、渥美雅康、河田英志、青山智紀、藤井克己、青木正芳、氏家和男、石井慎也、村松弘康、中山博之、中村憲昭)が、1500人減員案に対して、「司法改革の意義を前向きに捉えつつ、法曹養成制度の改革、弁護士の業務領域の拡大、市民・中小企業の弁護士利用度の向上、法教育の拡充なども含めた総合的な政策の1つとして、取りまとめを行うべきである」として反対し、大幅増員論を維持している。
115 「朝日新聞」社説(2012年2月26日)
116 東弁は、山岸3151票、宇都宮1025票と異常な大差であり、山岸氏が宇都宮氏に対して「多選批判」をした。この2つの異常さはどこからくるのか。前回の日弁連会長選挙において、2009年の夏前、5回目の挑戦となる高山俊吉氏に対し、東弁では、日弁連役員経験者を立てて対決する話となった。その後にこの候補者に不都合なことが生じ、高山氏に勝てる候補者として宇都宮氏に白羽の矢が立った(2008年2月の選挙の東弁の票は、宮崎2380票、高山1872票)。しかるに、山本剛嗣氏が派閥の正式候補者となり、宇都宮氏は降りることを要請されたが、それを拒否し、高山氏にも立候補できないことが生じ、宇都宮氏か山本氏と対決することになったという複雑な事情が原因の一つかもしれない。山本氏は、落選後、東京都の公安委員長に就任している。
117 韓国は、2009年4月に25校の法学専門大学院を創設し、1期生約1500人、2期生、3期生各約2000人が入学し、1期生が2013年3月に弁護士試験を受けて卒業するが、採用規模は約500人程度と予測され、約1000人が失業者になる恐れがあると報じられている。

118　山岸氏は、「弁護士に対するニーズというのは実は、今見えているものの何十倍もあるといえます」と発言している（『LIBRA』2010 年 7 月）。
119　東京弁護士会（6443 名）の派閥は、法友会（約 2500 名）、法曹親和会（約 1700 名）、期成会（約 600 名）、水曜会に分かれ、派閥内派閥として法友会に 13 の派閥、親和会に 4 つの派閥がある。第一東京（3959 名）は、新緑会、青風会、第一倶楽部、全期会に分かれ、第二東京（4114 名）は、五月会、日比谷倶楽部、日本法曹倶楽部、全友会、清友会、新風会、紫水会、向陽会に分かれている。大阪弁護士会（3721 名）は、一水会、友新会、法曹公正会、春秋会、五月会、法曹同志会、法友倶楽部に分かれている。愛知県（1444 名）は 5 つ、兵庫県（675 名）は 7 つある。
120　「日弁連の将来像試論」（東弁の高中正彦氏ら 5 名の寄稿）で、書面投票制度の導入を目指して、早急に検討すべきであるとしている（『自由と正義』2000 年 4 月号 72 頁）。
121　「法曹人口問題の会員アンケート実施を望む」打田正俊（「法律新聞」論壇 2010 年 12 月 10 日）

本書でも多く引用した『法と民主主義』は日本民主法律家協会（03-5367-5430）発行。同誌の 2011 年 8/9 月号（№ 461）には、創立 50 周年記念として、『法と民主主義』創刊号〜 460 号までの総もくじと DVD が付録に付いている。

Ⅱ　弁護士人口論の原理と法文化

武本夕香子

1 はじめに―2000年という転機―

(1) 2000年という鬼門

　司法改革の歴史については、前章に記載されているとおりであるが、司法改革、特に弁護士人口については、2000年に大きな転機を迎える。

　2000年（平成12年）10月22日に出された米国の年次改革要望書の「法曹人口の増加」の記載欄には「基本原則としては、法曹人口は、規制当局或いは専門組織によって恣意的に設定されるべきではなく、法律サービスに対する市場の需要によって決定されるべきである。その第一歩として、米国は日本に対して、自由民主党司法制度調査会が2000年5月に提言した目標（ある一定期間内にフランスのレベルに到達する）のように、弁護士数をある一定数、大幅に増加させることを求める」と記載されている。

　そして、同年11月1日、日弁連の臨時総会で、所謂「3000人決議」と言われる「法曹人口、法曹養成制度並びに審議会への要望に関する決議」が賛成7437票対反対3425票で可決された。

　同年11月20日には、司法制度改革審議会が「『法科大学院』を含む法曹養成制度の整備の状況等を見定めながら、計画的にできるだけ早期に、年間3000人程度の新規法曹の確保を目指す必要がある」との中間意見書を出した。

　2000年に立て続けに出された上記意見書は、時期のみならず内容まで不思議と酷似している。

(2) 3000人路線の理由付けの分類

　イ．こうして2000年に、自由民主党司法制度調査会の提言、米国の年次改革要望書、日弁連臨時総会決議、司法制度改革審議会の中間意見書がこぞって3000人路線を目指したのである。しかし、何故年間司法試験合格者数として「3000人」が必要なのかについての合理的な理由付けは存在しない。それまでの実証的なデータもほとんど無視して空想とも言える推

測だけの議論に終始している。統計や科学的データがあるところでは、その統計を基に議論すべきである。勿論統計も誤ることがあるが、統計結果が違う場合には、統計結果のどこがどのように誤っているかを明示すべきである。そうでなければ、科学的議論などできないであろう。ところが、司法改革推進派の議論は、いずれも科学的議論などお構いなしの非科学的議論ばかりであった。まさに「3000人」との前提ありきの議論しかなかったのである。司法推進派の議論で最も多用されたのが「『法の支配』を社会の隅々に行き渡らせる」という理由付けであった。このような理由付け以外にも3000人路線を正当化しようとして、様々な不合理な理由付けが次々と変遷を繰り返し主張された。

そこで、まず、これら3000人路線の理由付けを紹介した上で分類してみる。

ロ．例えば3000人路線の理由付けとして前述した①「『法の支配』を社会の隅々に行き渡らせる」ためには弁護士の数を急増させる必要があるとの理由付け以外にも以下のようなものが挙げられる。

②「大きな司法を目指す」ためには弁護士を増やす必要がある。
③弁護士が「社会生活上の医師」たらんとするため。
④弁護士が足りないので救済されるべき人が救済されていない。
⑤司法過疎解消のためには弁護士を増やす必要がある。
⑥今後、法曹に対する需要が多様化、高度化することに伴い、弁護士がそれぞれの分野に細分化する。
⑦弁護士がプロボノ（ボランティア的）活動をより実践するためにはより多くの数が必要。
⑧諸外国と比較して我が国の弁護士数は少ない。
⑨弁護士の敷居が高すぎるから弁護士を増やして身近な存在にする必要がある。
⑩大量の弁護士の間で自由競争をさせることにより弁護士費用の低廉化及び質の向上を図る。
⑪法曹一元を実現するためには、その母体としての弁護士の数を急増させる必要がある。

⑫我が国がグローバル化するのに弁護士の数が少なければ対応できない。
⑬法科大学院を前提とした米国のような法曹養成制度を維持するためには司法試験の合格率を上昇させる必要がある。
⑭3000人にしなければ、7割合格を信じて法科大学院に入学してきた法科大学院生が可哀想である。
⑮3000人合格を受け入れなければ、年間司法試験合格者数1万2000人以上を受け入れなければならなかった。
⑯3000人を受け入れなければ、日弁連が蚊帳の外に置かれる。
といったものである。
ハ．理由付けは、次の通り、7つに分類することができる。
①ないし③の我が国がいかなる社会を目指すべきかという原理原則論に関わる主張（2項）
④乃至⑧までの弁護士需要論（3項）
⑨、⑩の自由競争論（4項）
⑪の法曹一元論（5項）
⑫のグローバル化対応論（6項）
⑬、⑭の法科大学院と院生の擁護論（7項）
⑮、⑯の暴論（8項）
そこで、以下の2項から8項において、分類した理由ごとに検討を加え、批判する。

2 原理原則論

（1）所謂「法の支配」論について

イ．「法の支配」というのは、君主主権原理に対抗して出てきた原理で、文字通り「為政者の恣意的な意思に基づかない法律による支配」を意味する。このように、本来「法の支配」は、法律で国家権力を縛るところに眼目が置かれている。ところが、日弁連旧主流派のいう「法の支配」は、「私人間の紛争について、できる限り法律（裁判所）で解決しましょう」という誤用とも言える拡大解釈的意味で用いられている。これは、法曹人

口を激増させるための「イメージ大作戦」のために、故意に本来的な意味が変容されて用いられているとしか考えられない。

仮に、司法改革推進論者の用いる「法の支配」の意味を前提にしたとしても、統計結果によれば、むしろ司法改悪前の時点でも日弁連の言う「法の支配」は社会に相当程度行き渡っていたと言えるのである。

ロ．さらに言えば、弁護士が社会の隅々に行き渡れば社会が良くなるという司法改革推進派の議論は、あたかも社会一般の人達が弁護士よりも一歩劣ることを前提とした議論であり、一般人を馬鹿にした議論である。そもそも弁護士が社会の隅々に行き渡れば社会が良くなるというのは誤っている。法律は最低限の倫理であり、より高い倫理観の下に社会は営まれているのである。たとえば、交通事故の後、「被害者に謝罪に行きたい」という依頼者に対し、倫理的には責任の所在を問わず被害を与えた加害者側は謝罪すべきであると思いつつも訴訟における過失相殺のことを考えて引き留めた経験のある弁護士もいるであろう。消費期限を偽った某会社が「弁護士に相談したが、法律には違反していないという意見であった」との言い訳をしてかえって大きな批判を浴びた法律に違反するか否かによる紛争解決基準は、必ずしも社会的に望ましい結果をもたらすわけではない。

裁判所に持ち込み社会正義とは逆の結論が導かれた経験を持つ弁護士はたくさんいると思うが、倫理的には最低レベルの法律による裁きである以上、致し方ない面もある。本来は、高い倫理観に基づく話し合いによる解決の方が望ましいのであって、法律による紛争解決は、話し合いでどうしても解決不可能な場合の最終的な解決手段である。

また、弁護士による内容証明郵便や準備書面がいかに相手方依頼者の心を傷つけているかについては、弁護士が日常的に経験することである。一般の人は、弁護士や裁判所から手紙が送られてくるだけでも多大なる精神的負担を感じる。さらに訴訟は、双方の代理人ができる限り当事者に有利な書面を作成して第三者たる裁判所に判断を委ねる制度であり、相手方当事者は、他方弁護士の記載した文面を見て憤りと精神的苦痛を感じる。当事者が事件終了に至るまでどれほどまでに精神的に疲弊するかは明らかで、依頼者を見れば弁護士の介入が生産的でないことは自ずと明らかであろう。

その上、弁護士の増加は、弁護士や事務員の生活、事務所維持の経費等の捻出のために市民の出費を伴うもので、その金額も半端な金額ではない。
ハ．もとより弁護士の果たすべき社会的に重要な役割を否定するつもりはないが、有用さと共に痛みを伴うという意味において、弁護士は、社会の必要悪[1]であり、弁護士の数は必要な限度に押さえられる社会が望ましい。
　法的需要がないにもかかわらず、弁護士による法律的解決を社会に押しつけるのは間違いである。

（2）「大きな司法」論について

イ．「大きな司法」論は、弁護士の悲願や渇望をうまく突いた立論である。「2割司法」という扇動的キャッチフレーズも「大きな司法」論に含まれる。「2割司法」とは、元弁護士の中坊公平氏が言い出した言葉で、「社会にある紛争の中で司法によって解決されるのは2割に過ぎず、紛争の多くは、泣き寝入りに終わるか、暴力団や事件屋等といった好ましくない人達によってあたかも解決されている」かの如き印象を持たせようとするキャッチフレーズであった。
　弁護士は、司法予算が国家予算に占める割合があまりにも低いことや司法が社会の脇役に追いやられていることに不満を抱いていた。司法は、国家作用の三権分立の一翼を担うにもかかわらず、国家予算に占める司法予算の割合は、驚くべきことに0.4％を下回る[2]。また、弁護士は自らの寿命を削るようにして非営利的活動、すなわち、公害・労働問題・消費者被害・高齢者・障害者、刑事弁護等々といった人権擁護活動や社会正義実現のための活動を自らの家族を犠牲にするなどして手弁当で行ってきた。しかし、これら弁護士の活動が、マスコミからスポットがあてられる機会は乏しく、弁護士や弁護士会がこれら公益的活動をしていることが世間に知られることが少なかった。
　そのため、弁護士が「大きな司法」「2割司法」というキャッチフレーズに強く反応するのは無理もなかったのかもしれない。
ロ．「2割司法」というキャッチフレーズには何らの合理的根拠はなく、その後、弁護士の急増に反して事件数が減少する等、間違いであったこと

が明らかになっている。

　もし、実際には何ら根拠のない「2割司法」が本当であったのなら、司法改革により「大きな司法」が実現し、これまでの約5倍の事件が司法に持ち込まれる計算になる。5倍の法曹需要が見込まれるのであれば、司法予算は大幅に増加され、何よりも司法及び弁護士が社会の主役に躍り出ることになる。これまで三権分立の一翼を担うといっても、社会から忘れ去られていた司法にスポットがあてられるかもしれない。弁護士がそのような夢を見たとして、誰が批判できるであろうか。それほどまでに弁護士の努力は報われていなかった。逆に言えば、弁護士と弁護士会にはそれほどまでに大きな閉塞感があったのである。

ハ．しかし、今回の司法改革でいう「大きな司法」とは、一体全体何を意味するのであろうか。「大きな司法」とは、まさに原理原則論の問題である。すなわち、「大きな司法」論は、単に、司法予算の増額や事件数の増加を意味するのではなく、社会から求められる必要な限度の枠を超えて意図的に司法を大きくするという原理ないし方向性を意味する。

　すなわち、これまでの「小さな司法」原理を捨てて「大きな司法」原理を実現した場合、「司法」の物的・人的設備は大きければ大きいほど良いことになる。よって、これら各設備の飛躍的な拡充が不可欠となる。そうすると、法廷庁舎や宿舎建設のための土地買収、立退料、これらの建築費、膨大に増大化した裁判官、書記官等職員の給与等々莫大な財政負担を国家、ひいては、国民に強いることになる。

「大きな司法」原理の下で国民にかかる負担は財政的負担だけではない。「大きな司法」原理の下では、何かトラブルが起こった時には、何でも弁護士に頼み裁判所を利用した方法により紛争解決するという社会を目指すことになる。

　これが、「誤用拡大解釈的『法の支配』をあまねく行き渡らせる」ということである。そうなれば、これまで、私人間の話し合いで済ませてきたこと、あるいは、弁護士が「こんなことを訴訟に持ち込んでも弁護士費用がかかるだけだから止めた方がいい」と訴訟化を避けてきた事案が裁判所に持ち込まれることになる。

現在のアメリカにおける訴訟社会における弊害が日本でも起こるのである。

アメリカ社会のように誰もが訴え、訴えられる社会が果たして国民にとって幸せな社会と言えるのであろうか。訴え、訴えられることにより国民の受ける精神的ストレスがいかに大きなものであるかは、弁護士が日頃当事者と接しているのでよく分かっているはずである。最終的には和解で終わるにしても、我々が書いた準備書面によって相手方当事者がいかに深く傷つき、精神的負担を感じているかを。何年か前に、のどに割り箸が刺さって死亡した4歳の男の子の両親が、医師（の代理人弁護士）が書いた答弁書に対する不満を週刊誌に涙ながらに訴えていた。答弁書には「被告（医師）の過失がなかったこと及び仮に医師に過失があったとしても、お祭りの時に幼い子供から目を離した両親の過失もあった」旨記載されていたそうである。そして、その答弁書を見た両親は、「子供を殺され、さらに、我々両親の非を責められるなんて、何故これほどひどい仕打ちを受けなければならないのか」と言っていた。この両親の感情はもっともなものであろう。

他方、裁判というのは、このように双方ができる限り自己に有利な主張を行い、第三者機関たる裁判所に最終的に裁定してもらう制度である。医師側に立った弁護士が、事実に反しない限り、できる限り依頼者である医師に有利な主張になるように第一次的に医師の無過失を主張し、予備的主張として過失相殺の主張をすることはいわば職務に誠実な弁護士であれば当然行うべきである。この両親を見ても、我々が職務に忠実に仕事をすることにより、相手方当事者に対していかに精神的苦痛を与えているかは、よく分かるはずである。

ニ．「日本ではアメリカのような訴訟社会の弊害は起こらない」との意見もある。確かに、裁判沙汰を忌み嫌う日本人は、アメリカ人とは異なることから、弁護士数が増えても事件数は増えていない。驚くべきことに、むしろ弁護士数の急増にもかかわらず、事件数は減少傾向にさえあると言える。

事件数が増えず、弁護士数だけが急増した場合にどのような弊害が生じ

るかの予想は比較的容易である。1件あたりの弁護士報酬が増えるか、弁護士の業務の質が下がるかのどちらかである。弁護士が急増すれば弁護士の報酬が下がるという人がいるが、それは間違いである。確かに、一時的には少ない顧客を奪い合うためにダンピングが行われ、短期的には弁護士報酬が下がる可能性はあるが、長くは続かない。いずれ弁護士報酬は急騰せざるを得なくなることは目に見えている。なぜなら、弁護士が業務を営むに必要な1カ月あたりの必要経費は、事件数が減ってもさほど変わりがないからである。

　例えば、これまで100件の事件で賄っていた経費を10件の事件数で捻出しなければならなくなるとしたら、どうなるか結果は明らかであろう。事務所経費として必要な金額が変わらず、薄利多売が不可能になるのであるから、いずれ1件あたりの報酬を高くせざるを得なくなる。繰り返すが、事件が来なくても、病気で収入が途絶えても、事務所家賃や光熱費、ファックスコピー機のリース代、事務員の人件費等々固定経費には全くといっていいほど影響がない。他方、弁護士が破産すれば、事実上廃業に追い込まれることから、破産手続を取るわけにもいかない。ちなみに、最近は、金融機関の弁護士に対する信頼が下がり、まとまったお金を弁護士には貸さなくなっているそうである。

　結果、弁護士報酬の高額化は弁護士激増の必然的結論とさえ言える。実際、アメリカの弁護士報酬の高額さは、日本の弁護士報酬の比ではない。
ホ．また、これまでは弁護士が営業活動をしなくても事件が自然と来ていたが、弁護士が世の中に溢れ、事件数は減っていることから、少ないパイを奪い合うためにはこれまで弁護士が苦手としてきた営業活動に労力・費用・時間及び智恵を投ずる必要が出てくる。この点、マスコミは「声なき声に縮み志向でどう立ちむかうのだろう。事務所で相談者が来るのを待ち、安くない報酬をもらい」[3]などと、あたかも弁護士自ら事件掘り起こしをしてこなかったことが悪いかのような批判をしてきた。しかしながら、人間の1日の時間は24時間に限られている。人間の労力や体力も限られている。弁護士が事務所を飛び出して事件の掘り起こしや営業活動を行うということは、これまで事件やプロボノ活動に割いてきた時間や労力や費用

を営業活動に振り変えるということを意味する。勢い弁護士の公益的活動は衰退せざるを得ず、事件に割いていた労力や時間も営業活動や事件の掘り起こし作業に振り変えざるを得なくなる。そのため、弁護士業務の質は下がらざるを得なくなるのは必然的であろう。

また、経費的にも、これまでは不要であった宣伝広告費が経営を圧迫するようになり、その財政的負担は、依頼者への報酬請求に転嫁せざるを得なくなる危険性も高い。

マスコミが主張するような活動を余儀なくされれば、いずれにしても弁護士報酬は上がり、弁護士業務の質を落とさざるを得なくなるのである。

ヘ．争いを好まない日本人の国民性からすれば、そもそも「大きな司法」原理を採用する必然性はもともとなかったのである。

また、アメリカほどではないにしても、少なくとも現行制度よりはアメリカの訴訟社会の弊害が起こることは避けようがない。吉川精一氏が『自由と正義』（1999年8月号）に書かれたように「ミニアメリカ化」するのである。実際、近年、言いがかり訴訟の増加、濫訴事案が非常に増えていることは裁判所や弁護士間では周知の事実となっている。

「アメリカ社会のような弊害が起こらないようにすればよい」という意見もある。しかしながら、弊害が起こらないシステムを作れば良いというのはどのようなシステムに対しても言えることである。システムに弊害はつきものである。50年も経てばどんなに完全に見えるシステムでも金属疲労を起こす。アメリカ社会でも弊害を起こそうとして現在のような訴訟社会を招いたわけではなく、「大きな司法」を目指しながらも弊害防止に努めた結果、現在のような「訴訟社会」に至っているのである。

どのような原理原則を取るかは、予想されるデメリットや弊害を受け入れることでもあるのである。

ト．この点、「これまでは、司法にかける費用は他の国家予算に比較すれば大したことはない。従って、『大きな司法』を目指すべき」との意見もある。確かに、前述した通り、これまでの「小さな司法」原理の下での司法予算は、きわめて貧弱であった。しかし、「大きな司法」原理を実現すれば、司法にかかる費用は莫大な予算に膨れあがる。しかし、我々は、司

法に携わる人間だからといって司法予算のみを考えて改革を論ずるわけにはいかない。司法改革は、我々がどのような社会を目指すべきかを決める選択であり、国民にかかる負担を全体的に考慮した上でその方向性を決めていかなければならないのである。国家予算として国民が負担する税金だけでなく、個人的な訴訟に掛る費用も考慮に入れなければならない。

しかるに、これからの高齢化社会、少子化社会においては黙っていても医療費、福祉費が増大化していくのである。他方、税金を支払える人数は減ってくる。人口統計試算によれば、100年後の日本の人口数は、現在の半分の約6700万人台になるとの統計が出ている。しかも、15歳から64歳の「生産年齢」の割合は減少する一方で、2055年には、現在の生産年齢の人数の約半分に減ることが予想されている。

また、医療は、ほぼ国民全員が一生に何度も必要となるものであるが、司法は、一部の人が利用するものである。国家予算は、他ならぬ国民の税金で構成されている。従って、司法予算を増大させるということは、司法を利用しない人にも司法予算を負担すべきということを意味する。司法にかける費用はなるべく少なく済む社会を築くべきである。

また、個人の収支にしても司法関係に大きな部分をさかねばならないような社会を目指すべきではない。

チ．これら国民の財政的負担を考えれば、必要以上に司法予算が膨大となる可能性の高い「大きな司法」原理を採用すべきではなく、財政負担を必要な限度に抑えることが可能な「小さな司法」原理を採用すべきであることは明白である。適正な限度の「小さな司法」原理の下でも、これからの国際化・高度複雑化社会においては、紛争解決機能としての司法の役割が増えることは避けられない。その意味で、「小さな司法」原理の下でも司法予算のある程度の拡充は不可欠なのである。そうであればこそ、適正な限度の「小さな司法」原理をあくまでも採用して国民に対し少ない財政的負担増で済ませられる社会を目指すべきである。

リ．ちなみに、「法の支配」を社会の隅々にまで行き渡らせる必要があり、「大きな司法」を目指すべきと言われる方がいる。前述のとおり、このような「法の支配」という用語の用い方は誤っているが、「私人間の紛争に

ついてできる限り法律（裁判所）で解決しましょう」といった誤用的「法の支配」論的世界を目指すべきではない。なぜなら、誤用的「法の支配」に言う「法」は、「最低の倫理」を規定したものにすぎず、万能でもないからである。法律は、全ての事象を想定して網羅的に規定することができず、あくまでも一般的かつ硬直的な内容であることを強いられる。その結果、法律を具体的な事情に適用した場合、いかに解釈しても理不尽な結果をもたらすことがしばしば生ずることは弁護士がよく経験するところである。不当判決は、裁判官の資質のみに基づくわけではなく、法律の性質上やむを得ないことも多いのである。

ヌ．このように、法律による解決が必ずしも常に最善の紛争解決策をもたらすわけではない。

　本来の意味における「法の支配」と「大きな司法」とは何らの論理的な関係はなく、「誤用拡大解釈的用法」で言う「法の支配」を世の中にあまねく行き渡らせることがそんなに望ましいわけでもないのである。

　なお、言うまでもないことであるが、国家権力の暴走を阻止すべきとの「法の支配」論自体が誤っているというつもりは毛頭ない。本来的な意味における「法の支配」理論は、国家権力を法律により縛ることである。そして、それは、主に法曹の盾及び権利の内容によって決まるものである。よって、「小さな司法」原理の下でも十分に可能なのである。

(3) 弁護士の社会的使命論について

イ．我々弁護士は、医師に例えられることが多い。確かに、弁護士は、人権を直接取り扱う職業であって、きわめて高度の専門性を有するという意味において医師と共通する部分もある。

　しかし、①人間1人が弁護士にかかる回数と医師に罹る回数とは比べものにならない。その意味で弁護士の場合は医師以上に自由競争に馴染まない。のみならず、②弁護士の取り扱う業務は、医学等理系学問のように客観的な正解が比較的明確となりやすい分野とは異なり何が正解となるか正解自体に評価の分かれる社会科学の分野である。その意味においても医師以上に自由競争に馴染みにくく、医師の世界とは非常に異なる。更に言え

ば、③医師の闘うべき相手は病気という「絶対悪」であるのに対して、弁護士が闘うべき相手は生身の人間で、必ずしも「絶対悪」と言えるような存在ではないこと等において、弁護士を医師と同列に扱うことはできない。
　以下、上記①ないし③をロないしニに分けて論ずる。
ロ．我々は、生まれ落ちた瞬間から医師に取り上げられ、その後も骨折、風邪、健康診断、盲腸、肝臓病、出産、不整脈、癌等々、死ぬまでの間に何十回と医師に罹る。家族や親戚、自分を考えても、ほぼ全員が生きている間に、何十回となく医師に罹ることがわかる。それと比較して、自分や家族や親戚で一生のうち当事者として訴え、訴えられる人が何人存在するであろうか。訴訟経験者がいたとして、その人が一生のうち何回、訴訟当事者になったと言われるのであろうか。
　我々のほぼ全員が何十回となく医師の世話になるのと違い、我々全員が必ずしも法的紛争に巻き込まれるわけではない。また、巻き込まれた人がいたとして、訴訟に巻き込まれる回数と医師に罹る回数とでは到底比較にはならない。このように回数一つとってみても医師と弁護士とを単純に比較することがいかに馬鹿げているかは容易にわかる。
　医師には、皆日常的に罹ることから、口コミや自分が何度も通うことにより素人であってもある程度評価することが可能であるかもしれない。また、医師の場合、途中でかかりつけの医師に不満や不信感が募っても他の医師に乗り換えることが比較的容易にできるであろう。しかし、弁護士の場合は、一生に一度関わるかどうかといった頻度なのであるから、比較対象の方途がなく、依頼した弁護士が間違ったことをしても依頼者にはその弁護士の対応が間違っているか否かはわからない。
　一般に依頼者は、自分の意見に合わせてもらえる弁護士を良い弁護士と思いがちであるが、必ずしもそうではない。事件の見立てが甘いと、「上手に」負けるタイミングや方法を誤ってしまいがちとなる。勝ち筋だと思って、強気で攻め続けた結果、最終的に依頼者に取り返しの付かない大変な迷惑を掛けることもありうる。その結果、依頼者の側から見れば、非常に悪い結果になることが往々にしてある。
　また、医師の場合と異なり、一旦事件を特定の弁護士に依頼してから後、

事件の途中で弁護士を交代することは、事実上きわめて困難である。仮に交代したとしても、前の弁護士が既に書面で出していることを訂正することは不可能であるし、主張や証拠を提出すべき「タイミング」というものがあるからである。また、事件は「生き物」で、それまでの事件の経緯や事情により事件の方針や取組の仕方が異なってくるところ、後から交代した弁護士は、それまでの事情や経緯についてはわからず、手探りで模索しても後の祭りとなることが多い。事件のやり直しは利かないのである。

　よって、事件の途中で弁護士の交代をすることはきわめて困難であるし、交代した弁護士が前の弁護士の批評をすることも事実上不可能に近い。弁護士は、医師以上に比較対照のしようがなく、自由競争には馴染まないのである。この意味において弁護士と医師を同列に扱うことはできない。

ハ．医師の世界では、患者がセカンドオピニオンを求めるということが常識的になっている。弁護士の世界でもセカンドオピニオンとしての役割を求められることが以前よりも多くなった。しかし、前述した通り、事件は生き物で、かつ、弁護士としてどのように対処すべきかについての正解は、前述した通り、それまでの経緯や事案の中身によってケースバイケースに異なる。仮に、同じ経緯や事案を前提にしたとしても、事件の見立てやいかに対処すべきかの意見が弁護士によって意見が分かれることが多々ある。医師の扱うような客観的な正解が一義的に導き出されやすく、検証されやすい理系の学問とは異なり、弁護士の扱う分野は、正解自体に評価の分かれ易い社会科学の分野に属するからである。

　従って、他の弁護士にセカンドオピニオンを求めたとしても、どの弁護士の意見が正しいかについての検証が困難である。

　もともと自由競争が成り立ちうる分野などほとんどないと思うが、弁護士の場合は、同じように高度な専門的知識を求められる医師と比較しても格段に自由競争が成り立ちにくい職業なのである。このような意味においても、弁護士と医師とは同列には論じられない。

　私達が「弁護士は自由競争に馴染まない職業である」と言うと、マスコミなどからは、すぐに「既得権益の擁護」などと揶揄されるが、そうではない。「弁護士が自由競争に馴染まない」ということは、すなわち、依頼

者市民が不適切な弁護士を自由競争により排除することができず、その結果、市民が不利益を受けることが避けられないことを意味するのである。「大量の弁護士を発生させ、弁護士間で自由競争をさせる」と言うことは、すなわち、市民に「自分の目で良い弁護士を選びなさい。悪い弁護士を選んだとしても、それは自己責任です」と言うにほかならない。しかも、自由競争により悪い弁護士を選んでしまうことにより受ける被害は、人権という極めてデリケートで一旦侵害されれば回復不可能なものである。

我々弁護士は依頼者市民のためという観点から「弁護士は自由競争に馴染まない」と言っているのである。にもかかわらず、マスコミは故意に私達の主張を歪曲して、あたかも自分たちマスコミは弱い者の味方、正義の味方などと言ったふうを装い、不当な批判を繰り返しているだけに過ぎない。

ニ．更に言えば、医師が闘う相手は、病気であって人間ではない。病気は、容赦なく徹底的に見つけ出して闘うことができるし、そうしなければならない「絶対悪」である。

しかし、弁護士が相手にするのは、依頼者と相手方という生身の人間である。依頼者の主張はその人の主観的真実を反映するが、必ずしも主観的真実が客観的真実と合致するわけではない。得てして一方の主観的真実と他方の主観的真実とは符合しない。また、食い違う双方の主観的真実と客観的真実とも別物である。相手方当事者の主張にもそれなりの正当理由がある場合が多々存在する。悪徳業者を相手方とする勧善懲悪の事件の占める割合は、それほど多いわけではなく、多くは離婚事件のようにどちらか一方が完全に悪いと割り切ることのできない事件の方がむしろ多いくらいである。

そして、我々弁護士がありとあらゆる事件を裁判にすれば、被告として呼び出される人がそれだけ増えることを意味する。弁護士が容赦なく徹底的にトラブルを見つけ出して闘うということは、すなわち、訴えられる相手がそれだけ増えるということにほかならない。

医師の闘うべき相手が「絶対悪」であるのに対して、弁護士の闘うべき相手が「相対悪」であるということは、医師と弁護士を決定的に分けると

言っても過言ではない。
　弁護士が社会の中のありとあらゆるトラブルを見つけ出して法廷の場に持ち込み、或いは、法改正を行うことにより業務拡大を行い、弁護士数の急増を支えることはできるかもしれない。が、果たしてそれで良いのであろうか。市民は、そのような社会を求めているのであろうか。
　病気という「絶対悪」を取組対象とする医師は社会のある程度の負担を伴ったとしても増やしていく必要があるが、弁護士の場合は、医師と同じようには言えないのである。
ホ．このように医師と弁護士の違いに着目すれば、弁護士が「社会生活上の医師」たらんとするため、弁護士の数を医師と同様に急増させるべきとの立論に理由がないことは明白なのである。

(4) 弁護士を配置させるべきとの主張について
「弁護士をありとあらゆるところに配置して、社会の隅々にまで『法の支配』を及ぼさないといけない」といったような主張を用いて「弁護士を各地、各方面に配置されなければならない」との主張をする人がいる。
　このような主張をする人達は「弁護士が従来の裁判実務を前提に活躍することしか考えていないから駄目なのだ。民間企業や地方自治体といった様々な分野に弁護士を配置させれば世の中が良くなる。弁護士としての就職先がなくとも司法試験合格者数を減らす必要もない」と主張する。
　しかし、このような主張をする人には、弁護士の業務が両刃の剣であることの認識が決定的に欠落している。弁護士は人権を直接取り扱う、ある意味大変危険な職業であり、権限の濫用や誤用による社会的弊害が著しい職業である。弁護士は、基本的人権を擁護し、社会正義を実現するために、裁判実務を含む法律業務を独占している[4]。認定司法書士といったごく一部の例外を除いて、弁護士以外の職業が裁判実務等法律業務を行うことはできないのである。弁護士は、基本的人権、特に、立法や行政といった多数決支配からこぼれ落ちた少数者の人権を擁護し、社会正義を実現するといった三権分立の一翼を担う司法を支える重要な社会的役割を負っている。他方で、一歩間違えれば、常に人権侵害の危険性を伴い得る職業なのであ

る。

　誰でも弁護士資格を取得でき、その後の実務的訓練を受ける機会を与えられないということは、誰でもが医師免許を持つことができ、十分な実務的訓練を受けることもなく手術や病気治療ができるようになる医師の危険に匹敵する。
「弁護士」という資格が裁判実務等法律業務を独占できる職業の範囲を意味しない、すなわち、「弁護士」の概念を曖昧にすると、市民が迷惑を被る。なぜなら、市民にとっては「弁護士」という肩書きを持った人のうち、従来型の「弁護士」としての実務的能力や訓練を受けた人かそうでないかを外形的に区別することができないからである。

　我が国の場合、諸外国とは異なり、法律に関わる職業が弁護士、司法書士、行政書士、税理士、社会保険労務士、土地家屋調査士等々細分化され、ただでさえその区別が複雑となっているのに、同じ「弁護士」という肩書きを持ちながら、従来型「弁護士」とそうでない人を区別することなど到底不可能である。

　他方、弁護士が「社会のありとあらゆる分野に弁護士を配置すべき」との理論を用いる場合は「各分野に弁護士を配さなければ、国民は法律に適った仕事ができない、人権感覚の劣った運用しかできない」ということ、即ち、「弁護士バッジをつけた人間の方が、そうでない人間よりも能力的（知的ないし倫理観において）一段上の人間である」などというきわめて傲慢な認識を吐露したにほかならず、弁護士がこのような主張をするのは言語道断であろう。社会の隅々に弁護士を配置する必要はさほど高くないのである。

　そもそも我が国の法学部のレベルが高かったことから、これまでも、弁護士資格がなくても弁護士よりも優秀で、法学部を卒業して法的素養を身につけ、人権感覚豊富な人材が各分野（内閣の法制局でも企業でも）で頑張って仕事をしているのである。にもかかわらず、各分野に人権侵害や権限乱用のおそれの高い弁護士バッジをつけた人を配さなければならない必然性がどこにあるというのであろうか。弁護士以外の人の法的素養に問題があるとすれば、それは法学部の教育のレベルの問題であり、弁護士とい

う資格の問題ではない。そのような問題は法学部の教育自体を見直すべきと言うことにこそなっても、人権侵害や権限乱用のおそれがある弁護士を配すべきとの理由にはなり得ないのである。

　弁護士という人権を直接取り扱う危険な職業に従事する人の範囲は、市民に対する人権侵害の危険性の観点から截然と外形的に区別されるようにしておくべきなのである。

　我々弁護士としては、弁護士は人権を擁護する正義の担い手であり、国民からの信頼を受けているという良い意味におけるエリート意識としての自負と誇りを持つ必要はあるが、我々弁護士が一般市民よりも知的能力にしろ倫理観にしろ、本当に能力的に高いなどという奢った考えを持ってしまったのでは、当事者の心の叫びに真に耳を傾けることはできない。弁護士自ら「民間企業や官公庁等社会の隅々に弁護士が配置されるべき」などといった主張をすべきではないのである。

(5)「司法における国民の統治主体性の確保」に対する批判

　原理原則論の亜流に位置づけられる理論として「国民の統治主体性を確保するためには『大きな司法』が必要である」という意見があった。今となっては、一顧だにされていないのであるから、取り上げる必要さえないのかもしれないが、一応取り上げておく。

　もし、「国民の統治主体性を確保するためには『大きな司法』が必要」というのであれば、その理論的帰結として、国民が立法・行政における統治主体でもある以上、「大きな立法」、「大きな政府」をも当然求めるべきことになる。しかし、現在、国民の統治主体性の下で、国会議員の多人数制に対する批判、広範な行政裁量（「大きな政府」）に対する批判が行われていることからもわかるように、国民の統治主体性と「大きな司法」との間に論理必然性はない。国民の統治主体性の下で「小さな政府」を目指すことがあるように、国民の統治主体性の下で「小さな司法」を目指すこととは論理的に両立するのである。国民の統治主体性と「大きな司法」とは論理的関連性がなく、これも「イメージ大作戦」の一つにすぎないことがわかるであろう。

この点、中坊氏が「2割司法」という批判的な用語を用いて「大きな司法」であるべき旨主張していたが、立法・行政は、いずれも、その性質上、国民が好むと好まざるを問わず、事前に、広く国民一般に及ぶ作用であるのに対して、司法は、紛争が起きた場合に事後的に利用したいと思う人のみが必要とする作用にすぎない。これら他の国家作用との性質上の差異を無視して単純に割合のみで他の国家作用と比較するのは、自分達が携わっている司法作用があたかも重要な作用であるかのごとき錯覚に基づいているか、立法・行政・司法の各作用の違いを認識・思考する能力に欠如しているかのどちらかであろう。

　因みに、中坊氏は、平成12年当時の「ニュースステーション」という番組で「現在の1万7000人の弁護士は1000人司法試験合格者で構成されたもので、3倍の3000人合格者に増やすべき」旨言っていた。しかし、当時の弁護士1万7000人の内の年長者は司法試験合格者数500人未満の世代であり、平成7年から数年間に弁護士になった新人は合格者700人程度の世代であった。1万7000人の数は、合格者1000人の世代がまだ弁護士になる前の数字なのである。その大多数が、合格者500人の世代であったから、弁護士1万7000人というのは、司法試験合格者として平均500人から構成された人数と考えられる。従って、3000人合格させるべきとの改革は、合格者数を6倍（500人→3000人）、弁護士の数のみで言うと9倍程度にする（300人程度→2800人程度）というのが、嘘・偽りのない言い方なのである。

　では、我が国の社会における司法制度は、どのような原理原則を目指すべきなのであろうか。

（6）「大きな司法」に対する批判

イ．「大きな司法」のイメージは極めて曖昧模糊としている。

「大きな司法」ということであれば、前述した通り、本来は、司法に携わる人数が多ければ多いほど良いというのが本来の理論的帰結である。かつての日弁連は、司法試験合格者数を「国民が必要とする適正な法曹人口にする」と言っており、司法試験合格者数を無尽蔵に増やすわけではなく最

終的には適正な数に制限するかのごとき言い方をしていた。しかし、「大きな司法」原理において「司法試験合格者数を適正な数に制限すべき」という理論的根拠はどこに求めればよいのであろうか。「小さな司法」原理の下でこそ「（たとえ司法試験合格者数を増やしても市民が求める）適正な数に制限すべき」であるとの結論が導き出せるのである。
「大きな司法」原理の下でも法曹人口を適正な数に制限する結論を取り得る」というのであれば、結局「大きな司法」原理を標榜する人がいかなる司法社会を具体的にイメージしているのか想像することがきわめて困難となる。

　一方、適正な「小さな司法」のほうは、それなりにイメージしやすいもので、そこから「国民が必要とする適正な法曹人口にする」というやや具体的な施策が自然と導かれる。

ロ．私には、どうしても「大きな司法」が、当たり前のこととは思えない。どの職業の人も皆、ギリギリの人数で社会に貢献している。改革賛成の方がよく例えに出す医師にしてからが「大きな医療」とは誰も言わない。司法改革推進派の方は、考えもなく弁護士が増えると良い世の中になると喧伝していたが、それなら医師ももっと増えた方が良い世の中になるに決まっている。しかし、さすがに医師は、種々の社会的な状況を考え「大きな医療」などということを言い出す人はいない。政府も当然「小さな政府」を目指し、公務員の数及び給与は削減され続けている。大学や教育機関に従事する人も多い方が良い世の中になるであろうが、削減の一途である。子供は、すでに多いときの半分に減っているからである。

　こういった、日本全体が、高齢化・少子化に向けて進み、少なくとも今後100年は人口が減り続けるという中で大多数の職種が小さくなることで国民全体に負担をかけまいとしているのに、一人司法だけが「大きな司法」と主張した。他の職業と比較しても「大きな司法」は異常な原則としか見えない。他の職種と同じく、平凡で妥当な「小さな司法」でなければ、維持することはできない。

ハ．以上、市民に対する財政的・精神的負担等を考えれば、市民にとっての負担が少ない「小さな司法」原理をあくまでも採用すべきである。

我々が携わっている司法作用は大変重要な作用ではあるが、立法や行政による国家作用がうまく意思決定され、多数決支配がうまく機能することにより、司法が事後的に救済措置を講ずる必要のない社会が一番望ましいのである。規制緩和し、「大きな司法」を実現することで、人権侵害があっても事後的に司法により救済されれば良いとの社会が望ましいとは到底思えない。私人間においてもお互いに高い倫理観と理性に支配された社会を目指すべきである。

　司法とは、本来、話し合いで解決することが望ましいにもかかわらず、任意の話し合いによる解決ができず、仕方なく精神的負担と財政的犠牲を払って紛争を解決するための、いわば「必要悪」であり、肥大化して社会の中心に座るべき存在ではない。

　これら観点から、できる限り少ない社会的負担で営むことができる「小さな司法」原理で済む社会をめざすべきである。

3　弁護士需要論について

（1）弁護士は足りないのか
　次に、弁護士急増論者の④弁護士が足りないので救済されるべき人が救済されていない、⑤司法過疎解消のためには弁護士を増やす必要がある、⑥今後、法曹に対する需要が多様化、高度化することに伴い、弁護士がそれぞれの分野に細分化する、⑦弁護士が「頼もしい権利の護り手」としてプロボノ活動をより実践するためにはより多くの弁護士の数が必要といった弁護士需要論について以下論ずる。

（2）日弁連臨時総会決議について
　平成12年11月1日の日弁連臨時総会の総会決議には、「法曹人口については、法曹一元性の実現を期して、憲法と世界人権宣言の基本理念による『法の支配』を社会の隅々にまでゆきわたらせ、社会のさまざまな分野・地域における法的需要を満たすために、国民が必要とする数を、質を維持しながら確保するよう努める」とされ、提案理由には「我々自身が、

社会の隅々にまで『社会生活上の医師』として存在し、社会の不正を正し弱者を救済する活動を」行って「こそ、（変革の課題は）はじめて実現可能」で、「弁護士が、市民にとって『頼もしい権利の護り手』であり、『信頼しうる正義の担い手』であるためには、弁護士が全国にあまねく存在し、身近で活動している状況になければならない」と記載されている。

そして、「法曹人口は、本来的には、利用者である市民の視点、市民のニーズによって決められるべきもので、法曹人口を法曹三者だけでコントロールするシステムは、司法のあり方に照らして」「適切なものではない」と付け加えられている。

そこで、まずは、日弁連決議に言う市民のニーズを統計を基に見てみることにしよう。

（3）司法改革審議会が行ったアンケートについて

イ．平成12年に司法改革審議会が16箇所の地方裁判所（札幌、秋田、福島、前橋、東京、富山、甲府、静岡、大津、大阪、松江、岡山、松山、福岡、宮崎、那覇）の民事訴訟事件のうち、特定の期間（6月5日から14日：東京、大阪両地裁。6月5日から23日：上記のうち東京、大阪両地裁以外の地裁）に判決や和解等で終了した事件の当事者（原告及び被告）にアンケート[5]（以下、「司法審アンケート」と言う）を行った。この司法審アンケートは、審議会が任意に抽出した市民591人に対して実施され、回収率36.3％であった。司法審によれば、「その結果は十分に信頼に値するものである」とのことである。

ロ．この司法審アンケートによれば、「3 弁護士へのアクセス」状況として、「全体的に7割方の当事者に弁護士が付いて」いた。そして、弁護士へのアクセス状況について「大いに苦労した」のは3.8％だけで、「やや苦労した」と回答した6.1％を加えても弁護士アクセスに苦労したのは、全体の9.9％に過ぎなかった（図表2-1）。

司法審アンケートの「弁護士を見つけた経路」を見てみると、「もとから知っていた」22.4％、「親戚・知人の紹介」27.5％、「職場での紹介」3.3％、「会社の顧問弁護士」30.8％で計84％（図表2-2）に達しており、弁護士を

探すのに全く苦労しなかったことが具体的に裏付けられている。

その結果、司法審アンケートの「調査結果」では、「今回の調査の回答者では弁護士の委任率が高く、かつ、弁護士へのアクセス障害の報告も少なかった」[6]どころか、「今回の結果は、『知っている弁護士』が身近にいる、あるいは『顧問弁護士がいる』ということが、いわば司法への呼び水になっている、という側面もうかがわせる」[7]とまで結論づけざるを得なかったのである。

ハ．「弁護士の依頼時期」についても「裁判予想前」が57.5％、「予想後訴え前」が22.9％で、訴え提起前に弁護士に依頼した人が合計80.4％（図表2-3）に上り、司法審アンケートの「調査結果」[8]では「訴訟になるか否かが明らかになる前から弁護士に依頼しているケースが圧倒的に多いことが明らかになった」と結論づけられている。

それでは反対に弁護士に依頼しなかった理由について見てみよう。①「自分で訴訟をしてみようと思ったから」という理由には39.5％、②「弁護士費用が高すぎる」が50.0％、③「頼むほどのことではなかった」が55.9％の割合で肯定回答であった。これに対し、④「弁護士の知り合いがいなかったから」、⑤「弁護士が近くにいなかったから」との理由に対してはいずれも68.9％が否定回答であった。特に「法人原告」に限ると（「弁護士の知り合いがいなかったから」との理由については否定回答が）92.6％とほぼ全面的に否定されており、⑥「今回の事件にふさわしい弁護士がみつからなかったから」との理由にも69.5％の否定回答が目立っていた（図表2-4）。

平成12年度は司法修習期間の関係で1年間に合計1350名が弁護士登録した年であったが、前年度は660名の弁護士が登録したに過ぎず、平成12年度の全弁護士人口は1万8290名と平成19年12月1日現在の2万4301名の7割にも満たなかったが、それでも弁護士へのアクセス障害を示す統計結果は全くと言っていいほど出なかったのである。そのためか、この統計結果は、広く公表されなかった。

日弁連の言う「法曹人口は市民のニーズで決めるべき」ということが正しいとすると、平成12年当時のニーズ調査でも市民は「弁護士は足りて

いる」と答えたのである。そして、司法制度改革審議会、マスコミ及び弁護士会は公然とこの市民の声を無視した。

ちなみに、現在では、電話帳やインターネットにおける法律事務所の広告が氾濫し、駅での看板広告や電車のつり革広告さえ珍しくなくなってきたが、司法審アンケートが行われた平成12年当時は、「電話帳で調べた」人は「1.6％」で「雑誌・インターネット」で見つけた人は「0.0％」（図表2-2）であった。このように、弁護士が増加した以外に、平成12年当時とは比較にならないほど弁護士へのアクセスの仕方もバラエティに富むに至った現在においては、弁護士へのアクセス障害は皆無になったと言っても過言ではなかろう。

念のために確認しておくが、司法審アンケートは、調査結果に偏りがでないよう「地域特性、人口の点からバランス良く対象地が選定されるよう配慮」された結果であり、回答者の属性としても「原告」が「54.4％」で「被告」が「45.6％」とほぼ均衡が取れている。

ニ．平成12年当時、「弁護士の敷居は高い」「弁護士は高慢で態度が悪い」「だから、弁護士は変わらなければならない」ということもよく言われていた。

自らこのようなことを言う弁護士は、自己反省を素直にする、いかにも尊き弁護士のようである。

しかし、司法審アンケートの「弁護士評価」によれば、「言い分を十分に聞いてくれたか」「丁寧に接したか」との質問に対する肯定回答はいずれも「87.1％」と「86.4％」ときわめて高い。これに対して「権威的・威圧的だったか」との質問に対する肯定回答は「12.7％」と非常に低い（図表2-5）。

上記司法審アンケート結果が示すものは、「弁護士の敷居は高い」「弁護士は高慢で態度が悪い」「だから弁護士は変わらなければならない」という当時の議論が全く何の裏付けもない虚偽に近い議論であったということである。

謙虚であることは重要であるが、少なくとも司法審アンケートの結果からは、弁護士改革の必要性を導き出すことはできなかった[9]。

Ⅱ　弁護士人口論の原理と法文化　199

図表2-1　弁護士へのアクセス状況
（弁護士がついたもののみ）

	人数	％
大いに苦労した	16	3.8%
やや苦労した	26	6.1%
どちらともいえない	16	3.8%
あまり苦労しなかった	89	21.0%
全く苦労しなかった	277	65.3%
合計	424	100.0%

図表2-2　弁護士を見つけた経路

	人数	％
もとから知っていた	96	22.4%
親戚・知人の紹介	118	27.5%
職場での紹介	14	3.3%
法律相談所の紹介	19	4.4%
弁護士会の紹介	23	5.4%
会社の顧問弁護士	132	30.8%
電話帳で調べた	7	1.6%
近所の事務所に行ってみた	2	0.5%
雑誌・インターネット	0	0.0%
その他	50	11.7%
弁護士が付いたものの合計	424	98.8%

図表2-3　弁護士の依頼時期

	人数	％
裁判予想前	244	57.5%
予想後訴え前	97	22.9%
訴え後	74	17.5%
その他	9	2.1%
回答者人数	424	100.0%

図表2-4　弁護士を依頼しなかった理由（弁護士の付かなかったもののみ）

	全く思わなかった	あまり思わなかった	どちらともいえない	少し思った	強く思った	合計	全く・あまり思わなかった	どちらともいえない	少し・強く思った
自分で訴訟をしようと思った	65	10	17	23	37	152	49.3%	11.2%	39.5%
弁護士の知り合いがいなかった	88	16	19	13	15	151	68.9%	12.6%	18.5%
弁護士が近くにいなかった	89	15	19	12	16	151	68.9%	12.6%	18.5%
弁護士の費用が高すぎる	53	6	17	18	58	152	38.8%	11.2%	50.0%
弁護士についての情報が少ない	73	14	22	21	20	150	58.0%	14.7%	27.3%
頼むほどのことではなかった	29	12	26	28	57	152	27.0%	17.1%	55.9%
ふさわしい弁護士がいなかった	93	12	25	7	14	151	69.5%	16.6%	13.9%
個人的な事情を話したくなかった	116	11	17	3	3	150	84.7%	11.3%	4.0%

比率の計算に当たっては、次のようにまとめた。
「全く思わなかった」＋「あまり思わなかった」⇒「全く・あまり思わなかった」
「少し思った」＋「強く思った」⇒「少し・強く思った」

図表2-5　弁護士評価

	全くそう思わない	あまりそう思わない	どちらともいえない	少しそう思う	強くそう思う	合計	全く・あまりそう思わない	どちらともいえない	少し・強くそう思う
言い分を十分に聞いてくれたか	12	22	20	99	267	420	8.1%	4.8%	87.1%
信頼できたか	11	19	27	82	280	419	7.2%	6.4%	86.4%
権威的・威圧的だったか	217	97	51	30	23	418	75.1%	12.2%	12.7%
常識を理解していたか	8	17	51	103	236	415	6.0%	12.3%	81.7%
丁寧に接したか	13	9	35	94	268	419	5.3%	8.4%	86.4%
法律以外の知識を有していたか	15	20	61	118	188	402	8.7%	15.2%	76.1%
十分な準備をしていたか	24	31	46	113	202	416	13.2%	11.1%	75.7%
十分な説明をしたか	19	31	41	110	213	414	12.1%	9.9%	78.0%

比率の計算に当たっては、図表2-4に同じ。

にもかかわらず、司法改革では弁護士改革ばかりが叫ばれたのである。

(4) 日弁連の実施したアンケートについて

　ここで、司法審アンケート結果から「弁護士のアクセス障害がない」と言っても、「司法審アンケートは、実際に訴訟に至った人に対するアンケートではないか」という意見がある。

　確かに、司法審アンケートでは、裁判所を利用している人しかアンケート対象にしておらず、訴訟に至らない市民に対する統計結果は当時は存在しなかった。「裁判所を利用しない人を含めたアンケートを取れば『弁護士が足りない』という統計結果が出るのではないか」と思ったためか、日弁連は、平成19年頃に裁判利用の有無にかかわらない一般市民5万人を対象にした壮大なアンケートを行った。その結果、「弁護士依頼を考えたか」との問いに対し、14％が「（利用を）考えたことがあった」と回答し、実際に弁護士を依頼したのは7％であった。この質問において、「弁護士の利用」に全く限定が付いていないことからして、訴訟手続きのみならず、法律相談、示談交渉等考え得る限りにおける全ての弁護士「利用」であることは論を待たないであろう。そして、問題となる事案の金銭換算の内訳は、金140万円以下が全体の81％を占め、金60万円以下は、全体の

「69％（57％＋12％）」、金30万円以下だけでも57％に上る（図表2-6）。

　以上の統計結果からすれば、紛争の対象となる金額が金30万円以下の事件についても相当数が何らかの形で弁護士を利用しており、弁護士の利用を考えたが実際に弁護士を利用していないのは、紛争額が数万円から金30万円以下の弁護士を利用する経済的合理性

図表2-6　問題の金銭換算

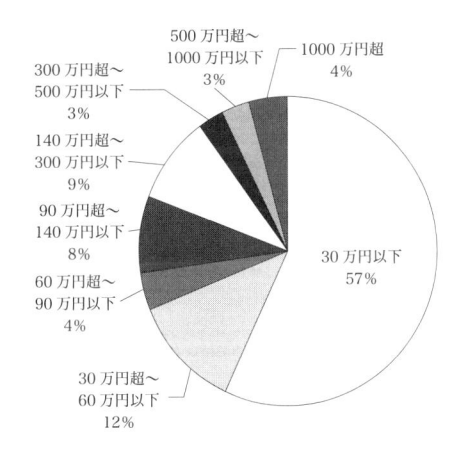

- 1000万円超　4％
- 500万円超～1000万円以下　3％
- 300万円超～500万円以下　3％
- 140万円超～300万円以下　9％
- 90万円超～140万円以下　8％
- 60万円超～90万円以下　4％
- 30万円超～60万円以下　12％
- 30万円以下　57％

のない事案であることが強く推認される。すなわち、市民の中で何らかの形で弁護士の利用を考え、実際に弁護士を利用する経済的合理性のある事案については既にほとんど全てが弁護士を利用しており、現在以上の法的需要は存在しないのである。

　この統計からも「2割司法からの脱却」というスローガンが間違っていたことが分かる。

(5) 企業や官公庁に対する需要について

「企業や官公庁に対する弁護士の需要はいくらでもある」といったことも、嫌というほど聞かされた言葉であった。

　しかし、平成18年10月に実施された日弁連による組織内弁護士採用動向調査結果（図表2-7）によれば、全6147社（国内企業3795社、外資系企業1457社、自治体849機関、官庁46省庁）のうち、今後5年間の採用予定合計は「108名から232名」に過ぎなかった。すなわち、6147社全社で雇用され得る弁護士の人数は、年間わずか21名から46名に過ぎなかったのである。このアンケートは日弁連が実施したアンケートであることから、上記回答には多分にご祝儀回答が含まれていることが容易に想像できるところ、この点を加味して冷静に分析すれば、「企業や官公庁に対する

図表2-7　組織内弁護士採用動向調査結果（2006年10月実施）

対象		回答数（a）	採用を考えている企業（b）	今後5年間の採用予定
国内企業	3795社 一部上場、二部上場、ジャスダック、マザーズ、ヘラクレス、非上場（生損保の一部、マスコミ等）	1129社	53社 1人採用してから考えると答えた企業14社含む	47名～127名
外資系企業	1457社 東洋経済新報社の選んだ主要企業	317社	18社 1人採用してから考えると答えた企業1社含む	19名～46名
自治体	849機関 都道府県と全国の市以上（東京23特別区を含む）	655機関	9機関 1人採用してから考えると答えた5団体と、「検討中」「検討したい」と答えた4団体	0名～9名
官庁	46省庁	32省庁	5省庁 外務省、法務省、財務省、財務局、公正取引委員会、金融庁	42名～50名強

今後5年間の採用予定合計　108名～232名

弁護士の需要がない」ことは明白なのである。

　2007年1月時点で把握されている企業内弁護士は約200名[10]と言われているが、これ以上の企業内弁護士の需要はほとんどないと言える。

　なお、今後、弁護士として就職先が見つからない有資格者が通常の公務員や会社員になることは当然に予想されるが、これは弁護士に対する法曹としての需要によるものではなく、有資格者としての生活の道がない結果に過ぎない。

　ちなみに、日弁連が「2006年4月に東京、大阪、名古屋、その他各地の証券取引所の上場企業及び生損保の1741社」に対して「弁護士の役割についてのアンケート」を実施した結果[11]では、全回答者[12]の98.2％が既に「顧問弁護士を雇っている」と回答している。従って、新規登録者が今後上場企業に顧問先を見つけられる可能性はない。

　中小企業に対する調査としては、日弁連が行った「中小企業ニーズ調査」（図表2-8）があるが、当該調査では61.5％の中小企業が「顧問弁護士がいない」と回答しており、中小企業に活路を見いだし得るかに見える。ところが、中小企業全体の49％が「顧問は特に必要がない（相談すべき案件がない）」と回答し、「（費用の点から）顧問は特に必要がない」

図表2-8 中小企業ニーズ調査（東京版と全国版の比較対照）

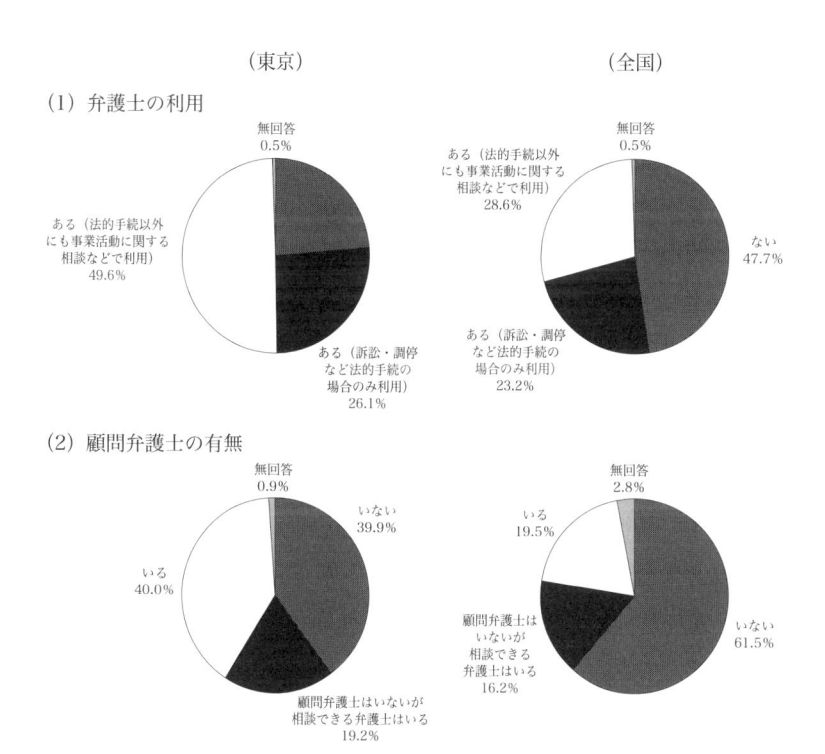

（東京）　　　　　　　　　　　　（全国）

(1) 弁護士の利用

東京：
- 無回答 0.5%
- ある（法的手続以外にも事業活動に関する相談などで利用）49.6%
- ある（訴訟・調停など法的手続の場合のみ利用）26.1%

全国：
- 無回答 0.5%
- ある（法的手続以外にも事業活動に関する相談などで利用）28.6%
- ある（訴訟・調停など法的手続の場合のみ利用）23.2%
- ない 47.7%

(2) 顧問弁護士の有無

東京：
- 無回答 0.9%
- いない 39.9%
- いる 40.0%
- 顧問弁護士はいないが相談できる弁護士はいる 19.2%

全国：
- 無回答 2.8%
- いる 19.5%
- いない 61.5%
- 顧問弁護士はいないが相談できる弁護士はいる 16.2%

(3) 顧問弁護士の必要性についての考え

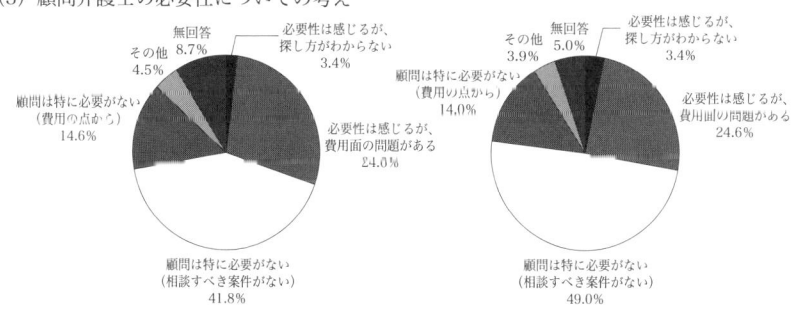

東京：
- 無回答 8.7%
- その他 4.5%
- 必要性は感じるが、探し方がわからない 3.4%
- 顧問は特に必要がない（費用の点から）14.6%
- 必要性は感じるが、費用面の問題がある 24.0%
- 顧問は特に必要がない（相談すべき案件がない）41.8%

全国：
- 無回答 5.0%
- その他 3.9%
- 必要性は感じるが、探し方がわからない 3.4%
- 顧問は特に必要がない（費用の点から）14.0%
- 必要性は感じるが、費用面の問題がある 24.6%
- 顧問は特に必要がない（相談すべき案件がない）49.0%

14％を合わせると合計63％が「顧問は必要ない」と回答しているのである。唯一参入可能性のあるのは「必要性は感じるが探し方が分からない」という回答者に対してであるが、これは3.4％に過ぎず、中小企業に対する新規参入も悲観的たらざるを得ない。

ここで指摘しておかなければならないことは、①顧問弁護士の需要を満たすことと企業内弁護士を増やすことは競合しない面があるということと②これほどまでに弁護士の業務拡大を模索しなければならないということ自体、社会内における弁護士の需要がいかに存在しないかを裏付けているということである。

なお、2006年6月1日現在日弁連が把握した任期付き公務員の数は、合計51名[13]しかないばかりか、任期付きであることからして永久的な就職先として到底カウントすることができず、就職先のない弁護士や経費捻出できない弁護士のはけ口となり得ないことは言うまでもない。

弁護士の需要を示す統計結果は存在しないのである。

（6）社会生活上の医師たらんとするため

前述したような「医師」と「弁護士」との差異を全て等閑視して、弁護士をして「社会生活上の医師たらんとするため」という掛け声が未だ執拗に繰り返されている[14]。

前述のとおり、確かに、医師と弁護士は、いずれも人権に関わる重要な役割を果たしている点では、共通する部分もある。

しかし、繰り返すが、人間は、生まれ落ちた瞬間からまさに死ぬ瞬間まで、健康診断等を加えるとほぼ全員が必ず数十回は医師にお世話になるが、弁護士には一生に1度も出くわさない人がほとんどであり、一部が一生のうちにせいぜい1回か多い人でも数回程度弁護士にお世話になるに過ぎない[15]。

弁護士の利用は経済活動や社会的要因によって決まってくるものであり[16]、少子高齢化社会が進む日本にあって、弁護士に対する需要は減る一方である。

ここ10年間の民事・行政・家事の新受件数の推移を見てみる。図表2-9

図表 2-9　民事・行政・家事新受件数の推移

	民事・行政総数	訴訟事件	調停事件	その他の事件	家事事件総数	総計
平成 10 年	2,975,984	521,744	248,833	2,157,009	487,477	3,463,461
平成 11 年	2,998,593	523,240	263,507	2,226,151	520,971	3,519,564
平成 12 年	3,051,709	524,884	317,986	2,233,627	560,935	3,612,644
平成 13 年	3,098,011	533,499	367,404	2,199,077	596,478	3,694,489
平成 14 年	3,298,354	544,008	489,955	2,251,974	638,195	3,936,549
平成 15 年	3,520,500	570,699	615,313	2,334,518	683,716	4,204,216
平成 16 年	3,173,083	566,408	440,724	2,165,951	699,553	3,872,636
平成 17 年	2,713,309	566,288	322,987	1,824,034	717,769	3,431,078
平成 18 年	2,621,139	621,883	304,049	1,695,207	742,661	3,363,800
平成 19 年	2,255,537	733,151	255,565	1,266,821	751,499	3,007,036
平成 20 年	2,252,437	827,514	150,161	1,274,762	766,013	3,018,450
平成 21 年	2,408,566	974,175	108,615	1,325,776	799,572	3,208,138
平成 22 年	2,179,351	910,465	87,808	1,181,078	815,052	2,994,403

※最高裁判所の司法統計に基づき作成。

は、最高裁判所の司法統計[17]を基に私が作成した表であるが、弁護士数の急増にもかかわらず、事件数は、民事・行政・家事の新受件総数 420 万 4216 件であった平成 15 年をピークに右肩下がりで、平成 22 年に至っては 299 万 4403 件までに減っている。平成 21 年には、過払事件の急増による影響からか民事事件が 15 万件増加し、全新受事件数は 459 万 7227 件と 20 万件増加したが、平成 22 年の全新受事件数は 431 万 7901 件と約 30 万件も減少している。このうち、前出の平成 22 年度の民事・行政・家事の新受件総数は、平成 15 年度と比較して 29％減、民事・行政事件に限って言えば、38％減で、過払金返還請求訴訟の増加をもってしても、また、弁護士による露骨な宣伝合戦をもってしても、事件数の減少に歯止めは掛けられていないのである。平成 15 年から平成 22 年にかけて、弁護士数が 2 万 0263 人から 2 万 8789 人に 42％も急増しているのに、事件数は激減する一方であるのが現状である[18]。

　繰り返すが、平成 12 年の司法改革の際、「2 割司法からの脱却」が叫ばれ、市民にとって本来裁判所に提訴する潜在的需要がもっとあるはずであるのに、弁護士数が少ないから 2 割しか顕在化していない、などということがまことしやかに喧伝されたのである。

図表2-10　日本の将来推計人口（平成18年12月推計）〈結果および仮定の要約〉

1. 平成18年12月推計

　国立社会保障・人口問題研究所は、平成17年国勢調査の第一次基本集計結果、ならびに同年人口動態統計の確定数が公表されたことを踏まえ、これらに基づいた新たな全国将来人口推計を行った。推計結果ならびに方法の概要は以下の通りである。

2. 推計結果（死亡中位推計）

出生率仮定 [長期の合計特殊出生率]		中位仮定 [1.26]	高位仮定 [1.55]	低位仮定 [1.06]	平成14年1月推計 中位仮定 [1.39]
死亡率仮定 [長期の平均寿命]		死亡中位仮定 [男＝83.67年］［女＝90.34年]			男＝80.95年 女＝89.22年
総人口	平成17年（2005） ↓ 平成42年（2030） ↓ 平成62年（2050） 平成67年（2055）	12,777万人 ↓ 11,522万人 ↓ 9,515万人 8,993万人	12,777万人 ↓ 11,835万人 ↓ 10,195万人 9,777万人	12,777万人 ↓ 11,258万人 ↓ 8,997万人 8,411万人	12,771万人 ↓ 11,758万人 ↓ 10,059万人
年少（0～14歳）人口	平成17年（2005） ↓ 平成42年（2030） ↓ 平成62年（2050） 平成67年（2055）	1,759万人 13.8% ↓ 1,115万人 9.7% ↓ 821万人 8.6% 752万人 8.4%	1,759万人 13.8% ↓ 1,348万人 11.4% ↓ 1,109万人 10.9% 1,058万人 10.8%	1,759万人 13.8% ↓ 942万人 8.4% ↓ 622万人 6.9% 551万人 6.6%	1,773万人 13.9% ↓ 1,323万人 11.3% ↓ 1,084万人 10.8%
生産年齢（0～15歳）人口	平成17年（2005） ↓ 平成42年（2030） ↓ 平成62年（2050） 平成67年（2055）	8,442万人 66.1% ↓ 6,740万人 58.5% ↓ 4,930万人 51.8% 4,595万人 51.1%	8,442万人 66.1% ↓ 6,820万人 57.6% ↓ 5,321万人 52.2% 5,073万人 51.9%	8,442万人 66.1% ↓ 6,649万人 59.1% ↓ 4,610万人 51.2% 4,213万人 50.1%	8,459万人 66.2% ↓ 6,958万人 59.2% ↓ 5,389万人 53.6%
老年（65歳以上）人口	平成17年（2005） ↓ 平成42年（2030） ↓ 平成62年（2050） 平成67年（2055）	2,576万人 20.2% ↓ 3,667万人 31.8% ↓ 3,764万人 39.6% 3,646万人 40.5%	2,576万人 20.2% ↓ 3,667万人 31.0% ↓ 3,764万人 36.9% 3,646万人 37.3%	2,576万人 20.2% ↓ 3,667万人 32.6% ↓ 3,764万人 41.8% 3,646万人 43.4%	2,539万人 19.9% ↓ 3,477万人 29.6% ↓ 3,586万人 35.7%

しかし、弁護士数が急増する一方で新受件数が増えるどころか逆に激減している近年の実態からしても、この「2割司法」の欺瞞性は明確になっている。

前述したように、少子高齢化社会で、経済活動は縮小の一途を辿らざるを得ず、それに伴い弁護士の需要が減少する一方であるのと比較して、少子高齢化社会は、益々医師の需要を促進する。

また、少子化のために日本の人口は減少する一方であり、国立社会保障・人口問題研究所[19]が平成18年12月に発表した「日本の将来推計人口」[20]によれば、出生率1.06の低位仮定で予想した平成67年の将来推計人口は8411万人で、平成17年の1億2777万人と比較して34％の減である。出生率1.55の高位仮定での平成67年の将来推計人口でさえ9777万人と平成17年と比較して23.4％の人口減である（図表2-10）。

これに対し、『2006年版弁護士白書』[21]によれば、平成22年以降3000人を維持した場合の平成67年の弁護士人口の将来予測は、12万3484人であり、低位仮定による場合、日本の赤子から老人に至るまでの全人口数681人に1人が弁護士資格を有する計算になる。

勿論、今後、成年後見事件等高齢化社会特有の事件が増加する可能はあるが、経済的合理性のある事件は経済活動の縮小に伴いかなり減ることが予想され、そのため、弁護士に対する需要は全体的に縮小する一方なのである。高齢化社会に伴い、年齢構成は、65歳以上の老年人口の割合が高くなっていき、生産年齢の割合が低くなるからである。低位仮定の8411万人のうち、65歳以上の老年人口[22]と14歳以下の年少人口[23]を差し引いた、いわゆる「生産年齢（15歳以上64歳以下）人口」は4213万人[24]に過ぎず、生産年齢の割合は平成17年の生産年齢人口のほぼ半分になる[25]ことから、将来の経済活動も相当数減少することは必至なのである[26]。

（7）他士業の果たす役割について

「法曹人口」というと、もっぱら「弁護士数」を思い浮かべる人が多いかもしれないが、企業にとって他士業は、法的紛争解決のためにきわめて重要な役割を果たしている。例えば、日弁連が行ったアンケート結果を日弁

連弁護士業務総合推進センター副本部長飯田隆弁護士が分析した結果によれば「相談出来る弁護士が」いない場合「における法的課題を相談する相手（複数回答可）」として、①公認会計士が18.6％、②税理士に至っては59.9％、③弁理士が6.2％、④司法書士が23.5％、⑤社会保険労務士が25.3％、⑥行政書士が8.8％、⑦中小企業診断士が2.7％で、それぞれの満足度は①公認会計士76.9％、②税理士67.7％、③弁理士77.9％、④司法書士77.6％、⑤社会保険労務士73.7％等々それぞれ軒並み満足度が高い。勿論このうち一部に非弁活動が行われている場合には、非弁活動を徹底的に取り締まる必要がある。しかし、このように利用した市民の満足度の高さからすれば、隣接士業の社会的役割は積極的に尊重されるべきである。更に、認定司法書士に簡裁代理権が付与され、平成19年4月1日から施行されたADR法では、認証制度により一定の要件を満たす民間業者には弁護士法72条の適用が除外され、司法書士の他、弁理士、土地家屋調査士、社会保険労務士の4士業にADR代理権が付与された現在にあっては、他士業が合法的に法的問題を解決できる土壌は益々整ってきている。

　このような社会的役割の高さからしても、「法曹人口」の中には、弁護士のみならず他士業の人数をも入れるべきである。そして、日本で（公認会計士を除いた）隣接士業と弁護士数を合わせると、平成19年で「21万0328人」に上り、公認会計士「2万3195人（平成18年12月現在）」を加えた総士業人口は何と合計「23万3523人」に上る[27]。

　これに対し、たとえば、2001年（平成13年）におけるフランスの弁護士（avocat）の数は、3万8044人[28]であり、司法官（magistrats[29]）の6406人と公証人（notaires）の7773人を加えても5万2223人に過ぎない[30]。平成13年当時、日本には実数でフランスの約3.2倍、フランスの人口が日本の人口の約半分であることを考慮しても人口割合で言えば約1.6倍の法曹人口（隣接士業を含む）[31]が既に存在していた。隣接士業を含め士業数が激増し、裁判官等を含めれば約24万人の法曹人口が存在する現在の日本にあっては人口割合でフランスの約2倍以上の法曹人口が存在すると言えるのである。

　ここで注意しなければならないのは、事件数との関係である。1997年

におけるフランスの民事訴訟件数は111万4344件[32]で、同年における日本の民事訴訟件数が42万2708件[33]であるから、フランスの民事訴訟件数は日本の2.6倍以上である。よって、フランスの法曹人口は人口割合で日本の約2.6倍あっても不思議ではない。ところが、日本の法曹人口は、このような事件数の少なさにもかかわらず、司法改革を始める前から既にフランスよりも多かったのである。

「諸外国と比較しても日本の法曹人口は少ない」「フランス並みの法曹人口にするためには合格者3000人が必要」との立論は、フランスの全法曹人口と日本の（隣接士業や裁判官の数を除いた）弁護士数のみを恣意的に比較し、事件数の違いや国民性の違いや裁判制度の違い等々都合の悪いところをすべて無視したご都合主義のスローガンだったのである[34]。

(8) 審理期間の長短について

「日本の裁判は長い」「これは、弁護士が少ないからだ。だから、弁護士数を増やす必要がある」と言うことがマスコミ等々では散々言われ続けてきた。弁護士の中にも未だにこのような誤解を持ち続けている人が存在する。

実は、これも全くの出鱈目である。

最高裁判所が平成12・13年における審理期間を比較した統計「日本及び諸外国の民事第一審事件の審理期間の比較」（図表2-11）では、民事の平均審理期間は、日本が「8.5月」、フランスでも「8.9月」で、イギリスに至っては「37.7月」と日本の4倍に相当する期間を要していた。アメリカでは「8.7月」となっているが、これは中位数[35]を意味しており、日本の民事事件の中位数は、「3.7月」であることからすれば、アメリカは日本の倍の期間に相当する審理期間を要していた（図表2-12）。

刑事事件の第一審平均審理期間を比較しても、日本は諸外国に比べて短く、「3.3月」に過ぎない。イギリスも「3.3月」で、ドイツは「6.2月」と日本の倍の期間を要している。アメリカは、中位数が「6.0月」で、日本の刑事事件における中位数が「2.3月」であることからすれば、アメリカの刑事事件は日本の3倍近くの期間を必要としていた。

図表2-11　日本及び諸外国の民事第一審事件の審理期間の比較

	平均審理期間	備　考
日本	8.5月	地方裁判所 なお、中位数は3.7月
アメリカ	8.7月	連邦地方裁判所の既済事件数のうち、訴え提起から終局に至るまでの中位数（2001）
イギリス	37.7月	高等法院普通法部においてトライアルの申込みが行われた事件における審理期間（2000）
ドイツ	6.9月	地方裁判所（2000）
フランス	8.9月	大審裁判所（2000）

※中位数とは、審理期間の長さの順に並べたときに中央にある事件の審理期間である。

図表2-12　日本及び諸外国の刑事第一審事件の審理期間の比較

	平均審理期間	備　考
日本	3.3月 自白　2.8月 否認　9.7月	地方裁判所（平成13年） なお、中位数は2.3月 （自白2.2月、否認6.9月）
アメリカ	6.0月	連邦地方裁判所の中位数（2001.10～2001.9）
イギリス	3.3月	事件の送付手続から公判開始までの平均期間（2000）
ドイツ	6.2月	地方裁判所（2000）

※1　中位数とは、審理期間の長さの順に並べたときに中央にある事件の審理期間である。
※2　フランスについては、審理期間に関する統計数値は得られなかった。参考までに2000年度に予審が終了した事件について、予審終了までの期間は重罪について17.7月、軽罪については17.1月である。

　注目すべきは、この統計が「裁判の迅速化に関する法律」が施行された平成15年から3年も前の平成12・13年当時の統計であるということである。
　「裁判の迅速化に関する法律」が施行された平成15年を境にさらに日本の第一審事件の審理期間は短くなっており、平成18年1月から12月までの間に終結した民事の第一審訴訟事件の平均審理期間は「7.8月」[36]、刑事事件の第一審訴訟事件の平均審理期間は「3.1月」に短縮され、刑事事件で「審理期間が1年を超えるものは1.6％、2年を超えるものは0.3％にすぎない」

これに対し、2004年におけるフランスの民事の第一審事件の平均審理期間は「9.6月」、ドイツは「7.2月」、イギリスは「22.4月」[37]であり、諸外国と比較しても日本の審理期間は一貫して短いと言えるのである。
「日本の裁判が長いのは、弁護士の数が足りないからだ」という議論は前提事実自体が誤っていたことがおわかり戴けるであろう。
　このような欺瞞的議論[38]が連綿と言われ続けた司法改革とは一体何だったのか[39]。

（9）「司法過疎解消のために弁護士数の増加が必要」との立論について

　2007年4月20日現在、ゼロワン地域における弁護士数を昭和39年当時と平成19年で比較した表が図表2-13[40]である。ゼロワン地区32カ所における昭和39年当時の登録弁護士の合計は49名であるが、平成19年の登録弁護士の合計は29名に減っている。昭和39年当時の弁護士数は7108名で[41]、平成19年の弁護士数は、昭和39年の約3倍に相当する数[42]になったにもかかわらず、ゼロワン地区登録弁護士はほぼ半減しているのである。
　理論的に言っても弁護士数が激増すれば司法過疎が解消されると言う立論は成り立たないが、実証的にも弁護士数が激増したからといって司法過疎は解消されないことが証明されている[43]。
　司法過疎は、「ゼロ地域3カ所に3名の弁護士、ワン地域24カ所に2名の弁護士、第1種弁護士過疎地域88カ所に2名の弁護士を配置するとしても総勢233名の問題」[44]であり、それぞれ倍の数の配置をしたとしてもせいぜい500名未満の問題に過ぎず、毎年2800名の弁護士登録数とは規模が違う。
　司法過疎解消の問題は、弁護士の配置の問題であり、弁護士数の増減の問題とは異なる問題である。
　私には法曹人口を増加させたからといって司法過疎が当然に解消されうるとは思えないが、「弁護士数を増やせば司法過疎が解消される」と言っていた人達の議論は、都会で就職できず仕事に困る弁護士が大量に発生することにより、都会であぶれた弁護士が地方に供給されることを想定して

図2-13 ゼロワン地域の昭和39年当時の弁護士数
（2007年4月20日現在）

	会	支部	平19	昭39
1	奈良	五條	0	1
2	滋賀	長浜	0	1
3	大分県	杵築	0	2

五條、長浜、杵築には、弁護士法人の従たる事務所がある。

備考欄の「ひまわり」は、ひまわり基金公設事務所所在地。
「法テラス」は、スタッフ弁護士常駐の事務所所在地。
「定着」は、ひまわり基金公設事務所所属の弁護士が、その地に定着したことを示す。
「定着支援」は、ひまわり基金の貸付制度を利用して開業したことを示す。

	会	支部	平19	昭39	備考
1	千葉県	佐原	1	2	
2	静岡県	掛川	1	0	
3	山梨県	都留	1	0	
4	和歌山	御坊	1	3	ひまわり
5	岐阜県	御嵩	1	1	
6	富山県	魚津	1	4	
7	山口県	萩	1	3	
8	岡山	新見	1	1	ひまわり
9	島根県	西郷	1	1	定着支援
10	福岡県	柳川	1	4	
11	福岡県	八女	1	3	定着支援
12	長崎県	平戸	1	2	定着
13	長崎県	壱岐	1	1	法テラス
14	長崎県	五島	1	0	ひまわり
15	長崎県	厳原	1	3	ひまわり
16	大分県	竹田	1	4	
17	大分県	佐伯	1	2	
18	熊本県	阿蘇	1	0	ひまわり
19	鹿児島県	加治木	1	3	
20	鹿児島県	知覧	1	0	ひまわり
21	宮崎県	日南	1	2	ひまわり
22	仙台	登米	1	0	ひまわり
23	青森県	十和田	1	1	ひまわり
24	札幌	岩内	1	1	ひまわり
25	函館	江差	1	0	法テラス
26	旭川	紋別	1	0	
27	旭川	留萌	1	0	ひまわり
28	旭川	稚内	1	2	
29	高知	安芸	1	2	ひまわり

いたらしい。だとすればこれは生活に困る大量の不幸な弁護士の発生を前提としたものである。さらに、この発想は地方の人達を愚弄する議論であり発想の方向が誤っている。

また、平成18年の民事第一審通常訴訟既済事件における弁護士選任率は、弁護士不足率総合ランキング[45] 1位の鹿児島地裁加治木支部でも68.6％、同2位の甲府地裁都留支部では75.5％、同3位の岐阜地裁御嵩支部は79.6％で、同177位の旭川地裁留萌支部に至っては93.4％であり、弁護士不足率総合ランキング最下位の、すなわち、人口割合で弁護士数が一番多い東京本部でさえ87.4％（図表2-14）であることからすれば、合格者

図表2-14　平成18年　民事第一審通常訴訟既済事件数
　　　　　──弁護士選任状況別件数及び割合

庁名	総数	弁護士が選任されたもの				本人による
		総数	双方	原告側のみ	被告側のみ	
札幌地裁滝川支部	59 100.0%	43 72.9%	21 35.6%	21 35.6%	1 1.7%	16 27.1%
旭川地裁留萌支部	61 100.0%	57 93.4%	11 18.0%	44 72.1%	2 3.3%	4 6.6%
青森地裁十和田支部	58 100.0%	37 63.8%	14 24.1%	19 32.8%	4 6.9%	21 36.2%
福島地裁郡山支部	425 100.0%	360 84.7%	160 37.6%	180 42.4%	20 4.7%	65 15.3%
甲府地裁都留支部	159 100.0%	120 75.5%	62 39.0%	47 29.6%	11 6.9%	39 24.5%
東京地裁八王子支部	2904 100.0%	2390 82.3%	857 29.5%	1389 47.8%	144 5.0%	514 17.7%
岐阜地裁御嵩支部	103 100.0%	82 79.6%	39 37.9%	41 39.8%	2 1.9%	21 20.4%
名古屋地裁豊橋支部	490 100.0%	417 85.1%	219 44.7%	173 35.3%	25 5.1%	73 14.9%
神戸地裁龍野支部	109 100.0%	78 71.6%	37 33.9%	38 34.9%	3 2.8%	31 28.4%
奈良地裁葛城支部	433 100.0%	344 79.4%	198 45.7%	129 29.8%	17 3.9%	89 20.6%
広島地裁三次支部	71 100.0%	43 60.6%	20 28.2%	19 26.8%	4 5.6%	28 39.4%
山口地裁下関支部	301 100.0%	258 85.7%	104 34.6%	132 43.9%	22 7.3%	43 14.3%
徳島地裁阿南支部	67 100.0%	59 88.1%	37 55.2%	21 31.3%	1 1.5%	8 11.9%
松山地裁今治支部	83 100.0%	65 78.3%	29 34.9%	32 38.6%	4 4.8%	18 21.7%
鹿児島地裁加治木支部	121 100.0%	83 68.6%	34 28.1%	38 31.4%	11 9.1%	38 31.4%
福岡地裁久留米支部	465 100.0%	326 70.1%	131 28.2%	175 37.6%	20 4.3%	139 29.9%
東京地裁本庁	29702 100.0%	25964 87.4%	13258 44.6%	11615 39.1%	1091 3.7%	3738 12.6%

※数値は速報値である。
※割合は、既済総数に対するものである。

　3000人を輩出する前の段階でも司法過疎地における弁護士選任率は、既にかなり充足されているとも言える。勿論個別具体的に見ていけば不足する部分もあるとは思われるが、統計的に言えば、そもそも司法過疎が存在するかどうか自体検討する必要がありそうである。
　また、弁護士に対する需要は、社会的要因や経済事情により変化するものであり[46]、司法過疎地域における弁護士の需要が大都市と同様にあると考えること自体が誤っている。

以上、司法過疎解消と弁護士数の問題とは全く別問題であり、3000人増員問題の見直しの前提として「司法過疎解消が先決」と言う立論は明らかに誤っている。

　法曹人口増員論の過ちが明らかになった最近に至り「まずは司法過疎を解消しなければ、3000人論の見直しと言ってみたところで、市民の理解は得られない」と言う人がいる。しかし、これまで統計を基に見てきたことから分かるとおり、そもそも市民の声からは「弁護士が足りない」などと言った声は皆無である。既に検証結果はでている。統計的には3000人合格者を排出する前から「弁護士数はほぼ足りている」のである。

　しかも、3000人に増員する際には、「検証」などと言うことは一切言わず、既にある統計結果を無視し、合格者数を減らす場合にのみ「検証が必要なのだ」「司法過疎解消が先決問題だ」等理論上関係ない事項を前提条件にするとは、会員を馬鹿にするのもいい加減にして欲しいものである。

(10) 統計結果から見えるもの

　以上、統計結果を客観的に分析すれば、3000人合格者到来前における弁護士の就職難[47]、即独（＝即時独立弁護士。以下、「即独」という）、ノキ弁（＝事務所内独立採算弁護士。以下、「ノキ弁」という）、ケータイ弁（事務所を持たずに携帯電話で依頼者を呼び出す）等が横行するのは、司法改革を始める以前から、火を見るよりも明らかだったのである。

(11) 業務拡大について

　日弁連が業務拡大を叫び始めたのは、ここ数年来の話ではなく、少なくとも平成12年の段階では既に出ていた。その後、約9年近く経つが、未だに弁護士の新たなる業務拡大についての具体的な構想が提示されるには至っていない。この事実が業務拡大の方途がないことを何よりもよく物語っている[48]。

　抽象的には「相続分野や中小企業に対する業務拡大はまだある」と言われ、日弁連から中小企業等に対する熱いラブコールが送られている[49]が、現実の統計では中小企業に対する弁護士のニーズが認められないことは既

述したとおりである。成年後見事件と知的財産権関連[50]の事件は増加することが見込まれるが、成年後見事件においては経済的合理性がさほど見込めないこと、知的財産権関連事件で利益を得られるのは東京等大都市部の一部の弁護士に集中[51]していることからして、抜本的解決には到底成り得ない。相続関連事件についても、既に信託銀行等に完全に取って代わられていることからして、これら業務を弁護士の手元に取り戻すには並々ならぬ努力がいるが、仮に、弁護士の手元に取り戻せたとしても、弁護士人口の急増に伴う弁護士に関わる費用が増大する一方であることからすれば、焼け石に水である。

なお、ここでも敢えて繰り返すが、業務拡大の模索が喫緊の課題であるということ自体、弁護士増加に対する社会的ニーズが存在しないことを理論的に裏付けている。

(12) 被疑者国選問題について

2009年被疑者国選問題については、中弁連大会の「2007中弁連大会議論の立て方」に「2009年に刑事事件が増加するという問題ではなく、厳に被告人国選として現在の弁護士が対処している事件数と同じで、ただ被疑者段階から弁護」に「従事するから、事件処理の時間が長くなるという問題に過ぎ」ず、「裁判員裁判などの裁判の効率化・迅速処理が進む結果」「全体の事務処理量が増加」しない可能性もあり、「根本的には、国選報酬を改善すれば解決できる問題」と記載されているとおりである。

実際、被疑者国選が実施されて以降、被疑者国選に対応できないという弁護士会は皆無であった。

弁護士が急増する以前から、いかなる司法過疎地域であっても被告人国選に対応できていたのであるから、当然予想されたことではあったが、その後の弁護士数の急増により、より一層被疑者国選の対応に不足する心配は消えたと言える。

4　自由競争論とその批判

⑧弁護士の敷居が高すぎるから弁護士を増やして身近な存在にする必要がある⑨大量の弁護士の間で自由競争をさせることにより弁護士費用の低廉化及び質の向上を図るべきとの理由については、以下のように反論できる。

平成12年に実施された司法制度改革審議会が行った市民調査においても弁護士の敷居が高いとの統計結果が出なかったことは記述した通りである。勿論、弁護士の存在や報酬体系を示す必要はあるであろう。しかし、今となっては、インターネットと言わず、電話帳と言わず、電車のつり革広告と言わず、街角の看板と言わず、果ては、テレビコマーシャルに至るまで、弁護士や法律事務所の宣伝が巷に溢れている。マンションに個別に弁護士の宣伝広告のチラシが入っていたり、ダイレクトメールが届くのも珍しくなくなった。このような状況で、敷居が高い等という批判はもはや到底当てはまらなくなったと言えるであろう。

また、弁護士が自由競争に馴染まないことも記述した通りである。更に付け加えて言うと、依頼者が弁護士による消費者被害を正確に見抜くためには、弁護士と同程度或いはそれ以上の法的知識や経験を有することが必要となる。ところが、通常、依頼者が弁護士に依頼するのは、人生で1度もないのが通常で多くても数回の経験であり、複数の弁護士を経験するわけではない。しかも、トラブルに巻き込まれて精神的に余裕のない状況下においては、尚更弁護士業務に対する冷静な判断は不可能である。スーパーマーケットで野菜を見抜くのとはわけが違うのである。弁護士のような専門的な分野における公正な自由競争は成り立ち得ない。

よって、懲戒等による自然淘汰は悪徳弁護士排除には十分に機能しない。

また、仮に、懲戒等により自然淘汰が機能したとしても、一旦失われた依頼者の人権は元通りにはならない。弁護士の扱う業務対象は、人権という傷つきやすく、一旦失われたら回復させることがきわめて困難なものなのである。従って、弁護士の質の低下を市民の選択による自己責任に責任

転嫁するべきではなく、市民がどの弁護士に相談に行っても一定の質が保たれる法的環境整備に腐心すべきなのである。

　弁護士数の急増に伴い、弁護士報酬の高額化傾向及び質の低下が帰結されることも記述した通りである。

　⑧弁護士の敷居が高すぎるから弁護士を増やして身近な存在にする必要があるとか、⑨大量の弁護士の間で自由競争をさせることにより弁護士費用の低廉化及び質の向上を図るべきなどと言った理由付けは的外れであることはもはや自明の理とまで言える。

5　法曹一元のための法曹人口増とその批判

　法曹一元は絶対に果たさなければならない。司法改革に最も必要だったのは、法曹一元であった。そして、7年前、法曹人口を増やせば、あたかも法曹一元が実現されるかのごとき立論が主張された。しかし、理論的に言っても法曹人口を増やせば法曹一元に遠ざかるのは明白であった。なぜなら、もともと検察庁も最高裁判所も法曹一元を実現する意思はなく、その上、弁護士の収入が激減し、優秀な人材が集まりにくくなった弁護士から経歴・年齢及び成績至上主義の最高裁判所や検察庁が任官者を採用することはあり得ないばかりか、三百代言の跳梁跋扈等による弁護士への社会的信頼が失墜することによりかえって法曹一元から遠ざかるからである[52]。今では、法曹一元が長年の悲願であった日弁連でさえ、法曹一元について以前ほど言及することはない。実証的にも法曹一元と法曹人口の激増が相反することが立証されたと言える。

　そして、法曹一元は、少数の弁護士任官者と非常勤裁判官等でお茶を濁され、完全に絶ち消えてしまったのである。

　そして、今や裁判官や検察官に採用される人は、大学、大学院、司法試験、研修所の成績が特に優秀な、きわめて一部の人に限られ、修習制度も崩壊し、ほとんど機能しなくなった。人数が多すぎる割に、修習期間が2年から1年に短縮され、その上、弁護士志望者は、その間に就職活動で全国の事務所を訪れ、修習どころではないからである。そのため、裁判所も

検察庁も司法修習制度における教育には力を入れず、任官後における訓練に重点をシフトし始めている。戦前の分離修習制度に事実上近付いているのである。統一修習は戦前の弁護士の悲願であり、弁護士の涙ぐましい努力の結果により実現したのであるが、その統一修習が形骸化し、事実上機能していないのである。

　このような状況の下では、法曹一元からは大幅に後退するどころか、法曹一元など夢のまた夢となってしまったのである。

6　グローバル化対応論とその批判

　グローバル化するために弁護士の数が必要という意味が私には全くわからない。弁護士の数と我が国における国際経済力との関連性は全くない。我が国の世界における経済競争力が最も高かった時代と比較すれば現在の方が弁護士の数は倍増している[53]。もし、弁護士の数が増えれば、国際競争力が高まるとする仮定が正しいとするならば、現在の国際競争力の方が低い等ということにはなり得ないであろう。圧倒的少数のスパルタ兵が地形を利用して善戦したが、結局は負けてしまった「テルモピュライの戦い」ではないが、槍や鉄砲で行われていた時代の戦争ならば兵士の数で勝ち負けが決まることはあったかもしれない。しかし、今では、戦争でさえ兵士の数で勝ち負けが決まるわけではない。人数を増やすことにより弁護士としての職業の魅力が急速に失われ、有為な人材は益々法曹から遠ざかっているのである。弁護士を増やしたからといって国際競争力が高まるとの論理が具体的に何を指しているのかが全くわからない。

　そもそも弁護士が戦力となるべき国際競争の場面とは、具体的に何を指して言っているのであろうか。例えば、各商業界のビジネス戦争のことを言っているのであろうか。その場合、当該商業に門外漢の弁護士が大した戦力になるとは思われない。ビジネスの素人である弁護士が出ていってどうやって戦うというのであろう。仮に、そのような場面があるとして、そこで一番大切なのは、「数」ではなく「質」の方なのである。また、そのような需要があるのであれば、既に国際的な場面でもっと多くの弁護士が

活躍しているであろう。
　雰囲気だけによる主張はもういい加減にして戴きたいものである。

7　法科大学院と院生擁護論とその批判

（1）法科大学院と大学の既得権益の保持

　「法科大学院を前提とした米国のような法曹養成制度を維持するためには司法試験の合格率を上昇させる必要がある」との立論を聞くと、開いた口が塞がらない。定員に満たない法科大学院が約半数に上り、法科大学院制度が破綻しているのは明らかである。にもかかわらず、法科大学院制度を存続させるためなら、市民の人権や司法制度、或いは弁護士としての就職先がなく路頭に迷う法科大学院卒業生が、どうなっても良いと言うのであろうか。この意見には法科大学院の既得権益を保持させる意義しかない。「司法試験合格者を1000人以下にすべきとの弁護士の主張は、弁護士が自らの既得権益を守るための主張であり、許されない」「司法試験合格者数を3000人にして巷に弁護士が溢れても弁護士がこれまで恵まれていただけで、自由競争により淘汰させねばならない」との批判を続けてきたのは、法科大学院協会や法科大学院そのものではなかったのであろうか。
　一括登録日における弁護士未登録者数は、平成19年が102名、平成20年が122名、平成21年が184名、平成22年が258名、平成23年に至っては400名を超えるに至った。尚、即時独立弁護士や事務所内独立採算弁護士になる人は、弁護士登録をするので上記数には含まれない。以前の司法試験合格者数が500名時代には、弁護士登録をしない人は、学者や官僚になる人や病気で弁護士登録できない人以外ほとんど存在しなかった。500人時代との比較からすれば、いかに悲惨な状態であるかは明白である。他方、弁護士としての就職先がないということは、オン・ザ・ジョブ・トレーニングの機会に恵まれない弁護士がそれだけ増えているということを意味するのであって、市民の観点からしてもきわめて問題があるのである。
　弁護士過剰事態による社会的弊害が明白になったのにもかかわらず、司法試験合格者数3000人を維持したいのは、法科大学院や大学の既得権益

を維持したいがため以外のなにものでもないのではないか。
　弁護士をして自由競争をすべきだというのであれば、大学や法科大学院も国家からの補助金等に頼らず、司法試験の受験資格から法科大学院卒業資格を撤廃して予備校と自由競争を行い、勝ち抜いていくべきであろう。
　法科大学院が主張するように、本当に素晴らしい教育をしているというのであれば、自由競争にして何が悪いというのであろうか。弁護士という有資格者を急増させることにより自由競争に委ねることは、市民の人権擁護に悪影響を及ぼし、社会的弊害が大きい。しかし、法科大学院や法科大学院生を増やして自由競争に委ねるのに弊害は少ないのであるから、自由競争にさらされるべきは法科大学院の方なのである。
　法科大学院には多額の国費が費やされている。少子高齢化により、できる限り医療・福祉財政にこそ国費を費やすべきであり、自らの既得権益を擁護するために法科大学院の存続を全ての中心に据えるのはもはや止めるべきであろう。

（2）合格者数が増えると信じて司法試験を始めた人の問題
　司法改悪は一体全体誰のためのものなのであろうか。司法改革は、弁護士のための制度改革ではないが、同じく法科大学院、もっと言えば、大学や文部科学省のためやましてや弁護士になろうとする者のための制度改革ではないはずである。
　社会にとって、市民にとって、どのような改革であるべきかをまずは考えるべきである。必要悪である弁護士の数を過剰にすることにより、社会が悪い方向に進むのであれば、数を制限するのは当たり前の話である。そもそも社会的需要のない過剰な人員に弁護士資格を付与すれば、それだけ生活できない弁護士を増やすだけで、資格を与えられても法科大学院生が可哀想な結果に陥ることに変わりはない。前述のとおり、弁護士登録さえできない人も大量に発生し始めているのである。「可哀想だから」という理由で資格を付与することには弊害あるのみである。また、法科大学院生の救済は、別に司法試験合格者数を増やさなくても、5年間で3回しか司法試験を受験できないとの三振制度を撤廃廃止して、何年経っても法曹に

なりたいとの希望を持っている人を受け入れることにより、解消できる問題である。

8　合格者1万2000人、日弁連蚊帳の外という暴論

（1）「3000人に賛成しなければ、1万2000人になっていた」のか
　3000人に反対するからこそ、1万2000人をも阻止しやすくなるのは、子供でも分かる理論である。訴訟上の和解で、例えば、解決金等として100万円を提示すれば、そこから低い金額に下げられることは日常的に弁護士がよく経験するところであるが、3000人に賛成すれば、次は「では、もう少し増やしましょう」という流れになるのは自明である。
「1万2000人というブラフに驚いて3000人に応じた」などという詐欺商法的手口に騙されたことをもって「仕方なかった」と弁護士が結論づけることは許されないのではないだろうか。そのような交渉力の無さでは、弁護士としての職務を果たしうるか疑問を感じずにはいられない。
　ここで注意しなければならないことは、この立論は何度も聞かされた論法であるということである。よく思い出していただきたい。誰しも心当たりがあるだろう。到底認容できない妥協や変節を弁護士会が行ったとき、何とかの一つ覚えのようにこの議論が持ち出される。「ここで弁護士会が賛成に回らなければ、つま弾きにされ、よりひどいことになる」。「確かに悪い施策だが、ここで弁護士会が賛成し、委員会に代議員を出せば、少しは良い方向に持っていける」。もう耳にたこができた。かかる論法を一説には「オオカミ少年論」と言うようであるが、同様の議論を何度も聞かされるたびにかかる事実が存在したこと自体がきわめて疑わしいのと思われるのは私一人であろうか。
　この種の議論を用いる利点は、真偽が検証不能であり、気楽に言い放す事ができることである。しかも、したり顔で平会員を見下しつつ、トップシークレット事項を知る者のみにより、あたかも政治的に高度な判断が行われたかのように、ご託宣が下されるのである。しかし、その実、この議論は、まさに日弁連の交渉力と政治力の欠落、すなわち弁護士として最重

要ともいえる能力の欠如を示す以外、何も示すところが無い。日弁連内にあって弁護士人口激増を推進した従来の執行部や、その流れの下にいたものは、このような実証不能の自己弁護を用いることを止めるべきである。

（２）「既に決まっている。既定路線に反対しても無駄である」のか

結論が決まっているから戦っても仕方ないというのであれば、そもそも弁護士業を廃業すべきである。法律上、理論上結果は決まっているかにみえたが、それでも戦いを挑み、社会正義を勝ち取っていった過去の弁護士の歴史を見れば、この立論がいかに無価値であるかは多くを語るまでもないであろう。

実際、勝ち目がないと思える戦いに挑み、世の中の流れを変えたのは、前述した敗訴者負担制度や共謀罪法案、ゲートキーパー法案[54]の例のみではないのである。

（３）「日弁連が司法改革に反対したら蚊帳の外に置かれた」のか

この立論もよく聞かれたが、これも詐欺的言辞である。日弁連が本気で反対して協力しなければ司法制度改革を行いうるはずがない。日弁連が本気で反対した結果、絶望的であった弁護士報酬敗訴者負担制度の方針転換やゲートキーパー法案から士業を除外することに成功した過去の実績もある。日弁連が司法制度改革から「蚊帳の外に置かれる」などということは考え難い。

また、仮に、本当に「蚊帳の外に置かれる」としても、悪い方向の改革であれば、日弁連が蚊帳の外に置かれた方が改悪への協力を拒否しやすいだけでなく、後世の市民や弁護士に対しても「やるだけのことはやったが、阻止できなかったのである」と言うことができ、社会的責任を果たすことができる。

何より弁護士法には、弁護士のあり方として、「社会正義を実現する」ということが明記されているのである。そうであるなら、弁護士は、政策論を除外して、あるべき姿、社会正義を実現する方向での正しい議論を実践する方向でしか活動できないはずである。

戦時中、「戦争に反対するのは非国民」というムードの下で戦争賛成を決議した過去の轍を再び踏もうというのは、一体どういうことなのか[55]。

弁護士会は、あくまでも正しいことを行うべきであり、「蚊帳の外に置かれる」との立論は明らかに間違っている。

9　弁護士激増の先に見えるもの

(1)　弁護士のあり方の変容

イ．合格者が3000人になれば、当然に質の低下が問題となる。質の低下についての詳細は後に述べるが、質が低下して弁護士による不祥事が社会問題化すれば、弁護士制度に対する批判が高まり、「弁護士会による自治には任せておけない」ということになる。その結果、公権力に対峙すべき弁護士会の生命線である弁護士自治は崩壊の危機に陥る。弁護士側からしても、生活に事欠くようになれば、当然に高い会費を支払えなくなる会員が続出するのは必至であり、また、弁護士倫理や弁護士会の懲戒制度に従うことも困難になってくる[56]。

普通に考えて、弁護士を急増した果てには内側と外側の両方から弁護士自治が崩壊する運命は避けられない。

事実、規制改革・民間開放推進会議の第三次答申では、各士業の「強制入会制度は、試験合格者に追加的な規制を課すとともに、他の資格者団体との間に業務領域などについて障壁を作り、内部においては資格者個々人の自由な業務の展開を制約する頸木としての役割を果たしており」「利用者である国民にとっての資格者の活用を不自由にする大きな原因」であるとして弁護士自治の前提をなす強制加入団体制に対し痛烈な批判が加えられている[57]。今回の司法改革の狙いの一つが、強制加入団体の崩壊、ひいては弁護士自治の破壊にあることは間違いないのである。そして、現在の状況は、弁護士自治の崩壊に弁護士会が手を貸す結果となっている[58]。

ロ．毎年2800名以上の弁護士新規登録が行われる[59]。ちなみに、7年前当時、「3000人司法試験合格者数で法曹人口を倍にする」とのスローガンが掲げられたが、実際は、3000人合格者のうちの約2800人程度が弁護士

登録することを意味し、年間400人程度の弁護士登録の時代と比較すれば7倍の弁護士が毎年輩出されるのであり、このスローガンも詐欺的スローガンであった。

　そして、1500人合格者時代でも既に即時独立開業弁護士（いわゆる「即独」）、事務所内独立採算弁護士（いわゆる「ノキ弁」）が横行しているが、勤務弁護士を雇う経済的余裕のある弁護士の減少等といった要因[60]も加わり、勤務先を見いだせない就職浪人者的登録者数は年々累積的に増加せざるを得ない。その結果、2800人のうちの相当数がドイツやアメリカの弁護士のように従来の弁護士業務以外の仕事に従事することが考えられる。

　我々弁護士は、依頼者の生の声を聞き、刑事裁判や民事裁判を通じ、国家権力の理不尽さや傲慢さ、或いは、不正義に接し、国家権力に対する鋭敏な感覚を日々研ぎ澄ませている。本来的な弁護士業務に従事しなくても国家権力に対峙する感覚を研ぎ澄ませることのできる希有な人を除き、本来的弁護士業務に従事しない有資格者の数が増えれば、弁護士の果たすべき国家権力に対峙し少数者の人権を擁護すべき機能が衰退するのは避けられないであろう。

ハ．弁護士の弁護士たる所以は、弁護士としての本来業務による活動もさることながら、弁護士業務以外の公益活動を行うことにある。弁護士のように手弁当でボランティア的公益活動を行って来た業種は他に類を見ないものと自負できるのではないだろうか。

　しかし、弁護士の公益活動は、事務所経営を行うべき経済的基盤があってこそ実現可能な活動である。事実、弁護士飽和状態にある大規模弁護士会においては、既に委員会活動といった無報酬公益活動から若手弁護士の姿が消えつつあるのが現状である。先の近弁連人権大会は、次年度ダブル選挙の大阪で行われ、相当な動員が掛けられたことが予想されるにもかかわらず、若手の参加はほとんど認められなかった。浜松市で行われた日弁連人権大会においても同様の光景があった。だからといって、公益活動を行わない若手を非難するつもりは全くない。「即独」「ノキ弁」等の横行やカップラーメンのみで飢えをしのぐ若手弁護士[61]や低所得者弁護士[62]の姿が再三マスコミで紹介されたが、自分や自分の家族の人権（生活）も守

れない弁護士がいかにして無報酬の公益活動を行いうると言えるであろうか。低所得で生活ができなくなれば、空いた時間にドイツやアメリカの弁護士のようにアルバイトやアンビュランスチェイサーをする弁護士が巷に溢れ、公益活動等をなおざりにせざるを得ない弁護士が増えるのは当然のことである。

士数を必要以上に激増させれば、公益活動を行える弁護士は減少し、弁護士の弁護士たる所以である社会的機能を果たすことはきわめて困難になってくるのである。

(2) 市民の受ける弊害

イ．合格者数が増えるに伴い当然それまで合格できなかった人が合格できるようになる[63,64]。それだけではなく、合格後も修習期間の短縮、実務家1人に多人数の修習生がつくことによる指導の不徹底、いわゆる町弁のみでは修習生の引き受け数が足りず渉外弁護士等による内容の偏った修習、実務についた後も勤務先が見つからないことにより実務についてからの訓練の欠落等により必然的に質の低下は避けられない。我々弁護士は、事件の見込み、期日間に何をすべきか、隣接士業との人脈、依頼者との接し方や説得の仕方、訴訟提起すべきか否か、いかなる手続きを選択すべきかといった様々な方針についての判断や証拠の収集の仕方等事件の処理方法や手続き、着手金の決め方から依頼者への報告の仕方に至るまで机上で学ぶことの困難な実務的力量を必要とする。そして、これら実務的な力の唯一の習得方法は、実務につき自ら重責を背負いながら、経験豊富な先輩弁護士の一挙手一投足を盗み取り、或いは、叱られながら、数年間に亘り身につけていく勤務弁護士、すなわち、「イソ弁制度」であったのである。このようなオン・ザ・ジョブ・トレーニングを経ずに弁護士としての「質」を保つことは多くの場合不可能に近いであろう。弁護士会による研修などで代替できるような問題では全くないのである。このようなイソ弁経験を経ない弁護士が大多数を占めることによる弁護士の質の低下は看過しえない。合格者数が激増することにより、質の低下は避けられないであろう。

相互監視機能の低下

　人数が少なく、何度も事件や会議等で顔を合わせる可能性のあるこれまでの場合には、弁護士倫理に反する行為或いは信義に反する行為等すると、すぐに悪評が弁護士間で話題になり悪いことができなかったという面があったことは否定できない。これまでの弁護士間には、その意味で相互監視機能が働いていたと言える。しかし、匿名性が高まり、お互いに顔と名前が一致しなくなった場合にはどうであろうか。人間は、弱い存在である。自分で律することができればそれが一番であるが、なかなかそうはいかないこともある。特に、生活に困り、経費も捻出できないようになった場合には尚更であろう。弁護士が激増し、お互いの顔と名前が一致しないようになれば相互監視機能による質の維持を図ることはできなくなり、その意味においても、質の低下は避けられない[65]。

生活苦による質の低下

　現在、『2006年度版弁護士白書』により公表されている弁護士の経費控除前の収入の中央値は3453万円[66]で、同年における所得（経費等を控除したもの）の平均値は1632万円である。弁護士の経費控除前の収入を維持しようとすると、5万人を達成する平成30年の段階でさえ弁護士が事務所経営及び生活等に要する費用総額は、1兆7265億円に上る[67]。当然、弁護士の収入も減ることが予想され、経費削減も図られることになるが、経費削減にも自ずと限界があり、おそらく経費等を控除前の年収2000万円を維持できなければ事務所経営及び生活費を捻出することは困難であろう。その場合でも1兆円をどこからか捻出しなければならないのである。

　これを全て税金でまかなうべきだという意見もあるが、弁護士が国家から雇われることによる自治崩壊の危機や国家権力に対峙する機能低下への危機等の問題を考えると税金でまかなうことには非常に大きな限界があると言わざるを得ない。そうであるならば、結局依頼者からの着手金等でまかなうほかはない。しかし、先に統計で見たように、市民が弁護士を利用しようと思った事案で弁護士を依頼する経済的合理性のある事案は既に弁護士を利用しており、上場企業も既にほとんど全てが顧問契約を結んでい

る。中小企業への新規参入も厳しい。

　経費や家族の生活をまかなえなくなった場合に、負け筋の事件を勝てるように匂わせたり、報酬を異常に高くしてみたりする弁護士を誰が責められるであろうか。国選事件をしていると被告人が根っから悪人であることはむしろ稀で、貧困や家庭環境といった境遇等により犯罪に追い込まれる人がかなりの数を占めることが分かる。弁護士だけが高潔な人格で作られているわけではない。同じ人間である。経済的余裕がある時には誠実に業務を遂行していた人でも、経済的余裕がなくなり、貧困故に（犯罪とまでは言わなくとも）倫理違反行為を行わない保証はどこにもない。生活苦等による質の低下は避けられない。

ロ．以上のような質の低下により弁護士による消費者被害は頻発することが予想される。歯科医師の過剰人員による実態が将来の弁護士の実態を推認する上では重要な示唆を与えてくれている[68]。

ハ．結果からすれば、既に市民の法的需要は満たされており、今後、弁護士が総額最低1兆円以上の収入等を毎年捻出し続けていくためには、紛争のないところに紛争を掘り起こすほかはない。アメリカのような濫訴社会には至らないとしても、既に言いがかり的訴訟が増えてきているようにも思われる[69]。

　何でも訴訟の場に持ち込まれ、裁判所からの呼出状が頻繁に市民に送られる社会が果たして望ましい社会と言えるのであろうか。

（3）「法曹人口の増加」が意味するもの

「法曹人口の増加」は、実際は「弁護士人口の激増」のことである。「弁護士人口の激増」は、当然ながら弁護士のあり方に変容をもたらす由々しき問題である。多くの弁護士が経済的基盤を失い、国家権力に楯突く活力も奪われ、公益活動を行い難くなる。国家権力に対峙できず、公益活動を行い得なくなったとき、弁護士が果たしてどれだけの社会的機能を尽くすことができるというのであろうか。のみならず、弁護士自体が様々な社会的弊害をもたらしかねない。

　弁護士が過剰な増員のもたらす負の側面に鈍感であってはならない。日

弁連も質を保ちつつ数を増やすと言っているではないか。
　質を保たせるためには、イソ弁制度が機能しうる700人程度の合格者数に押さえるべきである[70]。そして、市民がどの弁護士の門を叩いても品質保証が担保される社会にしておくべきである。訴訟を抱えつつ、悪徳弁護士に当たらないように比較検討しなければならないのでは過酷過ぎるし、明らかに弱者に不利だからである。そして、700人以上の増員については、社会的な需要があるかどうか、社会的弊害が出ないかどうかを検証しつつ、慎重に判断していくべきであると考える[71]。
　今では、1000名合格者ですら過剰人員であることは、明白となってきた[72]。法曹人口問題について、いかなる運動を展開すべきであるかが、大きな問題である。

10　今後の運動論

（1）弁護士会内における活動

　弁護士会内の活動としては、今後も1000人以下をにらみ司法改革を是正するためには①各単位弁護士会内における議論・検討・意見形成、②他会弁護士との意見交換・情報交換、③日弁連の政策転換等にほぼ尽きると思う。
　③日弁連の政策転換はかなり進んできたものの、1500人では弁護士過剰による弊害は到底是正不可能である。従って、今後ともなお、より洗練された①乃至③の活動を通じて、できる限り多くの弁護士会で意見書や決議を上げると言った活動を重畳的・重複的に行っていくべきである。
　日弁連でも、社会的弊害がこれ以上顕在化するのが目に見えているのであるから、早急に1000人以下の決議を出すべきであろう。

（2）国会議員及び行政に対する働きかけ

　最終的には内閣府の閣議決定を通じた司法試験委員会の合格者数の決定を変えて行かねばならず、行政や国会議員に対する働きかけは必要不可欠である[73]。

（3）市民に対する働きかけ

　市民に対する働きかけも不可欠であるが、問題は、主張の内容である。

　まずは、「弁護士の需要がないこと」に加えて「質の低下による社会的弊害」を説き、それと同時に、「弁護士の生活難に対する理解」を求めてもよいと思う[74]。

　弁護士を追い込むことにより、公益活動が衰退し、或いは弁護士の権限乱用等弊害はきわめて甚大なのである。

　弁護士は、基本的人権を擁護し、社会正義を実現するための非常に重要な権利の護り手である。そして、弁護士は、本来的な弁護士業務以外にも公害問題・労働問題・消費者問題・貧困問題等々公益的人権擁護活動を広く行っている。

　弁護士制度は、多数決支配で零れ落ちた少数者の人権擁護システムの根幹をなすのである。弁護士制度が破壊されれば、それは、すなわち、市民の人権擁護システムを破壊することに他ならない。弁護士制度の問題は、市民の人権問題に直結するのである。

（4）最後に

　いずれにしても並大抵の努力では、現在の流れを変えることはできないことは確かであり、今考えられうる限りできることを全てやるということが大事なのである。

　我々弁護士が公益活動に時間を割ける余裕があるうちに。

　我々弁護士が国家権力に対峙できる自治がなくなる前に。

注
1　平成12年11月1日の日弁連臨時総会において、私は弁護士増員論をもって「薬漬け医療」になぞらえて日弁連を批判した。
2　2010年度の裁判所管歳出予算の国家予算に占める割合が0.35％で、1980年が0.423％、2000年が0.375％であり、司法改革が始まった以降も微減傾向が続いている。
3　2012年2月26日付「朝日新聞」の社説
4　弁護士法第72条参照

5 http://www.kantei.go.jp/jp/sihouseido/tyousa/2001/survey-report.html
6 「民事訴訟利用者調査」報告書第 3 部「調査結果」p.58
7 「民事訴訟利用者調査」報告書第 3 部「調査結果」p.59
8 「民事訴訟利用者調査」報告書第 3 部「調査結果」p.56
9 これに対し、市民の裁判官への評価は、弁護士に比べて低く、司法審も「裁判官評価に関しては」「不利な判断を得たものの評価が低くなってしまうことは避け得ないとしても、『法律以外の知識』『準備のよさ』に関する評価がやや低いことも合わせ、留意すべき点が多い」(第 3 部 4 (2)) としており、司法審アンケートから裁判官改革の必要性が裏付けられている。
10 日弁連作成「弁護士のための華麗なるキャリアプラン挑戦ガイドブック」による。
11 『2006 年版弁護士白書』p.115 参照
12 全回答数 541 社
13 『2006 年版弁護士白書』p.114 参照
14 http://www.nichibenren.or.jp/ja/jfba_info/attorney/shimei.html 参照
15 弁護士の利用が実態と比較して少なすぎる訳でないことが統計的に明らかなことは既に述べたとおりである。
16 詳細は松浦武・岸本由起子作成「弁護士大量増員の結果についての一つの実証的検討」参照
17 最高裁のホームページ参照 http://www.courts.go.jp/search/jtsp0010;jsessionid=7A936629F75503CA082F5E760F564D15
18 愛知県弁護士会の調査結果（平成 18 年 11 月）では「32.9％」、関東十県会の全会員に対する調査結果（平成 19 年 10 月）では「42.0％」が相談・受任件数が「減少」したと回答した。
19 国立社会保障・人口問題研究所は、厚生労働省に設置された国立の政策研究機関で、平成 8 年（1996 年）12 月に厚生省人口問題研究所と特殊法人社会保障研究所との統合によって設立された。
20 http://www.ipss.go.jp/ 参照
21 『2006 年版弁護士白書』p.15 参照
22 低位仮定の老年人口は、3646 万人
23 低位仮定の年少人口は、551 万人
24 高位仮定でも平成 67 年の生産年齢人口は、5073 万に過ぎない。
25 平成 17 年の生産年齢人口は、8442 万人
26 医師と弁護士の最大の違いは実は別のところにあるのだが、後段の論と重複するところがあるので、ここでは割愛する。

27 平成19年10月19日発議者有志作成の中弁連大会資料による。
28 http://www.insee.fr/fr/insee_regions/languedoc/rfc/docs/syn0407_08.pdf 参照
29 司法官（magistrats）は、検察官と裁判官から構成される同一の職業団体で、かなり頻繁に検察官と裁判官の間で移動が行われるようである。フランスの司法制度につき詳しくは、「フランス共和国の司法制度（http://www.kantei.go.jp/jp/sihouseido/pdfs/dai5gijiroku-2.pdf）」及び有斐閣『フランスの司法』（山本和彦著）参照
30 なお、日本の執行官に相当する執行士（huissiers de jusitice）数（7773人）と書記官（greffieres）数（3263人）は、除外してある。
31 2001年における日本の隣接士業合計数は、15万2562人（『2006年版弁護士白書』p24）であり、裁判官と検察官の公証人の数を加えると16万人程度になる。
32 2004年度の訴訟事件数は148万9307件（仏司法省統計）
33 http://www.jp-lawschool.com/data/number/lawyerhikaku.htm 参照
34 第9回規制見直し基準ＷＧ議事概要には、平成17年11月9日の時期においてさえ「9000人というのは、10年間経てば、だいたいフランス並みになる」との鈴木主査の発言、「対人口比の合格者はフランス、アメリカと比較すると」「どの程度なのか。」との福井専門委員の発言を受けて、吉村参事官が「今数字は持ち合わせていないが、もちろん日本より多いと思う。」等誰も実際の数字を把握していない杜撰な議論状況が公開されている。（http://www8.cao.go.jp/kisei-kaikaku/old/minutes/wg/2005/1109_2/summary051109_2_01.pdf）
35 審理期間の長さの順に並べたときに中央にある事件の審理期間
36 最高裁判所ＨＰ「http://www.courts.go.jp/about/siryo/jinsoku/index.html」参照
37 アメリカの民事事件の中位数は「8.5月」であるが、平成18年の日本の中位数は公表されておらず比較できない。
38 裁判員制度をテーマとした司法制度改革タウンミーティングでは「やらせ質問」等の実態が発覚した（2006年12月12日共同通信）。
39 年次改革要望書 http://japan.usembassy.gov/j/p/tpj-2505.html および http://japan.usembassy.gov/j/p/tpj-J055.html 参照
40 日弁連主催「第22回司法シンポジウム基調報告書」p.29参照
41 『2006年版弁護士白書』p.3
42 2006年12月1日現在の弁護士数は、2万4301人（日弁連ホームページによる）。
43 ちなみに、フランスでは「イル・ドフランス（パリ及びその周辺7県からなる地域）に48.9％が存在し」「パリ市への弁護士の一極集中が顕著」（『自由と正義』No158「数字で見るフランスの弁護士」折田啓 p.109 参照）である。
44 「中部弁連大会議論の立て方＜過疎地問題＞」参照

45 日弁連主催「第22回司法シンポジウム基調報告書」p.25-6 参照
46 前出「弁護士大量増員の結果についての一つの実証的検討」参照
47 「2006年末の時点では最悪で500人が就職できないとみていた」と日弁連弁護士業務総合推進センター副本部長飯田隆弁護士の話が掲載された。(「朝日新聞」2007年8月27日)
48 「今後」「業務拡大が望める分野・範囲があるか」との質問に対して「ある」と回答したのは、愛知県弁護士会のアンケート調査では「20.7%」、関東十県会のアンケート調査では「22.9%」に過ぎない。
49 「中小企業の法的課題解決支援のための中小企業庁と日本弁護士連合会の連携について(平成19年2月6日付け)」参照
50 「日本経済新聞」2007年12月19日付け参照
51 同上
52 高等文官試験と弁護士試験が分けられていた戦前の状況を思い起こすまでもないであろう。
53 例えばバブル経済華やかなりし1990年には1万3800人しかいなかった弁護士数が、2012年3月21日現在で3万2107名と倍増以上である。
54 共謀罪法案、ゲートキーパー法案について今後とも闘わねばならないことは言うまでもない。
55 大阪弁護士会会報184号「弁護士と戦争責任」坂井尚美 p.53以下参照
56 既に就職難と質の低下が週刊誌等で取り上げられ始めている。(「『底抜けおバカ弁護士』急増中」『週刊文春』)、「朝日新聞」2007年9月4日、同年11月18日付け等参照
57 平成18年12月25日付け「規制改革・民間開放の推進に関する第3次答申——さらなる飛躍を目指して」抜粋 p.9以下参照
58 最高裁判所や検察庁は、3000人増員論に対し懸念を示す談話を発表する等消極的であった。
59 裁判員制度に備えて裁判官の数を増加させることが2008年度予算の復活折衝で決められたものの、退官後の裁判官、検察官及び学者等の年間登録数(164名(2003年)、253名(2004年)、169名(2005年))を加味すれば毎年3000人程度の弁護士が誕生することになる。
60 勿論イソ弁の給与が低廉化することにより以前ほどの経費は必要ないとしても、事務員や事務機器等経費の増大や品質保証がされていないことによるリスクの増大等により新規雇用は難しい。ちなみに、愛知県弁護士会のアンケート調査では、「84.9%」、関東十県会のアンケート調査では「89.9%」がイソ弁の給与の額に関わらず雇用する予定がないことを裏付ける回答結果であった。

61 「年収300万〔下流弁護士〕大量発生の闇」(http://spa.fusosha.co.jp/weekly/ent_3061.php)
62 「年収200万円台で、あとは出来高払い」「サラリーマンの年収にも満たない低所得者が急増しそうな雲行き」との報道（2007年8月25日付け『週刊ダイヤモンド』）
63 59期では、10人の不合格97人の合格留保の計107名が合格できなかった。自由民主党政務調査会司法制度調査会2006年12月13日付「新たな法曹養成制度の理念の実現のために」は、「これまで質を確保する方策がとられることなく、司法試験合格者の数だけを大幅に増加したため」としている。
64 平成19年12月には不合格者が過去最多の76人（同年12月18日付け毎日新聞参照）で、うち新試験組が59人、残り17名は同年8月に発表された旧試験組の不合格者（71人）のうち再受験したにもかかわらず、再度不合格となった人の人数である。
65 市民からの評価として、インターネットによる評判や格付けによる評価が監視機能を持つことも予想されるが、インターネットによる評判は無責任な風評被害の方が問題となるであろうし、病院の格付けを見れば弁護士を正当に格付けすることも多大な困難が伴うことは明白であろう。
66 『2006年版弁護士白書』p.128参照
67 2006年における弁護士数2万2000人の場合、7596億6000万円
68 歯科医師の過剰人口による消費者被害の詳細については、「法曹同志会からの提言 法曹人口問題を考える」p.21以下参照
69 「訴訟社会の到来——弁護士大増員が係争増加を招く」（「10年後の日本 あなたは生き残れるか」）（『文藝春秋』p.70以下参照）
70 「合格者1000人以下に押さえるべき」との回答が、愛知県弁護士会のアンケート調査では、「54.9％」、関東十県会のアンケート調査では「54.7％」となっている。
71 後に撤回されたが、新司法試験合格者数について合格者を800名程度にすべき法務省の素案が司法試験委員会に示された（平成16年10月8日付け「朝日新聞」）。
72 なお、合格者3000人増員についての「必要性がない」との回答が、愛知県弁護士会のアンケート調査では「81.7％」、関東十県会のアンケート調査では「86.6％」に上る。
73 自民党司法制度調査会の「法曹養成・法曹教育 資格試験小委員会」は、『2006年12月13日法曹人口問題に関して司法試験合格者『3000人』を越える増員に消極的な見解を盛り込んだ報告書をまとめた」（「法律新聞」平成19年1月12日付け）
74 医師会は大学の医学部定員を削減することにより医師数の増員に歯止めを掛けた際、「これ以上医師を増やせば医師が食べられなくなる」旨強く世論に訴えかけて人員数を削減させる運動を展開した。その結果、昭和59年をピークに大学医学部の定員数を削減することを通じて医師数を抑制した。

Ⅲ　弁護士の実際の需要（分野別）

　　　　　　　　　　鈴木秀幸、武本夕香子、鈴木博之

1　全裁判所の新受事件数

（1）全事件の新受事件数の推移

　全裁判所の全事件の新受事件数は、1960年が545万1473件、1970年が461万1946件、1980年が510万3957件、1990年が423万5367件、2000年が553万7154件であった。

　1990年に比べて2000年代初頭は増加傾向に見えたが、2003年の611万5202件をピークに減少傾向にある。2007年は454万6332件、2010年には431万7901件となり、7年間で179万7301件、約30％も減少している。

（2）各事件の新受事件数の推移

　民事・行政事件、刑事事件、少年事件とも2003年以降は減少傾向にある。家事事件は全体としては増加傾向にあるが、これは2004年から人事訴訟が地裁から家裁に移管されたことや審判事件が徐々に増加していることによるものである。

　簡裁の民事通常訴訟は増加しているが、これには過払金返還訴訟の増加や認定司法書士への訴訟代理権付与などが影響している。

　2003年と2010年を比較すると、民事・行政事件は352万500件から217万9351件へ（134万1149件減少）、刑事事件は163万6719件から115万8440件へ（47万8279件減少）、少年事件は27万4267件から16万5058件へ（10万9209件減少）それぞれ減少している。家事事件は68万3716件から81万5052件へ13万1336件増加している（2004年4月1日から人事訴訟が家裁に移管）。

　ただし、民事・行政事件の事件数の減少には、破産事件における事件番号の振り方の変更など現実の紛争の数的変化を反映していない要因も含まれている。

2 地裁民事通常訴訟事件

（1）1990年代の状況

　地裁民事第一審通常訴訟事件の新受件数は、1960年が6万5024件、1970年が10万4371件、1980年が12万7072件、1990年が11万1630件、1994年が15万4131件であった。

　1996年11月の第16回司法シンポジウムの基調報告において詳細に検討されているが、裁判外業務は漸増傾向にあったが、民事事件の増加率は弁護士増加率を下回っていた。1995年頃と1965年とを比較すると、弁護士1人当りの民事通常訴訟事件が実質70％程度に減少していた（報告書76～77頁）。

（2）2000年代の状況

　2000年は14万7759件であったが、2001年は14万6115件、2002年は14万3839件、2003年は14万7085件、2004年は13万5792件、2005年は13万2654件と減少した。その後、2008年1月の最高裁判決により過払金返還訴訟が激増し、2007年は18万2290件、2008年は19万9522件となり、2009年には23万5508件まで増加したが、2010年には22万2594件に減少した。更に、2011年には19万6380件まで減少している。

　『弁護士白書2011年版』によると、東京地裁本庁の2008年の過払金返還訴訟は、事件全体の33.3％を占めている。貸金業法改正（2010年6月完全施行）によりグレーゾーン金利が撤廃され、過払金返還訴訟という事件類型そのものが消滅するので、今後、事件数は激減すると思われる。

　2005年と2010年を比較すると、過払金返還訴訟が、2005年の4万759件から2010年には13万5894件へと増加し、事件数増加の原因となっている。過払金返還訴訟以外の事件数は、2005年が9万4598件、2010年が9万1541件であり、3057件減少している。（日弁連2012年3月15日の法曹人口政策に関する提言）。

3 専門分野の裁判事件

(1) 専門的知見を要する事件

　専門的知見を要する事件の地裁民事第一審訴訟事件の新受件数を2005年と2010年で比較すると、医療行為による損害賠償は982件から776件へ206件減、知的財産権に関する訴え（金銭を目的とする訴え）は246件から329件へ83件増、知的財産権に関する訴え（金銭目的以外）は295件から276件へ19件減となっている。

(2) 労働に関する訴え

　労働に関する訴え（金銭を目的とする訴え）は、1929件から2168件へ（239件増）、労働に関する訴え（金銭目的以外）は512件から967件（455件増）へと増加している。

(3) 株主代表訴訟

　株主代表訴訟は、1993年の商法改正により訴訟費用が一律8200円（現在は1万3000円）になったため、1993年の76件（係属件数）から1999年に202件（係属件数）へ増えたが、その後は減少傾向にある。

4 本人訴訟

(1) 弁護士関与率の低下

　地裁の民事通常訴訟事件の弁護士の関与状況は、『弁護士白書2011年版』によれば、2010年の22万7435件（既済事件数）のうち、双方関与6万3114件、一方関与のうち、原告側関与10万2991件、被告側関与8389件、残りは5万2941件である。関与率（双方関与及び一方関与の合計）は76.7％である。この数値は、1985年から2005年まで80％前後であったこと（1990年は86.4％）と比較すると、低下している。弁護士が増加している状況で、弁護士関与率が低下したことが問題とされている。

過払金返還訴訟が急増したために、司法書士の関与（書類作成）が増加したことや、国民の支払能力の低下が主な原因である。

（2）弁護士選任の強制について

　最高裁判所が平成23年7月8日に公表した「裁判の迅速化に係る検証に関する報告書」は、「本人訴訟における審理の適正・迅速化を図る観点から（中略）弁護士にアクセスできるにもかかわらず自ら訴訟を追行する当事者の割合が増加している現状をも踏まえ、弁護士強制制度の導入について、部分的導入の可能性も含め、検討を進める」としている。

　裁判所が訴訟の当事者に対して弁護士の選任を強制すれば、弁護士が関与する事件数は増加する可能性があるが、同報告書の裁判官等からの意見には、「本人訴訟の当事者の中には、経済的理由で弁護士に依頼しないというより、むしろ、本人自身による訴訟遂行を積極的に望んでいる者が少なからずいる」というものもあり、このように弁護士の選任を望んでいない者にまで経済的負担を強いてむりやり弁護士の需要を創出することは誤りである。

　訴訟を提起する者が弁護士を選任しない理由が経済的なものであっても、その者に弁護士の選任を強制して経済的負担を強いることは、裁判を受ける権利の制約となるから否定されるべきである。

　当事者が弁護士を選任しない理由が経済的なものであり、かつ、資力不足のときは、その費用は民事法律扶助を利用することとなる。これまで通りの扱いで、これを変更すべきではない。

5　破産事件

　破産事件は、1980年代は1万件を下回っており、1990年も1万3619件（既済）であった。その後バブル経済の崩壊によって増加した。2003年には25万4761件となりピークを迎えたが、その後は減少し、2010年には12万9576件（既済）となった。2011年は、11万447件（既済）に減少している。なお、破産管財人の選任率は、この間、約10％であったもの

が約30％まで上昇している。

6　刑事事件

（1）1990年代の司法改革時の議論状況

イ．刑事事件は、1965年の事件数が13万1286人であったが、1992年まで長期にわたって減少を続け、1994年は8万1029人で約38％減少していた（地・簡裁の刑事通常第一審事件の新受人員）。この間、弁護士は7343人から1万5108人と2.1倍に増加していることから、弁護士1人当りの刑事事件数は年間12件から4件へと著しく減少した。そのため、弁護士にとって刑事事件は、平均的には業務量全体の3〜4％という小さな割合で、その収入はそれよりも低い割合である。

　私選弁護と国選弁護を区別してみると、私選弁護は年間5.6件から1.2件、国選弁護は年間6.5件から2.8件へと減少した。私選事件が減少したのは、私選でもほとんど保釈がされなくなったからである。

ロ．当番弁護士制度が1990年に大分県と福岡県で実施され、1992年10月に全国的に実施されるようになった。1995年頃から被疑者国選弁護制度の実現を強く要求することになった。

　被疑者弁護事件が増加しても、刑事事件自体の業務割合が小さいため、全体の業務量の増加は少ない。被疑者弁護事件が増加すると、どの程度弁護士の業務量に増加をもたらすのかを当時推計してみたところ、最大限、被疑者弁護事件の総数（1997年の勾留数の90％の8万7539件）、1件当りに要する平均時間（推定15時間）、弁護士の年間平均労働時間（推定1800時間）の数値を適用して、弁護士729人分程度の業務量であった。

　司法試験合格者が800人である場合に、弁護士は毎年400人程度増加するので、被疑者弁護事件の業務量の増加は、約2年分の弁護士増加分にすぎない分量であった。そのため、将来、被疑者弁護制度が実現しても、弁護士1万5108人（1995年）をもとに合格者800人体制で弁護士を適正に配置するための誘致や補助などの施策がとられ、適正な弁護士報酬が保証されるならば、必要な体制が組め、それ以上の弁護士増加が必要なわけで

Ⅲ 弁護士の実際の需要（分野別） 241

はなかった。

ハ．ところが、合格者の大幅な増員論者から、被疑者弁護に対応するため弁護士人口を全体として2倍にする必要があり、そのために2003年から合格者を1500人にすべきであるという意見が出され（1998年2月の日弁連基盤協B案）、更に、「当番弁護士の完全実施に必要な数5万名」とする意見が表明されることになった（2000年2月の改革審での中坊氏のレポート）。これらは、間違った計算方法によるものであったり、合理的根拠を欠く数値であった。弁護士の業務のうち数パーセントの分野が仮に2倍になっても、弁護士全体の業務量の増加は数パーセントにとどまる。上記の日弁連基盤協のA案（1000人説）により、全ての身体拘束事件を対象とする被疑者国選弁護制度や国選付添人制度が実現することになっても、弁護士の漸増で対応は十分可能であった。

（2）2000年代の状況

イ．刑法犯の認知件数が、1996年以後戦後最多を更新し、2002年に369万3928件に達したが、2005年から減少に転じ、2011年は148万826件と半減した。150万件を下回るのは、1981年以来である（2012年1月12日警察庁公表、検挙件数46万2642件、検挙人数30万5687人）。

ロ．刑事事件は、地裁と簡裁とも、事件数が2005年までに約5割増加したが、2010年までに約3割減少し、地裁6万2840人、簡裁9876人となり、1990年代前半の事件数に戻った。私選弁護の付いた被告人は以前から一貫して減少傾向にあり、1990年に38.8％であったのが、2010年に地裁事件の18％、簡裁事件の5.3％にすぎず、1990年頃の半分になっている。2006年10月の国選弁護選任の資力要件の厳格化が、私選減少の歯止めになるかもしれないとされたが、そのようになっていない。

ハ．2010年の裁判員裁判の終局人員は1530人であるが、弁護体制は、人数的には十分に対応できている。

ニ．被疑者国選弁護は、2006年10月から殺人・強盗等の重大事件の被疑者に国選弁護人が付されることになって開始され、2009年5月からその対象が窃盗や傷害等の事件に拡大された。2010年の地方裁判所における

刑事事件のうち被疑者段階から弁護人を付した被告人の人数は4万329人である。全国弁護士数約3万人の6割に当たる約1万9764人が国選弁護人の契約弁護士となり、十分に対応している。裁判員裁判についても対応できている。

ホ．当番弁護士の受付件数は、2006年に7万件近くになったが、国選被疑者弁護が始まり、2010年は年間3万8074件に減少し、対応できている。

ヘ．家庭裁判所送致の少年事件は、2000年7万6737件、2005年7万88件である。弁護士の付添人が選任されたのは4625人（6.6％）である。2005年に観護措置がとられた少年は1万5432件で、弁護士の付添人が選任されたのは28％である。2010年の少年事件は5万3632人で、弁護士付添人の選任率が13.9％と上昇している。仮に、少年事件付添人の需要が増加しても、弁護士全体の需要に占める割合は少なく、十分に対応できる。

（3）低額な国選弁護費用

被疑者国選事件の基礎報酬は、接見の回数に応じて算定されている。初回接見は2万6400円、2回目以降は接見1回当り2万円である。10日の勾留期間のうちに3回接見すると、基礎報酬は6万6400円となる。これが地裁単独審の被告人事件になると7万7000円の基礎報酬が加算され、合計15万円程度となる。この間の事件処理に要する時間を平均20時間程度と考えると、時給は約8000円となる。事務所費用を負担する弁護士にとって、採算のとれる時給水準は1万5000円程度（年間売上げ2400～3000万円）であるから、少なくとも国選弁護費用を2倍に増額する必要がある。

刑事国選弁護報酬を増額すれば、過疎地の弁護士を増加させる効果があり、また、刑事事件専門の弁護士集団を育てることになり、我が国の刑事弁護体制の充実に不可欠なことである。

（4）弁護士過剰

2000年以前においては、国選刑事事件と受任希望弁護士の需給バランスは事件数の方が多かったが、弁護士が約2万5000人になった2008年以

後は、低額な報酬にもかかわらず、事件数より受任希望の弁護士の方が多い。1990年代に刑事事件の対応に弁護士の大幅な増員が必要であると唱えた説は、完全に間違いであった。

7　過疎、偏在

(1) 1990年代の議論
　1990年代に入って、刑事弁護委員会などが弁護士ゼロ・ワン地域のマップを作成し（1993年時点で弁護士ゼロ地域50、ワン地域25箇所）、弁護士の過疎・偏在の解消を唱えた。この弁護士過疎問題については、1996年11月の第16回司法シンポジウムの基調報告書は、「弁護士偏在問題は、そもそも日本の社会的、経済的発展の歪みに起因する過疎現象の結果であり、弁護士人口の増加のみで解決できる問題ではない。過疎対策は、中央での弁護士人口の大増員によって解決されるべき問題ではなく、国や地方公共団体の課題として捉えるべきであり、公的な財政措置と法律事務所の適正配置によって解決されるべき問題である」と指摘したうえで、「弁護士不足の21単位会の弁護士人口を3割増加するために毎年80人、5年間で合計400人を適正配置する構想」を打ち出し、その取り組みの必要性を指摘している（なお、上記の21単位会は、全会員アンケートや単位会照会により弁護士不足が続く可能性があると思われた単位会である）。

(2) 2000年代の日弁連の対策
　イ　その後、日弁連は、法律相談センターや公設事務所の設置、弁護士定着援助を進めた。1999年に日弁連ひまわり基金を創設し、2000年1月からは全弁護士から特別会費（月額1000円、2005年1月から1500円、2007年4月から1400円、2010年4月から2013年3月まで700円）を徴収して、全国にひまわり基金法律事務所を設置し、また弁護士過疎地域の法律相談センターの援助などを行うことにした。2008年からは偏在解消事業特別会計による「弁護士偏在解消のための経済的支援」の運用を開始し、開業及び人材養成の両面で支援を行うことにした。

2011年10月までに、ひまわり基金法律事務所は107か所、法律相談センターは305か所となった。2011年12月までに弁護士ゼロ地域もワン地域も0となった（別に、法テラス4号事務所31箇所、都市型公設事務所15箇所）。

日弁連のひまわり基金及び偏在解消事業特別会計による2010年度までの援助実績は、累計約34億円である。

ロ．日弁連の弁護士業務総合推進センターのプロジェクトチームの2008年3月の報告書で、「仮に地裁支部単位で弁護士1人当りの人口数を1万人以下にするために必要とされる弁護士数を算定すると3839人である」と指摘している。しかし、2000年代に小単位会の会員は倍増しており、2008年の弁護士過剰への転換以後の4年間で、弁護士の支部会員も急激に増加している。そのため、現在では上記の条件を相当程度に満たしてきたのではないかと思える。

(3) 偏在問題の性格

2007年4月20日現在、ゼロワン地域における弁護士数を昭和39年当時と平成19年で比較した表が図表2-13（212頁参照）である。ゼロワン地区32カ所における昭和39年当時の登録弁護士の合計は49名であるが、平成19年の登録弁護士の合計は29名に減っている。昭和39年当時の弁護士数は7108名で、平成19年の弁護士数は、昭和39年の約3倍に相当する数になったにもかかわらず、ゼロワン地区登録弁護士はほぼ半減している。理論的にも弁護士数が激増すれば司法過疎が解消されると言えないし、実証的にも弁護士数が激増したからといって司法過疎は解消されないことが証明されている。交通・通信事情の変化という事情も影響している。

地域的偏在の問題は、年間合格者数を増やせば自然に解決する問題ではなく、ひまわり基金公設事務所等の安定経営や交代要員の確保、弁護士が過疎地に定着するための経済的な基盤整備、裁判所・検察庁の支部機能の充実等といったよりきめ細やかな制度的手当がなされることによって解決される問題である。

（4）ひまわり基金法律事務所の現状と将来

　ひまわり基金法律事務所の事件の特徴は、これまで、多重債務事件（破産、任意整理、過払金返還）と刑事国選事件が圧倒的に多い。事件の規模も小さく、弁護士報酬についても、法律扶助を利用する者が多い。事務所を持つ弁護士にとって、法律扶助事件及び刑事国選事件の弁護士報酬は、採算ベースの3分の1程度である。従って、普通に働いた場合、これらの事件の割合が多いと赤字経営となる。黒字になるためには、採算性の低い事件より、採算性の高い事件が多くならなければならないのである。
「中弁連会報」（2011年10月発行）の記事によると、中弁連管内の三つのひまわり事務所において、多重債務事件が受任事件の6～8割を占めている。刑事国選事件が多いのは一つの事務所だけであるが、年間42件である。一般民事と家事事件は2割程度であるが、それも扶助事件が多い。結局、年間100件以上という事件数をこなすことになるが、今後の見込みとしては、過払金事件が激減し、地方の人口減少と所得低下が進むために、破産、任意整理、刑事国選も減少する。そのため、「個人の情熱だけで赤字続きの事務所を経営し続けていけるだろうか。独立採算を原則とするひまわりの限界も見えてきた」と記載されている。
　そして、法テラスに任せる考えと、弁護士会が赤字を補填し続けるべきだとする考えがあるとし、更に、ひまわり事務所の若い人の赴任期間後のことを心配し、日弁連や都会の弁護士は、若い人の情熱を利用して利益を享受しているのではないかと指摘している。この指摘に全面的に賛成することはできないが、赤字については当初から指摘されていたことである。
　法律扶助事件と国選弁護事件の弁護士報酬を2倍にすれば、かなり赤字経営は回避されるので、国に対して強く要求し、必ず実現すべきである。更には、少なくとも、地方自治体に事務所の提供くらいは要求すべきである。
　日本司法支援センター構想とひまわり事務所を推進した人達は、多重債務事件と過払金返還請求事件が非常に多いひまわり事務所の若い弁護士の将来（技能習得と転職先）に責任を持つべきである。

8　民事法律扶助

（1）1990年代の議論

イ．法律扶助事件の法務省の国庫負担金は、1957年の1000万円から始まり、1990年に初めて1億円を越え、1995年に2億4000万円であった。法律扶助は、世帯収入年間400万円未満を対象としていて、1998年の扶助決定事件は9900件であった。

1998年3月に法律扶助制度研究会の報告が出され、法律扶助事件が4万2000件になると予測した。顕在化した扶助事件が少ないため、これをもって「2割司法」と言う人がいた。しかし、上記の研究会のアンケート調査によれば、我が国の弁護士は、世帯収入年間400万円未満の人の事件を年間15万件処理している。即ち、扶助が貸与制にすぎないから扶助事件にはしないが、低額で事件処理はしているから、「8割司法」と言うべきである。

ロ．1人当りの弁護士の年間事件処理数は、裁判所事件及び裁判所外労働の合計で55件程度と推定され（1996年の第16回司法シンポジウム会員アンケート調査）、2000年の約1万7000人の弁護士全体では、処理件数は年間93万5000件となる。法律扶助事件が4万2000件顕在化したとしても、弁護士全体にとって概ね5％程度の業務量の増加をもたらす程度である。年間弁護士1人当り2.5件増加して57.5件となるにすぎない。司法試験合格者1000人体制下で弁護士の1年半分の増加である750人分の業務量の増加にすぎない。

ところが、改革審の2000年2月の中坊レポートは、「年間200万件が日本の1年間の法律問題総数とし、弁護士1人が年間に受ける新件（法律相談を含む）を50件とすると、（そのために必要な弁護士数は）4万名」とするが、全く間違った数値である。我が国の弁護士1人当りの事件処理件数は年間55件程度であり、法律相談の件数はその3～4倍の年間165～220件程度と思われ、「法律相談を含め年間200万件の法律問題総数」は、弁護士1万人程度でこなせる程度の業務量にすぎない。

（2）2000 年代の状況

イ．2000 年 3 月に法律扶助法が制定され、同年に国庫負担金が 21 億円となった。

　法律扶助の利用を妨げてきた大きな原因として、扶助費が原則償還制であること、対象者が 20％の低所得者層に限定されていること及び弁護士費用が報酬規程より低額であることが挙げられていたが、法律扶助法では、これらが全く改善されなかった。そのために 4 万 2000 件という事件数が顕在化するには制度的に大幅な改善等が必要であり、法律扶助の利用件数の増加ペースは急激なものにはならないと考えられた。

ロ．破産事件が急増し、2003 年に 25 万 4281 件になったことから、法律扶助の事件数は、2003 年に約 4 万件となった。

　2005 年に国庫負担金が 45 億円となった。2006 年の途中からは日本司法支援センター運営交付金の中に含まれることになったが、それほど増額されていないと思われる。

（3）日本司法支援センター

イ．2006 年 10 月から日本司法支援センター（以下「法テラス」という）が財団法人法律扶助協会の民事法律扶助業務を引き継いだ。代理援助事件は、2010 年に 11 万 217 件となった。そのうち、多重債務事件が 7 万 4283 件（67.4％）、そのうち破産事件が 4 万 8196 件（43.7％）である。離婚事件が 1 万 5779 件（14.3％）で、多重債務事件と離婚事件を合わせると全体の 81.7％を占める。

　法テラスと受任予定者契約をしている弁護士は 1 万 5037 人で、全弁護士の 49.3％で、代理援助事件は弁護士 1 人当り 7.3 件である。

ロ．全国からの法テラス・コールセンターの問い合わせ件数は、当初年間 100 万件と見積もられたが、2009 年度 40 万 1841 件、2010 年度 37 万 124 件である。各地の地方事務所における問い合わせ受付件数は、2009 年 24 万 7172 件、2010 年 23 万 4608 件である。

ハ．法テラスの法律相談援助は、2007 年 14 万 7430 件、2010 年 25 万 6719 件である。

ニ．スタッフ弁護士の配置は、300人の目標が、2011年9月現在、182名である。

(4) 弁護士会の業務委託事件、給付制、報酬増額問題

　日弁連は、法テラスによる民事法律扶助制度でカバーされない分野について事業費を支出し、法テラスに業務を委託して、社会的・経済的弱者の法的支援に取り組む制度を作ってきた。犯罪被害者援助、難民法律援助、外国人法律援助、子ども法律援助、精神障がい者・心神喪失者援助、高齢者・障がい者・ホームレス等について法律扶助でカバーできるように拡大する必要がある。

　法律扶助事件の援助方法としては、昔から指摘されていたように、これまで貸付制と免除のみであったが、全額ないし一部について給付制を導入する必要がある。国選刑事弁護及び民事家事扶助の事件処理の弁護士報酬の基準額は、事務所経費を負担しない者でないと採算がとれない。即ち、全く事務所経費を賄えないほど低額である。過疎地の弁護士ほど、それらの事件の割合が多い。過疎地対策の観点からも、早急に2倍程度に増額すべきである。例えば、土建業の発注で、支払能力のある国が半値以下の工事代金で済ませること自体が不合理極まりない。資力のない者が弁護士報酬を返還するので低額であっても仕方ないと言うために、貸付制を維持しているのである。

(5) 法テラスの初期相談構想

　法テラスの民事法律扶助制度改善プロジェクトチームの2010年9月30日付け『『初回法律相談における資力要件の撤廃・大幅緩和』についての中間答申書」は、「資力にかかわらず利用できる『初期相談』の制度を創設すべきである」としている。

　同中間答申書は「初期相談」と表現するが、弁護士や司法書士が相談に応じる以上、実質的には法律相談と異ならない。すなわち、同中間答申書の「初期相談」構想は、実質的には法テラスの法律相談援助における資力要件の撤廃にほかならない。言い換えれば、法テラスによる無料法律相談

制度の創設である。法律相談の状況については次の項目において詳述するが、無料相談が増加すれば、有料相談は減少する関係にある。法テラスによる「初期相談」制度が創設されれば、各弁護士会の法律相談センターの運営に致命的な影響を与えることは明らかである。

9　法律相談

（1）年間200万件なら弁護士1万人で足りる

　法律相談は、法律事務所、弁護士会の法律相談センターなど、及び地方公共団体等の法律相談に大別される。弁護士は、年間で概ね100～200件の相談を受けている。需要さえあれば、それ以上の件数の相談に応じることも困難なことではない。実際の需要はそれほどないが、弁護士3万人で、もし1人当り年間200件の相談を受けると600万件となる。司法審で中坊委員は、「年間200万件の法律相談に弁護士4万人必要」としたが、年間200万件なら弁護士1万人で足り、全く間違っている。

（2）有料相談が減少し無料相談が増加

　『弁護士白書2011年版』によれば、弁護士会が件数を集計している法律相談の件数は、法テラス設立以前、2003年の55万3093件がピークであった。2010年は法テラスを含め62万7329件と約13％の増加にとどまった。一方、弁護士人口は、7年間で1万9508人から2万8789人と約50％増加していて、弁護士過剰である。

　上記の2010年の約62万件の法律相談の内訳は、有料相談が25万3177件から11万1176件へ激減（14万2001件減）し、無料相談（法テラスを含む）が29万9916件から51万6153件へ増加（21万6237件増）している。有料相談が66％減少し、その代わり、無料相談が増加したという関係にある。

（3）その他

　法律相談センターは、3年前くらいから担当者に対するキャンセルが相

次ぎ、コマが埋まらず、赤字経営となる。そのため、各地で広告・宣伝に費用を使うことが生じている。加えて、地方公共団体の法律相談も削減される傾向にある。

10 顧問需要

(1) 顧問業務の実態
　前記の日弁連の弁護士業務の「実態調査報告書2010」によると、2009年に顧問先を持っている弁護士は63.5％にすぎず、1990年調査の85.7％、2000年調査の80.6％より大幅に減少している。顧問先の数は、平均13.9件、年額711万円である（顧問先のある弁護士の平均）。顧問料は、年額30万円～60万円が平均的であり、顧問料は減少傾向にある。
　なお、上記の平均顧問料711万円は相当な金額であり、また、上記の「報告書2010」において年間所得4000万円以上が約1割であることなどからして、所得額の多い者ほど回答率が高く、平均値を押し上げていると思われる（2008年3月の報告書48頁でも同様の指摘がある）。

(2) 上場企業等では飽和状態
　日弁連が、2006年4月に東京、大阪、名古屋、その他各地の証券取引所の上場企業及び生損保の1741社」に対し、「弁護士の役割についてのアンケート」を実施した結果では、全回答者の98.2％が既に「顧問弁護士を雇っている」と回答している。従って、新規登録者が今後上場企業に顧問先を見つけられる可能性は少ない。

11 中小企業の需要

　中小企業に対する調査としては、日弁連が2006年12月（都内）と2007年5月（都外）に行った「中小企業ニーズ調査」（図表2-8、203頁参照）があるが、この調査では61.5％の中小企業が「顧問弁護士がいない」と回答している。中小企業全体の49％が「顧問は特に必要がない（相談

すべき案件がない）」と回答し、「（費用の点から）顧問は特に必要がない」14％を合わせると合計63％が「顧問は必要ない」と回答している。「必要性は感じるが探し方が分からない」という回答者は3.4％に過ぎず、中小企業に対する新規参入も悲観的にならざるを得ない。

　中小企業では、通常業務の処理を依頼する税理士や社会保険労務士などに相談を持ちかけ、それで足る場合が多い。

12　渉外、大企業の需要

（1）1990年代の議論状況
　渉外の分野は、一般の弁護士ではわかりにくい分野である。1980年代の後半に、東京の4つの大手の渉外事務所が若い修習生を高額で雇い入れ、任官者不足を招いていると言われた。渉外を主に取り扱う弁護士の数については、バブル経済の初め頃、「渉外事務所の弁護士は東京と大阪で600人くらい」と書かれていたことがあり、バブル経済によりそれが増加したと言う。しかし、その後の書物においても600人程度とされていた。これまで日弁連が渉外事務所の協力を得てしっかりした調査をしてこなかったことが問題である。

　全く不確かな需要予想に踊らされて、やたらに供給量を増加させ、バブル経済が崩壊し、供給過剰状況に陥ったことを歴史的な教訓とすることは、困難ではなかったはずである。

（2）2000年代の状況
　現在、我が国で弁護士200人を越える大手法律事務所は5つである。5つの事務所の弁護士数の合計は、2009年3月末現在1494人、2011年3月末現在1684人で、2年間で190人増加（増加率12.7％）である。弁護士総数は、2万6930人から3万485人と3555人増加（増加率13.2％）しているから、大手事務所が弁護士を多く吸収しているわけではない。7～8年経つと、以前には半数程度がパートナーに昇格して事務所に残れたが、現在は3分の1程度しか事務所に残れないと言われている。

大手の法律事務所は、2000年代初めの不良債権処理で拡大し、2000年代半ばに、資金調達としての流動化、証券化（ファイナンス）の業務に中心を移して不動産の証券化業務を拡大し、また、M&A（コーポレート）の案件も増加させた。しかし、2008年秋のリーマンショックで事態が一変した。最近は、上場企業の非公開化業務が多くなっている。今後、海外市場への展開やTPP対策が課題とされているが、今後、多数の弁護士を吸収するという見込みは立っていない。

　ある経済誌によれば、大手渉外事務所の平均的な時給は、シニアパートナー7万円、パートナー5万円、アソシエイト3万円とあり、一般の法律事務所の相場の2～3倍で、弁護士の収入・所得の平均値を押し上げている。

（3）外国法事務弁護士

　外弁法による外国法事務弁護士の数は、1990年代は80人程度であったが、2000年以後飛躍的に増加し、2011年4月は359人である。

（4）弁護士等が雇用する外国弁護士

　我が国では、弁護士等が外国の弁護士を雇用する場合には日弁連に届出をする必要がある。2001年度から2010年度までの届出総数は479人である。但し、終了の届出は日弁連において集計していないので、実際の雇用数とは一致しない。

13　企業内弁護士

（1）1990年代の議論状況

　大学を卒業して社会で活躍する法学部生は毎年4万人程度いて、合計百数十万人に達している。そのため、企業法務の分野で弁護士を必要とすることが極めて少ない。また、日弁連が組織内弁護士の増加を推進することについては、弁護士が大企業や行政の内部に雇用等されてしまうと本来の使命に忠実な独立した姿勢を貫けるかどうか、難しい問題があり、意見の

分かれるところであった。

　更に、弁護士大幅増員の要求は一部にとどまり、しかも、企業内弁護士需要について調査が行われたわけではない。日弁連と司法審などが調査もせず、弁護士増員論の根拠にしただけである。

（2）2000 年代の状況
イ．企業内弁護士の数は、2001 年の 64 人から 2011 年に 588 人に増えているが、新規登録弁護士で組織内弁護士になる人は年平均 50 人程度である。

　日弁連が、2006 年 10 月に実施した組織内弁護士採用動向調査結果（図表 2-7、202 頁参照）によれば、全 6147 社（国内企業 3795 社、外資系企業 1457 社、自治体 849 機関、官庁 46 省庁）のうち、今後 5 年間の採用予定合計は「108 名から 232 名」に過ぎず、年間わずか 21 名から 46 名である。

　また、日弁連が上場企業及び生損保、マスコミなど 1196 社より回答を得たアンケート（2009 年 11 月実施）では、企業内弁護士を採用している企業は 47 社（約 4 ％）にとどまる上、未採用の企業の 97％が「顧問弁護士や企業内法務部があるので不自由していない」「やってもらう仕事がない」という理由で、採用に消極的であった。

ロ．我が国は、他の国と違って、昔から多くの者が法学部に入学する。1998 年 4 万 7743 人であったが、2000 年から減少傾向となり、2010 年は 3 万 8370 人となり、2012 年は 3 万 5000 人程度に減少する。

ハ　弁護士として就職先が見つからない有資格者が会社員や公務員になることは、弁護士過剰を証明する事実である。これは弁護士に対する法曹としての需要によるものではなく、有資格者としての生活の道がない結果に過ぎない。そのため、企業内弁護士の増加を理由に、合格者数を減員しないことは間違いである。

14　任期付公務員、公務員

（1）法学部卒生の進路
　公務員になる者は、法科大学院に行かず、法学部の4年生の時点で公務員になる進路を決めている。法律事務所への就職難及び弁護士過剰を見て、優秀な人材が法学部を卒業して就職してしまい、法科大学院に来なくなっている傾向にある。

（2）任期付公務員
　2010年段階における任期付公務員の数は合計89名である。また、地方自治体を対象としたアンケート調査（2010年4月実施）では、未採用の自治体の94.5％が「今後の採用予定はない」と回答した。
　実際、現在行われている弁護士からの任期付公務員の採用などでは、少なくとも数年間の弁護士実務経験が必要とされている。

15　弁護士隣接業種

（1）隣接業種人口
　弁護士と隣接士業の人口は、弁護士3万485人（2011年3月末日）、弁理士8684人（同）、税理士7万2039人（同）、公認会計士2万1325人（同）、司法書士2万313人（2011年4月1日）、行政書士4万1584人（同）、社会保険労務士3万5801人（2011年3月末日）、土地家屋調査士1万7487人（2011年4月1日）、以上合計24万7718人である。
　外国では、これらの職種のうち、いくつかについて弁護士が行う国もあり、外国との人口比較において、この点の考慮が不可欠である。

（2）フランスとの比較
　たとえば、2001年におけるフランスの弁護士（avocat）の数は3万8044人であり、司法官（magistrats）の6406人と公証人（notaires）の

7773人を加えても5万2223人に過ぎない。同年、日本には実数でフランスの約3.2倍、フランスの人口が日本の人口の約半分であることを考慮しても人口割合で言えば約1.6倍の法曹人口（隣接士業を含む）が既に存在していた。隣接士業を含め士業数が激増し、裁判官等を含めれば25万人余の法曹人口が存在する現在の日本にあっては人口割合でフランスの約2倍以上の法曹人口が存在すると言える。

16　新たな分野での需要

（1）1990年代の議論

　1996年11月の第16回司法シンポジウムにおいて、「弁護士のあり方と弁護士人口」のテーマの中の一部として、「社会や市民・企業が弁護士に求めるもの」「専門分野と少額事件」「弁護士の使命と公益的・公共的活動」が検討されている（「基調報告書」104～121頁）。弁護士需要を考える場合、弁護士の公的事業活動への参加ないし社会のあらゆる分野への進出ということ自体、弁護士・弁護士会が独自になし得るものではなく、社会が弁護士を求めるという現実のない限り、実現できることではないことを念頭に置かねばならないと報告されている。

　当時、日弁連内の弁護士大量増員論者は、新たな需要は必ずしも訴訟事件という形をとって現れるわけではなく、ADRなど法廷外の様々な解決手段に対する需要の増大として現れ、また企業法務、労働団体・消費者団体・NPO等の各種団体、行政機関などによる法律家の雇用増大、あるいは知的財産権や国際取引（渉外）など新たに発展する法分野における高度の専門性を備えた弁護士への需要として現れることを強調したが、これらの分野において、法曹資格者の需要が実際にどの程度存在するのか全く未知・不確定であり、司法試験合格者数を1000人を越えて更に増加させる理由にすることはできないものであった。

（2）2000年代の状況

　日弁連が業務拡大を言い出したのは、ここ数年ではなく、1990年代に

遡る。未だに弁護士の新たな業務拡大についての具体的な構想が提示されていない。この事実が業務拡大の方途がないことを物語っている。抽象的には「相続分野や中小企業に対する業務拡大はまだある」と言い、弁護士から中小企業等に対する熱いラブコールを送っているが、現実の統計では中小企業側には弁護士のニーズが認められない。成年後見事件と知的財産権関連の事件は増加することが見込まれるが、成年後見事件においては経済的合理性がさほど見込められず、知的財産権関連事件で利益を得られるのは東京等大都市の一部の弁護士に集中している。相続関連事件についても、既に信託銀行等に完全に取って代わられている。業務拡大の模索が喫緊の課題であるということ自体、弁護士増加に対する社会的ニーズが存在しないことを裏付けている。

17 若手弁護士への影響と意識

(1) 若手弁護士の実態

　弁護士の実際の需要を、登録10年未満の弁護士(以下「若手弁護士」という)とその他の弁護士(以下「ベテラン弁護士」という)に分けて概観する。

イ．全裁判所の全事件の新受事件数の増減は、若手弁護士に限らず、ベテラン弁護士にも影響するが、後述するように、事件数の減少は、若手弁護士への影響の方がより大きいと推測される。

ロ．地裁民事通常訴訟事件の増減も、同様であるが、近時、増減の顕著な過払金返還訴訟は、2006年1月の最高裁判決により激増したもので、ベテラン弁護士に限らず、若手弁護士にも受任の機会が得やすい事件類型であった。しかし、過払金返還訴訟は激減しており、貸金業法改正により事件類型そのものが消滅するから、今後は若手弁護士の事件数増加の要因にならない。過払金返還訴訟以外の地裁民事通常事件は、経営基盤の安定したベテラン弁護士の方が受任の機会を得やすい事件類型に属するため、今後の地裁民事通常訴訟事件の増減、特に事件数の減少は、若手弁護士の受任事件数の減少の影響として現れると推測される。

ハ．専門分野の裁判事件は、増加しているとは言えないが、若手弁護士が急に専門分野の裁判事件を扱うことは困難である。仮に、今後の増加が見込まれるとしても、まずはベテラン弁護士の事件として増加すると推測される。

ニ．弁護士が増加している状況で弁護士関与率が低下していることから、若手弁護士の受任に結びついていないことが分かる。弁護士強制制度が導入されれば、若手弁護士もベテラン弁護士も等しく受任の機会が得られるが、弁護士の選任を望んでいない者にまで経済的負担を強いてむりやり弁護士の需要を創出することは誤りである。

ホ．破産事件、特に個人の自己破産が増加したのはここ十数年のことであり、比較的若手弁護士にも受任の機会が得やすい事件類型である。もっとも、近時は事件数が激減している。また、破産管財人の選任率は上昇しているが、少額の管財事件が多く、破産管財人の報酬も高くない。負債総額の大きな破産事件は、申立代理人・破産管財人いずれもベテラン弁護士が就任することとなり、若手弁護士の収入へつながるものではない。

ヘ．経営基盤の脆弱な若手弁護士にとって、国選弁護費用は重要な収入源である。もっとも、国選弁護費用が低額であるため、国選弁護費用のみで事務所費用を負担することは困難である。弁護士１人あたりの事件数は私選弁護・国選弁護を問わず減少している。

ト．事務所経営の安定したベテラン弁護士が過疎地へ移動することは想定し難い。ひまわり基金法律事務所等の設立により弁護士ゼロ・ワン地域は解消されたが、これには若手弁護士が大きく貢献している。もっとも、ひまわり基金法律事務所等の経営も安定したものではなく、今後の経営は苦しい。

チ．民事法律扶助業務のうち 2010 年の代理援助事件は、67.4％が多重債務事件であった。しかし、その後、多重債務事件自体が減少しており、代理援助事件数が増加するものとは思われない。やはり若手弁護士の事件受任には結びつかない。

リ．ベテラン弁護士の法律相談は、法律事務所における法律相談がほとんどである。これに対し、若手弁護士の法律相談は、弁護士会の法律相談セ

ンターや地方公共団体等の法律相談の割合が高い。しかし、弁護士会の法律相談センターにおける法律相談は減少傾向にあり、地方公共団体等の法律相談も削減される傾向にある。この点も若手弁護士への影響が大きい。法テラスの無料法律相談は増加しているが、若手弁護士の事件受任につながるものか疑問である。

ヌ．顧問先の数は当然のことながら、ベテラン弁護士の方が多く、若手弁護士の方が少ない。既に顧問弁護士のいる企業が更に若手弁護士を顧問弁護士とすることはない。若手弁護士が顧問需要に期待することはできない。

ル．前述のとおり、日弁連の調査において、61.5％の中小企業が「顧問弁護士がいない」と回答している。この数字だけを見れば、若手弁護士にも顧問需要があるようにも見える。しかし、実際には約63％の中小企業が「顧問は必要ない」と回答しており、中小企業の顧問需要があるとは言い難い。

ヲ．渉外、大企業の需要は、大手の法律事務所が担っており、大手の法律事務所へ就職しなければ、若手弁護士がかかわる機会はほとんどない。

ワ．企業内弁護士になるのは若手弁護士が多い。しかし、若手弁護士全体の増加からすれば、その割合は微々たるものである。また、企業側の需要も決して多くない。

カ．公務員についても、地方自治体側の需要がほとんどなく、今後も弁護士であることを理由に採用される見通しはない。

ヨ．弁護士が増加したからといって、隣接業種が減少したわけではない。認定司法書士やADRなど弁護士の業務と競合する業種も増加している。若手弁護士が受任できる事件は今後ますます減少する可能性がある。

タ．新たな分野での需要も具体的には見込まれていない。これまで弁護士が扱っていない分野があることについては様々な理由がある。確実な需要があるのであれば、これまでも弁護士が何らかの形でその役割を担ってきたはずである。全く新しい分野が「発見」される可能性は著しく低い。

（2）弁護士人口問題との関連

イ．このように、弁護士の実際の需要を若手弁護士とベテラン弁護士に分

けて概観すると、弁護士の需要の欠如の影響は、若手弁護士にこそ顕著に現れる。需要の増加が見込まれない中で弁護士の増員を継続すれば、まず若手弁護士が経済的に困窮することになる。

ロ．ところが、若手弁護士と言ってもその立場は様々であり、必ずしも共通の認識を有しているわけではない。

まず、若手弁護士の中にも、事務所経営者の立場にいる者と勤務弁護士の立場にいる者がいる。勤務弁護士の立場の者の認識は、その所属する事務所の経営状態に準じる。安定した経営基盤を有する事務所に所属する者は、危機感を持ちにくいのが通常である。

次に、法曹養成制度の変更に伴う意識の違いが見られる。そもそも、法科大学院は司法試験合格者数を増加させることを目的に設立されたものである。日弁連は、司法試験合格者数の減員を提言しているが、法科大学院を経た若手弁護士の中には合格者数の減員に否定的な者もいる。

しかし、若手弁護士一般は、弁護士需要や弁護士人口問題の、まさに当事者として関心を持っているはずであるが、その多くは、弁護士人口問題に対して無関心であるかのようにみえる。その中には、生活の糧を得るのに精一杯で、それ以外のことに関心を向ける余裕がない者もいれば、そもそも危機感に欠け、弁護士人口問題に関心を持とうとしない者もいる。

ハ．弁護士人口問題は、若手弁護士にこそ危機的な影響を及ぼすものであるが、若手弁護士が、この問題に正面から取り組む意欲がなかったり、意欲はあってもその余裕がなかったりして、結果として無関心であることが大きな問題なのである。

Ⅳ 法学教育、司法試験、法曹養成、法務専門家養成のあり方

鈴木秀幸

1 戦後の統一・公平・平等の司法修習制度の創設

我が国においては、戦前、裁判官・検察官を国費をもって養成する一方で、弁護士養成は、1936年に修習が課されるまで修習制度はなく、その後も給費制でないために極めて不十分なものであった。そのために、両者の間に著しい差異があり、官尊民卑の状況のもとで、司法の人権擁護機能が果たされなかった。戦後、そのことへの深い反省から、法曹三者が対等な力量と多角的な視野を身につけ、司法の立法・行政に対する独立性と監視機能をともに自覚し、日本国憲法の人権擁護の機能を果たすことを強く期待された。裁判所法の改正を審議する過程で、弁護士が法曹一元制度を要求し、その議論の中で、日本国憲法下の司法の担い手である裁判官・検察官・弁護士の養成は、統一・公正・平等の理念に基づき、国費をもって法曹三者いずれの職に就いても独立して職務を行い得る程度の能力と見識を修得させるべきであるとされ、給費制の現行修習制度が1947年に定められた。この制度が、司法の民主化と法曹の質の向上に果たしてきた意義は極めて大きく、そのために日弁連は、この司法修習制度を高く評価し、この制度の堅持に最大限の努力を払い、統一修習から分離修習への変更の危機を乗り越えてきた。

2 法科大学院創設の経緯

(1) ロースクール構想の登場

イ．ロースクール構想は、1995年頃、法曹養成制度等改革協議会の外部委員の案の中で唱えられ（前記Ⅰ1(4)ハ）、自由民主党司法制度調査会が1997年11月、ロースクール方式の導入を検討課題とし、1998年6月、同調査会の「司法制度特別調査会報告──21世紀の司法の確かな指針」及び大学審議会の「21世紀の大学像と今後の改革方向についての諮問に対する答申のための中間報告」に登場することになった。

第二東京弁護士会は、1998年10月の同会の司法シンポジウムにおいて

ロースクールに関する提言を発表し、1999年10月、法曹養成二弁センター（委員長川端和治）が第三次報告書として「法科大学院ロースクール問題に関する提言」をまとめ、常議員会の承認を得て、弁護士会としては先陣を切ることになった。そして、2001年の二弁会長久保利英明氏の活躍などで、2003年11月の大宮法科大学院の設立にこぎつけたが、この法科大学院は、桐蔭横浜法科大学院に統合され、2013年度以後の入学者募集を中止する。

ロ．日弁連執行部は、会内議論を経ることなく、突然に2000年4月15日の日弁連正副会長会（会長・久保井一匡、担当副会長・川端和治）で簡単な5項目から成る「いわゆるロースクール構想について」という題名の文書（資料編・資料25）を確認し、ロースクール構想を推進する姿勢を打ち出した。同年5月には、司法審の要請で、文科省に大学関係者と法曹三者による法科大学院構想に関する検討会議が発足し、司法制度改革審議会の同年8月の審議において、この構想の採用が合意された。日弁連は、同年12月に法科大学院設立・運営協力センター（委員長滝井繁男、副委員長宮川光治、両氏とも、後に最高裁判所判事に採用される）を設置した。

このロースクール構想は、弁護士の大量増員策を将来的にも固定化し、かつ、統一、公平、平等な司法試験制度と司法修習制度を変更ないし廃止するための仕掛けであった。更には、法学部及び法学研究者養成の軽視ないし変質という結果をもたらすことが十分に予想されるものであった。

（2）専門委員会と司法研修所教官の反対表明

イ．これに対し、名古屋弁護士会は、1999年9月に法曹人口とロースクール問題をテーマとしたシンポジウムを開催し、2000年4月には、全会員に「法学教育と法曹養成に関するアンケート」を実施するとともに、シンポジウム「法曹養成のあり方とロースクール－アメリカ・イギリスの実情」を開催した。

アメリカの1999年の法曹人口は、裁判官3万1882人、州検察官7万1000人（1996年）、弁護士約80万人、パラリーガル13万6000人であった。

ロ．上記のアンケート調査結果は、現行統一修習廃止に反対93.3％、給費

制廃止に反対85.1％、法科大学院構想に反対73.5％（賛成5.3％）であった。同会の司法問題対策特別委員会は、同年6月14日、ロースクールの問題点を指摘する意見書を作成し日弁連に提出した（資料編・資料27）。

また、日弁連の専門委員会である法曹養成センターも、同年4月の委員会において、日弁連の全会員を対象とする「法科大学院と司法修習に関する全国弁護士アンケート」を実施する必要性を議論し、5月の委員会で同アンケートの実施を決定した。これに対して、日弁連執行部は、会員の大多数が法科大学院に反対であることがわかっていたために、このアンケートを実施することを拒否し続けた。

そのため、日弁連の法曹養成センターの委員有志により、同年7月から8月にかけて、46単位会でアンケートを実施し、アンケートの結果（1722人回答）は、法曹実務教育を法科大学院に移すことに反対75％、現行の国費による統一修習制度の廃止に反対89％、法科大学院構想に反対75％、法科大学院修了を司法試験の受験資格にすることに反対80％であった。法科大学院構想に賛成の回答は10％程度に過ぎなかった。この報告書は、同年9月26日に日弁連に提出された（資料編・資料30）。

ハ．更に、司法研修所刑事弁護教官14名が、同年10月5日付文書「司法制度改革に関する日弁連執行部案について十分な議論を」（資料編・資料31）を、日弁連の全会員に配布し、ロースクール構想の問題点を指摘し、日弁連執行部の姿勢を批判した。大学の法学研究者の大多数も、法科大学院に乗り気ではなく、この構想は、多くの研究者からの支持を得られたものではなかった。学術会議の法学政治学関係の部も、批判的な観点から慎重な検討を主張していた。

（3）日弁連執行部の強行採決

このように、弁護士及び研究者の間の議論や検討が不十分な状況でありながら、日弁連執行部は、2000年11月1日の日弁連臨時総会において、法曹人口問題と法科大学院問題を合わせて決議案を提案し、午後9時半近くになって、法科大学院問題については1つ、2つの質問が出されただけで、すぐに審議が打ち切られ、1人の意見表明も許されず、午後9時半を

過ぎて強行採決された。このように、法科大学院制度は、日弁連の会内においてほとんど民主的な議論がなされないまま出現した制度であったことは、間違いのないところである。そのために、この制度は、発足後、様々な問題を抱えることになる。

3 法科大学院制度の根本的な問題

（1）無駄で無理な制度

このように法科大学院制度は、もともと法律実務家及び法律学者の多くの支持が得られていないにもかかわらず、2004年4月に拙速に創設されたもので、我が国の法学教育及び法曹養成制度と整合しない制度となっている。まず、法学部出身者にとっては、法学部4年のうえに法科大学院を置き、韓国以外、世界に類例をみないほど無駄な制度となっている。資格を取得するまでに、大学を卒業後、最短で、法科大学院2年、司法試験の受験のために1年、司法修習1年、合計4年間、平均で6年程度と極めて長い期間を要する制度となっている。法科大学院を作るとき、旧司法試験が、合格までに時間がかかることと予備校に金がかかることを指して「資本試験」とされたが、新制度の方が経済的には厳しい制度である。

一方、法学未修者にとっては、最初の1年間で法学の基本を詰め込まれ、法学既修者と同じレベルに達したとされ、その後の2年間を既修者と同じ教育課程を受ける制度になっているが、若くして実質3年間の法学部で学んだ者と、社会に出た後に年をとって法科大学院で1年間学んだ者との差は非常に大きく、無理な制度である。

2006年度から始まった新司法試験の合格率は年々低下し、2011年の新司法試験の受験者は8765人で、合格者2063人、合格率は平均23.5％（前年25.4％）であるが、既修者コース35.4％（前年37.0％）、未修者コース16.2％（前年17.3％）である。未修者コースの法学部出身者ではない者の合格率は、10％を大きく割り込んでいるのではないかと思われる。

これまでの司法試験を「点」による選抜だと批判し、法科大学院を「プロセス教育」と称して高く評価し、司法試験に7～8割合格するとしたが、

無駄で無理な制度となっている。

(2) 法学部と司法修習の軽視
　予備校の受験教育の弊害が指摘され、また、「最高裁判所の強い支配下にある司法研修所より、大学の自治、学問の自由がある大学で法曹を養成する方が望ましい」という言説が振りまかれ、法科大学院を法曹養成の中核とすべきであると主張された。しかし、この法科大学院中核論は、法学部と司法修習の軽視に結び付く考えである。
　法学部は、法科大学院のために教える側が手薄で、犠牲を受け、司法修習は修習期間が2年から1年半、1年へと短縮された。

(3) 教養、基礎知識、専門性の位置付け
　法科大学院は、医師と同様にプロセスを重視した教育制度で、そこで教養と専門性を身につけた人が法曹になる制度であると言うが、大学には教養課程があり、教養は一生をかけて身につけるものであり、一方、特別な分野での専門性は司法試験合格後で構わない。分野別の専門性を身につける前段階である法学部及び法科大学院においては、基礎的な法律の知識と理論を身につけなければならない。法科大学院構想が議論されている時、いわゆる基礎法を十分に学ぶことになることが強調されたが、目の前に司法試験がある時期に、受験科目にない科目に時間を割くことは難しい。基礎法の受講生は極めて少ないのが実態であり、完全に計画倒れである。

(4) 不合理な実務教育編入
　この制度で、法曹実務教育の基礎部分を法科大学院の教育課程に編入しようとしたが、法曹実務教育は、司法試験に合格した者に対して法曹界で教育するのが合理的であり、司法試験に受かるかどうかわからない者にまで法曹実務を教育することは不合理である。もし、法科大学院で法曹実務教育をしようとするならば、入学試験が、司法試験に近いレベルで実施されていなければならないが、そのレベルを確保した試験になっていない。

（5）不公正な受験資格付与

　法科大学院を卒業しない者を司法試験で不利に差別的に扱うことに合理性はない。「プロセス重視」と言って、高額な授業料を出して授業に出ていれば大半が法科大学院を修了できる実態であるが、たとえば、法学部出身者であっても、法科大学院修了者でない者は予備試験に合格しないと司法試験を受験できないというのは、旧試験になかった制度である。大学の法学部で4年間勉強し法学を修了した者が、そのまま司法試験を受けられないというのは、全く不合理な制度である。法学部出身者と法科大学院出身者の差別的扱いという観点からは、不公正な制度と言わざるを得ず、憲法の人権保障と平等の原則に反する。人権擁護と社会正義を謳う法曹界において、到底認められない制度である。

（6）混ぜ合わせの教育課程の不合理

　法科大学院の教育課程は、法曹養成にほぼ特化され、かつ司法試験科目中心で行われている。「法の支配」のためと言って、法曹以外の法学研究者、行政職及び企業法務の各専門家になる学生たちまで含めて、法科大学院で法曹養成に合わせた教育課程を踏ませ、同じ司法試験と司法修習で資格を取得させようとする制度自体が不合理である。専門分野別に高度な教育を受けるべき専門教育においては、分野別に行われることが合理的な制度である。行政職及び企業法務など法曹以外の職域に就職する者は、法学部又は大学院でそれぞれ専門のコースを作るのが合理的である。もし、広い分野を職域の対象とし、広範囲の試験内容と養成制度にするならば、法曹養成制度としては、非常に薄く、低い程度のものとならざるを得ない。

（7）法科大学院の不透明な選抜方法と序列化

　法科大学院は、司法試験の受験資格付与と結び付いた点で不公正であるほか、試験科目の一部免除などの特典が議論されたこともあり、法科大学院の入試選抜においても公正さが担保されていない。内申書制や推薦制など不透明な方法をとられる恐れがある。また、大学の序列化による学歴社会を強める危険性が大きい。

4 法科大学院の危機的状況

（1）志願者、入学者の激減

　法科大学院は、弁護士人口の大量増員を養成制度面で担保するために、2004〜5年度に74校、総定員5825人の規模で開設された。法科大学院志望者の大学入試センター試験志願者数は、2003年度に3万9350人であったが、毎年度減少し、2010年度は8650人となり、当初の22％に激減している。2011年度の適性試験受験者数（第1回5946人、第2回7383人）は、重複を除くと7211人である。

　法科大学院の入学者は、2011年4月、前年比502人減（12％減）の3620人で、4年連続減少している。73校のうち21校が定員充足率が50％未満で、そのうち4校が入学者4人以下であった。文科省は、厳しく選抜した結果と説明するが、2人に1人が入学できる緩い選抜であることに変わりはない。

　法科大学院の入学段階で定員を絞る必要はなく、司法試験を厳格に行い、水増しの合格者を出さない政策の方が正しい。また、他学部出身者の比率が減少し、未修者コースの生徒も人数の多い有力校で減少が著しく、他職経験者も激減している。社会人入学者の割合は、2004年の48％から21％に減少した。早晩、法科大学院入学者は2500人程度（法学部一学年3万8000人の約5％の2000人と社会人経験者500人）に減少するであろう。そのなかで、高コスト構造に付き合える層、地盤を持つ法曹及び隣接業種の世襲が多くなる。

　新しい法曹養成制度は、世界に類例のない長期間であり、経済的負担、不合格の危険性、就職難、弁護士の飽和状態による職業的魅力の低下という現実に直面すれば、志望者が激減するのは必然的結果であり、合格者1000人でも質が保てなくなる。

　これに対し、法科大学院関係者は、低い合格率のために志願者が減少するのだから、合格者を増加させて合格率を高めよと言う。確かに、当初7〜8割という謳い文句からすると合格率25％は低いが、旧司法試験の

受験者3万人、合格者500人、合格率1.6％の時代と比較すると一桁違う。司法書士及び一級建築士など、他の国家試験と比べれば、数倍高い合格率である。合格率自体を理由にしてはいけない。

なお、2006年度修了者（既修者コース2期生、未修者コース1期生）が受験資格を失う2011年度までに2188人（全体平均49.6％、既修者コース修了者1852人のうち、合格者1176人で63.5％、未修者コース修了者2563人のうち合格者1012人で39.5％）合格している。未修者コースの者が、法科大学院の3年間と修了後の5年間の合計8年間の学習で、約40％が合格していることになるが、旧司法試験に比べれば極めて高い合格率で、法科大学院入学の選抜が厳格でないことを考えると、驚くような低い数値ではない。むしろ、未修者コースの中にも、高い割合で法学部出身者が混入していて（2011年度の新司法試験結果では、未修者コースの合格者のうち、法学部出身者621人、非法学部出身者260人）、合格率を高めていると思われる。

（2）志願者、入学者の質の低下の原因

人材確保の面を見ると、大学受験における法学部志望者が減少し（2012年の大学入試の志望別で前年比89％）、レベルが低下し、特に成績上位者の減少が著しい。また、法学部においても、成績上位層の学生で、法科大学院進学を敬遠する傾向が強くなっている。これらの傾向の原因は、法曹資格を取得するまでに非常に金がかかるようになったことであるが、根本的原因は、弁護士という職業が魅力と余裕を失ったことである。学生の大きな能力差、学力差を、法科大学院という「プロセス教育」で埋められるとはとても考えられない。

（3）法科大学院の研究者教員不足

一部では、教員の枠を埋めるために高齢の教員や経験不足の教員を充てざるを得ない状況にある。多くの大学が、退職した教員の後任を見つけるのに苦労している。学生の質が低下する中で、法科大学院の教員の過重負担は大きな問題となっており、研究者教員にとっては、研究を犠牲にし、

図 4-1 「法学部」及び「法科系研究科」並びに法科大学院の学生数の推移

	法学部				法科系研究科（修士課程）				法科系研究科（博士課程）				法科大学院		
	在籍者	志願者	入学者		在籍者	志願者	入学者		在籍者	志願者	入学者		在籍者	志願者	入学者
H10	201,703	300,506	47,743	H10	4,028	5,568	1,764	H10	1,221	580	297	H10			
H11	200,295	283,753	47,181	H11	4,470	5,862	2,047	H11	1,290	619	308	H11			
H12	197,611	268,447	45,460	H12	4,995	6,620	2,329	H12	1,317	561	300	H12			
H13	194,210	275,957	44,974	H13	5,410	6,973	2,394	H13	1,396	547	301	H13			
H14	192,275	320,436	45,927	H14	5,152	5,839	2,054	H14	1,433	584	296	H14			
H15	188,439	316,746	43,215	H15	4,619	5,035	1,778	H15	1,389	489	266	H15			
H16	183,526	297,186	41,067	H16	3,720	3,161	1,263	H16	1,341	526	273	H16	5,766	74,140	5,766
H17	178,876	269,111	40,320	H17	3,225	3,017	1,312	H17	1,283	504	245	H17	11,043	29,425	3,516
H18	172,748	255,897	40,132	H18	2,870	2,572	1,136	H18	1,269	508	261	H18	14,260	40,420	5,776
H19	169,013	282,012	40,065	H19	2,535	2,262	1,056	H19	1,243	467	242	H19	15,095	44,782	5,709
H20	166,102	274,678	38,861	H20	2,367	2,092	1,001	H20	1,192	431	215	H20	14,973	39,330	5,393
H21	163,357	264,253	38,206	H21	2,267	1,991	958	H21	1,118	375	192	H21	14,200	29,230	4,843
H22	162,669	266,764	38,370	H22	2,253	2,069	1,009	H22	1,106	409	213	H22	12,879	23,920	4,121

※学部については、「学部別」を調査単位とする集計結果の中での「法学部」のみを対象とし、「法経学部」を含まない。
※法科系研究科（修士課程・博士課程）については、「研究科別」を調査単位とする集計結果の中での「法学研究科」及び「法学政治学研究科」のみの人数を集計対象とする。

予備校の先生と同じ立場を余儀なくされている。そのため、法科大学院の教職に就くことを希望しない研究者が多く、研究者の絶対数の不足に加えて、教員の確保がますます困難になっている。

（4）法学研究と研究者養成の犠牲

　法学部教育と法学研究者の研究に向けられていた人手と時間が、法科大学院生の教育のために削られ、法学部教育と研究が犠牲になっている。また、法学研究者の志願者は、法科大学院設立以前と比較して、2010年の修士課程入学者1009人と半減、博士課程入学者213人と3分の2に減少し、研究者養成にも犠牲が出て、危機的な状況にある。そのために、日本学術会議法学委員会と法学系大学院分科会が、この問題を取り上げる事態になっている（2011年8月2日シンポジウム）。有限な人的資源を有効に使うという限度を越えて無理をしている状態にあるから、相当に画期的な対策が実施されなければ、今の状態が悪化するだけである。画期的な対策

が実施される見通しはなく、このままでは、法学研究者の教員の再産が困難な状況がより悪化する。

(5) 受験待機

　法科大学院を卒業した段階で、受験回数制限のために司法試験の受験を見合わせる受験待機者が多くなり、受験率が低下するという不合理な事態が生じている（平成22年度、翌年度非受験者率21.8％）。

(6) 新司法試験の成績分布と合格ライン

　2011年の新司法試験の結果（法務省大臣官房人事課発表）によれば、短答式合格者5654人、満点が1575点の試験で、平均点が738.91点であり、最高点1159.30点、100番992点、500番892点、1000番839点、2000番768点、2063番765点が合格ラインであった。平均点より約26点上回ると合格する易しい試験である。

　上記の100番と合格ラインの点差は227点と極めて大きく、最高裁判所は300番以内から裁判官を採用すると言っている。法曹に、高度専門家として「一律一定の質が求められる」として質の保証が必要であるとするならば、合格者は少なくとも1000人以下にすべきである。それでも、1000番と100番の点差は153点もあり、以前と比較して相当に程度が低いことは歴然たる事実である。「プロセス教育」の論理がそれを許していることになる。「資格試験」と言うのに、現状の合格ラインは低すぎて、もはや資格試験と言い難い。

　なお、合格者500人の旧司法試験時代には、短答式試験の合格者が約2000人、それから論文式で500人に絞られた。それでも100番以内の合格者と300～500番の合格者では学力が相当違うと言われ、裁判官の採用は250番以内であるとされた。学力上の官尊民卑である。

(7) 旧司法試験組に対する差別

　旧司法試験の出願者は、2003年度に5万166人であったところ、2010年度には1万6088人に減少したが、この2010年度の受験生1万6088人

（A）のうち、合格者はその1％にも満たない59人（B）と激減している（B÷A＝0.37％）。

　一方、同じ2010年度の新司法試験の受験生8163人のうち、合格者が2074人である（合格率25.4％）。新と旧の試験で合格率が約70倍も違うが、受験生のレベルにこれほどの違いがあるとは思えず、政策的なもので、このような不公正に、人権擁護と社会正義を唱える日弁連が口を閉ざしている。

（8）二回試験の不合格者の増加
　司法試験合格者において、基本的な法的知識を欠く者が相当数にのぼることが、司法研修所の教官から指摘されている。
　59期の2006年実施の二回試験（修習生1493人）で、1回で合格しなかった者が107人（合格保留97人、不合格10人）、2007年実施の二回試験で、不合格者130人（現行60期1468人中71人、新60期986人中89人）、2008年実施の二回試験で、不合格122人（現行61期33人、新61期89人）である。不可答案について、「基本法における基礎的な事項についての論理的、体系的な理解が不足している」と指摘されている。

（9）給費制廃止の影響
　修習生の給費制が貸与制に切り替えられることになれば、法曹を志望する者にとってますます新たな経済的障害が加わることになり、司法修習にも、その後の弁護士活動にも影響をもたらす。

（10）就職難、就職活動の影響
　弁護士の供給が需要を上回っているために、多くの事務所で新人を採用する余裕はなく、就職難は深刻化し、正規に就職できない者及び未登録者等が累積し、法科大学院制度そのものにますます深刻な影響を与えることは必至である。
　直接には法科大学院の問題ではないが、法曹の質の低下という点では共通するので指摘するが、修習期間短縮や前期修習廃止に加え、修習生が就職活動に追われることも修習の効果が上がらない原因となっている。合格

者数の増加と修習期間の短縮は、質の確保という観点からすれば矛盾する政策であり、修習生の質の低下は必然的結果である。

(11) 弁護士の所得の減少の影響

弁護士は、1999年からの20年間で、人数が2.5倍に増加し、そのために所得が2分の1になることが予想される。このことも、法学部及び法科大学院の志願に大きな影響を与える。

5 法科大学院制度の設計ミスと病理

(1) 法学部、司法修習、研究者養成の軽視

法科大学院を中核と位置付ける新しい法曹養成制度は、弁護士の需給バランスを欠いた弁護士激増政策のために創設された点からも、法学部と司法修習を軽視する点でも間違いであった。法科大学院は、大規模な法学部教育と高度で専門的な司法修習制度という我が国の法教育制度全体と調和しない。法学部出身者を対象とする2年コースの入学試験において、法律科目を中心にしないことは全く不合理である。また、司法修習制度の前期修習を法科大学院に編入しようとすることは、司法試験に合格するかどうか不明な段階で本格的に法律実務を教育するということであり、制度上、極めて不合理なことである。更に、司法試験の受験資格付与を目的としながら受験教育を禁止するという矛盾も大きな問題である。

結局のところ、厳格な司法試験制度とその後のプロセス教育としての司法修習制度の組み合わせの方が合理的である。法科大学院は制度設計として完全に間違っていた。

(2) 間違った弁護士の進出先

今回の司法改革で、弁護士から裁判官になるという法曹一元制が採用されなかったため、多くの弁護士が裁判官に就くことはない一方で、弁護士が大学に進出する筋違いのことが生じている。更に、法科大学院の実定法の教員は実務家教員が占めるべきとされ、弁護士の実務家教員を中心に、

法科大学院がもっと法曹実務教育をすべきと唱えられている。しかし、弁護士の実務家教員の多くは、実務ではなく受験勉強の指導を行っている。

　実情を踏まえるならば、実務家教員は、自らは大学教授という肩書きを失うことになるとしても、実務教育は司法修習制度のなかで行うことが合理的であり、前期修習を復活させ、実務修習を充実させることが筋であると主張すべきである。弁護士の進出先は、大学ではなく、法曹一元制度にもとづく裁判官である。

(3) 有為な人材の確保が困難

　我が国においては、法学部生が年間約4万人（平成22年の入学者数3万8370人）存在する一方、社会における裁判需要及び弁護士需要は少ない。この国に、過剰な弁護士供給政策を目的とした大袈裟な法科大学院制度は必要ではない。この制度を抜本的に見直さない限り、魅力を失った法曹界に優れた人材が広く多く集まることはない。司法試験は資格試験でさえなくなって、弁護士を過当競争させることを目的とした人数の確保のための試験に成り下がることになる。合格者数を1000人にしても、法科大学院関係者以外、誰も困らない。大増員計画を維持する必要はない。高コスト構造の資格取得制度に変更しながら、逆に資格の価値を低下させる政策をとったこと自体が矛盾であり、制度設計上のミスである。

　ところが、法科大学院創設後、法曹の質が低下している原因は、単に制度が創設して間がないために質の維持機能が不十分であっただけで、今後十分に機能すれば質は維持できるとする言説が未だに振りまかれている。しかし、今後とも大量の司法試験合格者による過剰弁護士供給政策がとられている限り、優れた人材が多く集まることはなく、世襲の傾向を強め、弁護士の質が劣化し、法科大学院志願者の激減と法学部の不人気という現実から抜け出すことができない。法科大学院の入学者は、生活費と授業料の負担、修習生の給費制の廃止及び弁護士過剰などの理由から、高額所得者層及び法曹の子弟の比率が高くなっていて、幅広く優秀な人材を求めるという当初の目的と逆の結果に陥っている。このままでは、司法試験は不平等、不公平な試験となり、法科大学院の入学者は富裕層出身者に偏

り、世襲の傾向を強める。表面上は自由競争、市場原理に見えるが、実際は世襲優先、金が物を言う世界を作り出し、批判精神を失い、経済主義に陥り、質が劣化することは確実である。

(4) 法曹の統制と司法官僚制の強化

　このような弁護士大量増員策は、基本的人権の擁護と社会正義の実現を使命とする我が国の弁護士制度を大きく変質させる。就職難については、一般企業以上に、学歴、縁故及び思想信条が大きく作用し、むしろ公正な実力主義が後退している感が強く、経済的理由が弁護士の生き方に影響を与え、更に、弁護士の不祥事の多発が弁護士の監督強化を招くことにより、弁護士統制の結果をもたらすことになる。この弁護士統制は、弁護士報酬のコストダウンとともに、司法改革の狙いであったと考えるべきであろう。しかも、このような影響は、裁判官及び検察官にも及び、エリート意識を高め、官僚制を強めることになる。

　更に、法科大学院制度は、法学研究及び法学研究者養成に支障をきたし、我が国の法学が、実務法学に支配される傾向を強め、本来の法学の発展及び裁判の批判検討が著しく阻害されることになる。

(5) 予備試験のあり方と実態

イ．旧司法試験は、大学の教養学部を修了した者は全て受験資格があった。大学の教養学部を修了していない者は、短答式の前に予備試験を受け、合格者が司法試験を受験できた。

　ところが、2012年度の司法試験から、法学部出身者でも予備試験に合格しないと司法試験を受験できない。これは、法学部教育の否定であり、全く不合理な受験障壁である。こんな馬鹿げたことを、国家がいつまで続けるのか。早く冷静さを取り戻すべきである。この不平等な取り扱いに合理的な根拠はなく、憲法違反である。

　更に、その予備試験において大学の教養部修了者に対しても、短答及び論文試験において一般教養科目が受験科目とされているが、不合理である。実務教育や実務経験がない者に対しても論文及び口述試験に法律実務基礎

科目があるが、甚だ疑問である。法律実務科目は、司法試験に合格して司法修習生になった者に行われるべきである。

　予備試験は、司法試験と同じ長さの期間を使う試験となっている。予備試験1年と司法試験1年と、2つの試験が2年度にまたがって行われることは全く不合理である。予備試験は、次に本格的な司法試験があるのだから、ふるい落とす程度の短期間の試験にすべきである。そのような試験内容とスケジュールの工夫は十分可能である。

ロ．第1回目の予備試験は、2010年12月1日から14日に出願を受付けたが、出願者が7906人と少なく、急遽2011年1月31日から2月16日にも出願を認めたが、1065人にとどまり、合計8971人となった。そのうえ、同年5月15日の短答式の受験者は6477人と著しく減少した。短答式の合格者は1339人で、7月に論文試験が行われ、10月13日に発表された論文試験の合格者は123名と極めて少なかった。10月に口述試験が行われ、11月10日に発表された最終合格者は116人であった（大学生は40人）。

　法科大学院修了者の受験者は336人で、最終合格者は19人、合格率5.6％と低く、異常な試験である。予備試験の合格レベルを上げて合格者の数を絞ったので、2012年度の司法試験において予備試験組の合格率が法科大学院組よりずっと高くなる。そうすると、予備試験不合格者の中に法科大学院出の合格者組よりレベルの高い者が多数いたことになる。ひどく法科大学院優遇策をとったことになり、予備試験の合格者を増加させる修正をしなければ、不公平なことが続くことになる。

6　日弁連の法曹養成制度の改善の緊急提言批判

(1) 2011年3月の緊急提言の手続的な問題

　日弁連執行部から日弁連法曹養成検討会議に対し、2011年1月11日に諮問が出され、同年2月4日に同会議が法曹養成検討会議草案を策定し、この草案がそのまま2月17日の日弁連理事会に示され、3月27日の日弁連臨時理事会で議決された。またしても、会員軽視の非民主的な手続が強行された。

一般会員は、3月1日の日弁連ニュースで初めてこの草案を知らされ、同月中の議決されてしまったもので、緊急提言は、議論不十分なまま会内民主主義に違反して決められたことは、明らかである。

（2）緊急提言の内容的な問題点
　日弁連の2011年3月の法曹養成制度の緊急提言は法科大学院を中核とする新しい法曹養成制度という考え方に立脚し、提言の趣旨において7点を主張する。しかし、この7点とも根本的に問題があり、この7点に対応して、次の通り批判せざるを得ない。
イ．提言の法科大学院の総定員数を削減するという方法を提言するが、この方法によって、志願者の激減、質の低下及び就職難など望ましくない事態が解決されるとは思えない。司法試験を全ての人に門戸を開放したうえ、厳格、厳正に行う方法に戻すべきである。
　法科大学院の配置についても、法学部生の分布状況、教員数と学生数の合理的比率の確保、弁護士の需要状況などから、自ずから限界がある。
ロ．法科大学院生に対する経済的支援の強化を主張するが、法科大学院生が、厳格な国家試験に合格した者ではない以上、一般の大学院生と扱いを異にする理由はない。
ハ．司法試験の内容を変えよと提言しているが、司法試験については、法曹として、「必要な学識及びその応用能力を有するかどうかを判定することを目的とする国家試験とする」（司法試験法1条）と定められている。この法的知識及び論理的思考力を修得させるのが法科大学院の教育である。逆に、法科大学院の教育のために司法試験のあり方を変貌させるのは、手段と目的を逆転させる考え方である。司法試験は、法科大学院の修了試験ではない。法曹資格と司法が、法科大学院のためにあるとするような議論は、間違いである。
ニ．司法試験の受験資格の制限を残そうとしているが、司法試験は、「必要な学識及びその応用能力」の有無を判定するものであるから、法曹の需給のバランスをとる必要性以外は、司法試験に合格するほどの学識とその応用能力を身につければ、いつでも誰でも合格する制度に戻すべきである。

また、司法試験の受験回数制度は、様々な不合理な事態を招来させているので、撤廃すべきである。

ホ．仮に司法試験の予備試験を行う場合には、国家試験制度として公正、平等に行われるべきであり、提言のように「法科大学院を中核とする法曹養成の理念を損ねることのないように運用する」として、不公正な配慮（予備試験組に対して教養科目など過重な負担を課して人数制限をし、法科大学院組に特典を与える）をしてはならない。予備試験の方法と期間、受験資格、科目、合格基準などを必要以上に厳しくして、法科大学院修了者より合格水準を高く設定し、法科大学院卒業者との間で不公正、不平等を生じさせてはならない。予備試験は、機会の平等を回復するための試験制度として創設されたものであるから、その目的に反する制度設計は改めるべきである。

ヘ．あいまいな実務修習開始前の集合的修習ではなく、司法修習期間を2年にし、正式に従前の司法研修所の前期修習を復活すべきである。

ト．司法修習生の給費制の維持は、修習終了までに借金がかさみ、弁護士になってからの返済が苦しいという問題が本筋ではない。

チ．法科大学院制度自体が、経済的負担及び就職難によって志願者が減少しているのであるから、給費制維持だけでは解決しない。

（3）日弁連の大学院教育と修習の連携の提言批判

日弁連理事会は、2011年8月19日、「法科大学院教育と司法修習との連携強化のための提言」を採択した。この提言の概要は、前期修習がなくなった現在の1年間の司法修習において、修習生に実務の基本的な知識がないために修習の効果が不十分であることから、法科大学院に、実務基礎教育の充実、裁判書類の起案の実施、刑事実務教育、司法修習開始当初の約1週間の冒頭修習の実施などを求めるものである。

しかし、法科大学院生及び司法修習生において、一番に問題にされていることは、法律の基礎理論の修得が不十分なことである。まさに、この問題こそ、大学の法学部、法科大学院の教育及び司法試験において解決されるべきことで、法学の基礎の修得が不十分な者に実務教育をすることは無

理である。司法修習を効果あらしめるためには、前期修習を復活させる以外にない。

7　総務省の法科大学院に関する政策評価

　総務省の法科大学院（法曹養成制度）の評価に関する研究会は、2010年 12 月に「法科大学院（法曹養成制度）の評価に関する研究会報告書」を発表し、この報告書に対する意見を 12 月 21 日から 2011 年 1 月 31 日まで募集し、118 件の意見が寄せられた。寄せられた意見は、数件を除き、法科大学院制度に批判的な意見であった。
　この総務省の政策評価の動きに対し、日弁連と法科大学院協会は、不当な介入だとする意見書を提出したが、引き続き総務省は、平成 23 年 5 月から 8 月にかけて、「法曹人口の拡大及び法曹養成制度の改革に関する政策評価」のために、各地の弁護士会、大学及び自治体などに大規模なヒアリングを実施し、法曹養成フォーラムに調査結果を提出するとしている。更に、その後、法科大学院生、修習生、弁護士、大学関係者等に大規模なアンケート調査を実施している。法科大学院の制度目的と実態の乖離は、余りに大きい。

8　法務専門家養成と資格付与の拡散と司法弱体化

（1）弁護士需要を超過する法曹資格者がもたらす事態
　法科大学院と新司法試験により大量に生み出された法曹資格者（現在、年間 2000 人程度）は、①裁判官、検察官に任官（年間 170 人程度）、②法律事務所に就職（年間 500 〜 1000 人）、③法律事務所の補助職、④ 1 年目から独立して弁護士専業、弁護士隣接業種に進出、兼業、⑤官庁や一般企業等に就職（年間数十人）、⑥裁判所、検察庁の補助職、⑦就職浪人、アルバイト、無職、などに分かれていくことになる。
　司法審は、我が国でこれまで、100 万人を超える数の法学部卒業者及び20 万人程度の弁護士隣接業種従事者が法的需要に対応してきたという歴

史的実態を考慮せず、法曹資格のみに注目して、法曹資格者が社会の様々な分野に進出すれば「法の支配」に役立つとした。しかし、職を求めて官庁や企業に普通に就職した者に、弁護士が本来果たすべき法曹の役割を期待することは無理であり、むしろ、独立した弁護士の仕事を奪い、保険会社などの弁護士に対する事件紹介などで弁護士の支配を強めることになる。

官庁、企業側に身を寄せる法曹資格者が多くなれば、法曹界に大きな影響を及ぼすことになる。官庁と企業の法曹資格者の増大は、司法の独立と強化に結びつかず、司法が行政と企業の論理に従属させられ、行政権及び経済的強者をチェックし人権擁護と社会正義の実現に努める司法本来の機能を弱めることになる。

法曹資格者の大量出現が、司法機能の強化、官僚制の打破、弁護士の職域拡大をもたらし、本来の「法の支配」とか「法化社会」を進展させ、「法令遵守」に役立つとプラスに評価するのは誤解であって、法曹資格の拡散による資格の格下げと自主独立の弁護士の崩壊により、実際には司法の弱体化と官僚制の強化をもたらすと考えるべきである。

(2) 法曹養成研究会の法曹像の変更と法曹資格の拡散増大の提言批判

イ．2010年2月24日、高木剛（前連合会長）、佐々木毅（元東京大学総長）、佐藤幸治（京都大学名誉教授）、北川正恭（早稲田大学大学院教授）、小島邦夫（経済同友会専務理事）が、「法曹養成に関する研究会」として、千葉景子法務大臣に対し、「法曹養成制度改革に関する提言」を提出し、この提言を議論するためにフォーラムを発足させることを提言した。この提言の核心部分は、「わが国が『課題解決型国家』として諸課題を公正・妥当に解決する役割を担うためには、その人材として法曹の役割が重要であるが、海外諸国に比して、わが国の法曹の活動分野は、極めて狭い領域に限られており、わが国の将来を考えると憂慮すべき状況にある」及び「法曹像をこれまでの『国内訴訟担当者』から『課題解決者』へと転換し、法曹の活動分野を拡大するとともに、養成制度を改革する必要がある」という考え方で、要するに、資格者の数を増大させるとしたうえ、これまでの法曹養成を改め、別の広い範疇の人材養成制度に切り替え、広い範疇の

同一資格制度にするべきだとしている。
　この考え方は、法曹像の変更ということになり、また、従前は法曹ではなかった者が「法曹」と名乗ることになる。この資格の拡張又は拡散は、その資格の名称として「法曹」を使用するならば、教育産業の資格取得商法による生徒数確保の要請に沿うものである。
ロ．しかし、この提言は、実質的には、法曹資格制度の根本的な変更を意味し、これまでの法曹資格を希薄化させ、地盤沈下をもたらすものである。これは、法曹の業務拡大ではなく、他の職域の者に対する法曹資格付与の拡張であり、資格が薄められて格下げされ、独立性のない資格に変容させるものである。この提言は、法曹の質と司法の独立にとって危険で、法曹と司法の存在意義を低下させるものである。そして、この提言によれば、人材養成制度は、前述のように専門教育としては各種専門分野を混ぜ合わせにして広く薄い教育課程に変更することになり、高等専門教育としては不合理なものとなる。法曹教育として不十分なものになり、今以上に法理論の理解が低下する。そして、司法試験が司法試験でなくなり、非司法的な養成制度と資格制度になり、非司法的な解決が増大し、司法の弱体化という結果をもたらす。
ハ．また、この提言は、司法修習に代わる一定の法律実務の経験期間を7年間から3年程度に短縮することや、弁護士会費の減額措置を検討するべきだとし、更には、司法修習制度を法曹資格取得の必須制度として維持する必要があるか、抜本的に検討を行うべきであるとしている。しかし、これは、法曹資格を付与するにふさわしい養成課程を経ないで資格だけは貰いたいという虫のよい話である。司法修習制度を軽視する考え方である。
ニ．紛争解決に対して、「課題解決」を対峙させているが、両者がどのように、どの程度違うのかは、この提言において全く検討が不十分である。多くは争訟型と非訟型の違いであろうが、非訟型も争訟に発展することになるので、非訟型のうち「争訟前の課題」を除く、いわば争訟の可能性のない「本来的に非訟の課題」の意味ではないかと受け取れる。本来的な非訟課題ならば、法学部教育とその後のOJT体制で足り、資格制度も不要である。もし、知識及び経験で不十分なところがあるならば、それを学び

充実させればよいことであり、資格の問題ではない。もちろん、法曹資格者が取り扱うこともよい。

　残る問題は、これまでの法学部教育及び法曹養成では不十分な、特殊な分野における特別に高度な知識と経験を要する課題を解決する人材の養成である。この特殊な人材養成は、法曹養成と全く切り離した、新しい「特別専門法科大学院」が担ったらどうであろうか。但し、多くは大学院ではなく職場で身につける方が妥当かもしれない。

ホ．このような新しい特別専門法科大学院には、法曹資格を取得した者（ジェネラリスト）の中の希望者と他のコースから来る者が入学し、高度で特別な専門家（スペシャリスト）という需要に応える教育を行うという構想となり、法曹資格と関係ないことにする。

　しかし、この特別専門家養成制度は、司法修習以上に、国及び需要者が負担をするというのでなければ、経済原理からして希望者を募れないであろう。もし、司法審意見書等が言うように、本当に必要ならば、法曹養成の上にそのような構想を考えたらどうかと思う。但し、実際にこの養成制度に対する需要があるか否か不明であるから、法曹、法務担当者、企業及び役所などに詳細な需要調査をする必要がある。

　法科大学院により、我が国の法曹養成制度及び弁護士制度が犠牲になることは、絶対に避けなければならない。法曹養成は、従前の司法試験と同じ修習制度に戻すべきである（取りあえず、司法試験の受験資格を戻し、11月頃から3月までの前期修習を復活させる）。

（3）法曹養成フォーラムの反司法性

イ．2009年に発足した法務省及び文部科学省による「法曹養成制度に関する検討ワーキングチーム」の検討結果が2010年7月6日にまとめられ、続いて、日弁連の司法修習生の給費制維持の運動により、2010年11月24日に、裁判所法一部改正（司法修習生の修習資金の給費制の1年延長）がなされた。その際、同時に、衆議院法務委員会において、①修習資金について2011年10月31日までに個々の司法修習修了者の経済的状況等を勘案して在り方を検討して必要な措置を講ずること、②法曹の養成に関する

制度の在り方全体を検討し順次必要な措置を講ずることの2点が決議された。

　給費制か貸与制かだけの問題であれば、上記の②の点は必要なことではないが、上記のワーキングチームの検討項目もあり、内閣府、総務省、法務省、財務省、文科省、経済省の各大臣が、2011年5月13日に「法曹の養成に関するフォーラム」の設置を申し合わせた。このフォーラムの検討内容は、①個々の司法修習修了者の経済的な状況等を勘案した措置の在り方、②法曹の養成に関する制度の在り方の2点とされた。②に法曹人口が含まれる。

ロ．外部審議会方式と司法の独立、フォーラムの構成メンバーの偏り

ⅰ）1987年の法曹基本問題懇談会、1991年の法曹養成制度等改革協議会及び1999年の司法制度改革審議会に続いて、このフォーラムも、司法の独立にとって望ましくない四つ目の司法界の外部の審議会である。

　フォーラムの構成メンバーは、関係政務等が6名及び有識者が13名である。そのほか、関係機関1名、オブザーバー3名である。有識者13名は、大学関係者が5名、元裁判官の法科大学院教授、読売新聞、経済研究所、会社関係、消費者相談、労組、元検事の弁護士、弁護士各1名である（Ⅰ、注66参照）。そして、このフォーラムの審議に対応している日弁連の委員会は、「法曹養成検討会議」とされている。これらの人が、法曹養成と合格者数という問題を審議する適格者である理由は特になく、政府及び大学関係者が多いという偏りがある。加えて、会社関係のみならず、労組及び消費者相談の委員も、利用者の都合のみを優先させた考え方から、未だに合格者3000人を唱えている。

　フォーラムの6月17日の会合で、弁護士人口について、経済専門の委員から、必要量を越えて弁護士を増やす必要はないとする意見が出ているが、日弁連の委員がこれまでの執行部派であるために、大幅な合格者削減を主張しない。

ⅱ）このような審議会によって司法の問題を決めるのでは、行政、立法及びその他の権力から独立した司法制度を確立することは不可能であり、自主独立の弁護士制度は危険にさらされることになる。初めから、このよう

な審議会には法曹養成制度も合格者数も公正な審議をすることを期待することができず、司法修習を軽視し、法科大学院の利益を重視し、現実を無視した合格者増に拍車がかかることは目に見えている。法曹養成フォーラムは、8月の会合で、貸与制への移行の意見をまとめた。

ハ．給費制の趣旨の曲解と無理解

ⅰ）給費制の延長の問題については、フォーラム事務局が調査会社に委託し、2011年5月に、48期から62期までの弁護士の経済状況を調査し、同年6月に集計結果が発表され、弁護士6年目（57期）の平成22年分所得額は、平均値1073万円、中央値957万円であった。そのため、同年7月のフォーラムの会合で、ほぼ貸与制に移行する方向となった。

6年目の弁護士の平均年齢は約36歳で、大学卒のサラリーマンの14年目である。裁判官11年目の判事が平均約36歳で、年収900万円程度である。官舎、退職金、年金を入れると、判事の待遇の方が上である。但し、6年目の判事補の年収は550万円くらいである。しかし、まず、今回の調査は回答率が13.4％と極めて低く、普通では資料として使えない。所得の多い人の回答率が高くなっていて、実際の所得より高額となる。

そこで、日弁連が2011年7月、57期と62期の弁護士について補充調査を実施した。回収率44.0％で、57期の売上げの平均値が2112万円、中央値が1677万円で、所得の平均値が1014万円、中央値が857万円であった。フォーラムの調査と比較して、所得の平均値は59万円、中央値は100万円の差があり、回収率が高くなるほど低額となる傾向にある。そして、57期の過払金事件の売上げは、平均値が445万円、中央値が222万円であり、売上額の約25％を占めている。

今後、一過性の過払金事件の減少と弁護士の激増が続くことを考えると、57期の所得の中央値857万円という数字が、約35％減の300万円程度低い550万円程度となることを想定しなければならない。その時、給費制を復活させるのか。修習期間短縮及び弁護士大量増員と給費制廃止は、矛盾する政策である。

ⅱ）もともと給費制の問題の本質は、弁護士になってからの返済能力の有無ではない。弁護士の職務の公共性を重視し、国民のための弁護士制度に

する問題である。給費制に必要とされる予算額は100億円程度であり、この金額の割りには、大きく法曹の質に影響を与えるもので、将来、法曹になって国民のために働く出発点になる制度で、国民のためになる制度である。

　この給費制は、戦後に修習制度を定めたときに採用されたものであるが、採用時に、弁護士になる者の返済能力不足や国家の財政状況などは理由になっていない。給費制の問題の本質は、戦前、弁護士に対して修習が無かったり不十分であったから、裁判官や検察官が弁護士より優位に立ち、そのために人権擁護ができなかったという歴史的な反省を踏まえたうえで、修習専念義務を課し、大学生より年上の層が働かずに修習に専念するならば、給費制が当然だ、不可欠だとされた。

　そのため、給費制は、これまで法曹一元の精神と弁護士の職務の独立と適正の確保のために創設された統一平等修習制度及び上記の修習専念義務と結びつけられて説明されてきた制度である。

ⅲ) 給費制が廃止されると、修習専念義務は法曹資格取得のために国が課す一方的な負担という性格になる。法科大学院修了が司法試験受験資格取得のための負担と言えるので、二重の負担を設けたことになる。この法曹資格取得の高負担構造は、広く有為な人材を確保するための障害となる。給費制が廃止され、法律事務所の就職が保証されない状況は、司法修習制度が廃止され、戦前の分離修習、無修習時代に戻る可能性を強め、法曹一元制度の実現も遠のかせる。

ⅳ) 法科大学院関係者は、本来であれば、給費制維持に賛成すると思われるが、司法試験資格試験論、弁護士大量増員論及び合格者増加を要請する大学側の論理のために、給費制に消極的である。給費制及び合格者数の問題で弁護士と法科大学院関係者が対立する構図は、今回の司法改革の病理が余りに深いことを示している。

二. 最高裁によると、新65期修習生2001人のうち、修習開始日の2011年11月28日までの貸与申込人数は1688人である (84.4％)。1人当りの貸付額は月額18万円から28万円までで (扶助加算、住居加算の有無で違う)、貸付総額は約51億7000万円 (見込み) である。一番多いのは、月

額23万円の1187人である。修習生の約85％が貸与申込をしたことは、給費制の必要性を強く裏付けている。修習生の平均年齢は、親などから仕送りを受ける年齢を大きく越えた29歳であるのに、修習専念義務を課されて働いて収入を得ることを一切禁止されている。

　貸付金の返還資金は、結局のところ、将来国民が支払う弁護士費用に転嫁されることになる。市民が利用し易い司法を目指す改革ならば、利用者負担を増加させるのは逆方向の政策である。

ホ．法曹養成について、このフォーラムで、法科大学院制度を抜本的に見直す方向で検討されることは、全く期待ができない。むしろ、これまで法科大学院協会の関係者が計画通り合格者増加を行うべきであると主張してきた路線に与し、日弁連の合格者を相当数減員すべきであるとする要求に、全く理解を示さない。このフォーラムにかかわる日弁連委員までもが旧執行部の増員路線を担ってきた人である。日弁連は、緊急に、司法審意見書の基本的な欠陥を明確化させ、司法の理解を欠くフォーラムに対し、適切な対策を立て、全力を尽くさなければ、最悪の事態を迎えることになる。

　司法試験合格者の大幅増員は、修習期間の短縮及び給費制の廃止を伴い、修習制度の廃止に進む可能性を強めている。法科大学院制度及び受験生に過重負担の予備試験制度は、広く公正に人材を求める目的に反し、人材を排除する機能を果たす。

　法科大学院関係者は、陰で法科大学院制度は失敗であったと言っているだけではなく、公式な場で同じ発言をするという誠実さを示すべきである。特に、法科大学院協会の上層部の人たちは、現場で研究を犠牲にし、日々、学生と接している教員層の意見を聞き、それを尊重すべきである。

　ところが、法曹養成フォーラムの主要なメンバーは、法曹人口と法曹養成の設計ミスを是正するどころか、むしろ前述のように、法科大学院における教育内容を変更し、法曹養成教育を希薄化させ、司法試験を変質させ、司法修習制度を軽視又は否認し、法曹資格の拡散とレベルダウンによる司法機能の低下をもたらす危険性のある考え方をしている。

Ⅴ　我が国の弁護士制度とロースクール制度の問題

打田正俊

1　はじめに

　我が国は、目下、法曹養成に関して著しい混迷を重ね、国民の司法に対する信頼を大きく損なっているというべき状況にある。近年、弁護士人口が激増した結果、就職できない修習生が増加し、その状況を見た若者が法曹を目指さなくなり、ロースクールの受験生が激減するに至っている。
　一部の主要なロースクールを除き、全国的にロースクールの経営は危機に瀕していると思われ、既に学生の募集を中止したロースクールも出ている。政府も、司法試験の合格者を輩出できないロースクールを排除すると表明するなどして、制度の危機を克服しにかかっているが、地方のロースクールは、制度の理想に反するとして、強く抵抗している。
　司法審意見書から10年、この間、司法改革は様々な欠陥を露呈してきており、改革の基本方向の正しさ自体が問われるに至っている。
　この度の司法改革による弁護士の大量増員と法曹養成制度の問題点を明らかにし、その解決方法について意見を述べたい。

2　我が国における弁護士制度の位置付け

（1）基本的人権擁護の重要性
　日本国憲法の基本原理の第一は、基本的人権の尊重（個人の尊厳）である。
　国民（以下我が国における外国人をも含む意味で使用する）は総ての基本的人権の享有を妨げられず、侵す事の出来ない永久の権利として保障されている（11条）。
　憲法上、「国民の権利及び義務」の規定は国会・内閣・司法に関する規定に先立って置かれているが、これは、憲法が個人の尊厳を何ものにもまして重視しているという思想を表している。
　また、憲法は、すべて国民は個人として尊重され、生命自由及び幸福追求の権利は立法その他の国政の上で、最大の尊重を必要とすると規定して

いる（13条）。

　すなわち、基本的人権の擁護は、国政の上で、何ものにも優先する課題であるということになる。したがって、国家には国民の権利を守るために必要な、効果的なあらゆる措置を講じる責務がある。

（2）弁護士制度の保障

　憲法上、法定手続の保障（31条）、裁判を受ける権利（32条）、刑事手続に関する各種の規定（33条乃至40条）で定められた国民の権利は、法律専門家の関与がなければ十全に実現する事はできないものであり、これらの規定は弁護士の関与を当然の前提としている。

　特に、刑事被告人は資格を有する弁護人を選任する権利を明文でもって認められているが（37条3項）、この「資格を有する弁護人」は弁護士を予定していることに疑いはない。

（3）弁護士制度は基本的人権保障のための制度

　このように、憲法が国民に保障する基本的人権を擁護するための制度として、弁護士制度が設けられているということが出来る。

イ．弁護士法1条は、「弁護士は基本的人権を擁護し、社会正義を実現することを使命とする」と定めている。これは、国家が憲法の規定によって負担する国民の人権保障の責務の履行を、弁護士に付託していることを意味する。すなわち、弁護士は、国家の付託を受けて、国民の基本的人権を擁護することを使命としていることとなる。

　このような構造になっていることからして、国は、国民の人権保障に欠けるところがないような制度として、弁護士制度を制定・運用しなければならない。

　したがって、弁護士の養成も、この制度趣旨に適合したものとする必要があり、そうすることが国家の責務であるといえる。

ロ．弁護士は、医師の場合（医師については、「医療及び保健指導を掌ることによって公衆衛生の向上及び増進に寄与し、もって国民の健康な生活を確保する」事が任務とされている。医師法1条）などと異なり、業務の

独立が不可欠の要件となっているところに、他の職業とは異なる特殊性がある。

国民の人権を侵害するのが国家（地方公共団体を含む。以下同じ）である場合（憲法の人権規定は主としてこの場合を想定している）、弁護士がその使命を十分に果たすためには、国家から独立していなければならない（在野性）。

弁護士の業務と権力の関係を説明する際、「弁護士は、時として国家権力と対峙しなければならない」と表現されることがある。しかし、このような表現は、対権力関係を十分認識していないものというべきである。

刑事事件における弁護活動は、すべからく、警察官、検察官と裁判官という国家権力に対して、被疑者・被告人の権利を守るために行われるのであるから、常に対権力関係であることは当然で、「時として」対峙するというような生やさしいものではない。

民事事件においても、訴訟行為はすべからく裁判所を名宛人として為される構造となっており、国家権力に対してもの申すシステムとして設けられていることから明らかなように、国民と権力との対抗関係であるという基本構造に変わりはないというのが私の持論であるが、今はこの点について多くを語ることは控える。

国家権力に対峙して職務を行うときに、弁護士が国家権力から独立していなければならないことは、見やすい道理であるが、国家以外の相手との関係で職務を行うときも、同様にして、職務の完全な独立が図られなければならない。それは、相手方や関係者からの不当な圧力に屈するようでは、依頼者の権利・利益を守り抜くことが出来ないからである。

相手方は、大きな経済力を持っていたり、社会関係上の強い影響力を有するものであったり、暴力団のように不当な実力を用いるものであったりするわけだから、これらのものから完全な独立を保持することは、国家権力に対すると同様、容易なことではない。

更に、弁護士は外部からの圧力のみではなく、依頼者からも独立していなければならない。依頼者も、ときとして、弁護士に対して、違法又は不当な圧力を掛けたり、違法又は不当な要求をすることがある。このような

場合に、その圧力・要求をはねのけることが出来なければ、「社会正義の実現」という使命を果たすことは叶わない。
　このような場合、弁護士は依頼者を説得し、それが叶わないときは辞任することにより職務の独立と公正さを保つことが必要になる。
ハ．弁護士の独立を保障するためには、弁護士の登録・指導・監督・懲戒などを、国家やその他の勢力から切り離さなければならない。そこで、弁護士法は、これらの役目を果たすため、弁護士の後ろ盾として、弁護士会の制度を設けている。
　日本の弁護士会は、国家権力から独立して活動することが保障されている。
①弁護士会は、弁護士法上の特別法人とされており、一般の財団や社団とは異なる法的な位置づけとなっている。
②弁護士の登録とその可否の決定は、都道府県の弁護士会及び日弁連に任されている。
③弁護士の指導・連絡・監督は弁護士会が行うものとされ、国家はこれに関与しない。
④弁護士に非違行為（非行）があるとき、弁護士を懲戒するのも弁護士会であり、国家が口を出すことは認められていない。
　これら登録・指導・監督・懲戒などの機能は、本来国家に帰属すべき行政作用であるが、法は弁護士の独立を保障するために、これら行政作用の一部を、弁護士会に付託しているのである。その結果、各弁護士会や日弁連の会長・副会長は、刑法上公務員として扱われている（弁護士法35条）。
　これほどまでに、徹底的に職務の独立を保障している制度は、世界的にも例がないといわれている。
ニ．弁護士が依頼者の権利・利益を守るためには、何ものからも独立して職務を行わなければならないが、そのためには、弁護士は強くなければならない。
　弁護士が弱ければ、国家からの干渉に耐えることは出来ないし、巨大資本や社会的な巨大勢力、暴力団等からの圧力をはねつけることは出来ない。
　強くあるために弁護士は、次のような条件を満たすことが必要になる。

①独立の気概（精神的な強さ）
　まず第1には、独立の気概である。これを持たせるためには、司法修習を通じて、先輩の弁護士から（更には裁判官や検察官からも）マンツーマンで叩き込み、その教えに基づき、弁護士自身が実務を通じて自ら研鑽する以外にない。このような教育は、徒弟制類似のマンツーマン教育による以外にないと思われる。
②外部圧力からの独立
　弁護士業務の独立を保障するには、弁護士が個人として周囲から独立していなければならない。弁護士は、法と良心と依頼者にたいする忠実義務にのみ拘束され、その他の何ものにも拘束さない。弁護士は、従前、自由業として各人独立していたのであるが（共同事務所であっても同じ）、弁護士法人制度が認められるようになってからは、法人に支配される関係が出来ている。しかし、弁護士法人は弁護士のみによって構成されていることからすれば、問題は少ないといえる。顧問契約関係なども従属の怖れがあるが、顧問契約を解除することは自由なので、必ずしも顧問先の意向に従うとは限らない。
　この関係では、会社内弁護士や自治体内弁護士などのいわゆるインハウスローヤーの問題がある。インハウスローヤーは、所属団体から給料を貰って生活しているわけであるし、所属団体に対して、忠誠を誓っている。
　退職の自由はあるが、それを行使することは生活の行き詰まりを意味することでもあるので、容易に行使することは出来ない。
　従って、インハウスローヤーは、職務の独立を十分保持することが困難で、弁護士としての人権擁護機能を十分発揮することにより、制度の予定する本来の弁護士像を貫徹することが、立場上難しいといわなければならない。
　インハウスローヤーが少数のうちは特に問題にはならないが、弁護士会の中で一定の多数を占めるようになれば、日本の弁護士会は変質を余儀なくされる可能性があり、問題が生じると思われる。
③経済的な自立
　弁護士が不当な要求や利益誘導に屈することなく、依頼者の権利利益を

護りとおすためには、経済的に自立していなければならない。経済的に困窮した弁護士には、権力や強者に独力で立ち向かって依頼者の利益を守りとおすことを期待できない。

　生活に窮した弁護士は、真実依頼者の利益のために行動するというよりは、自己の利益のために行動する怖れもあるし、相手方やその他の関係者から利益誘導を受ければ、これに従ってしまうかも知れない。

　目の前の依頼を逃したら生活が苦しいとなれば、本来依頼を受けるべきでない事件も、巧言を弄して受任に結びつけようとするだろうし、今月の支払いが苦しいとなれば、依頼者の利益を軽視して和解を成立させてしまうなど、自分のための事件処理をするかも知れない。

　また、依頼者から違法または不当な要求を受けたときも、報酬を逃すことが出来ない結果、辞任することは出来ないであろう。経済的に困窮している弁護士に、大金を預けることなど、だれも出来ないだろう。

　このような弁護士に依頼した国民やその相手方は、弁護士により、かえって権利を侵害される結果となる怖れが十分にある。このような弁護士が現れても、弁護士会がそれをことごとく把握して、指導・監督することは、実際には容易ではない。

　従って、制度全体を健全に運用するには、弁護士が経済的に自立していることが不可欠の条件となる。どのような施策を講じても、経済的に自立出来ない弁護士が生じることを完全には避けられないだろうが、弁護士を全体として見た場合、経済的に自立していることは、国民の基本的人権擁護の機能を果たすための制度として、欠くことの出来ない条件であることを理解する必要がある。

　勿論、弁護士は一般国民よりも豊かな生活をすべきだということではない。むやみに人数を増やして、過当競争になれば、弁護士の独立と業務の適正は保てず、制度の趣旨が没却されてしまうこととなるという意味である。

④競争原理との関係

　自由な競争を強めることで、質の悪い弁護士が自然に淘汰され、全体の水準が上がるという議論が、弁護士以外の世界からなされているが、この

議論は、弁護士業務の実状をよく知らないことから来るものである。

　弁護士業務の善し悪しを外部から評価することは、極めて難しい。個々の事件処理は、法的事実的に複雑な課題を処理することから、事実や証拠の収集、法的な構成は勝れて個性的であり、しかも権利実現の見通しは不確定的なものであるから、その当否を外部から評価することは極めて困難である。

　加えて、訴訟審理の実態は、論争の中から複雑な議論に発展することも多いし、収集された証拠や証言などによって事実の実態が生成発展するし、相手方や裁判官の事実認識や法的な見解にも左右されるので、その弁護士の事務処理が正しかったかどうかを事後的に評価することさえも、決して容易ではない。したがって、依頼者が弁護士の能力を正しく評価することは尚更難しいのである。

　勿論、態度が横柄でないかとか、連絡が密であるかどうかなど、表面的な評価はできるが、それは弁護士の資質・能力の極く一部でしかなく、好感の持てる弁護士であっても「巧言令色鮮し仁」では仕方がないのである。

　また、広く広告をして多くの事件を集めている弁護士や、いわゆる「はやっている弁護士」が優秀な弁護士であるとも限らない。

　弁護士の業務を外部からチェックすることは大変難しいことや、弁護士と依頼者の関係は秘密事項であることが多いことからも、食い詰めた弁護士が、依頼者を食い物にしても、容易には判明しない。このような弁護士は、社会にとって危険な存在になる。

　多数の飢えた弁護士が徘徊する社会は、国民にとって、望ましい「法化社会」などでは決してないのである。

⑤国費の投入を有効的に

　今も昔も、弁護士の養成には、少なからぬ国費がつぎ込まれている。ロースクールに対する国庫補助、司法試験の実施、司法修習実施関係費用（給費制がなくても発生する）等に費やされる国費は、すべて国民の税金で賄われている。

　弁護士を養成し、その能力を保証することは、憲法上の国家の責務であり、国民のためであることは既に述べた。従って、国費をもって弁護士を

養成することは当然といえる。

　しかしながら、養成された弁護士が、弁護士過剰のためその使命を果たすことなく、経済的利益の追求に汲々としていたり、弁護士の業務を行うことが出来ず、なやむなく他の方面に転進するということになれば、何のために税金をつぎ込んだのか判らなくなってしまう。

　国家財政でもって、社会に溢れるほどの弁護士を養成するなどということは、税金の無駄遣い以外の何ものでもなく、愚の骨頂というべきである。それによって、国民が利益を受けることなどはありえない。

⑥需要に見合った弁護士数

　独立した弁護士会に所属し、独立の気概をたたき込まれ、経済的に自立しているからといって、弁護士の誰もが法の趣旨を体現して行動するとは限らないことも事実である。弁護士は生身の人間であるから、悪い考えを持つ者も出るし、利益に惑わされて間違った事務処理をする者が出ることもある。そこで、そのようなリスクを出来るだけ少なくするために、法曹養成は厳格で充実したものでなければならない。

　また、十分な気概を持っていても、相手方の力が余りに大きいときには、個人としての弁護士の力では太刀打ちできないこともいくらもある。そのようなときは、複数の弁護士が一体となって事にあたる必要がある。更には、時として相手方弁護士との信頼関係が重要な役割を果たすこともある。

　そのためには、高度で均質な能力と高い倫理性を備え、相互に信頼しあえる弁護士が、相当数確保されていなければならない。

　要は、国民の需要に見合った適正数の弁護士が確保されていなければならないということである（弁護士の偏在は別の観点から検討すべき問題である）。

　このように、弁護士が何者からも独立してその使命を達成するためには、国家の責任において充実した養成制度を備えると共に、国民の需要に応じた適正な人数の弁護士を確保することが不可欠であり、弁護士業界に過当競争を持ち込んではならないのである。

ホ．弁護士の独立と公正さを確保するために、法は弁護士に次のような権限を与えると共に規制を設けている。

（権限）
①法律事務の独占
　現在は司法改革により、司法書士らに一定の法律事務が割譲されたが、基本的には、法律事務を弁護士が専権的に取り扱うこととされており、弁護士でない者が法律事務を取り扱うことを刑罰でもって禁止している。
②名称の独占
「弁護士」「法律事務所」の名称は、弁護士にのみ許されており、違反は刑事罰の対象である。
③弁護士会照会制度
　弁護士は、弁護士会長を通じて、公私の団体に事実の照会をすることが出来たり戸籍謄本や住民票を取り寄せることが出来るなど、事務処理上一定の権限が認められている。
（規制）
①資格取得の厳格性
　弁護士の資格を取得するためには、裁判官や検察官と同一の、厳しい試験と司法修習を経るものとされており、厳格な制度となっている。
　司法修習として、裁判官や検察官の実務を習得する機会が設けられていることは、一面資格取得のための義務であるが、他面このような経験の機会を与えられる点を、権利と見ることもできるであろう。
②強制加入
　弁護士は各都道府県の弁護士会に加入すると同時に日弁連に所属することが強制されている。これは、職務の独立を確保するために自治権を与えることからして、不可欠な制度である。
③法律事務所の届出及び法律事務所たる名称の強制
　弁護士の事務所は「法律事務所」の名称を使用しなければならず、その事務所は弁護士会に届け出なければならない。
④所属弁護士会内の地域規制
　弁護士は事務所の所属する都道府県の弁護士会に所属しなければならない。
⑤２つ以上の事務所の規制

弁護士は、2つ以上の事務所を設けることは出来ない（但し平成13年の法改正により、弁護士法人は規制の対象から除外された）。
⑥会則を守る義務
　弁護士には所属弁護士会と日弁連の会則を守る義務が法定されている。
⑦秘密保持義務
　依頼者の秘密を保持する義務が法定されている。
⑧官公署委託事務の受諾強制
　弁護士は、官公署から事務の受託を求められたときは、これを受諾しなければならない。
⑨受任規制
　弁護士に対する信頼性を保つために、その弁護士と一定の関係にある事務を受任することが禁じられている。
⑩汚職行為の規制
　弁護士が、受任事件の相手方に利益を要求したり利益を約束したり利益を受けたりすると、汚職行為として刑事罰に処せられる。
⑪非弁提携の禁止
　弁護士の紹介等を業とする者から事件の紹介を受けることは禁止である。
⑫係争権利譲り受けの禁止
　依頼者から係争中の権利を譲り受けることを禁止している。
⑬営利業務の規制（旧）
　現在は解除されて原則として届け出制になったが、以前は弁護士が営利業務を行うことは原則として禁止されていた。これは、弁護士の公益性を純粋なものとするためで、本来必要な制度であったが、法改正により平成16年4月1日以降原則自由となったことは残念である。
⑭法人化の禁止（旧）
　弁護士の責任を明確化し、営利事業化を防止するために法人化を禁止していたが、平成13年の改正により、法人化が可能となった。これも、日本の弁護士制度の本質に反する改正で、残念なことである。
⑮広告規制（旧）
　従前は、会則により原則として広告が禁止されていたが、平成12年10

月1日以降原則自由となった。

　法人化の解禁同様、間違った改革である。この改革の結果、テレビやラジオの広告で、全国から事件をかき集めて、粗悪な事務処理をする弁護士が現れて、現在問題になっている。

⑯報酬基準の制定（旧）

　以前、弁護士会は弁護士法により報酬の基準規定を定めることとされていたが、平成15年の改正でこの規定が削除され、それまで弁護士会が定めていた報酬規定も廃止された。

　業界団体が料金を協定することはカルテル類似で、独占禁止法の趣旨に違反する怖れがあるとの理由であったが、報酬基準は、弁護士の公益性に照らして、不当な報酬の請求を禁止する意味で設けられていた独占禁止法の特別法というべきもので、国民の権利保護に資するべきものであった。したがって、廃止することは間違いだったのであるが、日弁連も殆ど反対することなく廃止されてしまったことは残念である。

　制度廃止の結果、ある弁護士が高額な報酬を請求しても、弁護士会は原則として関与できなくなってしまった。

ヘ．以上に見たように、日本の弁護士制度は、弁護士法1条の使命を達成するために、公益性を重視した特殊な構造となっている。

　先に見たように、民間の事業者団体である弁護士会に行政権限の一部を委譲するなどは、相当思い切った制度ということが出来る。我が国の弁護士制度は、そこまでしてでも、人権擁護の使命を達成させる事の意味を重視しているのである。

　このように見るとき、弁護士が一般の営業とは根本的に異なるばかりでなく、憲法上、人権保障の制度として、また司法機構の分担者として位置づけられていることからして、医師や司法書士・税理士などのその他の専門職種とも根本的に異なるものであることが分かる。

　このような制度の特色、特に弁護士に汚職の罪を設けたことなどからして、日本の弁護士は公務員に準じた性格・機能が付与されていると見ることが出来る。

　しかし、だからといって、弁護士が偉大だというわけではなく、弁護士

制度に手を付けることをタブー視するものでもない。要は、国民の人権保障の制度としての弁護士制度の特殊性を理解する必要があり、これを踏まえずに弁護士制度や法曹養成制度を論じることは出来ないことを強調しているにすぎない。

ト．司法審の意見書は、「今後は、弁護士が、個人や法人の代理人、弁護人としての活動にとどまらず、社会のニーズに積極的に対応し、公的機関、非営利団体、民間企業、労働組合などの社会の隅々に進出して多様な機能を発揮し、法の支配の理念の下、その健全な運営に貢献することが期待される」とし、インハウスローヤーを増加すべきであると述べている。その掛け声にも関わらず、実際には、インハウスローヤーは、僅かな増加にとどまっている。

この間の経緯は、企業が多数の弁護士を求めているとの認識が誤りであったことを示している。産業界から、外国企業との交渉に役立つ弁護士が求められていると言われて久しいが、本当にそのような強いニーズがあるのであれば、弁護士が激増した現在、弁護士を雇用する企業が極めて少ないことは説明がつかないことになる。

そのような強いニーズがあるのであれば、大企業などでは、弁護士を採用し、外国に留学させて養成するなど、ニーズを満たそうとするに違いないが（またそれで足りる）、そのような動きは見られない。

大学の法学部を卒業した有為の人材が、会社や公共団体などの組織に入り、法務部などの部署で研鑽を積んで法律問題を扱うことで、基本的な需要が満たされているのであって、弁護士の資格を有する社員がどうしても必要なわけではないのである。

また、実際にニーズがあるとしても、その様なニーズの規模は大きなものではなく、そのために法曹養成制度を根本的に変更したり、合格者を増やす理由とはなり得ない。

チ．弁護士業務の公益性については、大新聞の社説などでもその必要性に触れている。そこでいわれる公益性は、公害事件、冤罪事件、貧困者の事件、過疎地での開業など、いわば不採算部門の事件を指している。

それらの業務は、公益性の強いものとして、理解しやすいことは事実で

ある。それらの事件を扱う弁護士は、殆ど又は全く報酬を得られないにもかかわらず、自費をもって長期間これらの業務に取り組んでおり、費用の持ち出しが数百万円とか1千万円単位になることも珍しいことではないと思われる。

しかし、理解する必要があるのは、弁護士の業務の公益性の根本は、不断の民事・刑事等の事件処理において、法が予定する機能を果たすことである。依頼者の説明を虚心坦懐に聞き、証拠を収集してその証明に努め、法律関係を研究してその主張を裁判所に受け入れさせるなど、弁護士に課せられた責任ある業務を誠実に行うことにより、適正な司法判断を導いて、国民の権利を正しく実現する事自体が、法の予定する弁護士の一番の使命であり公益性なのである。

公益性の本質がこのようなものであることは、マスコミにはあまり理解されていないように思われる。

リ．また、弁護士は不断の弁護士会活動を通じて、国民の利益に寄与している。私の所属する愛知県弁護士会には60の委員会があるし、日弁連には92の委員会があり、日々活発に活動をしている。会員の多くがこれらの委員会に所属して、多数の弁護士が日夜活動に従事しているのである。

委員会の業務の内容は様々で、中には弁護士自身のための委員会もあるが、大部分の委員会は、直接的または間接的に国民の権利擁護に向けられたものである。これらの委員会の活動は全て無償で、これに要する費用は会員の会費で賄われている。

日本の弁護士は、弁護士会に加入することが強制されているので、会費も強制的に払わされる。会費の額は単位会毎に異なり、特別会費を含めて1ヶ月約4万円位から7万円くらいであるが、仮に3万2670人の全国会員（平成24年2月1日現在、弁護士法人を含む）が平均月額5万円の会費を支払っているとすると、会費の総額は、年間約196億円となる（会費免除の会員がいることは捨象）。

会費の額は単位会毎に原則一律であるから、登録したばかりの弁護士や、収入の乏しい弁護士も一律に支払わなければならない（但し最近になって登録直後の弁護士には減額等の特例が設けられたし、高齢者には以前から

免除の制度もあるなど、例外的な扱いもある）。それらの会費の大部分は、直接的または間接的に、国民の人権擁護という弁護士の使命実現のために使われ、弁護士の利益に使われる部分は僅かである。過疎地に「ひまわり公設事務所」を設けたり、当番弁護士制度や少年事件の付添人制度の充実や障害者・外国人の権利擁護などにも使用されている。

　すなわち、全国の弁護士は、日弁連や単位会の活動を通じて国民の人権擁護に寄与すると共に、毎月約4万円から7万円もの会費を拠出して、公益活動を支えているのである。

　また、各弁護士会の会長・副会長（愛知県の場合6名）は、一年の任期中自分の仕事は全く出来ず、連日会務に尽瘁して、国民の権利擁護に寄与している。

　このように、特定の業界団体が、全構成員を上げて公益活動を行っている例は、国内は勿論、世界的に見ても類例を見ないものと思われる。弁護士の養成に国費をつぎ込んだからといって、決して国民が不利益を被るようなことはなく、弁護士は国費で養成された何倍ものお返しを国民にしているはずである。

　国が法曹養成に投下する国費（ロースクールを除く）は、年間100億円程度である。法曹の中でも、民間の事業者である弁護士の養成に国費をつぎ込む必要はないなどという議論もあり、昨年、司法修習生に対する給費（給料）制が廃止されてしまったが、我が国の弁護士は一生の間、業務を通じ、自腹を切って国民に奉仕しているのである。

　司法修習生時代に受けた給料など、登録後数年もすれば返済してしまう勘定になるといっても過言ではない。

（4）司法改革による法曹増員政策の誤り
イ．司法改革を通じて、法曹を一般の営業と同視する考え方が広く主張されてきた。特に規制改革会議においては、自由競争が弁護士の質を担保するとの意見が強く、そのためにも弁護士の数を増やさなければならないとされてきた。

　しかし、弁護士の場合は、大量生産の商品や大衆が日常的に利用する

サービスなどとは異なり、利用者がサービスの質を判断することは非常に困難であることは、既に触れた。

その理由は、取り扱い業務の内容が高度に専門的であることばかりではなく、法律関係というものは、2人以上の当事者の関係で、またこれを判断する裁判官の判断作用を通じて初めて結論が導かれることとなることから、結果に結びつく変数の種類や数が多いため、その業務執行を外から見て、正しく評価することが極めて困難であることによる。弁護士同士でも、他人の業務を正しく評価することは、容易ではない。

それに、第一、大規模な企業の場合と異なり、一般の国民にとって、弁護士に事件処理を依頼することは、一生に一度あるかないかの数少ない機会であるから、その国民に弁護士の良し悪しを見極めろということは、無理な要求である。

ウェブ上で弁護士の情報を公開するとしても、そのような情報から当該弁護士の能力を見極めることなど出来るはずがない。経済的に繁栄している弁護士が、優秀な弁護士であるとか、国民の人権擁護にふさわしい弁護士であるとか言えるものでもない。

したがって、消費者の選択が弁護士の質を高めるという効果は、全く期待できないのである。それが期待できないからこそ、日本の弁護士制度は、国民に仇をなす弁護士が出現しないように、厳しい試験と周到な養成制度を設け、資格と業務を厳しく規制しているのである。

弁護士を継続反復して使用する大企業の場合には、弁護士の増員により、市場原理が働き、報酬が低廉化する効果があるかも知れないが、一般国民の依頼者にとっては、むしろ報酬の高額化が生じるとも考えられる。

ロ．弁護士人口の激増に反対する意見に対しては、マスコミを中心として、「業界エゴ」であるとか、「既得権益擁護を図るもの」とかの非難が浴びせられてきた。

しかしながら、詳しく述べたように、弁護士を過当競争させてならないのは、その業務の独立を害して、国民の権利擁護に支障を来す状況を避ける必要があるからであり、決して弁護士の個人的な利益を保護するためなどではない。

このような批判は、弁護士制度の本質を理解しないことから来るもので、近視眼的で的外れなものである。

ハ．以上のとおり、弁護士の人口は、現実の需要に応じた適正な規模とすることが制度の機能をよく発揮させる所以であり、これを超えて弁護士人口を激増することは、反って国民の基本的人権が侵害される事態を招くものというべきである。

3　ロースクール制度の問題点

（1）法律知識を持つ多数の人材の必要性

民主主義国家が法によって規律されている以上、社会には、法を解釈することの出来る国民が多く必要なことは疑いがない。このことは、洋の東西を問わない問題である。

法運用の専門家たる法曹に限らず、社会のあらゆる分野で、法を適正に解釈運用することの出来る人材が必要で、これをどのように養成するかの国家の基本政策が重要である。

法を知る国民を、どのようにしてどの程度育てるのかは、それぞれの国家の歴史・風土・文化によって様々であり得る。

（2）アメリカの制度と日本の制度の比較

イ．アメリカの大学には日本における様な法学部がない。したがって、アメリカで法律を学んだ人というのは、ロースクールの卒業生以外にはいないことになる（若干の例外があるようだが）。社会には、法の解釈運用が出来る大量の人材が必要なので、アメリカにおいては、唯一の法教育機関であるロースクールで多数の国民に法教育を施すことが必要になる。

アメリカにおいては、1998年当時、181校のロースクールに年間4万3000人の入学者があり、3年間のロースクールには13万人の学生がいるとのことであり（帝塚山大学、藤倉皓一郎教授）、2009年の全米法律専門職協会の年鑑によると、ロースクール修了生の人数は4万4000人とのことであるから、概ねそのようなところらしい（しかし、司法試験合格者の

うち常勤の弁護士職に就けるのは、4割以下との情報もある。いずれもウキペディア出典）。

ロースクール卒業生の7割程度が司法試験に合格すると聞いているし、司法試験合格者（これは全部弁護士と呼ばれる）の累計が110万人を超えたといわれている。

この度の法曹養成制度改革がもたらした法科大学院制度は、アメリカのロースクール制度を導入したものであるが、アメリカと我が国とでは事情が異なり、アメリカの制度を導入するには、それが日本の法教育制度全般とどのように調和するのかしないのかが充分検討されなければならない。
ロ．日本では、大学に法学部があり、その1学年当たりの学生数は、全国で約4万5000人に上る（「司法審意見書」71頁）。これは、アメリカにおけるロースクール修了者の人数と、ほぼ同数である。

22歳で法学部を卒業した法学士が、平均82歳まで60年間生存すると仮定すれば、法学士の累計人数は約270万人となる（昔の法学部生は、それほど多くなかったという問題はあるであろう）。その一部は、大学院を経て修士や博士になっている。

この数は、アメリカにおける司法試験合格者累計数110万人の約2.45倍に当たり、人口比にすれば約6倍となる。すなわち、国民の中で、法教育を受けた者の比率を比較すると、日本はアメリカよりもはるかに多いということになる。

現実にも、我が国において、法学士は社会のあらゆる分野において活躍しており、日本社会をリードしていると言っても過言ではない。

国会議員・地方議員、企業経営者やその他の各分野における第一人者に占める法学士の比率は相当高いと思われ、我が国においては、大学における法教育の効果は十分発揮されていると見ることが出来る。もし、法学部を卒業しただけでは、社会人としての法的な素養が不十分ということであれば（「司法審意見書」61頁）、それは大学教育を見直すべき問題である。

従って、アメリカには110万人の弁護士がいるから、我が国でも弁護士を増やさなければならないとの意見は、この基礎的な条件を考慮しないもので、間違っているといえる。むしろ、アメリカにおいて、法教育を受け

た人材が僅か110万人しかいないことの方が問題と見ることもでき、彼の国においては、更に法教育の拡充を期すことにより、日本における如く多数の人材を配する必要があると解すべきかも知れない。

ハ．次に、社会一般人のレベルではなく、法解釈の専門家レベルで比較してみる。

　アメリカのロースクール卒業生は、入学以前には法律を学んだことがなく、3年間のロースクールにおいて初めて法律を学ぶことになるのであるから、現在の日本のロースクールの未修者コース修了生と同様のレベルではないかと推測される（この点については、法教育の内容も英米法系と大陸法系では大きく異なるので比較できないとの意見もある）。

　更に、日本においては、ロースクール修了は司法試験受験資格に過ぎず、その後司法試験に合格して司法修習を受けることになるのであるから、司法修習修了者は、アメリカの司法試験合格者よりも高度な能力を身につけていると見ることが出来そうである。

ニ．次に重要なのは、日本では、弁護士の外に司法書士、行政書士、税理士、弁理士、社会保険労務士等多数のいわゆる隣接職種があり、それぞれが専門的な教育と試験を受けて、それぞれの分野で活躍していることである。これに比べて、アメリカでは、これらの業務はすべて「弁護士」が取り扱っていのである。

　このように、我が国においては、国家試験によってその能力を担保された様々な専門家がいて、国民は安心してその道の専門家に依頼することが出来る態勢が整備されており、国家が国民に保証する法関係のサービスは、きめ細かくて利用しやすい制度となっている。

　要は、法教育制度や法専門職の制度が、アメリカでは一元的・単層的であるのに対して、日本においては多元的・重層的であって、その全体像を比べれば、日本の方がよほど充実していて、国民に親切な制度が整備されているといえる。

ホ．このように、日本とアメリカを比較すると、国民に対する法教育体制全般も、法律関係職種の制度設計も全く異なるのであって、ロースクール制度だけを単純に導入したこと自体が大きな誤りであったということが出

来る。

（3）従前の法曹養成制度

イ．ロースクール制度制定以前の法曹養成制度は、国民の誰もが受験することの出来る司法試験に合格すれば、後は国費をもって2年間の司法修習を受けさせ、修習を修了すれば、法曹として判事・検事・弁護士になることが出来る制度であった。大学の教養学部を修了している者に対しては、第一次試験が免除されていたが、受験をするのに特段の資格は必要がなかった。

受験には年齢制限や回数制限もなかった（いわゆる丙案は別として）。従って、社会人が司法試験に挑むにも、現在の職業に従事したまま、夜間や日曜日に猛勉強して合格することも出来たし、経済的社会的制約の大きい人も挑戦することが出来た。

ところが、ロースクール修了を受験の条件としたことにより、職業人が職業に従事したまま受験することは殆ど出来なくなったし、ロースクールには多額の費用がかかるので、経済的に苦しい人を受験から排除する結果を招いた。

従前の司法試験は、受験生がその自由意思と自己責任で受験するもので、国家が援助するわけではない代わりに、受験資格を制限されることもなかった。すなわち、従前の司法試験は広く国民に門戸を開き、これに合格して法曹としての基本的な素養を認められた者に、国家の費用をもって2年間の濃密な実務教育を施すことにより、国民に対して、十分な能力を持った法曹を供給することとしていたものである。

法曹への道は、広く国民に開かれているべきとの観点からは、当然あるべき制度であったということが出来る。ロースクール制度のように、法曹になるかどうかも決まっていない者に国費を用いて教育を施し、司法試験に合格できないときは、国費の無駄遣いに終わる制度と比較して、よほど簡明で且つ合理的な制度ということが出来る。

ロ．従前の司法修習は2年間で、当初の4ヶ月は全員を東京の司法研修所に集めて、民事・刑事の裁判について、検察官・弁護士・裁判官の観点か

ら、実務的な教育を施していた。それが終了すると、全国各地に派遣し、やはり検察・弁護・民事裁判・刑事裁判の実際をそれぞれ４ヶ月ずつ体験させると共に、法曹としての心構えをマンツーマンシステムによってたたき込み、最後の４ヶ月は再び東京に集めて、仕上げの教育を施す制度となっていた。

又、様々な社会的な場面を見聞・体験させることにより、知識・経験を積み重ねさせるための多様なカリキュラムが用意されていた。

弁護修習においては、弁護士会で配属修習生全員を対象にした合同修習や模擬裁判、見学旅行等を実施するが、それ以外は、指導弁護士の下で日夜見習いに励むことになる。正規の弁護士業務ばかりではなく、弁護士業務の裏側や弁護士の家庭生活を見せたり、修習生の将来に役立つと思われる様々な経験を積ませるのである。

４ヶ月間の弁護修習では、指導を担当する弁護士に多額の自費負担も発生する。事務所にデスクや事務用品を用意したり、行く先々の旅費、宿泊代、食事代、入場料等はすべて指導弁護士の負担であるし、飲み代やテニス・ゴルフ・登山などを通じて社会を見学させる費用などまで含めると、その費用はかなりの額に上る。

指導担当の弁護士は、その修習生が弁護士になるのか裁判官や検察官になるのかを問わず、一律に指導し、費用負担もする。

そのような費用負担をしてまでも、司法修習に心血を注ぐのは、後輩の養成は法曹共通の社会的な責務であると認識していることと、指導弁護士自身も同様にして先輩法曹から養成されてきたことに対する恩返しと認識しているからである。

最近の司法修習は、期間が１年に短縮されて、じっくりと学ぶ余裕がなくなったことと、修習終了後の進路が厳しいことから就職活動に時間を割かれ、修習に専念できなくなっていることから、限られた効果しか期待できないものになってしまっているが、従前の司法修習は、単に実務を習得させるにとどまらず、法曹としての精神・情熱・倫理を注ぎ込み、自覚を備えさせる場であり、他の制度をもってしては代替できない勝れた制度であった。

このように、連綿として受け継がれてきたマンツーマン方式による司法修習こそは、プロフェッションの養成に必須の教育制度といえるであろう。

ハ．司法修習の経験やそこで学んだものは、その法曹の一生の財産ともいえるもので、以後の仕事と生き様を左右する程の重要な影響を修習生に与えてきた。

　このような制度が、法曹を養成するための大変優れた制度であることは、この教育を受けた者の間では、殆ど異論を見ないところであろう。

　今回の改革は、司法修習を１年に限定することにより、体系的に勝れた法曹教育制度であった司法修習制度を崩し、ロースクールという無用のプロセスを導入したものと評することができる。

　新たな法曹養成制度を論じるときは、従来のこの制度の功罪を正しく把握することがどうしても必要になる。

ニ．更に、司法修習制度の重要性は、判・検・弁の法曹三者を統一的に養成する点にある。統一修習制度は、いわゆる法曹一元の理想に向けた段階的な制度と位置づけられるが、三者を統一的に教育することにより、三者間の差別意識をなくし、相互理解を図ることは、司法を民主化するためと訴訟制度を円滑に運用するために欠かせない制度である。

　弁護士が裁判官や検察官と対峙するとき、２年間の同じ教育を受けて来たいわば同僚ないし先輩後輩という様な感覚の下、同じ土俵で相撲を取ることが出来るのは、とても重要なことである。

　とりわけ、司法界においては、官尊民卑の風潮は排除されるべきであるが、統一修習はその目的を達成するために大変有効で、制度発足以来、我が国の司法を民主化するために、極めて重要な働きをしてきたと評価することができる。

（4）ロースクール制度の問題点

イ．国民が法曹になる権利は、憲法上の職業選択の自由として、最大限尊重されるべきは当然である。また、法曹になる機会は、公平に保障されなければならず、合理的でない事由により差別されてはならない（法の下の平等）。

従って、司法試験の受験を資格によって制限する場合は、合理的な制約に止めなければならない。
　ところで、ロースクールの修了を司法試験の受験資格とすることは、合理的な制約の範囲内といえるであろうか。ロースクールに入学するには、平行して職業を持つことは原則として出来ない（少数ではあるが、夜間課程を持つスクールもある）。
ロ．ロースクールに入学し修了するには、相当な費用がかかる。現在のロースクール生の多くは、借金でもって学費と生活費を賄っているといわれ、ロースクールを修了して司法試験に合格した修習生の53％は平均318万円の借金をしている。
　これでは、経済的に余裕のない者はロースクールを諦めなければならず、法曹の資格を通じて国民の間の経済格差を拡大する結果を招く怖れもある。借金をしなければ、入学・卒業出来ないロースクールは、多くの国民から受験の機会を奪っていると見るべきである。
ハ．また、地理的・身体的条件、家族の介護の関係で通学できないなどの生活環境からして、ロースクールに入学することが困難な者も少なくないと推測されるが、それらの者にとっても、ロースクールは不合理な差別に当たるというべきではないだろうか。現実のロースクールは、言語・聴覚・視覚等の障害者などに配慮された制度ともなっていないようである。
ニ．ロースクールに入学できないときに、そのルートとは別のルートが保証されているのであれば、あまり問題はないかも知れない。
　現行の司法試験にも、予備試験のルートが用意されてはいる。予備試験制度が今後どのように運用されることになるのかは、未だ明らかではないが、平成23年の実績によれば、合格者116名という狭き門となっている。
　この道を広ければ、ロースクールの存在意義が薄れて、ロースクールは生き残れないと考えられているからである。となれば、予備試験のバイパスは、実質的に機会均等を保障するものとはなり得ず、機会均等の原理に反するとの批判を避けるための体裁に堕することとなる。日弁連等が「バイパスを狭めろ」というのは、不合理な差別を是認するもので、法律家の言う事とも思えない。

このように、ロースクール卒業を受験資格とすることは、あまりにも窓口を狭めるもので、合理的と評することは困難である。従って、ロースクール制度は、国民の職業選択の自由を侵害する怖れがあり、法の下の平等にも反する怖れがあって、憲法抵触性があるといわなければならない。
ホ．ロースクールを卒業するまでもなく司法試験に合格する能力のある者を想定するとき、この者にロースクール教育を強制することには合理的な理由がなく、この者に受験させないことは不当な差別というべきであろう。
　規制改革を叫ぶ人々は、法曹への新たな参入規制というべきロースクール制度にどうして異議を唱えないのであろうか。
ヘ．この度の法曹養成制度改革の理由として、大学における法教育と法律実務とが乖離しており、従前の司法試験制度の下では受験予備校が繁盛して学生の大学離れを起こし、ダブルスクール化している（「司法審意見書」61頁）、試験答案は金太郎飴の如く同じ答案が並び、司法試験という一回的な試験では、本当の能力を試すことは困難で、これに代えて法学教育・司法試験・司法修習を有機的に連携させた「プロセス」としての法曹養成制度が必要であるといわれ、その中核をなすものとしてロースクールが設けられてきた。
　しかしながら、この基本的な発想自体が問題である。大学教育と実務教育は異なる段階であり、理論的な法学を学んだ者の中から司法試験によって選抜をなし、合格者に実務を教育することで特に問題があるとは思えない。
　ロースクールによって理論的な法学と法律実務の有機的結合を図るといわれているが、ロースクールに実務的な科目を含めれば、両者が有機的に結合するということになるのであろうか。そもそも、乖離しているとか有機的に結合させるとかは何をいうのかも、実は明らかではない。単に、教育目的の混乱を招くだけと評することもできる。
ト．従前の司法試験による判定を、「点」によるものと比喩することも問題である。
　司法試験は、一次試験、二次試験に分かれ、二次試験には短答式・論文式・口述式と3段階の試験が含まれる。このような試験制度は、法曹適格

を確実に判定するための制度として考え抜かれたもので、単なる偶然や運によって突破できるものではなく、十分な素養を持たない者が合格することは殆どなかったといえる。少なくとも、ロースクール制度の下におけるよりは確かな結果を導いていたのではないだろうか。

更に、ロースクールにおける教育自体が、法曹養成のプロセスとしてどれだけの効果を上げることが出来るかについても、疑問がある。

ロースクール修了後、司法試験による選抜を通過しない以上、法曹にはなれないのであるから、学生が司法試験に合格するための勉強に傾いてしまうのは当然で、落ち着いて幅広い勉強をするという理想の実現は実際上果たされてはいない。ロースクール生の不安を払拭して、試験対策に惑わされないプロセス教育を実現しようとすれば、ロースクール修了生の殆どが司法試験に合格する様な制度としなければならないが、未習者は入学試験で法律的素養の有無が試されている訳ではないのであるから、その大部分が合格するような司法試験では、到底法曹の質を確保することはできない。

逆に、ロースクールの入試において法律的な素養を試すことにすれば、ロースクールの入試がすなわち司法試験の実質を持つことになり、それならば、従前の司法試験をロースクールの入学試験に置き換えたことになってしまい、目指す「プロセス教育」ではないことになってしまう。

いずれにしても、プロセス教育の理想を実現することは出来ない。

このように考えてくると、現在のロースクール制度よりは、従前の司法試験と司法修習制度の組み合わせの方がよほど合理的であったといわなければならない。

チ．既に述べた如く、未だ法曹適格を判定されていない者に法教育を施しても、結果として司法試験に合格しなければその教育は無駄になるというのは、試験と教育の順序が逆だからである。

法曹になれるかどうかが未知数の者に、莫大な時間と費用を掛けさせて実務教育を施すことに、どれだけの意味があるのであろうか。既に、いわゆる三振アウトとなった者とロースクール修了後5年間の経過により受験資格がなくなった者の累計が3118名にのぼるのである。これらのロース

クール修了者にとっては、実務教育が所期の目的を達したとはいえないであろう。

リ．従前の制度を改め、ロースクール制度を導入した思想自体も問題である。

司法審意見書は、法科大学院における教育理念として、「『法の支配』の直接の担い手であり、『国民の社会的生活上の医師』としての役割を期待される法曹に共通して必要とされる専門的資質・能力の習得と、かけがえのない人生を生きる人々の喜びや悲しみに深く共感しうる豊かな人間性の涵養向上を図る」と述べている。

しかしながら、ロースクールにこのような教育理念を押しつけて、その習得を受験資格とすることは、正しいであろうか。

まず、「法の支配の担い手」が何を意味するかには、おおいに問題がある。意見書は、行政改革会議最終取報告書が、「法の支配こそ、我が国が規制緩和を推進し、行政の不透明な事前規制を廃して事後監視・救済型社会への転換を図り、国際社会の信頼を得て繁栄を追求していく上でも、欠かすことのできない基盤をなすものである」と述べていることを引用して、そのための改革をすべきことを求めている（13頁）し、その他各所において法の支配を強調しており、この言葉は意見書のバックボーンを形成している。

法の支配を社会の隅々にまで及ぼすという考えは、一見、国民の権利擁護に資するもののように見えるが、果たして国民はそれを望んでいるのであろうか。社会に生じる様々な問題は、法的に処理されるほか、家族や知人や地域社会の中で、愛情や友情や思いやりや、慣習や自治的ルールや宗教の力や誰かの仲介で解決されることの方が圧倒的に多いものである。

それらの解決ができないときに初めて、法による解決が求められるのであろう。したがって、社会の隅々まで、法のサービスを行き渡らせるとして、大量の弁護士を養成することが、国民の要望に応える所以であるのかは、じっくり考えるべきことである。意見書の掛け声どおりに受け容れることには問題がある。

次に、「国民の社会生活上の医師」は何を意味するものか明らかではな

い。医師と同様に身近にあるという意味で法曹の数をいうのか、ホームドクターと同じ意味での不断からの接触をいうのか、それとも外の意味なのか、不詳である。

　この言葉は一人歩きをして、改革賛同者によってあらゆる場面で使われているが、おそらく、この言葉を多用する人たちの間でも、統一的な理解はないものと思われる。改革のための教育理念を示すのに、このような情緒的で不明確な言葉を使うことは不適当であろう。

　更に、「かけがえのない人生を生きる人々の喜びや悲しみに深く共感する」などの道徳的な価値は、国家制度としての法曹養成制度の教育理念を示す基準として、適当であろうか（「人々」にわざわざ「かけがえのない人生を生きる」と言う修飾語を付ける点にうさんくささを感じるのは私一人であろうか）。

　人々の喜びや悲しみを理解すること自体は、法曹の要件といえるかも知れないが、「これに深く共感しうる豊かな人間性」まで求めるのは、余計であろう。このような人生態度若しくは道徳感は、個人の思想信条の分野に属する事柄で、国家が強制すべきものではない。このような素養は、資格を取得した後に、各人の責任で自主的に磨くべきもので、司法修習においてその助力をするというのであればまだしも、それをロースクールの教育理念として受験生に強いることは、許されないというべきである。

ヌ．このこととの関連で、近時弁護士のあり方としても、高度の人格的水準が要求されるかのように論じる向きがあるが、弁護士は聖人君子でなければならないというわけではない。

　弁護士は、法律の解釈運用の能力を備えることは必須であるし、法と良心のみに基づいて依頼者のために誠実に職務を処理する心構えが求められるのは当然であるが、例えば「人々の喜びや悲しみに深く共感する」などの人格面の資質を弁護士の要件とすることは、正しいとはいえない。

　このような素養は、実務の実践の中で、自己の基準に従い、自主的な研鑽として養われるべきものというべきである。

ル．現行の司法試験は、ロースクール卒業後5年以内に3回までの受験しか認めていない。しかし、3回を超えてはいけないとすることには合理的

な理由がない。

　推測するところ、受験を繰り返す者が増えれば、合格率が低くなり、「7、8割の合格率」というセールスポイントが成立しなくなるからであろう。すなわち、7、8割という誘い文句で受験生を誘導するために、3回以上の受験生に犠牲を強いていると見ることが出来る。

　5年程度で司法試験を諦めて他に転進した方がよいから、この制度は本人のためだとの意見もあるが、それは当人が自己責任でもって判断することで、他人が強制することは「大きなお世話」というものである。

　この点においても、現行制度は不合理な差別の制度であり、法の下の平等に反するというべきで、国民の基本的人権を侵害するものと考える。

ヲ．ロースクール修了生には「法務博士」の称号が与えられることとなるが、いわゆる三振アウトとなった法務博士の就職も問題になっている。

　ロースクールを卒業しながら法曹界以外に就職先を求めるのは、司法試験に3回落ちたことを明示するに等しく、法務博士の称号は、就職には無意味どころかその障害になるので、これを掲げて就職活動を行う者はいないということのようである。

　就職活動において隠さなければならない資格とは、何ものなのだろう。「法務博士」の称号が社会から評価されないのは、それが単なる受験資格に過ぎず、社会が必要とする資格ではないからである。

　国家は、司法試験受験の資格としてロースクール修了を要求しておきながら、三振アウトとなれば何の責任も負わないというのでは、あまりに無責任ではないであろうか。

　従前の司法試験受験生の場合は、受験を続けた事により年齢的な問題を抱えることにはなったとしても、ロースクールを卒業しながら司法試験に合格できなかったという烙印を押されるわけではなかった。三振アウトとなった者の再就職は深刻であるが、なぜ深刻なのかを考えなければならない。この問題は、ロースクール制度そのものの矛盾から生み出されるというべきである。「7、8割合格」のキャッチフレーズに乗せられた当初の受験生が、国家的詐欺と怒るのも当然である。

　逆に、その法務博士の養成に、多額の国費を投入した（補助金以外にも

判事・検事・公務員を教員として送り込んでいる事も国家の負担である）ことが無駄になったことについて、国民に対する責任はどうなるのであろうか。

　平成24年には、三振アウトとなった者とロースクール修了後5年間の経過により、受験資格がなくなった者の累計が、3118人にのぼるのである。
ワ．法曹養成制度は、従前の制度のように、司法試験によって能力が認定された者を対象に、国家の責任で養成するのが自然である。司法試験に合格した者は、法解釈の能力が認められたのであるから、本来ならば、直ちに業務を開始しても良いはずである。

　しかし、実務を習得しなければ、適正な法律事務処理が出来ないのも事実であるから、国家が国民に対して、理論的にも実務的にも十分な能力を備えた弁護士を供給する義務を負っているとの制度の趣旨に照らし、司法試験に合格した者に司法修習を強制すること自体は、充分合理性が認められるが、修習を強制する反面として、国家がその者の生活を保障しなければならない事も、また当然である。

　平成22年には司法修習生の給費制廃止が問題になり、23年から実施に移されたことは誠に残念である。

　この給費制維持運動は、修習生が多額の借金を抱えているとしてその窮状を訴えることが中心であったが、そのような借金漬けの法曹を送り出すことは、国民に対する国家の義務を果たすことにはならないとの観点からは当然としても、給費制が国家の義務である点を明らかにしなかった点においては的外れであった。

　単に窮状を訴えたにすぎなかったことから、「借金は修習生に限らない」とか、「裕福な修習生には給費制は必要ない」とか、「返済期間が長いから問題がない」などという的外れな反論を招いて混乱したのである。

　給費制は、修習生にとっての恩恵などではなく、国家が修習生の人生を拘束することに対し、国家の義務として支給されるものである。

（5）ロースクールをめぐる問題の根本原因

　以上の検討から、現在の法曹養成制度は、根本的に誤った発想に基づい

ていることを見てきた。

　２年間の学部教育を含む４年間の大学教育、２年間の実務修習という従前の制度に２年間または３年間のロースクール教育を上乗せする（代わりに修習機関を１年に短縮した）現在の制度は、屋上屋を架するもので、合理性に欠けている。

　このような「改革」がなされたのは、国民に対する法教育全体の仕組みも、法律関係職種の制度や体制も全く異なるにもかかわらず、それらの違いを無視してアメリカの制度を無批判に取り入れたことによるものである。法務省と文部科学省合同の研究機関が作成した「法曹養成制度に関する検討ワーキングチームにおける検討結果」においてさえも「新たな法曹養成制度は、制度全体が悪循環に陥りつつある」と指摘され、「ロースクールの統廃合を含む組織見直しを促す必要がある事に異論はない」と述べられている状況なのである。

　しかし、ロースクール制度は、制度設計の基本理念が間違っている訳であるから、一部のロースクールの廃校や定員削減や教員の充実や卒業の厳格化などといった弥縫策では、到底解決できない問題である。

　法曹養成制度をあるべき姿にするためには、現在の制度を可及的速やか廃止し、制度の根幹を見直す以外に道はないであろう。

（6）司法試験は単なる資格試験ではない

　司法試験は資格試験であるから、その資格をどの水準で要求するかは、国家政策として自由に設定することが出来る、だから合格水準を下げて、法曹の自由競争を促進すべきであるとの論があるが、この論は誤りというべきである。

　既に詳しく述べたように、弁護士は国民の憲法上の権利擁護の使命を充分果たせる様に、厳格に選別され、十分な研修を施さなければならないのであって、そうでない限り国家は国民に対する責務を果たしたとはいえない。

　弁護士は、様々な側面で独立していなければならない。そのためには、過当競争にならないように、社会の需要に見合うように、人数を調整して

養成しなければならない。

　したがって、司法試験は法曹に必要な知識能力の水準を保つという点で資格試験であり、人数を調整する必要があるという点で競争試験であり、両方の要素を持つ試験というべきである。法律事務の需要と供給を適合させる事により、初めて弁護士の業務の独立を保障することが出来るのである。

　この点は、医師につき、適正な医療を確保する観点から、医学部の定員を国家が管理調整していることと同様である。

4　まとめ

　法曹養成制度をめぐる問題状況は、司法審意見書を出発点とするものである（底流としてその以前からの動きがあったことは、ここでは捨象する）。

　司法審意見書は、法曹養成制度の設計を誤ったばかりでなく、そのいうところの「21世紀の司法」のグランドデザインを描き誤ったのである。それは、司法をめぐる現在並びに将来の状況把握を誤り、我が国における司法の位置づけを誤ったからである。

　司法審がロースクール制度を検討していた当時から、心ある弁護士達は、今日の状況を予想していた。法学部を持つすべての大学にロースクールが出来ることを防止できないだろう、ロースクールの格差が拡大し弱小ロースクールは廃止の憂き目を見るだろう、7、8割の合格など実現するはずもないから国は空手形を発行したと非難されることになるだろう、弁護士人口が急激に増え過ぎて新規参入者は仕事にあぶれるだろう、そればかりか、既存の弁護士も経営の危機に見舞われ全体として公益業務は先細りになるだろう、弁護士会は求心力を失って独立が危うくなるだろう、などの予想をしていた。

　そのようなことは、実は、法曹界の実情を知り、法曹制度をまじめに心配する者には、当時から明らかなことで、きっとこのような状況になるだろうと話し合われていた。そして、当時からこのような改革には反対の声

を上げていた。弁護士界内には、このような改革に反対する声が少なくなかったのであるが、当時の日弁連執行部はこのような間違った司法改革を推進してしまった。

　日弁連も、この判断の誤りを認めて、反省しなければならない。

　出発点において誤ったばかりか、見直しに取りかかるのも遅きに失したというべきであるが、法曹養成制度を見直すためには、出発点における状況に立ち返って、改めてあるべき司法のグランドデザインを描き直すことが求められているのである。

Ⅵ 司法と法曹の役割、司法修習と給費制

松浦　武

1　はじめに

　政府の「法曹の養成に関するフォーラム」は、司法修習生の給費制について、平成23年8月31日、給費制を打切る方向での、「第一次取りまとめ」（以下これを「第一次取りまとめ」と言う）を発表した。
　しかしながら司法修習制度は、国家の三権の一つである司法を担う、枢要な公共的使命を有する法曹三者（裁判官、検察官、弁護士）を、直接に養成している制度であることから、きわめて公共性の高い制度である。「第一次取りまとめ」は、司法修習制度の公共的意義を無視ないし看過したものであって、以下述べるように、不適切な意見であると言わざるを得ない。

2　司法の役割と法曹三者（裁判官、検察官、弁護士）の業務

（1）国民が求めている社会と社会秩序
　国民が、国政に求めるものは、種々あると思われるが、その中で、最も基本的普遍的に求められている根元的なものは、「安心して暮らせる社会」の確立である。
　この「安心して暮らせる社会」とは、国民生活において、基本的人権が擁護され、社会正義が実現される社会である。基本的人権には、自由権のほかに、社会権といわれる、生命と健康の保持、労働権、アメニティ権、環境権、健康で文化的最低限の生活を営む権利などが含まれる。そして、基本的人権が十分に保護され、社会正義が実現される社会は、今後益々求められ、人間社会の社会秩序の根幹をなすものと考えられる[1,2]。従って、基本的人権の擁護と社会正義実現の政策は最も重要な公共政策である。

（2）国民が求めている社会秩序、司法及び法曹三者の役割
　基本的人権の擁護と社会正義実現の政策は、立法、行政、司法等の国の三権は、すべてが対処すべきものであるが、そのうち、司法は、国政の中

で、具体的事件を通じて、人権擁護と社会正義実現をはかる最後の砦の役割を果たす、きわめて重要な国家制度である。

従って、このような司法を担う法曹三者は、司法の目的即ち人権擁護と社会正義の実現を果たす重要な公共的使命を担い、公共的業務を行っているものである。

特に弁護士は、裁判官、検察官とは異なり公務員ではないが、憲法上、刑事裁判には、人権擁護と社会正義の実現のため、弁護人として参加しなければならないとされている憲法上の機関である。また、民事訴訟・行政訴訟において、司法が人権擁護と社会正義実現の機能を果たすためには、弁護士が関係者を代理して具体的事件を取り上げて訴訟を提起しなければ、裁判もあり得ないことから、司法は機能しない。また、訴訟提起したからといって簡単に認められるものではなく、実際には、弁護士が具体的事件の中から、問題点を抽出し、判断資料や、具体的な人々の利害、意識などを、証拠調べ、弁論を通して、裁判所に伝え、さらにはその政策的争点を避けて通ることのできないぎりぎりの二者択一的な問題として裁判官につきつけていくといった、弁護士の法廷活動があってはじめて、裁判所の人権擁護や、社会正義に資する政策形成判決がなされるのである[3]。

これまでなされた、公害裁判、薬害裁判、消費者裁判で、その成果が示されているが、いずれも弁護士の多大の努力に負うものである。

刑事裁判において、最高裁判所において確定した死刑囚等が、弁護士の努力により再審無罪になるケースが多くみられるが、この場合は、法曹三者のなかで司法における弁護士の役割が顕著といえる。

また、通常、既存の法基準には、しばしば矛盾や不備が存在していることは周知の事実であり、こうした場合、裁判官、弁護士等司法に携わる法専門家はこれを補充・修正していく一種の創造的作業を行うものとされている[4]、従って一般の事件においても、弁護士は、人権擁護と社会正義実現の使命のもとに事件処理を行うことにより[5]、司法による人権擁護と社会正義実現の社会秩序が維持され創造されるのであって、弁護士は公共的使命を果たしているのである。識者によっては弁護士は、「裁判官同様、あるいは裁判官以上に重要な司法の担い手である」[6]とも言われているの

である。

　なお、弁護士は、予防法学的業務、あるいは交渉業務等の裁判外業務にあっても、弁護士業務の人権擁護と社会正義実現の「使命性」を離れた業務を行ってはならない。「使命性」に基づく客観的な判断こそが、通常、裁判所においても正当と認められ、依頼者にとって結果的には利益になるはずのものである。また、そのことによって弁護士の正当な信頼が維持されるのである。弁護士は、業務基準について使い分けをしてはならない。

　弁護士は、弁護士法１条により、「弁護士は、基本的人権を擁護し、社会正義を実現することを使命とする」（以下弁護士の「使命性」という）とされているものである。

　この使命は弁護士のみの使命ではなく、裁判官、検察官も同様使命を有する者である[7]。そしてこの使命感を有し堅持し、司法の場や司法外の法的業務において、これを実践していくことができる倫理的質は、司法を担う法曹三者の一人である弁護士にとって、必ず保持しなければならない重要な質である。

（３）法曹三者の業務の重要な公共性

　以上述べたように、司法は、具体的事件を通じて、国民生活における人権擁護と社会正義の実現につき、国政における最後の砦として、きわめて重要な国家的、公共的役割を担うものである。そして、それを担う法曹三者が、それぞれ、人権擁護と社会正義実現の使命のもとにそれぞれの立場で、司法を担い、協力（対立的協力を含む）して司法業務を行うことによって、国民の求める人権擁護と社会正義の実現のための社会秩序が達成できるものである。このように弁護士を含む法曹三者の業務は、いずれも、きわめて重要な公共的業務である。従って、司法を担う法曹三者の養成はきわめて重要な国家事務である。

3 あるべき法曹養成制度

(1) 法曹三者養成制度のあり方

　司法は、裁判により、具体的事件を通じて国民の個々の人権を守り正義を実現していくものであり、国政上これらの権利を守る最後の砦となっており、重要な責任を課されている。

　法曹三者は、この司法を担うものであるから、当然のことながら人権擁護と社会正義の実現を使命とし、司法を通じてその実現を図らなければならない職務である。弁護士法1条は、弁護士の使命としてこのことを明記しているが、これは、弁護士のみではなく法曹すべての使命である。

　そして、制度を支えるものが人である以上、法曹養成制度を、いかにつくり、いかに維持していくかは極めて社会・国民にとって重要なことである。

(2) 戦前の法曹養成制度

　戦前は、裁判官・検察官の養成は、司法官試補制度（修習期間1年6ヶ月）があり、また、弁護士の養成は、弁護士試補制度（修習期間1年6ヶ月）が遅れて発足したが、裁判官・検察官の養成とは分離されていた。裁判官・検察官の養成は、国費をもって行っていたが、弁護士の養成はなおざりにされていた。そのため、弁護士の力が弱く、裁判官・検察官に対向して、国民の人権や正義を守る力が弱かった。一方、裁判官、検察官となるものは、最初から官僚として修習を受けることから、国民の立場に立って考えるという訓練ができなかった。これらのことがあいまって、戦前は国民の人権や権利は十分守られなかった。

(3) 戦後の法曹養成制度（司法修習制度）

　戦前の法曹養成制度では、国民の人権や権利は十分守られなかったことの反省から、戦後の司法の民主的改革の一つとして、修習期間2年の司法修習制度が制定された。裁判官・検察官及び弁護士となろうとするすべて

の者が、修習の最後まで、統一・平等の修習を受ける。従って司法修習生の修習目的は、法律実務家（法曹）となるための専門教育であると共に、裁判官、検察官及び弁護士という法律実務家の三部門について基礎教育であるとされている[8]。

司法修習期間は2年であった。最初、司法研修所において4ヶ月、実務修習において十分修習の効果をあげうるための準備的、ガイダンス的意義を有する教育を受ける（前期修習）。その後、現地の裁判所、検察庁、弁護士会での実務修習16ヶ月（民事裁判、刑事裁判、検察、弁護各4ヶ月）を行い、そして最後に再び司法研修所で4ヶ月、仕上げと終了試験を受ける（後期修習）。修習を終了した後、裁判官・検察官または弁護士の道を選ぶ。

（4）司法修習期間2年の意義

イ．上記修習制度は、戦前の判・検事の実務修習制度であった司法官試補制度（期間1年6ヶ月）と弁護士の実務修習制度であった弁護士試補制度（期間1年6ヶ月）を統合し、判・検事・弁護士の修習を、統一・平等に行う制度となった。従って、両者を統合した修習期間は、本来、司法官試補期間及び弁護士試補期間の合計3年でもよいはずであるが、ぎりぎりに期間を短くし2年となったものである。当初の司法修習制度の創設時には、連合軍司令部担当者からの質問に対し、司法関係者を含む国側担当者は、「裁判官としての仕事、検事としての仕事、弁護士としての仕事すべてを一通り修習するのであって、その期間が合計2年であるから長すぎることはない」と説明している。給与支給について司法省側は、「司法修習生は、裁判官、検察官になるのに必ず経なければならないものであるから給与を支給する。また、弁護士も国家事務を行うものであるから弁護士になるものについても同様のことがいえる」と説明している[9]。

また、昭和30年頃の「司法教育」座談会において、当時の司法研修所長は、修習期間2年について、若干延長してもよいのではないか、弁護士会同様裁判所や検察庁も実務修習期間の延長を希望している旨の発言もあり[10]、実際に運営した結果として修習期間2年は、むしろ短いとさえ考え

ロ．修習期間2年のうち、現地における実務修習は、法曹を養成するための中核となる修習である。

戦前の法曹養成制度においては、裁判官・検察官の実務修習は1年6ヶ月、弁護士の実務修習は1年6ヶ月であった。戦後の司法修習制度はこれを統一し、裁判・検察・弁護の三分野の実務修習をすべてに対し平等に行うのであるから、三分野合計で16ヶ月（1年4ヶ月）という制度は本来短いくらいである。これより短くすれば見学に堕してしまい、生きた事件にふれ、社会の複雑さと国民的立場にたつ人権感覚を体得するという最も重要な修習目的を失うことになる。

2年の修習期間は、終了すれば直ちに独立した法曹として国民の人権と正義にかかわる極めて重要な職務につくことを考えると最低限の期間である。

（5）2年間の統一・平等の修習制度の社会的、国民的有益性

イ．2年間の統一・平等の修習は、法曹三者の地位・力量を均衡させる。法曹三者のうち特に権力をもたない弁護士が、他の二者と対等の立場で国民の人権と正義をめぐって争える体制がとり得るときに、はじめて国民の真の人権と正義が守られ得るものである[11]。このように法曹三者を養成する修習制度は、国民の人権と正義を守る観点から極めてすぐれた制度である。そしてその評価も高い[12,13,14]。

戦後、日本において弁護士・弁護士会が、国民の人権擁護と正義の実現に大きく寄与し社会的評価を高めていることは、この戦後の統一・平等の修習制度の成果である。

ロ．弁護士にとって、民事裁判、刑事裁判、検察の実務修習は、弁護士能力を高め、国民の人権と正義を守ることに寄与する。

弁護士となるものにとっては、実際に現地の裁判所、検察庁での民事裁判4ヶ月、刑事裁判4ヶ月、検察4ヶ月の実務修習を行うことにより、裁判所、検察庁の人権と正義についての考え方を知り司法運営の実情に対する理解を深めることができる。このことによって、弁護士になったとき、

如何にすれば司法の場において人権と正義の実現をはかることができるかの実際的展望をもつことができ、自信をもって弁護士としての事件処理ができる。司法研修所所長をつとめ後に最高裁判事にもなった司法界の先達は、修習生は志望している以外の二分野を良く修習する必要があるとし、弁護士になるものこそ、裁判官や検察官の仕事を良く修習するべきであると言っている[15]。

ハ．裁判官・検察官になる者にとって、弁護士会での4ヶ月間の実務修習は、官僚性をうすめ、国民的立場と視野をもつ、裁判官・検察官を育て、国民の人権と正義を守ることに寄与する。弁護士修習の実務を行うことにより、依頼者たる一般国民に接し、その実情や、思いを理解修得することができる。このような弁護士修習は裁判官・検察官の官僚制をうすめるものであり、人権感覚のある民主的法曹として育つためには極めて重要な修習である[16]。

ニ．更に、2年という期間、裁判官・検察官及び弁護士になろうとする、立場が異なる三者が、ともに生活し、その間、日常的に対話や議論を行うことによってそれぞれの職務について視野が広がり、幅広い有用な法曹として育つ。このことが法曹となった場合、互いに協力して（対立的協力を含む）、司法による正しい人権と正義による解決をし、社会、国民にとって有用な人権と正義にかかわる社会秩序を形成することに寄与する[前掲12, 13, 14]。

（6）オン・ザ・ジョブ・トレーニング導入の修習期間短縮論

2年の修習期間については、法曹になってからそれぞれの組織においてオン・ザ・ジョブ・トレーニングを行うことにより、研修効果もあがり、修習期間は短縮できるとの意見がみられる[17]。しかしながらこの意見は、戦前の反省のもとに戦後発足した司法修習制度の理念、本質を理解していない考え方である。

戦前の分離修習の方法では、国民の人権と正義を守ることは十分でないとの反省から、現行の修習制度が生まれたのである。2年間の修習制度の意義は、それぞれの組織に入って、オン・ザ・ジョブ・トレーニング等が

開始されるまでに、2年間の統一・平等修習を行うことにより、法曹三者の地位、力量の均衡を図り、国民の人権と正義を良く守ろうとしているのであり、また、それぞれが他の分野の実務修習をすることによって、それぞれの単独の職場で分離的に修習するよりも国民の為の法曹として効果があがること、更には、2年間、判・検事・弁護士となるものが、いわば生活を共にして統一・平等の修習をすることによって、偏らない広い視野が生じ、このことが法曹人として重要である。

即ち、この修習2年間の意義は、志望別にそれぞれの職場で直ちに修習することを否定し、法曹三者の各職域で、平等に実務修習をすることにより、国民の人権と正義を守ることに寄与する民主的法曹を育てる基礎となるもので、2年間は実際上必要であり、削減できないものである。

修習期間短縮とひきかえのオン・ザ・ジョブ・トレーニング論は、修習制度の意義、理念に沿わない議論である。

(7) 修習期間1年の制度の不当性とあるべき法曹養成制度

イ．平成10年採用の司法修習生（52期）まで2年が続いていた。その後司法試験合格者数の増加をはかったことから、平成11年採用の司法修習生（53期）から司法修習期間は1年半となり、各実務庁会の実務修習は各3ヶ月となった。そして平成18年からの新司法修習では、弁護士の需要予測の誤まりと、市場原理主義にもとづく考えのもとに、飛躍的に増大させることにした司法試験合格者と、それにともなう司法修習生の増員をはかったことにより、司法修習生の受入能力の関係から司法修習期間は1年間になり、各実務庁会の実務修習期間は各2ヶ月となった。

修習期間1年、そして各実務修習が2ヶ月となった制度は、司法の各実務を、いわばかけ足で見学してまわったという効果しか得られず、きわめて中途半端なものであり、国民の人権を守り、社会正義を実現する力量のある法曹を育てる効果は得られないものであって、国民の期待する質を備える法曹を育てる制度としては不十分である。従って、国民のためにあるべき法曹養成制度は、前述した、評価の高かった従前の期間2年、そのうち実務修習を各分野4ヶ月合計16ヶ月とする統一・平等の修習制度であ

り、これは変更されるべきではなかったのである。

ロ．法科大学院制度は、発足して数年たった現在、後述のように、平成22年に行われた政府の「法曹養成制度ワーキングチーム」における検討結果によれば、「法科大学院志願者が年々減少し」、「新たな法曹養成制度は、制度全体が悪循環に陥りつつある」と表明されている。

そして現実にも、後述のように、弁護士需要の予測を誤ったことにより、司法試験に合格したものであっても就職難にあえいでおり、また合格しないものは、法科大学院生時の多額のローンをかかえたまま一般就職も困難な状況にある。

即ち、今回改革された法曹養成制度では、従前の2年の修習制度のような国民の人権と正義を守る法曹養成制度とならないばかりか、長期間の在学と学費を要し、その結果も法科大学院生にとって悲惨な結果をもたらしており、また、ひいては司法に人材が得られなくなる危惧すら生じている。

国民にとって、人権擁護と社会正義の実現をはかる最後の砦である司法を担うべき法曹を育てる法曹養成制度は、きわめて重要な公共制度である。それにもかかわらず、ほとんど結果について検証もせず、市場原理のもとに法曹養成に特化した法科大学院を創設し、修習期間を1年とした法曹養成制度への改変は、大きな誤りをしたものであるといわねばならない。

従って、国民のためのあるべき法曹養成制度としては、評価の高かった従前の修習期間2年の司法修習制度をすみやかに復活すべきである。

従って、また、司法試験も、受験資格を含め、従前の司法試験制度に戻すべきである。

そして、法科大学院は、法曹養成に特化することをやめ、今や手薄となって問題化している研究者養成を主とし、他のニーズを開拓することを考慮すべきである。

4　司法修習生の給費制について

(1) 法曹養成に関するフォーラムの「第一次とりまとめ」

法曹養成フォーラムの「第一次とりまとめ」は、従来、司法修習生に給

与を支給していた理由について、「戦後採用された統一修習の下、司法修習生が修習期間中の生活の基盤を確保して修習を専念できるようにし、修習の実行性を確保するための一つの方策として、司法修習生に給与を支払うとの制度が採用された」と記述している。しかしこれは間違いである。

前述したように、司法修習生制度創設時の司法省側の説明では、「司法修習生は、裁判官、検察官になるために必ず経なければならないものであるから給与を支給する。また、弁護士も国家事務を行うものであるから、弁護士になるものも同様といえる」[前掲9]と述べているのである。即ち、裁判官、検察官と並び、弁護士も国家事務である司法を担う公共的職務にあるとの認識と理念のもとに給費制としたものである。従って「第一次とりまとめ」の記述のように、「修習期間中の生活基盤を確保して……修習の実行性を確保するための」、「一つの方策として」給費制としたようなものではない。重要な国家事務を行う者の直接の養成制度であるから、国が給与を支払うとしたものであり、このような確固たる理念に基づく方策であったのである。

（2）国家事務を担う法曹三者の養成制度と給費制

司法修習生は、修習が終了して、裁判官、検察官、弁護士に別れるまでは、志望別の教育は一切行わず、すべていずれにもなるものとして、統一、平等の教育を受けるものである。そして、統一、平等の修習は、法曹三者は、職が違っても、それぞれ人権擁護と社会正義の実現を使命とする職であり、修習中、それぞれの職場について教育を受けて内容を知ることにより、大局的に司法全体のあり方を感得し、総合的に力量のある、しかも国民の人権と正義を守ることに、寄与する民主的法曹を育てる基礎となるものである。司法修習生は、司法試験に合格した者の中から最高裁判所が任命する者であり（裁判所法66条）、修習期間中、最高裁判所の定めるところにより修習に専念する義務がある（裁判所法67条2項）。また司法修習生は、修習について「高い識見と円満な常識を養い、法律に関する理論と実務を身につけ、裁判官、検察官又は弁護士にふさわしい品位と能力を備えるよう努力しなければならない」とされている（司法修習生に関する規

則4条)。更に、制度上修習期間中は他職にはつけず、守秘義務も有するものである(同上規則2条、3条)。

このように司法修習生は、最高裁判所から任命されたものであり、修習が終了すれば、重要な国家事務である司法を直ちに担うことになる法曹三者としての教育、訓練等を受け、これを身につけなければならない職務であることから、国として給与を支給する義務があるといわなければならない。また、国政のなかで、人権擁護と社会正義実現の最後の砦である司法を担う法曹三者となるものを育てる司法修習制度であることから、国民にとっても、給費制とすることは同意が得られる。

無給とし、借金(貸与制)で修習中生活をすることを求めている、「第一次取りまとめ」の方針は、理念的にも適切ではなく、また実際上も、法曹界に有為の人材の志望者を失うおそれもあり、相当ではない。

(3) 司法修習制度の沿革と給費制

戦前は、司法官試補制度があり、弁護士試補制度が遅れて発足し、分離養成されていた。裁判官・検察官の養成は、司法官試補として給与を支給して行われていたが、弁護士の養成は、弁護士試補には国からの給与の支給はなく、指導弁護士に対する手当としての国庫からの補助金のみで、東京弁護士会では、これに会経費の一部を支出し、月25円程度を支給するなどのやりくりをしていたと記録されている[18]。このように弁護士養成は終戦前は国からはなおざりにされていた。終戦前の法曹養成制度の反省から、戦後の司法の民主的改革の一つとして、法曹三者について統一・平等の司法修習制度が制定されたのである。

この司法修習制度は、国民の人権と正義を守る観点から極めてすぐれた制度であり、その評価も高いのである[前掲12～16]。

司法修習制度は、従前の裁判官、検察官養成のための司法官試補制度と弁護士養成の弁護士試補制度を合体させたものであるから、裁判官・検察官になるものにとっては、もともと従前は国家職務を担うものの養成であるからとして司法官試補として給与を支給されていたものであり、本制度も同様目的の制度であることから裁判官・検察官になる者には、国から給

与を支給すべきものである。また、弁護士になるものにあっても、法曹三者の一人として、裁判官・検察官と同様に司法という国家的公的職務を担うものであることから、国がその養成に給与を支給するのは当然といわなければならない。

（4）弁護士になる司法修習生と給費制

　弁護士になるものの養成に、国が給与を支給することについては、或は、弁護士は公的職務ではなく、弁護士業務で依頼者から収入を稼ぐのであるから、その養成に、国が給与を支給しなくてもよいのではないかとの意見が考えられる。

　しかしながら、弁護士業務は、これまで述べたように、法曹三者の一人として、人権擁護と社会正義の最後の砦といわれている、司法を担い、国民の人権擁護と社会正義の実現をはかる職務であることから、司法機関の一部として国家的公的職務を行うものである。

　裁判官は憲法上、独立性が保障されており、経済的にも高給を得て裁判業務を行っている。また、検察官も裁判官に準ずる取り扱いを受けて検察業務を行っている。

　弁護士は、法曹三者の一人として司法を担い弁護士業務を行っているが、国からは何らの給与等の支給を受けているわけではなく、経済的には依頼者からの収入によって行っているのである。これは、国の経費関係でいえば、国費（税金）を使わずに、弁護士は、国の三権の一つである司法という国家的公的職務を終生行っているものである。従って、司法を担う法曹三者のうち弁護士は、国費（税金）が使用されていない意味では、他の二者よりも経済的には貢献度が高いものともいえるのである。このことからしても、弁護士の養成について、給与を支給し、国費を使用しても、国民の理解は十分に得られるはずである。

　以上述べたとおり、将来、国家的重要職務である司法を担い、国民の人権擁護と社会正義の実現を目的とする法曹三者を直接養成する司法修習生制度において、司法修習生に給与を支給することは、きわめて当然のことである。

かような制度において、借金（貸与制）等でこれを養成する等の発想自体きわめて、いびつな考え方であり、正当とは決して言えないものである。

5　司法試験合格者数と弁護士制度

(1) 司法審意見書の市場原理による合格者増員論

イ．平成13年6月12日付司法制度改革審議会意見書は、日本の法曹人口は国際的にみて少ないとし、今後の法曹需要が増大することが予想されるので、「平成22年ころには新司法試験の合格者を年間3000人とすることを目指すべきである」とし、「実際に社会の様々な分野で活躍する法曹の数は、市場原理によって決定されるものであり、新司法試験の合格者数を年間3000人とすることは、あくまで、計画的にできるだけ早期に達成すべき目標であって、上限を意味するものではない……」とした。

ロ．司法制度の改革を考える場合には、最初に徹底した現状の問題点とその原因の分析、及び根底からの政策論議が不可欠である。我が国の司法を国政のなかでどう位置付けるのか、国民の司法に対する基本的要望は何か、その中で司法を担う法曹三者の役割とその質と量をどう考えるのか、国民の要望にこたえたものになり得るか、等について、慎重な検討と影響評価を行い、具体的制度改革が考えられるべきである。

　国民が根源的に求めているものは、基本的人権が十分に守られ社会正義が実現される、「安心に暮らせる社会」である。人間社会における最高の法規範は、人権擁護と社会正義実現に資するものでなければならず、社会における法、制度、及びその改革は、すべて、人権と社会正義に基づく秩序の形成にかなっているかの観点から絶えず吟味される必要がある。

(2) 司法審意見書のいう「法の支配」

イ．司法審意見書は、「法曹が法の支配の理念を共有しながら、今まで以上に厚い層をなして社会に存在し」と述べている。司法審の「法の支配」とは何を意味するのか、どのような内容まで含むのか必ずしも明らかではない。社会と国民が最も求めているものは、人権擁護と社会正義が実現

される、「安心して暮らせる社会」であることからすれば、社会と国民から真に求められている法とは、人権擁護と社会正義実現に資する法であり、これが最高次の法規範であると考えるべきである。従って「法の支配」とは、この人権擁護と社会正義実現に資することのできる法による支配でなければならない。

ロ．通常、既存の法基準にはしばしば矛盾や不備が存在し、法専門家は、法を補充・修正していく一種の創造的作業を行うものとされている[前掲4]。社会と国民の求めている法である人権と社会正義実現に資する法の創造でなければならない。弁護士は司法に携わる専門家の中では、このような法の創造を業務の中で訴の提起をする等先駆して行わねばならない者であり、司法を人権と社会正義が実現される場として先導して行かねばならない役割を有する。司法制度における最高次の政策は前述したように、人権と社会正義に資する「法の支配」(以下「真の法の支配」という)でなければならないが、法を創造する役割を担う法曹、特にそのための先駆的活動をする弁護士は、その役割を担い実践する倫理的質を保持する者でなければ、「真の法の支配」は実現しない。

ハ．司法審意見書は、「法曹の数は……市場原理によって決定されるものであり」としている点において、弁護士の倫理的質の確保について十分配慮しているとは到底考えられない。従って、司法審の言う「法の支配」とは、弁護士倫理に裏打された「真の法の支配」ではない。少なくとも、このことを軽視している。そのために、法曹、特に弁護士について、「真の法の支配」の担い手となり得る質をどうすれば、保持できるかについて十分な検討がされていない。また、弁護士人口について、市場原理を適用した増員が、「真の法の支配」の担い手となるための「質」に、どのような影響を与えるかについても検証を怠っている。司法試験合格者数について、従来500〜1000人であったものを市場原理のもとに一挙3000人とする提案などは、検証不足の最たるものである。

（3）司法審意見書の企図する弁護士制度

イ．司法審意見書は、「社会における弁護士の役割は、国民の社会生活上

の医師たる法曹の一員として、基本的人権を擁護し、社会正義を実現する（弁護士法１条１項）との使命に基づき、法廷の内と外とを問わず、国民にとって「頼もしい権利の護り手」であるとともに「信頼しうる正義の担い手として、高い質の法的サービスを提供することにある」としている。しかし弁護士人口について市場原理をとり、大量増員をはかっている司法審がこのような提言をすることは矛盾であり、空疎なものといわねばならない。

　国民が弁護士に真に求めているものは、国家権力を含むいかなる権力や経済力に抗しても人権擁護と社会正義が貫徹される社会づくりを実践し、「真の法の支配」を実現する弁護士である。このような倫理的質こそが、法技術的質とあいまって国民の「安心して暮せる社会」に寄与するものであり、弁護士として根底から求められる最重要な質である。そしてこの質に基づく弁護士の業務活動こそが本来弁護士に期待される社会的に最重要な公共活動である。このような弁護士でなければ、司法審意見書に言う「頼もしい権利の護り手」となり、「信頼し得る正義の担い手」にはならないのである。弁護士になってからの弁護士業務において、「真の法の支配」を実現する弁護士の質を制度上いかにして確立保持するかも重要な課題とすべきものである。

ロ．弁護士が、いかなる権力にも影響されることなく、人権擁護と社会正義を実現する倫理的質を保持し、「真の法の支配」を実現するためには、弁護士の権力に対する独立性および経済的独立性が最も重要である。弁護士の権力からの独立性は弁護士自治によって一応まもられているが、経済的独立性は、構造的には、弁護士は依頼者からの収入のみに依存することになっているので構造上問題がある。

　しかし国等からの経済的保障を考えることは、国家権力とも対峙しなければならない弁護士職にあっては、国家権力からの干渉を招くこと、国民の側からの信頼を得られないことから相当ではない。従って基本的には依頼者からの収入によって経済面を支えるという方向性は動かすことはできない。そうすると経済的独立性は、弁護士数を過当競争でなく適正数に保つ環境によって護られるとするよりほかはないのである。

社会・国民にとって、「安心して暮らせる社会」づくりのために「真の法の支配」が最も重要であることから、「真の法の支配」を実現する弁護士の倫理的質の確保のため、弁護士の前記経済環境保持による弁護士の経済的独立性が、弁護士自治と同様に重要性をもって考えられなければならない。

　司法審意見書は、一言も弁護士の独立性にふれていない。むしろ弁護士人口は市場原理によるとして、弁護士の経済的独立性を保障する環境・制度については、これを否定する考えに立っている。

ハ．人間の行動は、素質と環境の所産であり、素質のほか、環境の影響を受けることは一般的にはまぬかれないことである。

　弁護士人口大幅増員により、収益が、事務所維持・生活維持の限界領域の程度に経済環境がなった場合には、自己の生活維持をはかることの淘汰圧により、弁護士倫理上行うべき行動も、収入を得るため抑制されざるを得ない場合が生ずる。弁護士倫理の実践を維持するためには、倫理教育も必要ではあるが、それ以上に重要なものは弁護士自治とともに構造的に弁護士の生活維持の経済環境を保持することにより弁護士の独立性をはかることである。それは弁護士にあっては市場原理を排除し、過当競争に至らない適度な弁護士人口とするほかはないのである。

ニ．このような、弁護士および弁護士制度を考えるに当たっての最大の課題である弁護士の独立性について、認識を欠き、検討を怠ったまま、司法審が、単に言葉のうえだけで、弁護士の使命は人権擁護と社会正義の実現であると述べても、これをささえる機構や裏付が考えられていない制度は、弁護士の使命達成について実効性がなく、意味のないものと言わねばならない。

　法技術の使用は他に対して重大な侵害を生ずるものであり、一歩間違えれば凶器となるものである。法技術は、弁護士の「使命性」に基づく倫理のもとに、「真の法の支配」に則して使用されることによって、はじめて社会・国民の「安心して暮らせる社会」に資するものであることを深く考えるべきである。

6　法科大学院制度の問題性と悲惨な状況と予想の現実化

（1）法曹養成制度ワーキングチームの懸念の表明
　法科大学院制度は、弁護士需要について検証を怠った政策決定の過誤により、現在悲惨な状況を招いている
　法科大学院構想の出発点は、当時長年に亘り行われていた法曹養成制度としての期間2年の司法修習制度は、積極的評価では大方の意見は一致していたところである[19、及び前掲12～16]。しかるに、弁護士の需要予測の誤りと市場原理の考えのもとに、司法試験合格者は毎年3000人にするとの前提にたって、このような数であれば現行の収容能力では対応できないとし、法曹養成に特化した法科大学院を設立し、修習制度の一部（前期修習の程度）を分担することとして、そのかわり、修習期間を1年としたものである。しかしながら、発足した法科大学院制度については、この制度実施の数年経過後なされた政府の平成22年7月6日付「法曹養成制度ワーキングチーム」における検討結果（以下、「ワーキングチーム取りまとめ」という）によれば、すでに次のような懸念が示されている。

①すでに法科大学院は、平成16年4月から学生の受け入れを開始し、平成18年度からは、法科大学院修了者に受験資格を付与した新司法試験、その合格者に対する新司法修習が実施され、この制度による養成制度を経た法曹が誕生している。

②新たな法曹養成制度についての現状は、法科大学院志願者が年々減少、現時点においては制度導入時に比べると大幅に減少してしまっていることの問題点を指摘して、現状のままでは法曹の質を維持しつつ、その大幅な増加を図るという所期の理念の実現は困難ではないかという懸念が示されているとし、新たな法曹養成制度は、制度全体が悪循環に陥りつつあることから、関係機関が連携し、法科大学院教育、新司法試験、司法修習の各段階の所要の見直しを行い、好循環となるよう取り組む必要がある、としている。

（２）予想の現実化

　法科大学院志望者が現在激減してきていることについて、「ワーキングチームの取りまとめ」の中で、「相応の競争原理が働き適正な入学者選抜が確保できると考えられる最低限の競争倍率2倍に満たない法科大学院が平成21年度は74校中42校、平成22年度は40校あり、平成22年度においては競争倍率1.06倍といった極端に競争倍率の低い法科大学院すら存在した」と記している状況にある。

　法科大学院制度は、設置前から、大学人から次のように、予想批判されていた。その予想が現実化したともいえる状況である。

① 日本においては、司法研修所がロースクール機能を担ってきて、優れた実務教育を施してきたことを正面から認めて、司法研修所の組織及び機能の大幅な改善を図ることの方が、ロースクール（法科大学院）において文部科学省の定める設置基準の範囲でさまざまな試行錯誤を繰り返すよりも、はるかに安価で効率的に実務教育を行うことができ、より大きな成果が上がる。法学部教育の縮小や荒廃をもたらす危険性のある制度改革は避けるべきである[20]。

② 法学部の上乗せコースで十分所期の教育効果をあげることができるにもかかわらず、人的・物的設備に制約の多い法科大学院を設置する必要はなく、経費・労力の壮大な浪費ではないか[21]。

　以上のことからすると国民のための法曹養成制度として法科大学院制度はこれまでの制度よりも劣る危険性が高いものであり、軽々しく発足してよいものとはいえないものであった。司法審は弁護士需要の予測を全くあやまり、弁護士人口大増員が必要であるとして法科大学院を設置し大量の法科大学院生を就学させた結果、現在弁護士過剰により法科大学院卒業生は多額のローンをかかえ、新司法試験合格率27.6％のなかで、たとえ合格したものであっても就職難にあえぎ、また、合格しないものは、多額のローンをかかえたままで一般就職も困難であるという、悲惨な状況をまねいている。人権上、抜本的な制度の見直しを直ちにするべき事態である。

注

1 宮本憲一『公共政策のすすめ』(有斐閣、2003年)、81頁は、「私は、伝統的な公共性論である権力的な公共性から、現在的な公共性である基本的人権の公共性へと変化していると考えています……現在的な公共性論が主張する基本的人権は、自由権としての所有権もありますが、それ以外に社会権といわれている生命と健康の保持、思想の自由などの人格の尊厳に基づく生活権、労働権、アメニティ権や環境権などがその内容となっています」としている。

2 半谷高久・秋山紀子共著『人・社会・地球』(化学同人、1997年)、3頁では、「私たちは、基本的人権の尊重が、人間社会の発展の基盤であり、また地球というシステムの発展の基礎でもあると確信しています。……経済発展を社会の発展の第一目標とする生産指向型社会では、その発展のために個を犠牲にする理論がまかり通っています。それは人間である以上誰もがもっている基本的人権の否定以外の何ものでもありません。私たちは、そこに現在の生産指向型社会の矛盾と限界を見出すのです。私たちは基本的人権の尊重を、人間社会システムの第一目標にすることを提案しようと思います」。

3 棚瀬孝雄著『現在社会と弁護士』(日本評論社、1987年)、74頁参照。

4 和田仁考「裁判モデルの現在的変容」、棚瀬孝雄編『現在法社会学入門』(法律文化社、1996年)、131、132頁。

5 加藤新太郎『弁護士役割論』(弘文堂、1992年)、164頁は、「弁護士は、一面では、①依頼者との依頼関係に基づく誠実義務=善管注意義務を負うとともに(訴訟代理人的役務)、他面では、②裁判所と協力して、社会正義を実現すべき義務を有する(公益的役割)」。

6 渡辺洋三『日本をどう変えていくのか』(岩波新書、1996年)、118頁。

7 松田二郎「専門的法曹教育について」、『法律時報』29巻4号、59頁。「法曹は人々の基本的人権を擁護し、かつ公共の福祉を維持することを任務とする……それは営業でなくプロフェッションである」「……ことに民主主義の社会では、暴力や情実が行われてはならないのであり、そこは法の支配すべきところである。即ちそれは法の支配すべき社会であるからには、法曹の任務は重く、法曹の養成は極めて重要な意味を持っている」。なお、松田二郎氏は司法研修所所長であり、後に最高裁判事となっている。

8 前掲、松田二郎『専門的法曹教育について』、61頁
「司法研修所における教育は法律実務家となるための専門教育ではあるが、しかし裁判官たるためのみの教育でもなく、また検察官や弁護士たるための教育でもないことである。それは裁判官、検察官及び弁護士という法律実務家の三部門についてその一

応の修習を行い、その何れにも入り得るための基礎教育である」

9　（ア）司法研究報告書第8輯第10号、司法研修所刊「戦後の司法制度の経過」（第2分冊）474頁

「従来の『一年六ヶ月以上』の修習（司法官試補につき、裁構法第57条第1項、弁護士試補につき、弁護士法第2条第1項第2号参照）を『少なくとも2年間』の修習と改め、修習の一層の充実をはかり、法曹の向上を期した」

（イ）同第520頁「二ヶ年というのは、弁護士志望の者でもその間に弁護士事務のみを修習する訳でなく裁判官としての仕事、検事としての仕事、弁護士としての仕事をすべて一通り修習するのであって、その期間が、合計二年であるから長すぎることはないと思う」

（ウ）なお、弁護士を含む法曹三者の国費養成については、現制度創設時の司法省側の説明は、「司法修習生は、裁判官、検察官になるのに必ず経なければならないものであるから給与を支給する。また、弁護士も国家事務を行うものであるから、弁護士になるものについても、同様のことがいえる」（前掲、「戦後の司法制度改革の経過」475頁）としており、弁護士を国家事務である司法を担う公共的職務として認識し、給与支給を当然としていたことを示している。

10　座談会『司法教育』『ジュリスト』№88、8頁、司法研修所所長松田二郎氏発言「現在の2年の修習期間が短すぎはしないか、……期間を延長せよとの論が一部に唱えられているのです。……予算等の問題は別として、現在より若干延長してもよいのではないでしょうか。弁護士会の実務修習期間の延長要望と同様に、裁判所や検察庁も亦、実務修習の期間延長を希望しているのです。私としては期間延長の前に、まず内容の充実を考えたく思っています」

11　前掲座談会『司法教育』6頁、弁護士島田武夫発言「本来弁護士は、判・検事以上の実力をもっていなければならない……」

12　前掲座談会『司法教育』6頁、東京高裁判事村松俊夫氏（元司法研修所教官）発言「私は裁判所へ帰ってから修習生出の弁護士の人をいろいろ見ているのでございますが感じていることを申し上げれば今お話になった弁護士の方は、昔の弁護士試補の時代よりも力はついてきたということを思います。それと、もう一ついいと思うのは、弁護士と検察官と裁判官というのは、昔よりも、研修時代同じ生活を送り、互いに親しくしているということと、それぞれの仕事がどんなものでどんな空気のところかを知っていることが、いろいろな意味でいい意味に働いてくるというふうなことを思っております」

13　前掲座談会『司法教育』6頁、司法研修所教官（判事）足立進氏発言「私も間接に聞いているわけですが、研修所ができて一番よかったのはどこかというとやはり弁

護士になった方ではないか。勿論裁判官や検察官になる人でも昔の試補時代に比べれば、当時はいまの現地における実務修習が主たるもので、現在の研修所ができてから統一的かつ総合的な修習を受けることができるようになった点で従前よりよくなったことは云うまでもないと思いますが、……やはり法曹一元といっても、裁判、検察、弁護それぞれの人がお互いに他を知っているということが一番必要だと思うのです。昔はそれがなかったのですね。今はみな修習2年の間に将来何になる人でも、全部裁判、検察、弁護について全く同様に修習して、その実情をよく知って理解しているということ、これが私は法曹一元の目的達成という上に非常に役立っているものではないか。そうしてまた実際にそれぞれ別な面で一本立ちになってからも、そこに相互の理解が十分できている。そういう意味でやはり同じ目的に向って協力できるという基礎が築かれているのではないかとういうことを実際卒業して裁判官となり、あるいは検察官となり、あるいは弁護士になった人たちと会って話をする機会が始終ありますが、そういう時にそんな感じを一番強くもちますね。これは研修所の制度の一番いいところではないかと思います。

14　前掲松田二郎「専門的法曹教育について」60頁「おそらくそれは（現行修習制度は）終戦後の諸制度のうちで、最も幸福な発展を遂げてきたものの一つといい得るであろう。今やその出身者（現行修習制度出身者）は本年の春の卒業生を含めて2千名を越え、わが国全法曹のうちで占める比率は甚だ高いのであって、裁判官、検察官及び弁護士の若い層は殆んど全部この出身者によって占められている。しかも、これらの若い法曹のうちには欠点がある者があるにせよ、全体的に見て優秀であるということは、今や一般的に承認されているといっても敢て過言ではないであろう。……わが国では司法研修所の発足によって徐々ではあるが、法曹の間に根本的、本質的の変化を生じつつあるのである。私は終戦後の混乱期にあって早くも司法研修所という新しい制度を構想し、これを実現せしめた先覚者の卓見を偉とするものである。ちなみに司法研修所は、我が国独自の制度であって、欧州にもアメリカにもその例を見ないものである」

15　前掲座談会『司法教育』7頁、司法研修所長松田二郎氏発言「私としては考えなければならないのは、司法研修所が司法修習生の修習の面において裁判官養成だけに片寄ったりあるいは検察官養成の方に片寄ったりしてはならないし、この点は我々として十分に注意しているのでありますが、しかし又司法研修所は弁護士の要請に片よるべきではない。若し裁判官、検察官や弁護士がそれぞれ自己の領域についてのみ、その後進を養成することを主眼にするならば、司法研修所を廃止して、裁判官、検察官と弁護士の各別に三つの研修所を作るのがよいでしょう。しかし私はそのような考えには、全然反対です。

司法修習生のうちには最初から裁判官志望の人がおりますが私はそのような方には常々いうのです。いずれ裁判官になるのだから、今のうちはむしろ検察官なり弁護士の仕事を特に良く修習なさいと。反対に弁護士志望の司法修習生には、出来るだけ裁判官や検察官の仕事を修習するようにすすめております。結局自分の志望以外のものを一層よく修習すべしというのが私の年来の主張です」

16　利谷信義「司法修習における裁判官像」29頁、日本法社会学会編『裁判官論』友斐閣刊

「実務修習なかんずく弁護士修習のもつ効果である。特に裁判官・検察官という強大な国家権力の行使者となる者にとって、当事者の立場に立つ経験はきわめて貴重である。それは、まさに『人権感覚』の源泉となるからである。国民の司法参加の極度に制限された日本の司法制度において、司法が真に威信を保つためには、恣意的な権利行使の自己抑制が不可欠である。それを支えるものこそ、とぎすまされた『人権感覚』以外の何ものでもない」

17　法曹養成制度改革協議会意見書「ジュリスト」№1084、64頁
18　『東京弁護士会百年史』、446頁参照。
19　東京大学シンポジウム「ディスカッション・ペーパー」、『ジュリスト』№1168号17頁では、「戦前の制度と比較した場合に、いわゆる法曹一元の理念からみても、司法修習制度自体に積極的な評価が与えられるべきことについては、大方の意見が一致するところである(5)。戦後の司法研修所教育は、法曹三者の養成に必要な実務教育のノウハウを精力的に開発・蓄積することによって、その資質の維持・向上に多大の貢献をしたと考えられる。また、裁判官、検察官、弁護士三者の一体感と対等感を醸成し、司法制度の民主化に貢献したことも評価すべきである」と述べている。
20　早稲田大学教授鎌田薫『法曹養成と私法教育』(成文堂、2002年)、「ロースクールを考える」のうち112頁
21　早稲田大学名誉教授鈴木重勝『法科大学院は必要か』(成文堂、2002年)、「ロースクールを考える」のうち239頁

松浦　武　主論文

1 - 1　「あるべき司法政策と法曹人口論──特に弁護士人口について」、1992年6月。
1 - 2　「『弁護士偏在』問題について」(「あるべき司法政策と法曹人口論」補遺)、1994年10月。
2　「司法試験合格者1000人ないし1500人・修習期間短縮案の問題性」(法曹養成制度改革協議会の法曹人口問題検討小委員会素案等に対する批判)、1995年9月。法曹人

口問題を考える大阪弁護士会有志の会としての共著
3 「法曹人口問題と司法試験合格者増員問題」『法律時報』68巻3号、(1996年3月号) 28頁
4 「意見書――司法と弁護士制度について」(司法制度改革審議会に対する意見書)、2000年2月。司法と弁護士制度を考える大阪弁護士会有志の会としての共著
5 「司法制度改革審議会『中間報告』に対する意見書」、2001年5月。司法と弁護士制度を考える会(大阪)としての共著
6 「司法改革問題意見書――司法改革方向の看過し得ない問題点」、2002年9月。司法と弁護士制度を考える会(大阪)としての共著
7 「弁護士公益活動の義務化について――批判的意見」、2006年1月。共著
8 「司法制度再改革の必要と弁護士人口問題」、2010年8月

資料編

日弁連史に刻まれなかった資料の幾片

収録資料一覧

	文書タイトル	作成者	作成日
1	法曹人口問題に関する意見書	日本弁護士連合会 法曹養成問題委員会	1994.6
2	(法曹人口に関する) 緊急の会員投票の往復葉書	法曹人口問題を考える中弁連有志の会	1994.7.28
3	(法曹人口に関する) 緊急の会員投票の集計結果	法曹人口問題を考える中弁連有志の会	1994.9.21
4	臨時総会招集請求書	法曹人口問題を考える日弁連有志の会	1994.10
5	日弁連会員各位へのアピール文	東京弁護士会有志	1994.12
6	司法の危機に際し、12.21 日弁連総会へ参加 (委任) を！	第一東京弁護士会有志	1994.12
7	日弁連臨時総会 (12月21日) 出席等の再度のお願い——日弁連執行部案を支持する立場から	名古屋弁護士会 小栗孝夫他13名	1994.12.7
8	幻想から現実へ	法曹人口問題を考える日弁連有志の会	1994.12.12
9	第二号議案の提案理由	名古屋弁護士会 野間美喜子	1994.12.21
10	臨時総会招集請求者の提案にかかる第2号議案 議案書	日弁連臨時総会 招集請求者 (名古屋弁護士会 鈴木秀幸)	1994.12.21
11	関連決議	提案者・辻誠 (藤井英男)	1994.12.21
12	関連決議の合意までの経過についての説明書	名古屋弁護士会 野間美喜子	1994.12
13	臨時総会の報告と今後のことを語り合う会 (名古屋)	名古屋弁護士会有志	1994.12
14	司法試験・法曹養成制度改革に関する日弁連の提案—抜本的会改革案の策定に向けて—(案)	日弁連新聞1995年7月1日号の抜粋	1995.7.1
15	今、日本の弁護士に問われているものは何か	法曹人口問題を考える日弁連有志の会	1995.10.11
16	御礼とご報告 (名古屋)	法曹人口問題を語り合う会	1995.11.7
17	本間重紀先生への手紙	名古屋弁護士会 鈴木秀幸	1995.11.27
18	修習期間短縮・裁判所法改正に反対する全国弁護士討論集会	修習期間短縮・裁判所法改正反対全国弁護士連絡会・東京事務局	1997.5
19	臨時総会招集請求者 (会員) の提案にかかる議案書	法曹人口問題を考える日弁連有志の会	1997.7.8
20	御礼とご報告——そして会合のご連絡 (名古屋)	名古屋弁護士会有志	1997.10.20
21	司法制度改革と第17回司法シンポについて	東京弁護士会 松井康浩	1998.8.31
22	弁護士人口チーム報告書	日弁連司法改革実現本部弁護士人口チーム	1999.8.5
23	市民にやさしい司法を目指して 国民署名用紙	日本弁護士連合会	1999
24	弁護士人口算出例	中坊公平司法改革審委員	2000.2
25	いわゆるロースクール構想について	日本弁護士連合会正副会長会	2000.4.15
26	自民党の報告書における陪審制否定・法曹一元の見送り決定と中坊流司法改革構想の本質的性格について	名古屋弁護士会 鈴木秀幸	2000.5.30
27	法曹養成制度に関する意見書	名古屋弁護士会司法問題対策特別委員会	2000.6.14
28	司法制度改革審議会集中審議 (第1日) 議事次第	司法制度改革審議会ホームページ	2000.8.7
29	来る11月1日の、日弁連臨時総会決議に反対する委任状のお願い	大阪弁護士会有志	2000.9.25
30	「法科大学院と司法修習に関する全国弁護士アンケート」の結果報告書	日弁連法曹養成センター委員有志	2000.9.26
31	司法制度改革に関する日弁連執行部案について十分な議論を	司法研修所刑事弁護教官	2000.10.5
32	横浜からの反対の風を全国へ‼〈これでいいのか日弁連⁉〉	横浜弁護士会・茆原正道	2000.10.16
33	ご報告と反省会のお知らせ	法曹人口・法曹養成を考える名古屋有志の会	2000.11.6
34	単位会における状況の照会	横浜弁護士会・茆原正道	2000.11.13
35	同 上	札幌弁護士会・村松弘康	2000.11.13
36	綱紀審査会制度新設に対する批判	法曹人口問題を考える日弁連有志の会	2002.11.13
37	「適正な弁護士人口政策を求める決議」を中弁連大会で採択する件の最後のお願い	愛知県弁護士会 纐纈和義・打田正俊・鈴木秀幸	2009.10.8

資料1　法曹人口問題に関する意見書

法曹人口問題に関する意見書

1994年6月

日本弁護士連合会
法曹養成問題委員会

目 次

- 第1 裁判官人口問題について …………………… 1
  - 1 裁判官不足の現状 ………………………… 1
  - 2 裁判官不足の原因 ………………………… 4
  - 3 裁判官の後継者確保の方策 ……………… 5
- 第2 検察官人口問題について …………………… 8
  - 1 現状と問題点 ……………………………… 8
  - 2 検察官の現在の人口 ……………………… 8
  - 3 検察官の仕事量の推移 …………………… 9
  - 4 検事の適正人口 …………………………… 11
  - 5 検事不足の原因について ………………… 12
  - 6 検事不足解消の方法 ……………………… 14
- 第3 弁護士人口問題について …………………… 16
  - 1 問題の所在と論点の整理 ………………… 16
  - 2 積極論の主張 ……………………………… 17
  - 3 消極論の主張 ……………………………… 20
  - 4 まとめ ……………………………………… 24
- 第4 結論 …………………………………………… 31

はじめに

　戦後半世紀近くを経過して現在、わが国の司法の現状は、国民の人権を保障する役割を果たす点において、また、市民が利用しやすく、わかりやすく、納得できる司法の実現という点において大きな問題点を抱えている。

　日弁連では、現在これらの問題点を改革すべく司法制度の改革に取り組んでいる。この改革の方向は、裁判官の増員をはじめとする裁判所の人的、物的体制の充実強化、法律扶助制度の抜本的拡充、被疑者国公選弁護制度の導入、国選弁護の一層の充実と報酬の増額、さらには、当番弁護士の制度の充実など、国民が司法制度を有効に活用でる道を拡大することにある。

　本意見書においては、法曹人口についても法曹三者毎に検討を加えているが、これらの結論を全体として得るためには、前記視点からの展望を明らかにし、しかも、それが現実的な裏付けをもってなされなければならない。

第1 裁判官人口問題について

1 裁判官不足の現状
 (1) 裁判官が著しく不足し、手持事件数が多過ぎて負担加重となっている現状及びそのため訴訟遅延が著しくなり、十分な審理ができていない現状は、既に「司法試験制度改革問題に関する意見書（資料1、平成2年7月20日理事会承認、以下「意見書」という）」の中で指摘されているとおりである。
　　「意見書」でも紹介されているように、第11回司法シンポジウム報告（資料2）では、「地裁民事の裁判官は200～300件という数多くの事件を抱えている（平均は約230件と推定され、250件を越え300件近い場合もある）。そのため地裁民事事件のうち、争いのある事件の平均審理期間は、判決終結事件で27.5カ月、和解終結事件で22.5ケ月を要しているにもかかわらず、その期間における人証調べの期日は約4回、期日の間隔は約75日、合計所要時間は4時間程度、人証数は2.3人にすぎない」「争いのある事件は約2件に1件の割合で途中で裁判官が交代する。」としている。
　　また、各単位会からは、審理時間を切り詰めようとして強引な訴訟指揮や妥当でない和解勧告、期日指定が行われている、判決理由が貧弱で説得力のあるものが少なくなった等の指摘が司法試験制度改革問題に関する意見照会（資料3、平成元年12月12日付）に対する回答によって寄せられている。さらに、第14回司法シンポジウムでは、裁判官の手持事件数が加重であるため、多数の事件が同一弁論期日に指定されて（例えば30分間に5～10件）実質的な弁論の実施が困難になっている、期日指定を容易にするためだけに非開廷日の弁論兼和解を利用する傾向が増えている、1時間以上を要する証人を集中的に調べることが困難になっているなどの指摘がなされている（資料4、更に同シンポジウムでは、書記官、速記官の不足による要約調書の粗略化、調書作成遅延による次回期日の遅れ等が合わせて指摘されている）。
　　このように裁判官の不足は、国民の適正かつ迅速な裁判を受ける権利保障の重大な障害になっていると言わざるをえない。
 (2) 従来、最高裁当局は裁判官増員に対して一貫して消極的であったが平

成元年5月22日の法曹三者協議で、裁判所も有為の人材を多数確保する必要があることを一応認めるにいたった。その時、提出されたものが資料5の「判事・判事補の定員及び欠員状況等調（昭和51年～63年）」である。これによると、昭和51年の欠員103名を最高に、ずっと欠員状態が続き、同61年以降は、35名、49名、68名、64名、55名、37名の欠員が続いている（なお平成元年以降は、日弁連第14回司法シンポジウム基調報告、資料4による）。この欠員は裁判官定員つまり予算定員に対する欠員状況であった（但し平成元年以降を除く）。

ところが、わが国のそもそも裁判官の定員は適正だったのであろうか。日本の裁判制度は明治23年に発足したが、その時の総人口は3990万人で裁判官定員は1531人で発足した（資料6）。

1人当たりの国民数は2万6061人であった。ところが敗戦後の昭和23年には人口が8010万人と増加したのに、逆に裁判官定員は1197人と減員され、昭和61年総人口が1億2105万人に増加したのに、裁判官定員は2009人と1.31倍になったに過ぎない。これを表すのが資料7の「裁判制度発足以来の裁判官定員の推移」である。

一方弁護士人口は、発足当時の明治23年に1345名が、昭和23年には5992名と4.46倍になり、昭和61年には1万3159名と10倍に増加しており、裁判官定員に比較すれば、大きな伸びを示している（資料8）。

次に地方裁判所の民事・行政事件の新受件数等の統計をみると、昭和24年の11万2592件が、昭和60年に75万9274件とピークを迎え、平成元年には65万1405件となり、昭和24年に比し、5.79倍の増を示している。刑事事件についても、昭和24年の11万3932件が昭和59年に27万1560件とピークを迎え、平成元年には21万4120件となっているが、昭和24年に比し1.88倍の増となっている（資料9、10、11）。

民事・行政事件、刑事事件のいずれをとっても大きく増加していることは統計の示すとおりであり、明治23年の定員から僅か1.31倍にしかならない裁判官定員で、一線裁判官が負担加重で四苦八苦している姿が以上の統計からも伺われよう。更に、昭和35年後半から始まった高度成長期と社会の多様化に伴い、各種の公害訴訟や原発訴訟、水害訴

― 2 ―

訟、憲法訴訟などが提起され、裁判所がこれに大きな人的・知的労働力を消費するようになっている。

このように裁判官の不足と負担加重が深刻化する中で、最高裁は先述のように有為の人材を多数確保する必要があることを認めるに至ったが、同時に依然として裁判官の不足によって司法運営上不都合をきたしていることはないとの認識のもとに、直ちに積極的な増員策を進めるほどの必要性は認めないという基本姿勢を崩していない。

日弁連の調査によれば、平成3年から平成6年までの間に全国の8地裁本庁、13支部において22名の裁判官が移動後補充がなされず、減少している。

東北弁連大会決議（平成6年5月20日）は、「公正・適正な裁判に裁判官増員が必要との時代の要請に逆行する」として最高裁に減員した裁判官数の回復等を求める決議を採択した。

(3) なお、欧米諸国と我国とで裁判官数を比較すると以下のようになる。

平成5年の裁判所便覧によると、日本は総人口1億2445万2000人で裁判官数が2036名（簡裁判事を除く）、一人当たりの国民数は6万1126人である。アメリカは2億5616万余人に対し連邦裁判官が886名、州裁判官が2万8960名、計2万9846名となり、裁判官1人当たり国民数は連邦2万8912人、州8846人である。（アメリカは連邦裁判所と州裁判所の二つの系統に分岐している）。

イギリスは総人口4896万人に対し、裁判官は1519人で1人当たり国民数は3万2232名である（無給治安判事を除く。有給治安判事78人及び嘱託判事828名を含む）。なお、イギリスにおいては正規の裁判官の3倍にも相当する数のパートタイム裁判官が大きな役割を果していることも留意すべきことである。

ドイツは旧東ドイツも含め総人口7975万3200人に対し、裁判官は1万7932人で、1人当たり国民数は4448人となる（但し、裁判官数は旧西ドイツの裁判官だけである）。

フランスは総人口5807万3553人に対し裁判官数は4633人で、1人当たり国民数は1万2535人となる。この関係を表にしたのが資料12の「各国裁判官人口の比較」である。

わが国と欧米諸国ではその法文化、司法制度、法曹の現実に果して

いる役割を異にし、単純に裁判官の数を比較することはできないが、少なくともこの資料から日本の裁判官が1人当たりの国民数でぬきんでていることは明らかであり、2位のイギリスの2倍を示し、人口との比率でいうとイギリスの裁判官数の2分の1ということになる。国民1人当たりの裁判官数の一番多いのはドイツであり、我国より人口比で13.6倍も多くキャリア裁判官が存在することになる。

(4) 以上のように我が国の裁判官は著しく不足しているといわざるをえない。

したがって、手持ち事件数を適正な数にして裁判官の負担加重を解消し地方、支部でも裁判官の常駐体制が取れ充実した審理が可能になるように相当数の裁判官の増員が求められる。

既に日弁連第11回司法シンポジウムにおいて毎年30名ずつ裁判官を増員し、10年間で300名増員する構想が提言されているが、現状を踏まえればより一層の大幅な増員が求められているというべきである。

2 裁判官不足の原因

(1) 裁判官不足の原因としては、第一に最高裁が裁判官増員について一貫して消極的な態度をとってきたことがある。

昭和44年に就任した石田和外最高裁長官は、「裁判官不足は存在しない」という認識を表明し、以後最高裁は裁判官の増員に消極的な姿勢をとるようになる。

そして、裁判官増員のための予算獲得にもその姿勢は反映してきた。戦後現行憲法のもとで三権分立制がとられ、司法権は三権の一翼を担うことになった。そして、それにともない、裁判所の経費は独立して国の予算に計上すべきことになった。しかしこのように予算面でも独立編成権が認められたにもかかわらず、最高裁はこの権限を行使して司法予算を拡大することに力を注いでこなかった。

裁判所の予算を昭和22年以降について見ると、対国家予算比は昭和30年の0.93%をピークに下降し、平成2年度は0.39%、対GNP比は昭和29年の0.111%をピークに下降し、平成元年度は0.0652%まで下降している（資料13）。

独立簡易裁判所や乙号支部を統廃合し、国選弁護費用の充実にも積極

— 4 —

的姿勢が見られないことなどとあいまって、最高裁が裁判官の増員に消極的な姿勢をとることは、裁判所が国民の基本的人権を保障し、一切の法律、命令、規則、処分等の合憲性を審査する重大な使命を担っていることにふさわしくない姿勢と言わざるを得ない。
(2) 次に裁判官の職務の魅力の低下がある。

すなわち、刑事裁判の形骸化、行政追随と批判される裁判傾向の中で裁判官会同、協議会、判検交流、階層的給与体系、人事差別など最高裁による裁判官管理が強まり、裁判官の職権行使の独立性が事実上制約される傾向が指摘されており、また、大量の手持ち事件の処理に追われる実態があるが、そのことが裁判官の職の魅力を低下させているのではないかとの指摘である。

裁判官会同、協議会については、その席上最高裁事務総局の見解が表明され、その見解に向けて意思統一が図られるかのような実施、運営は、個別具体的な裁判の独立を侵害する危険があり、裁判統制につながる恐れが指摘されている(第14回司法シンポジウム基調報告、資料4)。判検交流については、裁判の公正に対する疑惑を生み、司法に対する国民の信頼を損なう恐れがあるという意見を当会としても明らかにしているところである(昭和61年11月日弁連「裁判所と法務省との人事交流に関する意見書」)。

転勤、給与、官舎等の待遇面については、頻繁に転勤があることに加えて、給与面でも取り分け判事補の給与水準は低く、また、官舎も老朽化したものが少なくない等その貧弱さが指摘されている。さらに、転勤や極端に細分化された階層的な給与体系についてはそれが裁判官に対する人事差別、裁判官管理の道具として利用されているとの指摘、批判も聞かれるところであり(第13、14回司法シンポジウムでの発言等参照)、そのことによる職の魅力の低下も指摘されている(「意見書」資料1)。

3 裁判官の後継者確保の方策

裁判官の職責を担うにふさわしい人材を質的にも量的にも確保するためには、以下のような方策が講じられるべきである。
(1) まず、最高裁が、これまでの裁判官増員に消極的な姿勢を改め、裁判

官を積極的に増員する基本姿勢を確立することである。そして、日弁連としても、裁判官の増員について国民的な理解を求める運動を作り出すとともに、最高裁に対して、裁判官の具体的な増員策について積極的な協議を求めて行くべきである。

　裁判官の増員は、法律扶助制度の抜本的拡充や起訴前の国選弁護制度の確立などと合わせて、司法の容量を拡大し、市民に開かれた司法を実現して、司法に本来求められている市民の権利、人権保障の使命を全うさせるものである。その意味で司法改革の重要な課題であり、必要不可欠な条件である。

　国は、裁判官の必要な増員に見合うだけの司法予算を保障すべきである。

(2)　裁判官の待遇の改善としては、転勤については、個々の裁判官の事情を踏まえたものとし、例えば広域の転勤政策を改めて基本的に高裁管内での転勤にとどめることや（旧西ドイツやイタリアなどの欧米諸国では、基本的に裁判官の転勤といった制度がとられていない。またフランスでは裁判官の人事異動案は事前に全裁判官に知らされたうえ、案について意見のある裁判官は一定期間中に意見を述べることができるとされている）、判事補の給与を引き上げる、老朽化した官舎を建て替えたりその設備を充実するなどの方策が検討されるべきである。

　また、前述したような転勤や昇給等の人事が、裁判官に対する差別、統制の道具として利用されるようなことはあってはならない。裁判官会同、協議会、判検交流も是正されるべきである更に、欧米諸国では裁判官の労働組合が結成されているところも少なくないが、我が国においても結社の自由を含めて裁判官の市民的自由が実質的に保証されるべきである。そのことが裁判官の待遇改善や裁判官の独立の実質的保証、市民に開かれた裁判所の実現につながり、また、職の魅力の向上にもつながろう。

　また最高裁は、平成６年４月第４６期司法修習生の任官希望者１名の採用を拒否し、日弁連会長は思想信条による差別的処分の疑いが強いと批判した。思想信条による差別はあってはならない。

(3)　弁護士任官制度の定着、拡充させるための具体的な方策を早急に検討実施すべきである。

一定期間弁護士経験を積み、市民の悩みに直接触れ、市民の身近なところでその権利の擁護のために実践した経験のある人材が裁判官に多数任官してゆくことは、指摘される現在のキャリアシステムの官僚的な歪みを是正し、また、裁判官の不足を改善して行く上で有意義である。
　また、弁護士任官制度を定着、拡大させる中で法曹一元の実現を展望してゆくべきである。
　そのために、思想信条による差別を排することを含め任用手続きの一層の適正化をはかるとともに、それにふさわしい人材が多数任官できるために任官後の待遇に対する配慮や退官後弁護士に復帰する場合の条件整備の検討、弁護士会による任官者確保のための積極的な努力等が望まれる。
　また、いわゆる非常勤裁判官制度についても、法的問題点の検討、具体的制度内容の検討等の作業を早急に行うべきである。

第2 検察官人口問題について

1 現状と問題点

　　検事たる検察官を充足することは、わが国の司法の健全な運営と捜査・公判を通じての刑事手続における人権保障にとって必要なことである。しかるに、検察官の定員は20年来1,100名台の低い水準に抑えられ、その定員すら充足されたことがなく、この数年間は欠員が100名を越えていることは寒心にたえない。そしてこの欠員のしわ寄せは、東京地検の検事の数が減っていない現実の下で、ほとんどが地方検察庁に押しつけられており、検事正、次席、三席を含めて10名足らずの検事しかいない地方検察庁から1名ないし2名の検事を削減するという現状は、地方における人権保障にとって憂うべき事態である。その上、地方における刑事事件の半分以上が副検事によって処理されている現状を打開するには、既存の定員を充足するだけでは不十分であるということができよう。

2 検察官の現在の人口

　(1) 検察官の種類

　　検察官には内閣が任命する認証官である検事総長、次長検事及び検事長並びに検事及び副検事の5種類がある。さらに検察官の等級としては、1級と2級があり、認証官は1級、検事は1級又は2級とし（検事正は1級検事をもって充てる）、副検事は2級とされている。

　　副検事は、本来区検察庁の検察官の職のみに補するものとされている（検察庁法16条2号）。しかし、地方検察庁の検察事務取扱いをすることができることとなっている。

　(2) 検察官の給与

　　検察官の給与体系はほぼ裁判官の給与体系と同じである。すなわち判事1号と検事1号とは同額で、以下判事8号、判事補12号の計20号までと検事1号から20号までとは全く同一額で対応している。但し、検事総長の給与は最高裁判事と同額であり、東京高検検事長は東京高裁長官以外の高裁長官の給与と同額で、その他の高検の検事長は、東京高検検事長と判・検事1号との間にある。従って、同期の判検事は任官後10数年まではほぼ同額の給与水準で推移しているのが実情で、任官後

20年目の数年前から格差がつくといわれている（資料14、15）。
(3) 現在の定員および欠員の状況
　　検事の定員は昭和47年以来現在まで1173名である。但し、欠員があり、その数は昭和53年から昭和60年の平均37名から急に増えて平成元年では79名と2倍以上に、平成3年には約3倍の103名になっている。また、副検事の定員は919名で昭和63年度の欠員は4名と一時的に減ったが、平成3年には30名となっている（資料16）。
　　このように、検察官の実数は昭和63年12月現在で検事1,097名、副検事915名をあわせても2,012名、平成3年では1,959名にすぎない。
　　また、副検事の中から検察庁内で毎年1～3名（最近10年間の例）の特任検事を採用しており、その実数は明らかではないが、全体で5,60名はいるものと思われ、その数は上記の検事の実数の中に含まれているものと考えられる。さらに区検察庁の事務を取り扱う検察事務官が1,369名もいる。この数は昭和54年以来ほとんど変わっていない。これは、副検事が地方検察庁の事件を取り扱うため、その穴埋めを事務官がする、という構図を示すものである。
　　なお、検察庁の全職員の定員は約1万2000名である。

3　検察官の仕事量の推移
(1) 刑事事件の事件数
　　ジュリスト「司法試験改革を考える」基本資料集によれば、「検察庁の業務は複雑化困難化し、業務量は増加しているが、職員数はほとんど増えていない」とある（資料17）。具体的には、業務量は昭和45年に約142万件であったものが、昭和61年には約212万件となっており、約50％の増大となっている。しかるにこの間に、検察官を含め職員数は約1万1000人前後でほとんど増えていない。
　　しかし、上記の統計資料は、ジュリスト「法曹養成制度改革」基本資料集には掲載されておらず、以下の点と併せて考えるときは、「司法試験改革を考える」基本資料集の仕事量の統計について再検討が必要となるものと解される。
　　すなわち、地方裁判所における刑事事件の新受件数は昭和45年から

昭和60年にかけて年間平均約26.7万件であったが、平成元年では21.4万件と減少傾向にある。また、簡易裁判所の刑事新受件数も同様に減少傾向にある。さらに第二東京弁護士会作成の「検事の員数に関する調査報告について」と題する報告書（資料18）によれば、昭和57年から平成2年の東京高検管内の検察庁の事件受理件数に関しては、「概ね、事件の受理件数（道路交通法違反を含む。）は横ばいまたは減少の傾向にあり、」「受理事件数が減少していることと公判請求率が低下していることがあいまって、検事一人あたりの事件処理数は、起訴前事件の処理及び公判事件処理ともに減少しているものと考えることができる。」となっている。

したがって、これらをもって客観的・物理的に検事の仕事量が減少したものと断定することはできないが、業務量の増加を認めることも難しいのではないだろうか。また同様に、これらの資料からは、検察官の人口増の必要性を裏付けることも難しいものと思われる。

(2) 検察サイドの実感としての仕事量と検事不足

しかし、現に、第一線で活躍している検事は実に忙しい。定員割れの状況の下で、無定量の仕事に追われ、判例・学説も読めないような繁忙な毎日を送っている。日曜日に出勤することもあるし、残業は普通である。ある検事は「われわれは、日中は馬車馬のごとく働き、夜はブタのごとく眠るのみ」と述懐したそうだが、現場の検事の多くが同じ感慨をもっているものと思われる（資料19）。捜査記録の整理が遅れて、弁護人の閲覧が公判の直前になるとの苦情がよく弁護士会から提起されるのも、検察官の多忙さを示すものといえよう。事実上弁護士による検察庁への告訴を断わっているとの、会員からの報告もあり、検事の多忙さはもはや限界にきているのも事実のようである。さらに、検事の数が充分でないため、地方の刑事事件の半分以上を副検事や検察事務官に扱わせざるをえない状態にあり（資料20）、刑事司法にとってもゆゆしき事態と考えられ、早急に改められるべきである。もっとも、一方で堀田力元検事は「ニッポンの検察のきわめて重要な部分の多くが、検事ではなく、人生経験豊かなニッポンの副検事によって担われているということも、また、大いに評価されねばならない」と述べているが、深刻な検事不足の解消に対するあきらめの弁ともとれなくもない（資料21）。

(3) 司法試験改革の動機

　上述の如く、検察の柱というべき検事人口が不足している事は、明らかである。

　そもそも今回の司法試験改革提案の動機は検事不足にあったことは、以下の経緯から看取される。

　昭和63年12月法曹三者協議会における提案理由の経緯説明として、法務省は「近年の司法修習終了者からの検事任官者の減少傾向を契機に司法試験制度及び法曹を取り巻く諸問題を検討する必要ありと考えるにいたり……法曹基本問題懇談会を設けた」旨述べている（資料22）。

　また、法務省はかなり以前から検事不足に危機感を抱いていたことが幹部の発言によって明らかである。たとえば、昭和61年2月、伊藤検事総長は、検事任官内定者が戦後最低の34人になったことに対し、「このままジリ貧状態が続くなら検察の危機だ」と述べ、昭和62年8月筧事務次官（当時）は、「司法試験改革を考える」基本資料集序で「検事の数が充分でないため危機意識が浸透し、改革を求める声が出ている」と述べている。

　そして、昭和63年12月から始まった法曹三者協議で、法務省は司法試験制度改革の狙いの中心が実は検事不足対策であることを承認するに至った。

4　検事の適正人口

　それでは、毎年最低何名が検事に任官したら法務省の危機感はなくなるのか、検事の適正人口は何名かということについて、今後の改革の方向とも睨んで、検討する必要があると思われる。そして、その際には法務省その他の省庁に出向している検事や訟務検事及び判検交流の人数も計算に入れる必要があるだろう。

　検事の適正人口については、今後の司法制度改革論議とも相俟って難しい問題である。司法の容量を大きくし、かつ検察が警察の捜査に対して適正なチェックを及ぼすという本来の機能を充分に果すことができるようにするためには、現在の人数より相当程度増員することが必要となるものと思われる。この適正人口を考える場合には、さらに次の二点も重要となる

ものと考えられる。
　すなわち、①副検事が地方検察庁の事件を取り扱うという肩代わり現象をなくす必要があるということ、②特捜機能（特に地方における）を強化する必要がある、という観点である。
　上記の諸点から考察するときは、検事の適正人口としては相当程度の増加を必要とするものということができよう。
　この点については、法務省の内部では、検察のあり方にまで及んで検討されている由である。たとえば、起訴前証人尋問制度（刑事訴訟法２２６条）の活用や予審判事制度の導入によって、公判における証人調べの人数を減らすとか、あるいは大幅に事務官を増員することによって独自に検察機構を強化すること、などが論議されているようである。さらに、検察は捜査はせず、公判中心に運営されるという考えに立てば、検察官人口は現状でも充分かもしれない。しかし、これらはいずれにしてもその適否は別としても短時間で実現できる問題とは思われない。それどころか、かえって法務省の職員、公正取引委員会の職員及び在外公館における参事官など、検察業種のみならず司法行政その他の事務にも従事する検事は増えこそすれ、減ることはありえない。犯罪の国際化、組織化などの観点から、これらの業務の重要性は今後とも増加するものと考えられる。もっともかかる人材の供給源としては、検事だけでなく弁護士も適しているのではないかとの検討も必要であろう。

5　検事不足の原因について
(1)　法務省の説明
　　いくら合格者を増やしても、検事のなり手がなければ何にもならない。我々はなぜ検事志望者が少ないのか、そして中途退官者が多いのか、その理由について検討する必要があるだろう。この点について、法務省は以下のように説明している。
　　すなわち、検事の後継者の確保の困難な事情として、都市における安定した生活を求める傾向があって、司法修習終了者は転勤のある検事よりも弁護士を選ぶことになりがちであること、弁護士と比べて給与に相当の格差があること、法曹をめざす有力な動機として、自由・独立への指向があって、この傾向は近年特に強まっていること、を挙げている。

そして、合格年令が高くなっている現状は、任官の障害となる要因を増大させている、という。
　しかし、転職問題や自由指向はどの時代にもあり、高学歴就職者は官民を問わず転動が予期されており、自由勝手な行動も許されない。要は検事という職業にかかる事情を超える魅力があるのかどうかが問われているのである。ことに弁護士、裁判官との相対的な比較において、検事という職業に弁護士や裁判官に劣らないような魅力が求められるのではなかろうか。

(2) 検事不足の真の原因
① 検事不足問題は、以下のような検察・検察庁のあり方に原因があるのではないかと考えられる。
- 検察官同一体の原則を過度に強調される結果、個々の検察官の判断が尊重されず、その自主性・独立性が充分に生かされていないこと。また、一定の改善はされつつあるとは言え、決裁制度が官僚的に運用されていること。
- 捜査及び公判において、警察の後追い、上塗り捜査に終始し、警察の捜査活動に対する準司法官的立場からのチェック機能が充分に果されていないこと。
- 弁護人の接見交通や証拠開示問題などにおいて「公益の代表者」としての立場にそぐわない対応がさなれていること。
- 公安・労働事件における不当な起訴の存在
- 巨悪を見逃すような検察実務のあり方
- 人事や昇格における不合理性の存在
- 最近一定の改善がみられるとはいえ、不充分な給与等の待遇、貧弱な官舎等生活環境に関する悪条件
- 刑事裁判の形骸化が指摘される中での刑事事件離れ、検察離れ

② 検察は人権保障の観点から警察の捜査の行きすぎをチェックし、警察・警察官の犯罪も厳正に取締まる権限を有しているが、その機構、人数、予算、制度等の点で、警察に比べてあまりに弱体であることもあって、充分にその機能を発揮しているとは言い難い。警察による組織的盗聴犯罪に対して、不起訴としたのはその端的な事例である。この点については、伊藤元検事総長が「わが国でも、かりに警察や自衛

隊というような大きな実力部隊を持つ組織が組織的な犯罪を犯したような場合に、検察はこれと対決して、犯罪処罰の目的を果すことができるかどうか、怪しいとしなければならない」（秋霜烈日P163）と述懐するとおりである。しかしそれでも巨大化し、時に人権侵害や腐敗の一端を報ぜられる警察に対するチェック機能を制度的には検察に期待するほかはない。このような状況のもとで、検察はその魅力自身が問われているのである。

③　さらに、中途退官者の多さも問題である。法務省はこれについて、毎年40名ないし50名の退官（資料16）は特に問題がなく、これを押し止めることは不可能である、との立場をとっている。しかし、検事の離職傾向の異常に強いことは、裁判官と比較すれば明らかである。すなわち、検事の退官傾向は任官時期（同期との比較）の如何を問わず、裁判官よりはるかに強く、検事の在職者率は、裁判官のそれを20％以上も下回っている。たとえば、5～9期では、検事の在職率は19.3％に過ぎないのに、裁判官（判事・判事補）のそれは62.4％と格段に違っている。また30～34期では検事71.2％に対して、裁判官94.6％で20％以上の在職率の開きがある。このため、ここ数年急速に検事の欠員が増えていることは前述のとおりである。

6　検事不足解消の方法

　　検事不足問題の真の原因が現在の検察のあり方にあるとすれば、我々は法曹の一員としてこれを黙視することはできない。検察内部からの自助努力が必要であることはもちろんであるが、総じて以下のような改革が必要であると考えられる。

・検察官同一体の原則及び決裁制度を見直し、独任官庁である個々の検察官の裁量権を拡大し、その自主的判断をより尊重するようにすること。
・検察事務官を増員し、検察機構の相対的な強化を図り、検察官の業務能率を上げること。
・「公益の代表者」としての地位にそぐわないような接見交通・証拠開示制度の運用を改めること
・全国の地検に特捜（部ないし係）を設置して、専任の検事と相当数の事

務官を配置してその地方の巨悪を摘発し、その結果、検察自体の魅力が増大するようにすること
- 人事及び待遇について、公正できめ細やかな取扱いをすること
- 初任給の引き上げ等給与体系を全体的に見直し、また、原則として短期的及び広域に及ぶ転勤はなくするようにするなど、待遇面での改善を図ること。さらに官舎等の生活環境の充実を図ること
- 法曹一元制の観点からも、弁護士からの任官制度の拡充を図ること
- さらに民主的な検察を形成するという観点から、公選制やリコール制の導入を図るべきだとの意見もある。

　(なお、単純には比較ができないが、欧米との検察官人口の比較について付言しておきたい。裁判所便覧平成5年5月によると、検察官1人当たりの国民数は、日本が副検事を含めても59,489人に対し、アメリカの州12,300人、イギリス21,760人、ドイツ20,518人、フランス36,825人となっている。アメリカの場合連邦検察官が日本と同じ人口比率の数がこれに加わる。イギリスの場合検察官制度が導入されたのは1985年で未だ10年にもならないのに日本より多い。日本の場合副検事を除くと検事1人当たり人口は約10万人にもなるのであって、やはり国際的にみても我国の検事の人口は格段に少ないといえよう。)

第3 弁護士人口問題について

1 問題の所在と論点の整理
　(1) この問題は、法曹三者の人口問題中もっとも意見の対立がある部分なので当委員会は広範な資料の収集、分析を行うとともに、各単位会ならびに全国会員個人へのアンケートを実施した。その結果出された意見は多種多様にわたるが、弁護士人口増加の可否という点では、増員を可とする意見（以下積極論と呼ぶ）と、増員を不可とする意見（以下消極論と呼ぶ）および今回の司法試験合格者増の結果を見てから判断すべしとする意見（以下慎重論）の三つに大別されるものである。そうして
　　① 積極論には、合格者を１０００名程度に増加させよと、数字を示して増員を主張する意見と、相当数を増加せよとする意見とがあるが、いずれも現時点で合格者を７００名を超えて増加させることを主張する点では一致している（したがって以下、両者を含めて積極論と指称する）。
　　② 消極論と慎重論は、ともに現時点で増員を決すべきではないという点は一致するとともに、消極論も、いかなる条件下でも増員不可と主張するものでなく、現時点では増員を可とすべき根拠は見出し得ないと主張するものである。慎重論は今回の合格者増の結果並びにそれ以外の諸条件も考えて判断すべきであり、現段階においては判断をなし得ないというものである（したがって、以下、とくに明示しない限り消極論とは慎重論をも含むものとする）。
　(2) 論点は多岐にわたるが、整理すれば次のとおり大別し得る。
　　① 弁護士の基本的性格と弁護士人口論（競争原理導入の可否の問題を含む）
　　② 現状における国民のニーズと弁護士人口論（弁護士偏在問題、職域問題を含む）
　　③ 司法の抜本的改革と弁護士人口論
　(3) 前記論点につき、積極、消極両論間で一致している部分は、次のとおりである。
　　① 弁護士人口論問題は、基本的人権の擁護と社会正義の実現という弁護士の固有の使命を全うするという見地から論じられなければならな

いこと。
② かかる弁護士の使命を全うするには、権力（国家権力、社会的経済的権力）に対する弁護士の独立性が制度的、実際的に保証されなければならないこと。
③ かかる意味の弁護士の独立性の保証には、経済的自立が不可欠であり、経済的自立を阻害するが如き競争（以下、かかる意味の競争を過当競争と略称する）は排除さるべきこと。
④ 事実の認識としては、弁護士偏在、訴訟の遅延、国民の司法離れといわれる現象が存在すること。
(4) 以上に述べた両論の一致点を踏まえて、以下両論の主張と当委員会の結論を述べることとする。

2 積極論の主張
(1) 弁護士の使命に応えるためには、現状においてすでに弁護士人口は絶対的に不足である。
(2) 弁護士数の不足のために、国民のニーズに十分に応えられない。すなわち
① 国民の身近に弁護士がいないので、相談その他の法的サービスの提供を一般国民が容易に受けられないのが現状である。
② 企業法務、国際取引渉外事件等新しいニーズにも応えていない。
③ 法曹人口、特に、その内の弁護士人口については主要国や先進国等の国民総数とこれに対する弁護士の数の割合に比較して我国の弁護士人口の割合は低すぎる。アメリカ、ドイツ、イギリス、フランスの弁護士人口と国民総数との比較は資料２３、２４の通りであり、我国の弁護士人口は諸外国に比べて少なすぎる。また、アメリカのロイヤーは我国の弁護士とはその範囲が異なるという消極論の理由は誤っている。アメリカのロイヤーは、その業務の内容が多様であるとしても、いずれも法廷で訴訟事件を扱える法律専門家しての資格をもっているのであり、これを我国の弁理士等の隣接業務資格者と同視すべきものではない。
④ 本人訴訟率が高いことから見て、弁護士の数が少ないことが考えられる。

⑤　訴訟が遅延し、国民の司法離れという現象がある。
(3)　現状において絶対数が不足しており、今後の職域拡大、司法の抜本的改革による司法の容量の拡大を考えると、増員によっても過当競争は生じない。また、法治主義の徹底のために行政分野での弁護士の役割を果すことが必要である。
(4)　弁護士の経済的自立を根拠として増員に反対するのは、弁護士の特権意識であり、国民の理解を得られるものではない。
　　弁護士人口が不足しているので、競争原理が働かず、特権意識と既得権にあぐらをかいていて、新しい問題への対応が遅れ、業務の改善などもなされず、旧態依然としているとの批判を免れないものである。
(5)　弁護士偏在問題は無視し得ない重大な問題である。弁護士人口を増加させることは、問題解消の必要な要因となる。
(6)　司法の抜本的改革のためには、弁護士人口の増加がはかられなければならない。
　①　国選弁護、被疑者国選と弁護士人口
　　　平成4年司法統計年報によれば、全国の地方裁判所の刑事事件46,983件中、約62％の28,997件が国選弁護人により処理されている（資料25）が、日本の刑事裁判の場合、起訴事件の有罪率は99.8％である。
　　　従って起訴前の被疑者段階での弁護が是非必要と考えられ、司法の容量拡大の観点からも被疑者国公選制度の導入が検討されなければならない。しかし、現在当番弁護士制度の実施だけでも地方単位会の中には弁護士の犠牲を強いる運用となっているところもあり、本格的実施には、現在の弁護士数では足りない。
　②　法律扶助と弁護士人口
　　　平成4年度の扶助申込数は16,129件で、そのうち新規扶助決定がなされたのは、前記の5,336件である（資料26）。従って申込のあったうち約3分の1しか、扶助を得られないこととなる。
　　　また、申込み事件数は、昭和63年度の8,212件から、平成4年度の16,129件に4年で約倍増している。しかし、扶助決定件数は、昭和63年度の3,319件から平成4年度の5,336件（約1.6倍）になっただけで需要に応じて扶助を与えられない状況

にある(資料27)。

現在の申込み件数は弁護士一人に一件強の見当であるが、法律扶助制度の周知度は昭和58年の総理府調査で20.7％、平成5年の同総理府の調査で37.2％である(資料28)。右周知度の増加に伴い申込み件数増加している。従ってこの分野には、法的サービスを受けられない需要があるとともに、潜在化している需要が存在していると考えられる。

このような需要を放置することは、法律事務を独占する弁護士としては妥当ではなく、これらの需要にも応えられる制度の整備が急務である。そのために、弁護士人口が不足するのであれば、増員が必要である。

③ 法律相談と弁護士人口

法律相談事業に関する協議会資料によると、全国の法律相談総件数(但し41単位会)は、平成元年度に38,413件だったものが、平成4年度には68,695件に増加し、1.78倍になっている。また総収入についても、平成2年度は4億8125万円だったものが平成4年度には6億3758万円になり、1.32倍になっている(資料29)。

この数字からみるかぎり、法律相談件数は年々増加しており、この分野にも法的需要があることが推認できる。

従って、この分野の需要に充分に応えるためにも、弁護士人口の増加が必要である。

④ 当番弁護士制度と弁護士人口

当番弁護士制度は各単位会で運用に若干の相違があり、報酬基準も全国統一ではない。

以下、東京弁護士会の場合、事件受付件数は、平成5年1年間で、9,907件である。そのうち受任に至ったのは3,484件で41.32％、そのうち12.8％は援助事件となっている(資料30)。また、報酬は起訴前弁護のみの場合着手金10万円報酬25万円、地裁事件着手金25万円報酬25万円となっている(資料31)。

担当者の人数と制度の関係を見た場合、弁護士が小人数でかつ広範囲の対象地域を持つ単位会では実施にかなりの無理がともなっている

地域もあると言わざるをえない。そこで、当番弁護士制度を十二分に運用するには、現在の弁護士数では足りず、弁護士の増員が必要である。

3　消極論の主張
(1) 現状において弁護士の絶対数が不足しているとはいえない。
(2) 国民のニーズに応えていない（もしくは十分に応えられない）としても、それは弁護士不足が原因でなく、したがって増員によって解決し得るものではない。すなわち
　① 弁護士過密が問題となっている米国でも、法的サービスを受けられない人は多いのであって、弁護士人口問題でなく、経済的負担能力や不明瞭な料金等弁護士へのアクセスの問題である。しかも、現状でも真に弁護士を欲する人は紹介なり公的相談なりを経て弁護士に辿り着いている。
　② 企業法務等については、日本企業の体質的傾向の下で、企業法務的ニーズにそのまま応えることは、弁護士のビジネスローヤー化、独立性の喪失につながるおそれがあり、弁護士の使命からみれば慎重に考えざるを得ない。
　③ 総人口と法曹人口の割合について、アメリカ、イギリス、ドイツ、フランスが比較対象にあげられているが、それぞれ制度が異なり単純には比較出来ない。アメリカの場合は、弁護士の数は７９万９９６０人と記載されている。日本語では弁護士と翻訳されているが、正確に言えばこれはロイヤーの資格を有するものの総数である。我国ではアメリカのロイヤーが業務として行っているかなりの部分が弁理士、税理士、司法書士、行政書士、社会保険労務士などの弁護士隣接職業の者に担われている。
　　従って、アメリカのロイヤーとの職業人口比較をする場合には、アメリカのロイヤーが行っている業務に含まれる業務に従事している者の総数と比較をしなければならない。
　　アメリカのロイヤーが行っている業務に含まれる我国の前記弁護士隣接職業の者の総数は、平成６年度では１３万５１０１人、法曹三者を入れると１５万３１１２人となる（裁判官、検察官は定員）（資料

２４）。更に、アメリカのロイヤーが携わっている官庁、公共団体の法律部門の幹部、大学関係者、企業法務従事者などを入れると一人当たりの人口は更に少なくなる。単純にアメリカのロイヤーの数と我国の弁護士の数とを比較することは出来ない。問題は、法廷に出られる有資格者の数ではなく、国民の多様な法的ニーズに応える法律専門職が十分数を満たしているか否かである。
④ 資料３２の分析から明らかなように、係属事件数（およびこれに対する弁護士代理率、本人訴訟率）の推移と弁護士人口の相関関係は、単に数字を対比しただけでは、論証することが不可能である。
⑤ 訴訟遅延、国民の司法離れという現象は、弁護士不足によるものでなく、裁判所の物的・人的容量不足とそれが原因となって手続が効率的・集中的におこなわれないこと、および行政追従、弱きをくじく判決内容などが国民を裁判所から遠ざけているのが真因である。むしろ小さな裁判所と多数の弁護士人口という構造は、職権主義強化等、司法作用の衰退を招く危険がある。
(3) 周辺職域との関係では、法的サービスの効率性という面からは役割分担がなされて然るべきであり、行政による相談業務等も、かかる面からその役割分担を認めるべきであって、弁護士人口増をもって対処すべき問題ではない。また、行政分野についても、我が国行政の体質が行政官庁の弁護士利用を妨げているのであって、弁護士不足が原因ではない。
(4) 弁護士の経済的自立は、弁護士の使命を全うするための独立性の保証という要請から来るものであって、特権意識乃至既得権保守の観点から主張するものではない。

弁護士の使命達成は奉仕的活動に負うところが大であり、この奉仕活動を可能ならしめているのは、経済的自立がなされているからであって、弁護士人口増はかかる活動を阻害する危険がある。

また、競争の問題については、そもそも、弁護士のようなプロフェッショナルに競争原理を持ち込むことは誤りである。人口増による競争によって淘汰される弁護士が質の悪い弁護士とは限らない。弁護士人口の多い都市に弁護士の非行が見られるという現象は競争による淘汰では説明がつかず、むしろ、会務や再審事件等、奉仕的活動にエネルギーを注ぐ弁護士が淘汰される危険が大である。事務の能率化、料金の明確化等

は弁護士人口の多少とは関係なく進めるべき改革であり、弁護士人口増によって改善されるという性質のものではない。
(5) 弁護士偏在問題は、地域的偏在は弁護士人口増によって解消し得るものではない。弁護士が増えても何らかの外的強制を加えなければ、地方で開業する弁護士が増えるわけではない。もし仮に「競争という圧力」によって、この偏在を埋めるとすれば、大都市集中の求心力を超える程度の圧力、すなわち、強度の過当競争によって弾き出す力という程度の圧力が必要となり、それは弁護士の使命に反する結果を伴わざるを得ない。

　分野別偏在も、弁護士人口増によっては解決し得ないか、もしくは、選択の自由を奪う程度の競争の圧力による弊害を伴うという点で地域偏在問題と同様のことが言える。
(6) 司法の抜本的改革は、現時点では、必要とされる弁護士人口を試算し得る程度には具体化されているとはいえず、これとからめて弁護士人口を論ずるには、現時点では無理があり、弁護士人口論だけが独り歩きする危険がある。
　① 国選弁護、被疑者国公選と弁護士人口
　　理念としては被疑者国公選制度の導入も是非図らなければならないと言える。しかし、平成5年度の国選弁護人の報酬の支払い基準は、地方裁判所で1件72,000円であり（資料33）、1件あたりに必要とされる弁護士の労力、時間に対して、上記の支払い基準はあまりに低額である。これは、予算の貧困からくる問題であるが、被疑者国公選制度を導入した場合もその費用負担の問題の解決が不可欠である。現在の国選弁護費用と同レベルの費用支給とすれば、国選弁護と同様に弁護士の奉仕に頼る結果となるし、それでも予算としては莫大な額となる。現在の国選弁護費用の見直しも急務であるし、被疑者国公選制度を導入するにも、その費用問題を切り離して考えるべきではない
　② 法律扶助と弁護士人口
　　平成4年度の法律扶助協会による民事法律扶助の実績は、年間5,336件で、支出金額は約10億円となっている（資料34）。しかし、このうち、国の補助は約15％の1億5000万円、平成5年か

らは、国庫補助金は法律相談にも使用できることになったが、補助費は1億8049円にすぎない。
　また、法律扶助事件の弁護士の着手金及び報酬金の単価（1件あたりの金額）は、全国平均で、着手金11万8302円、報酬金10万8759円であり（資料35）、両者併せても22万円程度である。
　仮に法律扶助に携わる弁護士が不足しているとしても、それは弁護士の数が少ないからではなく、予算の貧困から弁護士が業務として関与しにくい制度となっている点にむしろ原因があるというべきである。法的ニーズを放置すべきでないことは勿論であるが、この分野の法的ニーズに十分に応えるためには、弁護士数を増やすというよりも、法律扶助事業に対する国の補助金を飛躍的に増加し、着手・報酬金基準の改善を行うのがまず第一というべきである。この点、平成5年度の法律扶助に対する国の補助金の予算は、1億8849万6000円（資料36）で、4年間で倍増しているが、諸外国と比べてまだ貧困であり（例えばイギリスは1,900億円－平成3年、資料37）、法制度の違いがあるとしても、低水準に過ぎるといわざるをえない。

③　法律相談と弁護士人口
　弁護士個々の収入との関係でみた場合、相談のみで終わった場合、事件受任に至らない場合は、弁護士の収入に占める割合は低い。また、相談のうち、受任にいたる割合は、比較的受任率の高い東京、大阪の場合、約23.24％であり、受任率の低いところでは、3.6％（大分）という地域もある（資料38）。従って、法律相談から受任に至って事件収入とするためには、相当数の法律相談件数が必要である。
　また、東京弁護士会では、法律相談担当希望の弁護士を抽選で選んでおり、その倍率は約1.4倍と報告されている。
　従って、少なくとも東京弁護士会では仮に法律相談が増加しても、これに対応する弁護士は現在でも確保できるということになり、この分野の法的ニーズに応えるためには、弁護士の増員は必要ないと言える。尤も、法律相談に関する広報活動が今後より活発化することにより、法律相談件数が飛躍的に増加した場合は弁護士人口の増員も問題になるだろう。

④ 当番弁護士制度と弁護士人口

　当番弁護士制度の運用制度を予算の面から見た場合、当番弁護士の需要も年々増加しているが、外国人の事件、援助事件も増加し予算はパンク状態で、弁護士の寄付を募って運営している単位会もある。弁護士が1日待機して、相談件数のうち事件になるのが約4割、事件になったとしても内12%は援助事件であり、当番弁護士報酬が弁護士の収入に占める割合は、低いと言わざるをえない。

　また、大単位会では、当番弁護士の登録率が低く、弁護士の数を増やすよりも、まず、登録率を高める必要があると考えられる。

　従って、当番弁護士制度の整備のためには、補助金を得る等の予算的な整備、大単位会の登録率を高める等の方策が不可欠であり、弁護士の増員だけ先行しても問題の解決には成らない。

4　まとめ

　当委員会は、上記の積極、消極両論の検討および各種資料の検討、単位会、会員個人の各アンケートの結果を踏まえ、かつ、司法の抜本的改革が、弁護士の必要数を試算し得るに足りる程度には具体化されておらず、ことに、司法試験合格者700名の増加による影響が未だ検証されていない現段階であるという条件のもとで、弁護士人口論につき、以下の結論に至った。

(1) 弁護士は人権の擁護と社会正義の実現を固有の使命とするものであり、この使命を全うするためには、その独立性が保証されなければならず経済的自立も、この観点からして、不可欠なものである。

(2) 経済的自立（弁護士の職務の独立性を担保するための経済的自立、以下、経済的自立はこの意味を指す）が、どの程度の水準を意味するかは、極めて難しい問題であり、直ちに結論を出し難い。すくなくとも、一般国民の水準（これ自体も抽象的ではあるが）を大きく超える経済的余猶を意味するものとすれば、特権意識による主張との批判を免れない一方、現実定法上の文言（生活保護法第1条、第3条、児童扶養手当法第1条等）と同義のものとするのも極論といわねばならない。

　経済的自立がどの程度の水準を意味するか今直ちに一義的に決定し難いものとすれば、経済的自立をメルクマールとした人口論は抽象的論争

となるおそれがあるけれども、現在の司法の容量（法律扶助、国選弁護料、日弁連、単位会の財政規模等）において、弁護士の使命をはたすための会務活動はもとより、プロボノといわれる活動など対価の伴わない弁護士の公益的な活動は、客観的には弁護士のその他の職務で生計を維持することによって初めて成り立っていることは否定しえないところである。

(3) ちなみに日弁連業務対策委員会「弁護士業務の経済的基盤に関する実態調査」（資料３９、平成２年３月調査実施、対象は平成元年業務）によれば、弁護士の年間所得の平均値は１，５４４万円、中央値は１，１０３万円で、同年度の開業医の平均所得は３，１５８万円で弁護士の２．０５倍であり、人事院「民間給与の実態」との比較によれば支店長（４９．８才）の年収と同年代の弁護士の収入は福利厚生等も対比すればほぼ同等と報告されている。また、弁護士の週平均就労時間は４５．５時間である。

同調査はいわゆるバブル崩壊前の調査であることに留意すれば、現時点での判・検事の年収と比較すれば５０代以降の弁護士の所得は、判・検事のそれよりも低い層が多いことが推測される（資料１４、１５）。

同調査及び当委員会「弁護士人口等に関する会員アンケート」（資料４３）によれば、地域、年代、依頼者層、主たる取扱事件、事務所経営型態の差による取扱事件数の増減や所得の各差は拡大する方向にあり弁護士全体の経営的自立の課題は一層重要となっている。

(4) 弁護士業務に市場経済的競争原理を導入することは、弁護士の使命達成の観点からは、容認し難いものである。

現状においても適度な競争は存在するが、これは、優勝劣敗による淘汰を積極的に肯認するところの、いわゆる市場経済的競争原理とは異質なものである。

弁護士はプロフェッショナルとして、自らの自覚によって姿勢を正し、業務を改善し、社会に寄与すべきであって、競争の圧力によって、これらを達成するべきものではない。のみならず、競争によって淘汰される弁護士が質の悪い弁護士とは限らず、会務や再審事件等の人権擁護活動にエネルギーを注ぐ弁護士が淘汰される危険さえある。

(5) 一般国民にとって、弁護士が利用しにくい状態があり、訴訟遅延や国

民の司法離れといわれる現象があるが、これらの現象が弁護士人口の過少に起因するという説は、必ずしも実証されてはいない。弁護士へのアクセス問題は、経済的負担能力や料金の不明瞭、日本の社会的傾向（契約社会になっていない、法的解決を好まない等）等、弁護士人口以外の理由に大きな原因があることは、すでに多くの場で指摘されているところであるが、これを、弁護士人口増で解決できるのか、仮に解決できるものとしたら、どの程度の弁護士人口増が求められるのか、具体的論証は未だなされていない。

訴訟遅延問題もまた、弁護士人口の過少が原因であるとの具体的論証は未だなされていない（裁判所の容量に問題があることは第１「裁判官の人口問題について」に述べたとおり明白である）。

(6) 職域の拡大、行政分野での弁護士の役割の問題についても、弁護士人口の過少によって生じている問題であるとは断定し難いものである。わが国行政官庁の体質は、独立性をもった弁護士の利用を阻げているのであって、現状において、行政官庁が、弁護士を利用したくとも弁護士人口が少ないために利用できないでいるという実態が存在するとはいい難い。

また、周辺職域との関係については、現状においても職域拡大が業務対策委員会等で論議されているところであって、さらなる弁護士人口増とは必ずしも結びつかないものであるし、法的サービスの効率化の観点からすれば、周辺職種との役割分担も或る程度肯認すべきもので、弁護士人口増をもって解決すべき問題とはいい難い。

(7) 弁護士偏在問題について

① 弁護士偏在の問題については、当連合会業務対策委員会の高松シンポジウム（平成５年１１月）でもとりあげられ、報告（資料４０）によると産業構造型、交通事情型、本来的偏在型の３種があり、全国の大部分の支部が前２者であり、本来的偏在型は少ない、とされる。又、地方裁判所の支部総数は２０１あるが（平成２年４月１日現在）、管轄地域内に事務所を有する弁護士の数が０の支部は５１あり、弁護士の数が１の支部は２６ある。これに対する有効な対策はまだ提案されていない。

逆に昭和３５年から平成２年の３０年間に資料６のように弁護士数

は6487名から13,870名へと2倍に増加したが、佐賀、島根、山口の各弁護士会は減少しており、福井、鳥取の各弁護士会の会員増は僅か各2名であって、弁護士増員が弁護士偏在を解決する決め手にはならないことがわかる。

② 弁護士1人当りの人口がどうであるべきかは一国の司法に傾注する予算の割合、紛争解決を司法機関にゆだねる社会の性質等で異なり困難な問題である。

今、資料41に基づき平成2年度の都道府県別弁護士1人当りの人口を算出すると、次のようにグループ分けすることができる。

ア 集中型

東京・大阪・京都・沖縄・愛知・福岡
（1人当り人口5,000人～12,000人未満）

イ 非集中型

山口・福井・山形・岐阜・宮崎・千葉・鹿児島・福島・埼玉・佐賀・三重・茨城・島根・滋賀・青森・岩手
（1人当り人口26,000人～30,000人未満）
（千葉・埼玉が非集中型に入るのは問題であるが、単純計算の結果である。）

ウ 平均型

上記以外の25道県

この平均型弁護士1人当りの人口数は17,491人となる。非集中型地域の弁護士人口を平均型に増加させなければならないとするならばその弁護士は818人となる（非集中型人口合計3,318万人で弁護士数1,078名なのでこの数値となる。）。

人口増が非集中型を解消する立場にたち、且つ、非集中型に全部行くと仮定しても、この818名を増加させるには後述のとおり、700名合格で毎年120名の弁護士増で7年で解消されることになる。

③ 弁護士は判・検事と異なり、自分で事務所を経営し、生計を立てる必要から資料41に示すとおり、県内総生産総額と人口が多く、経済活動が活発な道府県に集中することになるのは、一面においてはやむ

を得ないことである。
　単位会のアンケート調査（資料４２）で、現在の弁護士数の設問で、やや不足や、ほぼバランスがとれている、不足等と回答したなかには資料４１で示すように新件受理数の推移の反映も無視できないのである。
④　弁護士偏在の問題は、早急に解決しなければならない問題であるが弁護士人口増によって解決が可能であるか、疑問といわざるを得ない。実効性のある方策の早急な策定が必要である。
(8)　司法の抜本的改革は、未だ全体像が明らかでなく、司法容量の拡大にむけての現実の条件も具体化されていないなかで、これに対応する弁護士数を試算できる段階にはない以上、現時点において、７００名以上の弁護士増加の根拠とはなしえない。
　なお、この点に関し各単位会アンケート（資料４２）結果は次のとおりである。
(イ)　法律扶助法の制定による扶助制度の飛躍的拡充があった場合
　　① 大幅増を必要とするもの　　　　　　　　　３
　　② 多少の増員を必要とするもの　　　　　　　２２
　　③ 増員不要　　　　　　　　　　　　　　　　９
　　④ 経済的基盤拡大が伴わねば増員すべきでない　５
　　⑤ 改革の内容によりなんとも言えない　　　　１１
　　⑥ その他　　　　　　　　　　　　　　　　　１
(ロ)　裁判所の物的・人的設備の大幅拡充があった場合
　　① 大幅増を必要とするもの　　　　　　　　　５
　　② 多少の増員を必要とするもの　　　　　　　２４
　　③ 増員不要　　　　　　　　　　　　　　　　１０
　　④ 経済的基盤拡大が伴わねば増員すべきでない　１
　　⑤ 改革の内容によりなんとも言えない　　　　８
　　⑥ その他　　　　　　　　　　　　　　　　　２
(ハ)　被疑者段階での「国・公」選弁護士制度があった場合
　　① 大幅増を必要とするもの　　　　　　　　　７
　　② 多少の増員を必要とするもの　　　　　　　２６
　　③ 増員不要　　　　　　　　　　　　　　　　８

④　経済的基盤拡大が伴わねば増員すべきでない　3
　⑤　改革の内容によりなんとも言えない　7
　⑥　その他　1
　このアンケートのうち（イ）の飛躍的拡充、（ロ）の大幅拡充については、その程度について具体性がなく、回答者各自のイメージによって答えたものと見るべきであり、具体的な設問は（ハ）と見るべきだが、いずれにしても大幅増員の回答は極めて少数で、多少の増員が最多数であることは注目すべきところである。
　また、日弁連が行った弁護士人口に関する会員アンケート（資料43）では、
　近い将来法律扶助制度の飛躍的拡充、裁判所の物的・人的設備の大幅な拡充、被疑者段階での「国・公」選弁護士制度の創設等の司法改革が行われた場合、司法試験の合格者を700名以上に増員することが必要かとの問いに対し、

　①　大幅な増員が必要である　　　　　　　　　19.6%
　②　多少な増員が必要である　　　　　　　　　24.3%
　③　増員できなくても対応できる　　　　　　　21.2%
　④　改革の内容により何とも言えない　　　　　27.8%
　⑤　経済的基盤の拡充が伴えば　　　　　　　　6.0%
　⑥　その他　　　　　　　　　　　　　　　　　1.1%

との回答があった。

(9)　以上のとおり各論点につき検討した結果、すくなくとも現条件下で絶対数不足という会内の共通認識が成立していない現時点では、すでに決定済みの司法試験合格者増（700名）を超えて増員すべきであるとの結論には至らなかったものである。
　なお、会員個人アンケートの結果によれば、司法試験合格者を年間700名以上にすべきかとの問いに対し、3,210名の全回答中、
　①　700名を越えて増員すべきである
　　　　　　　　　　　　　　　　　516（16.1%）
　②　700名を越えて増員すべきではない
　　　　　　　　　　　　　　　　　869（27.1%）
　③　700名に増員された結果をみて判断すべき

　　　　　　　　　　　　　１，５６３（４８．７％）
であり、少なくとも「現段階で増員すべきであるとの結論」を支持しないものは７５．８％に達していることは注目すべきである。
　上記アンケートは７００名を超えて増員することの可否だけではなく、各回答者の所在地事務所の特性、依頼者や取扱事件の特性などの業務の差も分析した。これらによれば増員可否の意見の背景には会員の業態差や地域差による国民各層のニーズの反映があること及び積極、消極両説ともにその根拠として、積極論は、弁護士の人権活動や公益活動をより充実させるためにも増員が必要であると考え、消極論は、過当競争により弁護士の経済基盤が脅かされ、人権活動や公益活動が低下する考えていることが明らかとなる。

(10)　なお、現段階では検討不十分であり、増員の可否につき結論を出すべきではないとの意見がある。
　しかし、当委員会において出された論点については、十分に時間をかけて討議がなされたものであって、現段階での一定の結論は出されるべきである。
　ただし、この結論はあくまで現段階における結論であって、今後の司法の抜本的改革についての実施状況、弁護士任官数、合格者７００名の結果の分析など、新たな判断資料乃至新たな論点が出て来た場合に、再び弁護士人口論を検討することを妨げるものではない。

第4 結論

　はじめに述べた前提のもとに、法曹三者それぞれの人口論を、各別に検討した結果は、第1乃至第3に論述したとおりであるが、これを総括すると、現段階における当委員会の法曹人口問題についての結論は以下のとおりである。

1　まず法曹三者それぞれの人口論については、第1乃至第3で述べたとおり、まず、裁判官人口については、相当程度（毎年30名10年間で300名の増員）の増員が必要であり、検察官人口についても、相当程度の増員が必要である、弁護士人口については、今回実施された司法試験合格者増の結果を見てから判断すべきである、との結論に達した。

2　次に、裁判官、検察官の人口についての結論としての増員をまかなうために、司法試験合格者700名の程度を超えてさらに増員するべきか否かについては、合格者700名のうち任官者数の推移が現段階では不明であること、仮に、合格者4～500名程度のときの任官者比率をもって推測するとすれば、第1、第2で述べた程度の任官者増は実現し得るものであることから、任官者増員の必要から司法試験合格者を700名程度を超えてさらに増員すべし、との結論には至らなかった。

3　かくて、法曹人口問題は、司法の抜本的改革との関連において、かつ法曹三者全体の総合的な人口問題として、今後も引き続き検討されるべき課題であるが、司法の抜本的改革の具体化とその条件が明らかにされず、かつ、司法試験合格者を700名程度とすることが決定されて未だその合格者増が法曹三者の人口数に現れて来ていない現段階においては、700名を超えてさらに増員すべきであるとの見解は採用し得ず、法曹人口論としては、司法試験合格者を700名程度に増員した結果を検討して判断すべきものであるといわざるを得ない。

以　上

法曹人口問題に関する意見書資料目録

資料 1 司法試験制度改革問題に関する意見書（日弁連法曹養成問題委員会、平成2年7月20日理事会承認）
資料 2 第11回司法シンポジウム基調報告書（日弁連、昭和63年）
資料 3 司法試験制度改革問題に関する意見照会（日弁連法曹養成問題委員会、平成元年12月12日付）
資料 4 第14回司法シンポジウム基調報告書（日弁連、平成3年）
資料 5 判事・判事補の定員及び欠員状況等調（昭和51年から63年、三者協議会最高裁提出資料）
資料 6 表－日本における法曹人口及び総人口の推移（法務省司法法制調査部作成－改革協議会資料2）
資料 7 表－裁判制度発足以来の裁判官定員の推移（ジュリスト司法試験問題を考える基本資料集資料50より作成）
資料 8 表－我が国の弁護士人口の推移（法務省司法法制調査部作成－改革協議会資料2から作成）
資料 9 表－地方裁判所の民事・行政事件の新受数等の推移（ジュリスト法曹養成制度基本資料集資料61より作成）
資料10 表－地方裁判所の刑事事件の新受数等の推移（ジュリスト法曹養成制度基本資料集資料61より作成）
資料11 表、グラフ－昭和49年から平成4年までの各事件数の推移（司法統計年報より作成）
資料12 表－各国裁判官人口の比較（裁判所便覧　最高裁事務総局）
資料13 表－年度別裁判所予算（第13回司法シンポジウム基調報告書、平成2年）
資料14 表－年収額試算表－裁判官（弁護士任官に関する説明会資料、東弁、一弁、二弁、平成5年10月19日）
資料15 表－年収額試算表－検察官（弁護士任官に関する説明会資料、東弁、一弁、二弁、平成5年10月19日）
資料16 表－検事の定員及び欠員状況調（法務省司法法制調査部季報、NO67、98頁）
資料17 グラフ－検察庁の業務量の推移（ジュリスト司法試験問題を考える基本資料集資料73）

資料18　検事の員数に関する調査報告について（第二東京弁護士会司法試験改革問題協議委員会平成4年11月13日付）
資料19　検事の道（ジュリスト700号181頁、土本武司）
資料20　序にかえて（ジュリスト司法試験改革を考える基本資料集3頁、筧栄一）
資料21　ニッポンの検事（ジュリスト700号184頁、堀田力）
資料22　司法試験制度について（法務省昭和63年12月、ジュリスト法曹養成制度改革基本資料集17頁）
資料23　表－主要国国民数と弁護士人口（日弁連法曹養成問題委員会作成平成6年）
資料24　表－我が国の隣接業務資格保持者の数（日弁連法曹養成問題委員会作成平成6年）
資料25　表－刑事事件に国選弁護人のついた被告人の割合（国選弁護人報酬増額等要望書資料1－日弁連平成7年度）
資料26　法律扶助申込み数、決定数（平成4年度事業報告書10頁－財団法人法律扶助協会）
資料27　グラフ－民事法律扶助決定数の推移（平成4年度事業報告書24頁－財団法人法律扶助協会）
資料28　アンケート結果－法律扶助制度の周知度（月間世論調査平成6年2月号25頁－総理府広報室編）
資料29　全国有料法律相談件数の推移（第5回法律相談事業に関する協議会報告書183頁、日弁連平成5年）
資料30　表－当番弁護士受任状況（当番弁護士制度運用状況集計表Ⅲ、日弁連平成5年）
資料31　表－当番弁護士の報酬（当番弁護士活動のしおり－東京弁護士会刑事弁護委員会）
資料32　報告書（司法統計年報及びジュリスト法曹養成制度改革基本資料集の検討報告、日弁連法曹養成問題委員）
資料33　表－国選弁護人の報酬支払基準（国選弁護人報酬増額等要望書資料3－日弁連平成7年度）
資料34　表－法律扶助事業主な事業件数、支出金額（平成4年度事業報告書1頁－財団法人法律扶助協会）
資料35　表－法律扶助費単価の地区別内訳（平成4年度事業報告書32頁－財団法人法律扶助協会）

資料36　表－平成5年度法律扶助事業費補助金（平成5年度一般会計予算370頁－第126回国会提出資料）

資料37　表－法律扶助国際比較表1991年度（平成4年度事業報告書78頁－財団法人法律扶助協会）

資料38　表－有料法律相談件数総数と受任数（第5回法律相談事業に関する協議会報告書日弁連平成5年於山形市）

資料39　弁護士業務の経済的基盤に関する実態調査（日弁連弁護士業務対策委員会平成2年）

資料40　第8回弁護士業務対策シンポジウム報告書（日弁連弁護士業務対策委員会平成5年11月於高松市）

資料41　単位会別県内総生産と弁護士数推移の比較（日弁連法曹養成委員会作成平成6年）

資料42　単位会アンケート集計報告書（日弁連法曹養成問題委員会平成5年5月21日現在集計）

資料43　弁護士人口・司法試験合格者増員に関するアンケート調査報告書（自由と正義平成6年1月号）

資料２　（法曹人口に関する）緊急の会員投票の往復葉書

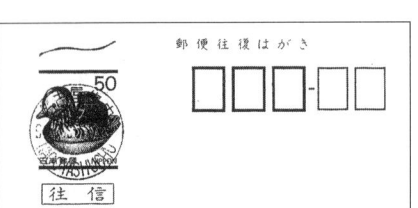

郵便往復はがき
50
往信

〒480
名古屋市丸の内２－２－７
丸の内弁護士ビル801

鈴木　秀幸　先生

★★ 緊急を要します。すぐに書き入れて投函してください。
　　遅くとも８月７日必着でお願いします。ただし、８月７
　　日を過ぎても必ず返送して下さい。第２次集約をします。
★　ご回答は直ちに集約し、その結果を執行部に報告し、何
　　らかの方法で会員にお知らせします。
★　この会員投票のため約２００万円の費用がかかりました。
　　勝手ながら下記にカンパをお願いできれば幸いです。

カンパ先：東海銀行名古屋市役所出張所
　　　　　（普）１０８５３２９　中弁連有志の会

差出人：「法曹人口問題を考える中弁連有志の会」
代　表：野間美喜子（名古屋）福井正明（三重）岸本
　　　　（岐阜）鳥毛美範（金沢）沢田儀一（富山）

（法曹人口問題に関する）
緊急の会員投票
1994.7.28

　現在、日弁連では、今秋の法曹養成制度等改革協議会において、司法試験制度の「抜本的改革案」として、司法試験の合格者を１０００名に増員することを柱とする提案を行うべしとの意見があります。
　しかし、司法試験の合格者は今年から約７００名に増員されたばかりで、その結果は未だ検証されていません。日弁連法曹養成問題委が昨年まとめた会員アンケート結果でも、７００名を越えて増員すべきである（１６．１％）、７００名を越えて増員すべきでない（２７．１％）、７００名増員の結果をみて判断すべき（４８．７％）となっており、「現段階で７００名以上に増員すること」に対しては７５．８％が否定的という結果が出ています。
　一方、司法予算の拡大、裁判官・検察官の増員、法律扶助の拡大、被疑者弁護の国公選制度など司法の基盤整備のプログラムは未だ具体的なものとして策定されておらず、現段階では実施の見通しは立っていません。
　かかる状況下で日弁連が司法試験合格者の１０００名増員を提案することは、司法の基盤整備が行われないままに弁護士人口だけが増員されるという結果を招来し、弁護士が過剰になれば、弁護士の職務の自由と独立性が失われ、濫訴、公的活動の低下、弁護士自治の崩壊などさまざまな弊害が発生する恐れがあります。また、最高裁・法務省は、合格者増員の場合は少なくとも修習期間の短縮が必要であると言明しており、改革協では分離修習さえも協議されています。合格者増が修習制度の改変をもたらすことは必至であります。
　私共は問題の重要性にかんがみ、全会員の意思が日弁連の意思決定に正しく反映されるよう、緊急に全会員による投票を実施させていただくことにしました。ご協力いただけますよう、よろしくお願い申し上げます。

資料3 （法曹人口に関する）緊急の会員投票の集計結果

（法曹人口問題に関する）
緊急の会員投票の集計結果
（1994・7・28）

（ ）内は単位会別の％

会名(人員)	賛成	反対	その他	会名(人員)	賛成	反対	その他
東京(3474)	195(24.3)	552(68.7)	57(7.0)	仙台(186)	6(8.6)	60(85.7)	4(5.7)
一弁(1762)	65(18.2)	251(70.1)	42(11.7)	福島(72)	2(5.3)	34(89.5)	2(5.3)
二弁(1773)	91(22.9)	274(68.8)	33(8.3)	山形(46)	2(9.5)	19(90.5)	0(0)
横浜(565)	20(12.3)	135(83.3)	7(4.3)	岩手(34)	0(0)	13(86.7)	2(13.3)
埼玉(226)	6(7.1)	76(90.5)	2(2.4)	秋田(49)	0(0)	16(94.1)	1(5.9)
千葉(218)	10(22.7)	32(72.7)	2(4.5)	青森(44)	2(15.4)	11(84.6)	0(0)
茨城(84)	5(25.0)	13(65.0)	2(10.0)	札幌(279)	11(13.6)	65(80.2)	5(6.2)
栃木(88)	3(12.0)	22(88.0)	0(0)	函館(22)	2(22.2)	6(66.6)	1(11.1)
群馬(116)	3(7.7)	31(79.5)	5(12.8)	旭川(20)	0(0)	5(83.3)	1(16.7)
静岡(193)	9(16.3)	42(76.4)	4(7.3)	釧路(21)	0(0)	7(87.5)	1(12.5)
山梨(45)	2(10.0)	15(75.0)	3(15.0)	香川(83)	1(3.4)	27(93.1)	1(3.4)
長野(100)	1(1.8)	55(96.5)	1(1.8)	徳島(45)	0(0)	16(94.1)	1(5.9)
新潟(114)	3(6.5)	42(91.3)	1(2.1)	高知(48)	1(5.3)	18(94.7)	0(0)
大阪(2124)	59(12.0)	414(84.0)	20(4.1)	愛媛(77)	5(14.3)	28(80.0)	2(5.7)
京都(277)	22(28.9)	50(65.8)	4(5.3)	記載なし	6(14.3)	33(78.6)	3(7.1)
神戸(347)	19(19.4)	67(68.4)	12(12.2)	合計	680(16.5)	3185(77.1)	264(6.4)
奈良(56)	5(26.3)	13(68.4)	1(5.3)				
滋賀(38)	3(23.0)	10(76.9)	0(0)				
和歌山(57)	1(5.9)	14(82.4)	2(11.8)				
名古屋(704)	22(10.0)	194(87.8)	5(2.3)				
三重(61)	1(3.4)	28(96.6)	0(0)				
岐阜(79)	1(2.6)	37(94.9)	1(2.6)				
福井(32)	3(17.6)	13(76.5)	1(5.9)				
金沢(68)	1(2.7)	35(94.6)	1(2.7)				
富山(51)	3(10.7)	25(89.3)	0(0)				
広島(231)	8(8.8)	77(84.6)	6(6.6)				
山口(62)	3(12.5)	19(79.2)	2(8.3)				
岡山(153)	10(14.9)	54(80.6)	3(4.5)				
鳥取(24)	1(9.0)	10(90.9)	0(0)				
島根(22)	3(37.5)	5(62.5)	0(0)				
福岡(494)	29(22.1)	93(71.0)	9(6.9)				
佐賀(28)	2(33.3)	2(33.3)	2(33.3)				
長崎(64)	8(36.4)	14(63.6)	0(0)				
大分(65)	1(4.8)	20(95.2)	0(0)				
熊本(102)	7(17.9)	28(71.8)	4(10.3)				
鹿児島(70)	3(12.0)	22(88.0)	0(0)				
宮崎(49)	3(11.5)	21(80.8)	2(7.7)				
沖縄(174)	11(28.2)	22(56.4)	6(15.4)				

投票総数 4166票（有効票 4129票、無効票 37票）

投票項目
司法の基盤整備（司法予算の拡大、裁判官・検察官の具体的な増員計画、法律扶助の拡大、被疑者国公選制度など）の実施が具体化されていない現状において、
「日弁連が司法試験合格者を1000名に増員する提案を行うこと」について
　　賛成　　反対　　その他

1994・9・21
法曹人口問題を考える中弁連有志の会
代表　野間美喜子（名古屋）福井正明（三重）岸本由起子（岐阜）
　　　鳥毛美範（金沢）沢田儀一（富山）

資料4　臨時総会招集請求書

日本弁護士連合会会長　土屋公献　殿

会員氏名　　　　　　　　　㊞　（　　　　　　弁護士会）

臨時総会招集請求書

1994年10月　　日

第1　会議の目的たる事項

1. 司法試験合格者の人数に関する日弁連の基本方針を以下のとおり決議する件
「日弁連は、平成5年度より司法試験合格者が700名に増員され、平成8年度から弁護士人口が毎年400名程度増えていく現状にかんがみ、司法試験合格者のさらなる増員の提案又は承認は、700名増員の結果を検証しつつ、司法改革の進捗度に応じて、総会の決議により決定する。」

2. 改革協議会に提案する「司法試験制度・法曹養成制度の改革案大綱」を以下のとおり決定する件
① 法曹三者は、国民の人権擁護と法的ニーズに応えるために、司法関連予算の飛躍的増大を図り、裁判所・検察庁の人的物的体制の充実強化（とりわけ裁判官・検察官の増員）、法律扶助制度の抜本的拡充、被疑者弁護の国公選制度の実現、弁護士過疎の手当、法律相談の充実等の司法改革を推し進め、これを質量ともに担うに足る法曹人口の確保をはかる。
② 法曹三者は、上記司法改革の進捗度に応じて必要となる法曹人口を、司法試験合格者が、700名に増員された結果を検証しつつ協議し、現行の2年間の統一修習制度の堅持を前提として司法試験合格者数を決定する。
③ 法曹三者は、司法試験制度について、統一・公正・平等の原則に立ちつつ、試験科目、試験方法、その他現行司法試験制度の運用改善等を、幅広く長期的視野に立って検討する。

第2　招集を必要とする理由

1. 司法試験合格者500名時代の過去20年の平均では、裁判官は毎年約4.5名しか増えていないのに対し、弁護士は毎年250名程度増えてきた。司法試験合格者700名時代の第1期生が研修所を出てくる平成8年度以降は、弁護士は毎年400名程度確実に増えていく。これは、たとえば東北弁連6県全体の弁護士数（431名）に近い人数が毎年増員されていくことになる。司法試験合格者の700名以上の増員、たとえば合格者が1000名になれば、毎年名古屋弁護士会（会員数704名）がもう一つ増えるのと同じ程度の増員になる。
2. 司法予算の飛躍的増大による司法の基盤整備（司法改革）のプログラムは未だ策定されておらず、その見通しも立っていない現状において、司法試験合格者がさらに増員されることは、国民のための司法の拡充発展に結び付かず、弁護士だけが大量に増員される結果となり、早晩弁護士過剰時代を迎えるおそれがある。
司法試験合格者数の大量増員は、法曹の質の低下をもたらし、弁護士過剰は、基本的人権の擁護と社会正義の実現という弁護士と弁護士会に課された活動を低下させ、弁護士自治を危うくし、依頼者への

従属により職務の自由と独立性を失わせ、無理な事件受任や濫訴が増えるなどさまざまな弊害を発生させ、戦後の民主改革により発足し発展してきた日本の弁護士制度および法曹一元につながる法曹養成制度を根本的に崩壊させるおそれがある。
3．会員の多くはそのことを危惧しており、日弁連法曹養成問題委員会が昨年10月発表した会員アンケート結果でも、現段階で司法試験合格者を700名以上に増員することには76％の会員が反対している。また同委員会が今年6月に発表した単位会アンケートでも、700名以上に増員すべきと回答した単位会は2単位会のみである。大多数の会員は、700名増員の結果と司法改革の進捗度を正確に検証する必要があるとし、700名増員の結果や司法改革の実現見通しが全く不明な現段階での司法試験合格者の増員には強く反対している。
4．ところが、こうした会員の総意に反し、執行部が本年8月策定した「司法試験・法曹養成制度の抜本的改革案大綱（案）」は、合格者数1000名という数字はうたっていないものの、明らかに司法試験の合格者数の700名以上の増員を指向し、結果として弁護士人口のさらなる増員を許す内容になっている。

同案1項は、「裁判官・検察官増員とともに弁護士人口も増加すべきであり、そのために司法試験合格者を増員すべきである」としている。執行部の説明では、この1項により裁判官・検察官の増員が弁護士増員の条件になっていると説明しているが、裁判官・検察官の増員の程度と弁護士増員の程度がどのように条件づけられて進むのかは全く不明であり、過去の歴史をみる限り、司法試験合格者の増員によって実現する判・検事の増員ペースと弁護士の増員ペースは全く異質である。判・検事がわずかに増え、弁護士は大幅に増えることも、「条件を満たした増員」になり得る。また、2項は、「法曹人口の増員と並行して司法改革も行われるべきである」としているが、本来「司法改革に平行して法曹人口を増員する」というのが論理の必然であり、この論理の逆転は、執行部案が「はじめに増員ありき」という思想に立っていることを示している。執行部の説明でも、2項（司法改革）は増員の条件ではないとのことであり、これでは、「増員は確実に行われるが司法改革はこれと並行して進まない」という事態が起こり得る。すなわち、司法改革は努力目標にすぎず、結局は増員先行を許すものにほかならない。
5．執行部はいわゆる丙案回避のためには、何としても司法試験合格者の増員を柱とする抜本的改革案を改革協議会に提案しようとしているが、執行部の策定した大綱の提案によって丙案が回避される見通しはない。もともと丙案については基本合意の段階で多くの問題があり、また700名増員の結果等により基本合意の時点とは相当程度の事情の変更もある。従って日弁連は、改めて丙案の不当性を関係各方面や国民に強く訴えるとともに、検証基準の見直し、検証期間の延長などを含めて、法務省・最高裁と話し合い、丙案それ自体の回避を目指すべきである。丙案回避のために大多数の会員の意思に反した増員案を提案すべきではない。
6．ところがいま執行部は、多くの会員の意思に反した内容の上記大綱を、総会に諮らずに理事会で可決しようとしている。しかし、弁護士人口を含めた法曹人口問題は、弁護士自治にかかわる重要案件であり、個々の弁護士にとっても、国民の人権や社会のあり方にも深く関わる重大問題である。したがって、その決定にあたっては、会員が十分に論議を尽くし、総会又は会員投票などの方法により、会員の総意に基づいて民主的に決定されるべきであると考え、ここに会則36条にもとづき臨時総会の招集を請求する。

東京								
	青山健彦		秋山邦夫	浅井利一	旭　宏司		井手　聰	井上勝義
伊藤和子	伊藤　哲	伊東正雄	池田清英	池田道夫	池部敬三郎	岩下孝善		
宇佐美初男	伊藤安俊	上野秀雄	上野　悟	植田兼司	衛藤二男	遠藤　晃		
遠藤一義	宇田川浜江	遠藤雄司	小野　傑	小幡正雄	大久保均	大竹由紀子		
大谷隼夫	遠藤憲二	大塚尚宏	大野　裕	大野隆司	大房孝次	岡田康男		
香村博正	大塚一夫	鍛治良明	柿沼映二	柏田芳徳	金子秀男	鐘築　優		
川端　健	春日秀一郎	北河隆之	金　竜介	久保　貢	栗山れい子	黒沢雅寛		
小林健二	木川恵章	小山　勉	古城　磐	後藤徳司	鯉沼　聡	佐藤晧一		
佐藤正昭	小林徹也	佐島和郎	斎藤　颯	坂入高雄	澤本　淳	筱田正大		
島田康男	佐藤安俊	島村芳見	下奥和孝	杉田時男	杉田直樹	鈴木　博		
関野昭治	園部洋士	田嶋春一	田中憲彦	田中俊允	田中裕之	関根　稔		
田村　亘	高木康彦	高芝重徳	高野康雄	瀧　康暢	忠内幹昌	田中　和		
千葉　肇	津谷信治	辻　雅子	辻　洋一	辻嶋　彰	土屋耕太郎	千葉一美		
遠山秀典	徳満春彦	冨田秀実	富永浩明	内藤　平	中嶋正博	土屋鉄蔵		
中村勝美	中村治嵩	永島正春	長岡調治	長畑裕三	西部健次	中村市助		
中村　誠	錦織懐徳	野々山哲郎	野間　啓	野本　明	羽渕節子	西村雅男		
長谷川直彦	花岡光生	浜野英夫	林原菜穂子	平出一栄	平川敏夫	萩原　剛		
藤井英男	藤澤　彰	藤森茂一	松江康司	松尾公善	松尾美根子	廣瀬　功		
圓山美子	水上　学	水庫正裕	水澤恒男	南出行生	村田　豊	圓山　司		
元田秀治	本村健太郎	籾山幸一	森　公任	森岡信夫	八代　宏	松松謙一		
山田直大	山田裕祥	山田宣郷	山枡幸文	山本朝光	山本英司	山崎哲男		
横山真司	吉川正伸	渡部敏雄	渡邉純雄	綿引光義	厚井乃武夫	山本栄則		
小島啓達	村松博文	戸井川岩夫	阿部公己	菊地　宏	小野寺関夫	森吉昭三		
石井慎一	松本みどり	岡田隆志	近藤早利	伊東健次	早川　良	木村秀明		
太田秀哉	山内一矢	太田治夫	大野友竹	安藤順一郎	安藤秀男	仲沢一彰		
藤森茂一	山本　至	小野賢一	上野秀雄	小杉公一	辻　希	井堀周作		
宇佐見方宏	寺内従道	山口伸人	枡本安正	渕上玲子	小竹　治	箕輪正美		
須賀一晴	谷　眞人	古瀬明徳	【第一東京】		青木靖国	橋本幸一		
網谷充弘	坂井一瓏	板澤幸雄	今井三義	臼井義真	馬木　扇	青山義武		
大嶋　格	大塚章男	荻上泰男	奥川貴弥	落合長治	落合光雄	榎本恭博		
兼松健雄	川崎友夫	神崎直樹	神田英一	木島英一	木戸俶次郎	加茂隆康		
草葉隆義	小坂嘉幸	小管　稔	小林英男	金野志保	酒井伸夫	菊地美穂		
島内保彦	白取　勉	鈴木醇一	鈴木　強	鈴木真知子	関　康隆	櫻井一成		
関澤　潤	園田宗史	田倉榮美	高畑　満	武田隆弥	戸谷博史	新開文雄		
内藤政信	中川幹郎	中野正人	中村　憲	中村右也	八田喜久江	友光健七		
早崎卓三	福原利武	深田源次	福田千世子	前田達郎	牧野芳樹	早川晴雄		
溝園勝美	宮田桂子	宮田耕作	村藤　進	森　謙	森　重一	町田剛徳		
吉永堯彦	吉野末雄	綿引紳郎	【第二東京】		相川俊明	山崎　隆		
青木清志	青木二郎	青木優子	青木亮三郎	井坂光男	井手大作	相磯まつ江		
李　宇海	石黒　康	泉　博	今泉政信	入倉卓志	色川雅子	池原毅和		
梅沢秀次	遠藤　誠	小沢俊大	小幡勇三郎	大口昭彦	大嶋芳樹	上野登子		
大原義一	奥田洋一	加藤　真	加藤雅明	香川一雄	上條義昭	大田政作		
神崎敬直	神田安積	川村幸信	河合弘之	川原崎弘	橘高郁文	鏡　健也		
						熊谷　章		

熊谷裕夫	桑村竹則	小林俊夫	駒沢 孝	近藤康二	佐藤欣子	佐藤利雄
佐藤光則	佐藤充宏	佐藤裕子	坂入高雄	榮枝明典	柴田政雄	下井善廣
白石篤司	須藤建夫	杉本幸孝	鈴木健司	鈴木茂生	鈴木秀雄	園山俊二
田中俊夫	田原五郎	髙江 満	旅河正美	土田正弘	土屋東一	鶴田 進
寺光 忠	戸塚 晃	舎川昭二	富永赳夫	友部富司	成海和正	西村正治
西村康正	野中康雄	長谷川幸雄	樋口光善	平野和己	福田照幸	福田治榮
藤井博盛	細田貞夫	細野義治	堀内幸夫	増田健一	松井 宣	松枝迪夫
松野 允	松元光則	三上宏明	宮内康浩	宮本 智	村上吉央	村山幸男
桃谷一秀	矢澤 治	山岸光臣	幸村俊哉	若林昌俊	早稲田祐美子	**橫濱**
有田榮二	伊藤信吾	石井幹夫	石川恵美子	石黑康仁	内田武文	大笹秀一
木村良二	岸 哲	北田幸三	久保田壽治郎	小賀坂徹	小嶋千城	小村陽子
佐々木功	佐藤 直	斎藤尚之	塩田 忠	菅 友晴	鈴木元子	田村彰浩
高柳 馨	手塚 誠	西村隆雄	西村健志	沼野輝彦	後田寿久	林 良二
平岩敬一	廣井公夫	福田 稔	藤田温久	堀越金次	真鍋重治	三嶋 健
望月孝礼	矢島惣平	安田英二郎	山本英二	弓場正善	湯本正道	橫清 徹
埼玉	岡村茂樹	加村啓二	木村 壯	柴山真一郎	高篠 包	畑 和
真野昭三	松本輝夫	飯島 悟	苫田文一	小川 修	小野寺賢隆	小寺智子
田中重仁	田島恒子	高橋毅久男	加藤克朗	松尾一郎	石河秀夫	椎原國隆
青木孝明	新穗正俊、野崎 正、	**千葉**	大原明保	倉渕 滿	最首和雄
島崎克美	鈴木康夫	木村 昇	佐藤典子	五木田隆	**茨城**
後藤直樹	林 正行	稲見播五	**栃木**	岩崎三郎	増渕博史	**群馬**
石田吉夫	岩崎茂雄	小淵喜代治	金井厚二	嶋田久夫	下村善之助	高橋盾生
高山 昇	根岸 茂	森田 均	**静岡**	沢口嘉代子	中村光央	廣瀬清久
石田 亨	熊田俊博	黒木辰芳	黒田安生	細井為行	土橋義広	仲田賢三
藤本 久	**山梨**	小宮山博	五味和彦	清田嘉一	田中正志	中根茂
堀内茂夫	**長野**	小林 正	高井新太郎	高井正直	戸崎俊夫	徳竹初男
中村隆次	中村田鶴子	宮澤増三郎	芥澤修嗣	赤羽 啓	石曽根清晃	永田恒治
成毛憲男	野村 尚	林 一樹	三浦守孝	山根二郎	山根伸右	岩下智和
田中克俊	五味正明	篠原一蔵	両角達文	毛利正道	**新潟**	荒井重與
伊津良治	伊藤秀夫	伊藤 宏	今井敬弥	金口忠司	金子 修	小海要吉
小林英一	斎木悅男	砂田徹也	清野春彦	仙波敏威	高島民雄	高橋 勝
奈良橋隆	原和 弘	比護雅證	平沢啓吉	松井道夫	丸山 正	村山六郎
渡邊昇三	**大阪**	青木秀篤	青野正勝	井上計雄	井上隆晴	井上直行
位田 浩	池田裕彦	池田啓倫	石田一則	今中浩司	入江敎之	岩城本臣
植森啓子	榎本比呂志	小田周治	小原邦夫	大石和夫	大原 明	太田哲郎
太田隆徳	岡野英雄	笠島幹男	柏木泰英	蒲田豊彦	冠木克彦	川合清文
川口博人	川崎裕子	川見公直	川村俊明	河上泰廣	河本成男	菊井康夫
岸本淳彥	北川新治	京兼辛子	工藤展久	黒田京子	小池康弘	小泉哲二
小榛邦子	小林俊康	近藤惊弘	佐々木豊	佐藤裕巳	坂井尚夫	坂和草平
阪本政敬	榊原恭子	榊原正毅	參田 敎	塩田 慶	重村達郎	白波瀬文夫
関 聖	関根孝直	出城 讓	田中幹大	田中英行	田中泰雄	田淵謙二
田村貴哉	大下倉保四朗	高田政彦	竹川秀夫	竹下政行	竹橋正明	辰田昌弘
谷口茂高	玉井健一郎	段林建二郎	辻内隆司	辻口信良	辻田博子	出口みどり

寺浦英太郎	寺田 太	富崎正人	豊島哲男	豊島秀郎	中 紀人	西尾 剛	中川秀三
中塚賀晴	中殿政男	中村吉男	永嶋真一	長山宗義	西尾 剛	波山 正	西尾忠夫
西谷八郎次	西村清治	西村日吉麿	西村 渡	野村克則	春木利文	馬場久枝	馬場久枝
馬場康吏	畑村悦雄	花垣厚實	浜川 登	原田正雄	春木利文	平田 亨	板東秀明
比嘉邦子	平井 満	平岡建樹	平岡延子	平川敏彦	平田 亨	深川純一
深田和之	藤田 健	辺見陽一	細見 茂	前川清成	前田春樹	松井清志
松井千恵子	松田敏明	松並 良	松浦 武	松村廣治	松村 猛	松本正一
松本晶行	三好邦幸	水間頼孝	満村和宏	宮崎乾朗	村上幸隆	村辻義信
森 英子	八重澤總治	柳川博昭	山尾哲也	山川富太郎	山崎敏彦	山西賢次
山本健二	山之内明美	吉川法生	吉田哲也	四ツ柳 浩	米山龍人
和島登志雄	和田榮重	和田 徹	鷲尾啓治郎	渡部史郎	小林徹也	澤 登
田中弘史	京都	青木一雄	浅野則明	飯田 昭	石川晴雄	大槻純生
加藤明雄	金川琢郎	木村修一郎	黒田充治	小槻浩史	小林 昭	高見沢昭治
竹下義樹	武田信裕	浜垣真也	彦惣 弘	藤浦龍治	藤田昌徳	前堀政幸
益川教雄	三浦正毅	宮本平一	山下信子	山名隆男	神戸	荒木重信
宇陀 高	大藤潔夫	神矢三郎	古高健司	酒井隆明	田中唯文	丹治初彦
中尾英夫	羽柴 修	深草 徹	増田正幸	持田 穣	八木直道	長池 勇
川崎志保	竹嶋健治	沼田悦治	原 恒徳	安平和彦	山崎省吾	辻 武大
奈良	以呂免義雄	中本 勝	馬場勝也	黨千恵子	村嶋修三	横田保典
滋賀	河村憲司	浜川 博	和歌山	有田佳秀	榎本駿一郎	畑 純一
名古屋	青木茂雄	青木仁子	相羽洋一	青木栄一	青山 学	浅井淳郎
浅井 正	浅野了一	渥美雅康	渥美玲子	天野太郎	池田桂子	石上日出夫
石田新一	石塚 徹	家田安啓	市川博久	伊藤貞利	伊藤道子	井上裕介
打田正俊	鵜飼源一	江本泰敏	大岡琢美	大島真人	大西正一	荻原 剛
荻原典子	奥村哲司	加藤倫子	加藤郁江	加藤恭一	加藤謹治	鍵谷恒夫
角田 清	片山主水	金子忠彦	神谷明文	亀井とも子	神田勝吾	軍司 猛
土本 寛	河内尚明	佐久間信司	塩見 渉	在間正史	正村俊記	杉浦龍至
杉下秀之	鈴木典行	鈴木秀幸	鈴村昌人	鶴見恒夫	鶴見夫夫	清田晃史
瀬古賢二	関口 悟	祖父江英之	高木輝雄	高澤新又	城 正憲	田中雪美
棚橋 隆	谷口 優	谷口和夫	恒川雅光	辻下文雄	寺本ますみ	長縄 薫
中野直輝	中村貴之	中村正典	中山信義	那須國彦	野田弘明	野間美喜子
二宮純子	西尾弘美	簑 進	原山恵子	長谷川一裕	長谷川忠男	花田啓一
初瀬晴彦	原田方子	平塚雅昭	福井悦子	福島啓氏	藤田 哲	朴 憲洙
増田聖子	増田卓司	松本篤周	三宅信幸	宮澤俊夫	森 健	森 茂雄
山崎正夫	山田 毅	松井幸彦	山田靖典	若松英成	矢野和雄	山本 勉
吉見幸造	鷲見 弘	渡辺和義	四橋善美	三重	伊藤誠基
石坂俊雄	小山晃	加藤謙一	北岡雅之	木村多喜雄	荘司雅彦	角谷一成
杉本雅俊	塚越正光	出口 崇	早川忠宏	尾西孝志	福井正明	堀口登由
牧戸 哲	松本英雄	向山富雄	村田正人	室木徹亮	森川翼徳	森川 仁
山越 明	渡辺伸二	岐阜	石川正夫	尾関恵一	大野悦男	岸本由起子
阪下六代	笹田参三	墨崎照明	田中英生	南谷幸久	山田秀樹	福井
上野 進	円居愛一郎	乙部幸市郎	北川 稔	黒田外来京	金沢	塩梅 修
今井 寛	岩淵正明	浦田一代	押野 毅	嘉野幸太郎	川上正彦	木梨松嗣

北川忠夫	越島久弥	田中清一	田中幹則	高沢邦俊	智口成市	鳥毛美範
中村明子	中村正紀	橋本明夫	長谷川紘之	畠山美智子	面　洋	宮西　香
山腰　茂	山崎正美	米沢龍信	【富山】	東　博幸	内山弘道	作井康人
杉木正幹	高野由雄	林　喜平	樋爪　勇	細川俊彦	松居秀雄	山本一三
山本賢治	山本　毅	【広島】	院去嘉晴	上野　治	江崎明雄	大内稔康
桂　秀次郎	加藤　寛	久保豊年	倉田　治	坂本晥哉	島崎正幸	島本誠三
外山佳昌	高州昭孝	田中千秋	蔦　昭	寺沢隆明	中田憲悟	中村信介
中尾正士	二國則昭	橋本保雄	原田武彦	本田兆司	松永克彦	松島道博
米田秀夫	【山口】	三好晃一	森重知之	小川純生	中村　覚	【岡山】
赤木俊男	板野尚志	河田英正	香山忠志	佐々木　斎	佐藤演甫	清水善朗
下田三千男	関　康雄	寺田熊雄	服部忠文	林　秀信	山本勝敏	【鳥取】
杉本善三郎	【島根】	古田時博	【福岡】	出雲敏夫	池末優男	大谷辰雄
鬼丸義生	亀川　清	熊谷雅弘	佐藤哲郎	竹中一太郎	立石六男	玉井勝利
藤　金幸	林　和正	原口酉男	半田　萬	平田勝雅	藤　民子	本田祐司
前畑健一	三溝直喜	森　統一	森部節夫	矢野正彦	山本　茂	【長崎】
永田雅英	松永満好	吉田哲朗	加来義正	古庄玄知	河野　聡	
近藤　新	指原幸一	瀬戸久夫	青木幸男	加来義正	緒方丈二	塚本安平
福山素士	三藤省三	森本義文	由井照二	井之脇寿一		木山義朗
末永睦男	中原海雄	藤枝紘一郎	松村仲之助	村田繼男	森　雅美	山下勝彦
【宮崎】	内田繁俊	江島　寛	吉良　啓	後藤田幸也	近藤日出夫	佐々木健
佐々木龍彦	橋口律男	伴　喬之輔	前田裕司	松田公利	松田幸子	【沖縄】
太田朝章	大嶺　章	兼城賢二	羽地　栄	三宅俊司	【仙台】	浅野公道
赤松　實	石神　均	犬飼健吾	宇野聰男	小野純一郎	小野由可理	小野寺照東
織田信夫	太田幸作	鹿又喜治	角山　正	神谷春雄	香高　茂	小池達哉
佐川房子	佐久間敬子	坂野智憲	須藤　力	沼波義郎	馬場　享	畠山郁郎
村上敏郎	村田知之	渡辺寿一	【福島】	荒木　貢	石黒良雄	今井吉之
石井一志	石井博之	鵜川隆明	折原俊克	斎藤利幸	渋佐寿平	角田久哉
高橋一郎	田島　勇	長谷川三千男	広田次男	本田哲夫	宮本多可夫	武藤正隆
安田純治	吉川幸雄	渡辺彦一	渡辺正之	安藤和平	【山形】	五十嵐幸弘
海野寛康	柿崎喜世樹	倉岡憲雄	佐藤欣哉	諸橋哲郎	高橋敬一	津田晋介
長岡壽一	浜田　敏	三浦　元	脇山淑子	脇山　弘	縄田政幸	【岩手】
高橋　耕	田村彰平	【秋田】	加藤　堯	荘司　昊	沼田　徹	米田房雄
沼田敏明	【青森】	浅石大和	館田　晟	金野　繁	猪股貞焜	岩本勝彦
【札幌】	今崎清和	石黒敏洋	磯部憲次	中林裕雄	本間裕邦	宮永　廣
太田賢二	桶谷　治	高崎　暢	竹中雅史	市川直幸	山本啓二	和根崎直樹
山本行雄	吉原正八郎	山根　喬	【函館】	難波隆一	生田輝雄	植木修一
【旭川】	清水一史	千葉徳史	【香川】	藤原秀樹	宮竹良乂	山崎壮太郎
小野芳裕	佐野孝次	中村史人	平井範明	井上昭雄	青山高一	行田博文
【徳島】	早渕正憲	片井信介	森古徳雄	松浦明治	【愛媛】	臼井　満
隅田誠一	谷脇和仁	林　一宏	山下道子	【高知】		
木原繁雪	佐々木　明	曽我部古正	高橋道丸	横川英一	二妙泰佑	
			四山陸盛			

資料5　日弁連会員各位へのアピール文

日弁連会員各位

東京弁護士会有志

1　これまで日弁連内部では、司法試験の合格者数につき１０００人論と現状維持論とが対立して来ました。今回の執行部案は、数こそ明言していないものの、統一修習の堅持を掲げている以上、１０００人をイメージした案であると言えます。

　ところが、１１月９日の改革協の第１２回法曹人口等検討小委員会で、法務省は１５００名から３０００名という合格者の大幅増を提案しました。この１５００名という数字は、改革協の外部委員も十分支持する可能性のある数字です。

2　このような状況の中で、執行部案が日弁連の案として提示されるならば、日弁連は市民に対し、自ら現代司法の弊害と弁護士人口との結びつきを「自白」し、増員反対はエゴであるという論理を容認したことになり、今後さらなる増員案が出された場合これにまともに反論できなくなることは明白です。執行部は「統一修習を歯止めに」と言いますが、それこそ「エゴ」と一蹴されることでしょう。

　もはや増員問題は「何名が妥当か」という量的な推論ではなく、「弁護士人口に根本原因があるのか否か」という質的な議論になっているのです。したがって、ここで妥協すれば、後に歯止めなき妥協を招きかねません。

3　我々が今すべきことは何でしょうか。それは、「市民」の声を恐れ、無批判に受入れることではなく、我々の意見の正当性の根拠をしっかり説明し、理解を求め、毅然とした態度をとることです。そうしなければ、より大切なものを次々と攻撃され、それを拒むと「エゴだ」と言われ続けることになります。

4　今回の臨時総会は、今後の日弁連の進路を決する重大な決定になります。是非招集請求者案をご支持下さい。

資料6　司法の危機に際し、12.21日弁連総会へ参加（委任）を！

司法の危機に際し、12・21日弁連総会へ参加（委任）を！
　　　　　　　　　　　　　　　　　　　　　　　―第一東京弁護士会有志―

I　法務省・最高裁、大量増員（3000名）へ

朝日新聞（11月17日朝刊）は、一面トップで、法務省・最高裁がその歩調を合わせ、去る11月の改革協において、法曹人口の極端な大量増員を柱とする法曹養成制度の大改悪案を提案した旨、報道しました。

この法務省の新たな提案は、

1、司法試験合格者を毎年2〜3000名に大量増員する、

2、これに伴い修習は1年間で座学中心とする、という内容です。

こうした法務省の新たな提案によって、法曹養成制度改革の焦点は、不公正不平等極まりない年令制限、回数制限等合格者の選択方法の問題から、むしろそれ以上に法曹人口とその修習のあり方の問題に移行しつつあります。

II　大量増員の実施と法務省の最高裁の真の狙い

1、毎年3000名もの増員は、まずその増員数自体余りにも非常識な人員増と言わざるを得ません。過去の歴史が教えており、かつ将来も予算が限定されていることからみて、こうした莫大な人員増が、最も必要とされている判・検事増には決して結び付かず、専ら弁護士のみの増加に帰着することは明白です。毎年2800名、5年間で1万4000名もの弁護士の激増（5年で現在の2倍、10年で3倍）が何をもたらすか、極めて深刻な事態が予想されます。

2、また、現行修習制度もこうした人員増を理由として抜本的に改悪される危険性があります。現行の実務修習は廃止され、1年間に短縮された座学中心となり、統一修習は形骸化され、法曹一元の理念すら実質的に解体されることになります。

3、法務省・最高裁は、今回の提案によって、

第1に、極端な弁護士の増員を計ることにより、弁護士一人ひとりの経済的基盤を圧迫し、過当競争に追い込み、即ち経済法則を貫徹することによって、本来の使命である社会的正義の実現のため活動する余地を封じ込め、弁護士と弁護士会の社会的地位を一挙に奪い去ろうとしています。

第2に、積年の狙いであった現行の統一修習を形骸化し、1年間の座学の成績によって大量の修習生から特権的な若年の官僚的法曹を選抜した上で、分離して判・検事修習を実施しようとしています。

4、このように今回の法務省・最高裁の提案は、単に法曹養成制度の改悪にとどまらず、一方で特権的な判・検事の官僚的選抜と養成を実現し、他方で弁護士の社会的地位を極度に低下させることを狙ったものであり、文字どおり、今日日本の司法は歴史的な危機に直面しています。

Ⅲ 弁護士と弁護士会に求められる基本姿勢

　こうした日本の司法の歴史的な危機にも拘わらず、日弁連の執行部はいわゆる丙案実施についての誤った三者の基本合意に拘束され、丙案を回避するためと称して、法曹＝弁護士増員を前提とする「抜本的改革案」を理事会のみで決議し、改革協に提案しようとしています。この日弁連執行部の対応は、過去の誤り（丙案の是認）を、更に大きな誤り（弁護士増）で取り繕うというものであり、こうした誤った対応こそ、今回の法務省・最高裁の新たな攻勢の呼び水となっているのです。

　いまや、私達は、日本の司法において、国民に最も近い立場にいる者として、不平等不公正な丙案導入に断固反対するとともに、現在の司法改革の中心課題は判・検事の増員とその民主的な改革であり、既に700名に増員されている現状に鑑みて、無限定な弁護士の増員には反対であることを明確にし、何よりも、法務省・最高裁による大量増員、現行統一修習廃止の狙いを明らかにして、国民的な反対の声を結集しなければなりません。

Ⅳ 12・21日弁連臨時総会へ参加（委任）を

　私達は、日弁連執行部が、かくも重大な法曹人員問題について、総会にすら諮らないまま決定し、しかも安易な人員増に同調しているのをみかね、急遽「日弁連有志の会」を結成し、多数の会員の賛同を得て、かろうじて12月21日臨時総会の開催にこぎつけました。総会において執行部案を否定し、有志の会の提案を可決することは、私達会員の緊急の責務となっています。

　しかしながら、私達は何らの組織もないため、総会への参加はもとより、委任状を集めることもままならず、このままでは、既存の理事を中心とした働きかけにより、執行部案が委任状により漫然と可決される危険性があります。司法の危機に際し、私産の趣旨に賛同頂けるならば、

①万難を排し、12月21日の臨時総会に出席し、

②単位会で、知り合いに出席もしくは委任（30名まで可能）を依頼し、

③同期、他会への会員にも参加（委任）を呼びかけ、

　是非とも有志の会の提案を可決し、日弁連としての明確な意思表示をしたいと考えています。皆様の御協力をお願いします。

資料7　日弁連臨時総会（12月21日）出席等の再度のお願い
　　　——日弁連執行部案を支持する立場から

日弁連臨時総会（12月21日）出席等の再度のお願い
　　　　　　　　　　　——日弁連執行部案を支持する立場から

執行部提案の「司法試験・法曹養成制度の抜本的改革案大綱」の意義
　法曹養成制度等改革協議会に提案する「司法試験・法曹養成制度の抜本的改革案大綱」は、何より、国民の支持を大きく得られる内容のものであることが必要であり、いやしくも弁護士・弁護士会のギルド的利益による提案だと指摘されるようなものであってはなりません。
　執行部の提案は、三次にわたる司法改革宣言を踏まえて、司法の現状が国民の期待に応えていないばかりか、むしろ国民から遠ざかりつつあるという認識に基づき、弁護士人口の増加・弁護士偏在の解消・法律相談の充実・弁護士報酬の明確化など、弁護士・弁護士会のあり方の改革も含めた国民のための司法の充実と容量拡大の提案です。このように弁護士・弁護士会も努力することを約束する積極的提案でなければ、国民各層の理解と支持を得られるはずがありません。
　もちろん、裁判官人口や検察官人口の問題も、これまでの司法シンポなどの成果を踏まえ、正確かつ説得力をもった指摘がなされています。

臨時総会招集者案の問題点
　臨時総会招集者案は、司法改革の達成に悲観的な立場から「弁護士過剰」のみをおそれる消極的提案であり、国民の支持を得られる内容となっていないことは先に指摘したとおりです。
　最近の有志の文書「私たちはなぜ執行部案に反対するか」を見ても、法曹人口が少なすぎるという国民各層の声を財界だけの声であるかのように主張し、裁判所だけでなく弁護士・弁護士会も国民のニーズに応えていないという国民各層の意見を「弁護士バッシング」と表現し、必要な改革は裁判所の改革だけであるかのように主張するなど、国民各層の期待に背を向ける内容であると言わざるをえません。

あらためて臨時総会出席と代理人選任届提出のお願い
　臨時総会は12月21日（水）午後1時30分から東京商工会議所ホールにおいて開催されます。国民の理解を得て国民と共に司法改革を推し進める運動を後退させないために、そして執行部提案を圧倒的多数で採択するために、できるだけ多くの会員に出席していただくようお願い申し上げます。
　ご出席いただけない会員各位は、お手元の代理人選任届の代理人欄を記入して12月10日までに名古屋弁護士会事務局に提出してください。執行部案支持の立場で出席する会員が身近にいない方は、下記連絡責任者までお届けください。
　平成6年12月7日

　　呼かけ人
　　　伊神喜弘　　稲垣　清　　岩田　孝　　小栗孝夫　　瀬辺　勝
　　　戸田喬康　　冨島照男　　林　光佑　　福岡宗也　　福永　滋
　　　前田義博　　水野幹男　　山田　敏

　　連絡責任者　　小栗孝夫

資料8　幻想から現実へ

幻想から現実へ
今後10年間に約8000人という弁護士大量増員計画による
我が国の民主的な弁護士制度の危機に際し、全会員に訴える

一、法務省が、12月6日に提案した司法試験合格者数の増員案によれば、平成8年度から10年間に弁護士を7700人～9200人（過去40年間の増員数に匹敵）という大量の増員を図る内容となっています。
　　一方、裁判官、検察官については全く増員計画が提示されておらず、また、現行修習制度の改変及び回数制限を意図しながら、まず日弁連に対し合格者数の大量増員のみを飲ませようという作戦です。

二、そもそも法務省が昭和62年に法曹基本問題懇談会を設置して成し遂げようとしたことが、以下の三点であることは疑問の余地がありません。
　① 弁護士の職務の独立性と経済の自立性を奪い、企業に従属的に奉仕する弁護士の確保
　② 特権的な判・検の官僚的選抜と養成による官僚裁判制度の強化
　③ 在野法曹として国民の側に立って発言してきた日弁連と弁護士を変質させること
　　国民のために司法を整備・拡充する責任を最も負っているのは、法務省と最高裁です。
　ところが、残念なことに、法務省と最高裁こそが最も司法の整備・拡充を抑制してきた張本人ではないでしょうか。

三、現在の事態は、戦後の民主的変革の重要な制度として発足した我が国の弁護士制度にとって最大の危機ではないかと思います。弁護士集団が、我々の先輩の功績を誇りに思い、同輩の活躍を自負し、胸を張って、民主主義と国民のために、また次世代の法曹のために、今こそ力を結集し、本来の在野法曹としての日弁連の姿勢を取り戻そうではありませんか。

　　一、日弁連臨時総会の代理人選任届
　　未提出の方は12月15日(木)までに鈴木秀幸、村橋泰志、那須國宏、野間美喜子、瀧川治男、浅井正のボックスへ入れて下さい。
　　二、緊急対策会議
　　12月13日（火）午後6時
　　愛知県産業貿易館本館4階第6会議室

平成6年12月12日

法曹人口問題を考える日弁連有志の会
　　　　　　　山本正男、鶴見恒夫、大脇保彦、花田啓一、野間美喜子、那須國宏、内河恵一、
　　　　　　　村橋泰志、浅井正、二宮純子、野田弘明、打田正俊、鈴木秀幸

資料9　第二号議案の提案理由

第二号議案の提案理由

名古屋弁護士会　野間美喜子

一、ただ今から第二号議案の提案理由と議案の説明をさせていただきます。説明に先立ちまして、議案について一言お断り申し上げます。先に日弁連から送付されました議案書の第二号議案では、大綱案が主文のみでありましたが、2～3日前、全会員に送付し、本日会場でも配布されました大綱の理由を、議案の補充ということで、二つを一体のものとして、提案理由を述べさせていただきます。

　私たちの提案理由は、大きく分けて二つあります。一つは手続き面からの提案理由であり、もう一つは内容的な提案理由であります。

二、手続き面での提案理由は、民主主義の問題であります。

　日弁連では、従来、会内民主主義にもとづく会内合意形成を何よりも大切にしてきました。これを大切にすることが、日弁連の方針を誤らせない担保であり、日弁連の力なのだと教えられてきました。

　ところが、平成2年の10月の基本合意の頃から、何だかおかしくなりました。そして、今年の6月から10月にかけて、私たちは、これまでの日弁連では、見たことがなかったような異常なことを目のあたりにしました。

　まず、執行部は、本年6月、法曹養成問題委員会が3年余りの歳月をかけ、言わば心血を注いでまとめた「法曹人口問題に関する意見書」を、内容が気にいらなかったとみえて、理事会に付議しないで、かやの外に置き去りにするという異常なことをしました。意見書の内容が、「司法試験合格者の増員は、700名の増員結果を検証してからにすべきだ」という内容だったからです。次に、司法試験合格者の増員について、七十数名の理事と幾つかの委員会に意見照会をしただけで、全国の単位会あてに諮問をしませんでした。

　単年度で変わる日弁連執行部が会員の多数の意思を把握し、その合意形成をはかるためには、専門委員会の意見を十分尊重することと、全国の単位会に意見を求めてそれを単位会での議論の契機とすることが、最も間違いのないやり方であり、日弁連の知恵として、定着していたはずであります。対外的にも民主主義の擁護者として発言している日弁連こそ、まさに民主主義を実践しなければならない集団であります。ところが、今年の執行部はその知恵をどこかへ置き忘れていました。

　この異常な状況の下で、8月に第一号議案である大綱案は作成されたものでありますが、手続きの異常さを反映して、その内容は会員の多数意思と違った驚くべきものでした。法曹養成問題委員会の意見書の根拠になった会員アンケートの結果も、

八月に有志が行った1000名増員に対する賛否投票の結果も、司法の基盤整備の見通しのない現段階において司法試験合格者のさらなる増員には反対であるとの意見が75％を越えていました。

　「会員の大多数の意思と違う非常に危険なものが、大多数の会員がほとんど知らないうちに決まっていこうとしている」というのが率直な実感でした。同じように考えた中弁達の理事たちが、理事会で修正案を出し、19単位会の理事が大綱案に反対しました。条件付で丙案の導入の方向を決めた平成2年7月の理事会でも、反対が9名しかなかったことを考えると、大綱案は理事会で大反対があったと言えます。

　私たちは、今からでもいいから大綱案を総会にかけてくれと言いました。7月段階で会長は、私たちの目の前で、「理事会で意見が分かれた場合は、総会にかける」と言っておられたのに、実行されませんでした。文書での申し入れも何度もしました。しかし、やはり執行部は自らの手で、総会を開こうとしませんでした。

　今日、全国津々浦々からこのホールに集まった入り切れない会員の数と真剣さを、執行部はご覧になって、どう思われたでしょうか。この問題を五十数名の理事が19名の理事の反対を押し切って、決めてしまっていい問題だったかどうか、このホールにいる1000人近い会員と手にしている委任状の委任者たちが今問いかけているのです。

　今日の総会を契機に、もう一度、会内合意形成のための民主的手続きを大切にする日弁連に戻って欲しいというのが、手続き面からの提案理由であります。

三、次に、第二号議案の提案理由に入ります。第二号議案は、一言でいえば、真の司法改革を進めるためのものであります。一方、執行部案では、真の司法改革は達成できず、むしろ司法の改悪につながり兼ねないものです。

　第一の問題は、執行部案が法曹人口の増加と司法改革をリンクさせていないことであります。平成2年に合格者が500名から700名に増加したとき、日弁連は裁判官・検察官の増員をはじめとした司法の基盤整備を提言しました。しかし現在まで、それらはほとんど実現されてきませんでした。そして今また、司法改革とリンクさせない人口増を日弁連が提唱すれば、ますます人口増だけが先行する結果となることは明らかです。執行部案は、「並行して」という言葉は使ってはいますが、現実には、とりもなおさず、人口増員先行論なのです。

　法務省が、12月6日に示した案は、裁判官・検察官の増員計画をはじめ、司法の基盤整備計画を何も示さずに、人口増だけを20年先まで先行して決めようとしていますが、執行部案も、これと同じ方法論を容認していることになります。執行部は、法務省案に対して、何と言って反対してくれるのでしょうか。

第二の問題は、裁判官・検察官の増員計画のメドが立っていないのに、合格者の増員を提言していることです。

　現行600名の合格者において、この春研修所を卒業した46期は、150人といわれる裁判官志望者に対し、いわゆる「逆肩たたき」といわれる志望断念の説得工作がなされ、裁判官任官者は104名になってしまいました。また、来春卒業の47期においては、約180名の裁判官志望者がいたと言われますが、やはり逆肩たたきにより、110名前後に押さえ込まれる見通しになっています。法務省、最高裁、大蔵省が本気で裁判官増員をする気になれば、700名枠で十分可能なのです。裁判官・検察官を増やすために、合格者を増やすという論理はもはや成り立ちません。

四、司法基盤整備のないまま、そして裁判官がほとんど増えもしないのに、合格者を相当数増やして、弁護士ばかりを増やすことが、果たして司法改革なのでしょうか。本当に市民が望んでいるのはそんなことなのでしょうか。

　皆さん、私たちの事務所に日々相談にくる市民は、いつも私たちに何を聞きますか。「先生、裁判すると何年くらいかかりますか？」「お金はいくらかかりますか？」と聞きます。私たちは、口ごもりながら「まあ……2年、いや3年くらいはかかるかな」とおすおずと答えます。20万、30万の少額事件では、弁護士費用のことをどう言おうかと悩みませんか。

　今、司法のどこを改革するのが「市民のための司法改革なのか」との答えは、マスコミが出してくれるのではなく、日々、私たちの依頼者が私たちの事務所で出してくれているのです。その部分を改革するのが一番の司法改革ではありませんか。それが「市民のための司法改革」だと思いませんか。その部分がほとんど変わらないのに、弁護士だけが増えれば、とんでもないことになります。事件の単価は当然上がり、本来事件にならない相談をあえて事件にして、報酬を手にする弁護士が増えるでしょう。結果は濫訴と一層の裁判遅延です。本当に市民の望む司法改革は、少額であっても費用の心配がなく、費用がなくても刑事弁護が受けられ、短期間に満足のいく判決をもらうことです。また、そうなることが、国民の真のニーズを呼び起こすことになるのです。

　しかし、執行部案ではこのような司法改革は実現できません。われわれは、この理想の司法を実現させるために、合格者の増員のみの先行を認めないと言っているのです。予算の増大と判・検事の増員を伴わない、しかも700名増員の検証を経ない増員論には、絶対反対なのです。

五、最後になりましたが、議案の説明に入ります。これは、臨時総会招集請求人の一人で、長年にわたって深く司法問題に関わってこられた名古屋弁護士会の鈴木秀幸会

員が原案を書かれたもので、原案を書いた人が説明するのが最もいいのですが、時間の関係がありますので、私がまとめて説明いたします。第二号議案の大綱の理由を読めば、私が先述べた執行部案の誤りが一目瞭然であります。

第一に、司法改革が進まないのは弁護士が足りないからではなくて、お金が足りないからです。まず3頁の裁判所予算のところを見てください。そこに数字が上がっていますが、三権分立の一翼である裁判所の予算が、国家予算の0.4％というのは、何とお粗末なのでしょうか。平成6年度の予算はたった2900億円です。トヨタの年間売上が6兆円といわれていますが、その20分の1にも満たないのです。そのうち人件費が90％近くを占めているという極めて不健全な財政です。これでは国民に利用しやすい司法の環境がつくれるはずはありません。

「司法改革の最大の担い手は弁護士である」というような社説をみましたが、見当ちがいも甚だしいことで、司法改革の大部分は弁護士の意欲や熱意でできることではありません。弁護士の数でなんとかなる話ではないのです。真の司法改革は多額の国家予算が不可欠です。司法改革の最大の担い手は国家であり、法務省と最高裁と大蔵省であります。マスコミは、そちらに向かって物を言って下さるのでなければ、「市民のためのマスコミ」とはいえないのではありませんか。

裁判所予算が少ないため、裁判官はこの20年間にたった100人しか増えていません。そのために、裁判官は1人で平均207件という事件をかかえ、争訟性のある民事事件の平均審理期間は27ヶ月かかり、裁判遅延は深刻になっています。また、裁判所を統廃合し、地方での裁判官を減らし、週に1つの曜日しか期日が入らないという事態になっています。裁判官が100人しか増えなかったその20年間に、弁護士は5000人増えました。しかし弁護士がどんどん増えても司法改革は進みませんでした。司法予算の飛躍的な増大こそが司法改革をすすめるのです。執行部案に賛成の方たちもマスコミも、まずこの点を明確に認識していただきたいと思います。議案書3頁から7頁までに全部数字の根拠を示して説明していますので読んで下さい。

第二に、司法試験合格者700名枠で、弁護士が毎年400名ずつ増えていくことは、大きな増員であります。毎年、東北弁連が一個ずつ誕生していく規模です。現状において、部分的な或いは局所的な弁護士不足はあるかも知れませんが、これから毎年、400名ずつ増えていくことを計算に入れると、司法改革が大きく進まない限り、今後弁護士不足を生じる可能性は低いと思われます。むしろ現状での700名以上の増員や司法改革とリンクさせない増員は弁護士過剰を生じさせるおそれがあり、弊害が多いと考えています。

議案書の7頁から12頁までをみてください。ここでは、「弁護士人口の推移」「弁

護士に対する需要の現状」「今後の需給のバランス」「所得状況」「司法試験合格者が1000人の場合の就職状況」「今後の需要拡大の見通し」「弁護士過剰の問題」など、さまざまな角度から、弁護士業務の実態を分析しています。法曹養成委員会のアンケート調査によれば、「仕事量が限界に達している」との回答はわずか10％、余裕があるという回答が53.1％でした。

　司法試験の合格者の増員を論ずるためには、弁護士業務の実態を抜きにしては論ずることはできません。きれいごとを言わずに、弁護士業務の真の姿を直視し、国民に知ってもらうことから議論は始まるのです。ところが、執行部案の大綱の理由には、かやの外におかれたはずの法曹養成問題委員会の意見書の一部がくっつけられていますが、弁護士業務の実態については、一切何もかかれていません。弁護士業務の実態分析を欠いた増員論を1万5000人の会員を背負った執行部が唱えているのです。私は目を疑いました。

　弁護士過剰状態は、弁護士、弁護士会のみならず国民全体にとってマイナスが大きいのです。それを心配するのをエゴだとか、既得権の擁護だという人がいるならば、日弁連は一丸となって、その誤解を解かねばなりません。

　法曹人口の増加は、弁護士過剰状態をきたさないような方法でなされるべきであります。そのためには、「司法試験合格者の700名以上の増員は、700名増員の結果を検証しながら、司法基盤整備など司法改革の実現見通しの上に立ってなされなければなりません。

　「法律扶助の拡大」「被告人国選、被疑者国公選制度の確立」「弁護士過疎の手当」「法律相談の充実」「現行2年の統一修習制度の堅持」と「司法試験制度の運用改善」「丙案導入の回避」についても議案書に書いてありますが、そのあたりことは、執行部案とそれほど大きな違いがないので、議案書を読んで下さい。

六、この議案書は、きわめて客観的で実証的なデーターにもとづいて書かれています。「血を流せ、汗を流せ」「市民のために」「市民とともに」というような派手な掛け声はありませんが、請求人らの、真の司法改革を願う熱い想いと志がこめられているのです。どうかお帰りになりましたら、これを十分お読み下さり、どちらの「大綱の理由」を外部へ出すがよいかを考えて下さい。そして今後この問題を考えるためのテキストとして、活用してください。これで第二号議案の提案理由と議案説明を終わります。

資料10　臨時総会招集請求者の提案にかかる第2号議案　議案書

臨時総会招集請求者の提案にかかる第2号議案

議　案　書

1994年12月21日

第2号議案の①　司法試験合格者の人数に関する日弁連の基本方針を決議する件

「日弁連は、平成5年度より司法試験合格者が700名に増員され、平成8年度から弁護士人口が毎年400名程度増えていく現状にかんがみ、司法試験合格者のさらなる増員の提案又は承認は、700名増員の結果を検証しつつ、司法改革の進捗度に応じて、総会の決議により決定する。」

第2号議案の②　「司法試験制度・法曹養成制度の改革案大綱」を決定する件

Ⅰ．大綱の主文

> ①　法曹三者は、国民の人権擁護と法的ニーズに応えるために、司法関連予算の飛躍的増大を図り、裁判所・検察庁の人的物的体制の充実強化（とりわけ裁判官・検察官の増員）、法律扶助制度の抜本的拡充、被疑者弁護の国公選制度の実現、弁護士過疎の手当、法律相談の充実等の司法改革を推し進め、これを質量ともに担うに足る法曹人口の確保をはかる。
> ②　法曹三者は、上記司法改革の進捗度に応じて必要となる法曹人口を、司法試験合格者が700名に増員された結果を検証しつつ協議し、現行の2年間の統一修習制度の堅持を前提として司法試験合格者数を決定する。
> ③　法曹三者は、司法試験制度について、統一・公正・平等の原則に立ちつつ、試験科目、試験方法、その他現行司法試験制度の運用改善等を、幅広く長期的視野に立って検討する。

大綱の理由

　臨時総会招集請求者提案の大綱第１項は、「国民の人権擁護と法的ニーズに応えるため」に、司法のどの部分を改革（整備・拡充）すべきかを示し、これを質量ともに担うに足る法曹人口の確保をはかることを宣言し、第２項は法曹人口は司法改革の進捗度に応じて増員されるべきこと、そしてすでに司法試験合格者７００名枠が実施されている現状にかんがみ、それ以上の増員は、７００名増員の結果を検証しつつ、かつ現行２年の統一修習制度の堅持を前提として行うべきことを明確にしたものである。また、第３項は、司法試験制度についての原則を確認し、その運用改善の長期的検討を提言するものである。

　本大綱の理由の第１においては、大綱第１項にかかげる司法改革とくに司法基盤の整備・拡充の重要性と現状の司法が抱える問題点と改革の方向を述べるとともに、法曹人口とくに弁護士人口の増加は、司法基盤の整備・拡充の進捗度に応じてなされるべきであるとする論拠と、７００名増員の結果の検証なくして弁護士増員が先行することの危険性を明らかにし、第２において現行修習制度を堅持することの重要性、第３において司法試験制度の在り方について述べ、もって大綱の理由を明らかにする。

第１、司法が抱える問題点とその改革の方向

１．はじめに（司法の基盤整備・拡充の必要性）

　わが国の司法は、明治時代、いわば対先進国向けに作られた司法から始まり、裁判所は、国家の国民に対する支配・統治を正当化することを主たる任務とし、そのため国民に対する適正・公正な司法サービスを提供する機関としてはほとんど整備・充実されなかった。経済界も、技術的な近代化には熱心だったが、文化的な近代化には消極的であり、欧米のように法の支配を確立する担い手としての役割を果さず、権力との結び付きや上下・系列の関係を優位させ、近代的な契約社会の発展・形成を進めようとしなかった。

　第２次世界大戦後、外からの民主改革により、法制度に大変革がもたらされたが、その民主化は世界の先進国と同じようには進まず、三権分立の一翼を担うとされた司法の力は弱く抑えられた。

　司法サービスの提供機関としての司法の発達は、国家予算をどの程度それに振り向けるかという政策にかかっている（医療サービスの発達も、政策と税金の出捐がそれを支えてきたものである）が、後述のとおり、わが国の司法予算は長年にわたって抑制されてきた結果、裁判所は国民にとって利用し

易く、利用価値の高いサービスを提供してきたとはいえない。戦後５０年たった現在も欧米社会とは大きな隔たりがある。

法曹人口も先進国と比較すると確かに少ない。後述するように、特に裁判官が少ないのが特徴的である。また弁護士人口も諸外国に比し、あるいは経済力に比して少数であることは事実である。しかしながら、裁判所の人的・物的施設が不十分であり、法律扶助制度が貧困で保険制度も未発達であれば、国民の弁護士に対する需要が顕在化されずに抑制されることは当然である。

国民の法曹に対する需要は、根本的にはその国の政治的、経済的、文化的、宗教的な背景に大きく規定されるものであり、わが国では理想として顕在化すべき需要と現に顕在化している需要との間に大きなギャップを生じている。そのギャップを埋めるためには、より根本的な社会環境の変革と司法の基盤を整備することが必要であるが、「潜在的需要」を顕在化させることは容易ではない。

今、国民的な課題としての司法改革は、何よりもその遅れている部分すなわち司法サービスの提供機関としての裁判所の機能の充実及び法律扶助の飛躍的拡充を図ることであり、そのための基盤整備こそが最優先されなければならず、司法の担い手としての法曹は、司法基盤の整備拡充に応じて、必要とされる質と量が確保されねばならない。

２．司法予算の飛躍的増大の必要性
(1) 貧弱な裁判所予算

裁判所予算の国家予算に対する比率は、昭和３０年の０・９１８％（対ＧＮＰ比０・１０４％）がピークで、毎年下降し、昭和５８年には０・４％を下回った。最高裁判所は昭和３３年、日弁連に予算確保の協力を要請し、日弁連がこれに応えて各方面に働きかけをしたことがあるが、その後はそのような動きさえもない。

昭和５９年から平成元年までは、国家予算全体が緊縮されたという特殊事情があって、０・４％をわずかに越えたが、平成２年は総額２５７４億０３７２万７０００円（対国家予算比０・３８９％、対ＧＮＰ比０・０６％）と再び０・４％を割り込み、以後現在まで裁判所予算の対国家予算比は０・４％以下である。その後は、平成３年度２６７５億１２０６万円、同４年度２７７６億７２５８万円、同５年度２８３８億９８９７万４０００円、同６年度２８８３億１９７９万８０００円である。

このように抑制され続けてきた裁判所予算の伸びは、昭和５５年度まで物価上昇率を多少上回る程度であり、５６年以後は物価上昇率にも追いつ

いていない。そのため、予算における人件費の割合が年々増大し、平成3年度は88・2％であり、その分施設費や裁判費が極度に圧迫されている。
　裁判所予算は国法上特別な考慮が払われており、裁判所の要求額を内閣が削るときは、国会で復活し易いように原案を付記し、かつ財源を掲げなければならないことになっている。しかし最高裁判所は、発足以来昭和44年までにわずか3回この権限を行使したにとどまり、以後は全くこの権限を行使しておらず、予算獲得に対する最高裁の消極性を示している。
(2) 裁判官増員に必要な予算
　最高裁判所は、現在の裁判官不足を改善するために、裁判官と裁判所職員の増員と待遇改善計画を策定し、後述の通り、現行700名の合格者枠のもとでも、今後10年間、裁判官を毎年130人以上を採用し、少なくとも年間60人、10年間で600人の増員を図るべきである。そのためには、現在の物価スライド程度の増額以外に、特別に予算額を毎年徐々に増加させ、10年間で現在の予算規模の20％増（対国家予算比0・5％）にする必要があり、最高裁は必要な予算の獲得に最大限の努力をし、日弁連もそれに協力すべきである。地に足のついた法曹人口政策は、この辺りのことから立案し、見通しを立てて実行していくことである。

3．裁判官の増員の必要性
(1) 裁判官人口の推移
　わが国の裁判官人口（定員）は、明治23年（1890年）に1531人で、104年後の平成6年は2036人（簡裁判事806人）である。この間、総人口は3990万人から1億2357万人（平成5年10月）に増加した。総人口の増加率が3・10倍であるのに対し、裁判官は1・33倍（簡裁判事を含めると1・86倍）にすぎない。
　戦後における裁判官の定員の推移を見ると、昭和29年に1597人（簡裁730人）であったのが、40年後の平成6年に2036人（簡裁806人）となり、増加率は40年間で1・26倍、増加数は年平均10人にすぎない（昭和47年の沖縄の本土復帰分を差し引くと、上記の増加率及び増加数はさらに小さい）。
　特に注目すべきことは、昭和29年から46年までの20年間には平均毎年約15人（20年で300人）の増加があったのに対し、同47年以後の20年間には平均毎年約5人（20年で100人）しか増加していないことである。
　このように裁判官の増員が極度に抑えられ、一方で弁護士だけは着実に

増員されてきた結果、弁護士数と裁判官数の比率は昭和２９年に弁護士３・７人（簡裁判事を含めると２・５人）に裁判官１人であったのが、平成６年には弁護士７・４人（同５・３人）に裁判官１人となり、両者の間に大きな不均衡が生じている。特に不均衡を拡大したのはこの２０年間であり、毎年弁護士２５０人の増加に対し、裁判官は前記の通り５人の増加であった。

更に、今後司法試験合格者数７００人枠で、平成８年から弁護士が毎年約４００人増加することから、このままでは十数年後には弁護士１０人に裁判官１人という時代が来る。司法試験合格者数を１０００人に増員すれば、弁護士が毎年７００人程度増員することになり、裁判官が多少増員されたとしても、この極端な不均衡は１０年後に到来することになる。　裁判官以外の裁判所職員の定員も、昭和３０年２万０３８６人、平成４年２万１４７７人と、３７年間に１０９１人の増加にとどまり、しかもそのうち約４００人は沖縄の復帰によるものであるから、年平均１８人程度の増加にすぎない。

(2)　裁判遅延

裁判遅延の主たる原因は、このような裁判官の増加を抑制する政策であったことは明らかである。裁判官１人当りの手持ち件数及び裁判遅延の実態については、昭和６１年の第１１回司法シンポジウムで詳しく報告されているが、その概略は次の通りであり、現在も改善されていない。（なお、このアンケート結果は、司法統計年報からの推計値とほぼ一致している）。

（裁判官１人当りの手持ち件数）

裁判官の手持ち事件は年々増加してきており、現在は昭和３０年の約１・５倍に達していると思われる。昭和５９年度において、兼務のない地裁民事の裁判官は、単独事件だけで２０７件程度（全国平均）の手持ち事件をかかえていると推定される。手持ち件数にはかなりのバラツキがあり、１５０件の場合も３００件を超える場合もあるが、全国平均が２０７件であるから、２５０件以上の事件を抱えた裁判官も相当数いると思われる。

（裁判遅延の実態）

証拠調べを１回以上実施した対席判決事件のうち、１年以内に終結した事件の割合は１３％に過ぎず、その平均審理期間は２７ヶ月であり、証拠調べを実施した和解事件では、１年以内の終結率は２０％に過ぎず、その平均審理期間は２６ヶ月である。そして、この期間内に指定される口頭弁論期日は平均７回程度、和解期日は２回程度、本人・代表者・証人調べ期日は４回程度、平均３・２人であり、証拠調べにかけられる時間は合計４

時間程度である。弁論期日の間隔は４０日程度、証拠調べ期日の間隔は７５日程度である。裁判官の交代は、ほぼ２件に１件の割合で発生している。
(3) 裁判所の統廃合、地方での裁判官減員、期日の週１曜日指定方式
　裁判所の統廃合により地方の裁判所が減少している。その主たる原因は、裁判所予算と裁判官不足である。更に、近時、大都市を除いて全国各地の裁判所で、事件数は減少していないにもかかわらず裁判官（合計５８名）が減員され、大都市の裁判所に回されている。判事から判事補に代わったところもあり、地方での判事の減員は更に多いと思われる。裁判官が減員された地方では、大変な裁判遅延を来たしており、事態は深刻である。
　（東北弁連、四国弁連は減員された裁判官の回復を求める決議を行った）
　また、地裁民事単独審においてこれまで開廷日は週２回あったが、書記官不足が原因で、近時一斉に週１回の曜日に限定されるようになった。この方式は弁護士業務の実態を理解しないものであり、新たな裁判遅延の原因となっている。
(4) まとめ
　民事裁判が長期間かかり、当事者の納得のゆく解決がなされず、公害・環境・消費者・労働事件などの現代型訴訟はさらに長期化し、人権を配慮した解決がなされず、憲法訴訟・行政訴訟などでは違憲審査権や行政に対するチェック機能が後退し、上級審追従の実態がある。裁判を適正迅速に行い、国民の司法利用の増大を図るための最大の障害は、裁判所の人的・物的設備が不十分であることと裁判官に対する統制である。
　その改善のためには、緊急に裁判官増員計画を策定し、裁判官を計画的に増員し、また裁判官統制政策を改め、裁判と裁判官の独立を保障し、鋭い人権感覚と豊かな社会常識にあふれた裁判官を確保する政策がとられねばならない。
　裁判官数は欧米と比較して日本は極端に少ない。制度が違うので単純には比較できないが、対総人口比で、日本の裁判官に対してイギリス約２３・６倍、ドイツ約９・８倍、アメリカ約５倍、フランス約９・０倍、韓国約１・２倍である。アメリカでは陪審制、フランスでは裁判所系列外の各種紛争処理機関が発達しているので、日本との開きはより大きくなる。
　現在の裁判官不足の状況を改善し、裁判官数と弁護士数の不均衡（約１対７）をこれ以上悪化させないためには、司法試験合格者７００人枠において毎年１３０人以上の裁判官を採用し、毎年６０人以上の増員をなすべきである。これは、合格者７００人枠で十分可能な人数である。平成５年度には１５０人を超える修習生が裁判官任官を希望し、平成６年度には１

80人を超える修習生が裁判官任官を希望しているのに対し、教官等から任官希望を取りやめるよう働きかけがなされている現状がある。

4. 検察官の増員の必要性

　わが国の検察官人口（定員）は、昭和29年に980人であったのが、40年後の平成6年に1173人となり、増加率は40年間で1・21倍、増加数は年平均約5人であった。しかし、昭和47年に1173人になって以後全く増員されていない。しかも、常時欠員があり、欠員数は平成元年以後急激に増え100人を越えた。

　検察庁の人的体制は、検察官実人数約1100人、副検事約900人、検察事務官約1400人、その他の職員を合わせて約1万2000人である。

　検察官不足が、検察官の都市への集中や副検事、検察事務官の肩代わりを招き、適正な検察権の行使ができない状況を惹起している。検察官不足の原因は様々考えられるが、検察官の職務の現状に魅力が欠けていることが最大の原因である。検察官の職務遂行のあり方を改め、捜査機能を充実させるとともに職務の独立を保証し、検察を魅力あるものにする改革が行われるべきである。検察のあり方を総合的に見直し、検察官増員計画を策定し、検察官不足を解消する必要がある。

5. 弁護士業務の実態と弁護士人口
　(1) 弁護士人口の推移

　　明治23年に1345人であったわが国の弁護士人口は、平成6年7月1日現在、会員1万5216人、準会員11人、特別会員16人、外国特別会員79人である。明治23年と比較すると、会員だけでも11・3倍増である。

　　この間の推移をみるに、弁護士人口は大正から昭和の初期にかけて大幅に増員され、昭和初期の経済不況が弁護士の経済を崩壊させ、政府に対し業界として助成の陳情を行わざるを得ない事態となり、続いて戦時下において弁護士人口は減少していった。

　　戦後、昭和24年に民主的改革の一環として、弁護士は基本的人権の擁護と社会正義の実現という使命を担い、弁護士自治と業務の自主独立性を保証する現行弁護士法が制定された。弁護士人口は、戦後の混乱がほぼ落ち着きを取り戻した昭和29年3月末に5837人に回復し、平成6年3月末に1万4809人となり、40年間に約9000人増加した。昭和47年の沖縄復帰による弁護士140人増を除くと、この40年間の弁護士

の増加率は2・51倍である。
　わが国の総人口は昭和28年10月現在8698万1000人、平成5年10月現在1億2476万4000人であり、沖縄の人口124万7000人を除くと、この40年間の総人口の増加率は1・42倍である。弁護士は、対総人口比の1・77倍増加している。函館、鳥取、山口、福井、佐賀を除いて弁護士は対人口比を越えて各地で増加し、東京及びその周辺、大阪、札幌、名古屋、福岡で3～4倍の増加である。弁護士の増加率は、隣接の業種の増加率に比して低くない。税理士と行政書士のみ増加率が高いが、これには特別な事情と肯定しかねる状況がある。
　弁護士数についても欧米比較がなされるが、対総人口比で日本の弁護士数に対して、アメリカ約25・6倍、イギリス約11・8倍、ドイツ約6・9倍、フランス約3・3倍、韓国約0・5倍であり、数字上の格差は一見大きいが、日本は約13万5000人の弁護士隣接業者がいるので、倍率は見かけの数字ほどではなく、この調整をすると、アメリカ2・6倍、イギリス1・2倍、ドイツ0・7倍、フランス0・3倍となるが、諸外国の弁護士隣接業者の有無及び人口をさらに調査する必要がある。

(2) 弁護士に対する需要
　① 業務内容と現状
　　弁護士の業務を大きく分ければ、裁判所を利用した業務と裁判外業務に分けられ、裁判業務は民事と刑事に分けられる。刑事事件は明らかに減少傾向にあり、弁護士の民事訴訟事件の手持ち件数も減少傾向にある。
　　大半の弁護士は、裁判業務が、仕事量においても収入においても70％程度を占め、裁判外業務は30％程度である（昭和61年12月日弁連業対シンポ報告、昭和63年10月中弁連シンポ報告）。
　　渉外関係の弁護士人口は、昭和62年頃600人程度と言われ、その後急増した。一般に「渉外事務所」という呼び方がされているが、業務内容は多様で、一般業務も扱っていることから渉外関係の弁護士人口のカウントは難しい。大雑把に数値的表現をする場合には、800人から900人程度と言うべきであろうか。しかし、バブル経済の崩壊後、渉外関係の弁護士人口の急増傾向が止まっている。「国際化による弁護士需要の増大」が叫ばれているが、渉外事務所の新規採用が減っている状況からみれば、国際化による需要の増大が著しいとは考えられない。経済が海外へと拡大している状況からみて、日本法の専門家である日本の弁護士に対して、国際的な大幅な需要があるのかは疑問があり、具体的な調査が必要である。

企業法務関係の需要増加が大都市の弁護士増加の一因と言われている。しかし、企業法務部の充実とともに弁護士の需要は減退するともいわれており、現に不動産に対する競売手続等はほとんど弁護士に依頼していない状況もある。今後も、わが国の法学部卒業者数が年3万人、弁護士隣接業者13万5101人（平成6年）が存在する中で、これまでの需要増加傾向を続けられるのか、増加傾向を更に強めるのか、逆に増加傾向が鈍化するのか、日本経済の将来ともかかわり、予想は難しい。ただ、毎年何百人という弁護士需要の拡大があるとの予想を支持する根拠はなく、今後は、需要に応えつつ司法試験合格者数700人枠での年間400人の弁護士増加の影響の推移を見守る必要がある。弁護士の社会的責任からすると、ビジネスとして企業利益のみを追求する弁護士需要については無批判に迎合するのではなく、業務の自主・独立性を保持する姿勢を崩してはならないことは当然である。

② 今後の需給バランス

　戦後、総人口が急増し、経済が昭和30年代から高度成長し、国民の間に新しい市民法がある程度浸透していったことにより、前記の弁護士増加が可能であったが、今後この過去40年間の弁護士9000人の需要の拡大の程度をはるかに越える飛躍的な需要拡大が生じることを裏付ける資料はない

　欧米諸国とはちがい、わが国では弁護士作成の契約書による契約は一般にはなされておらず、経済取引の大くは系列取引であり、労使関係において個別に年間契約する慣行もなく、損害賠償とその保険制度は未発達で、弁護士費用保険制度は全くない。

　平成6年6月の日弁連法曹養成問題委員会のアンケート調査によれば、仕事量の余裕について、仕事量が限界に達しているとの回答は10％で、仕事量に余裕があるとの回答は53・1％であり、平成元年の前回調査と比較すると、仕事が多忙な層が著しく減少し、多忙な層においても事務所の弁護士を増員すると回答する者は多くない。

　また、弁護士事務所の求人と求職のバランスにつき、単位会からの回答は、求職者より求人が多いと回答する単位会は12で、それ以外の単位会はその逆か、現状でバランスがとれているという回答であった。右の12の単位会のうち、東京（東弁、第一東京）及び大阪を除けば不足分は4～5人程度である。従って、今後司法試験合格者700人枠における弁護士新規登録者約500人を、東京及び大阪においてどれだけ勤務弁護士として吸収できるかということになるが、果たして可能であろ

うか。
　なお、本人訴訟率が高いことを問題視して弁護士不足だとする意見があるが、間違っている。司法統計によれば、地裁民事事件の本人訴訟率は１５～２０％の間を変動しているが、地裁民事事件は、欠席事件約２０％、取下げ事件約２０％、和解事件約３０％で、争訟性ある事件は全体の４０％にすぎない。それにもかかわらず、本人訴訟率が２０％程度で、残る８０％の事件には、当事者双方又は原告に弁護士がついているということであるから、本当に弁護士を利用すべき事件については、圧倒的な高率で弁護士がついていることになる。本人訴訟は極めて低率で、その中には無理な事件筋のものも多い。本人訴訟のうち本当に弁護士が付くべき事件に対する対策は、法律扶助の拡充しかないであろう。
③　所得状況
　バブル経済以前は、弁護士一人当りの平均年間粗収入は２０００～２５００万円と言われていた。ところが、日弁連の調査によれば、バブル絶頂期の平成元年度において、弁護士１人当りの平均粗収入は３０６０万円、税引前所得は１５４４万円であり、中央値は粗収入２３５５万円、所得１１０３万円となった。（東京と高裁所在地では、粗収入で約８００万円、所得で約４００万円の開きがある）。なお、この調査の報告によれば、同年度の開業医の平均所得は３１５８万円、民間企業における支店長の年収と同年代の弁護士の収入は、福利厚生がある点を加味すれば、ほぼ同程度とされている。しかし、今回のバブル不況（好況の山は平成２年、１９９０年４月）により、弁護士の収入は少なくとも２～３割程度減少したものと推測されている。不動産の価額は昭和５５年３月を１００とした場合、平成元年９月に１７４・８となり、そのうち六大都市では３５６・６になり、これが弁護士の所得の増大を呼んだが、その後不動産の価額は大幅に値下りし、取引も激減し、弁護士の所得にも大きな影響を及ぼしている。日弁連は早急に実態を調査すべきである。
　平成６年６月の日弁連法曹養成問題委員会の調査及び報告には、判・検事の年収と比較した場合、現在５０才以上の弁護士の所得は判・検事のそれよりも低い層が多いことが推測され、また、今後弁護士相互の間で、業務量及び所得の格差が拡大し、弁護士全体の経営的自立の課題が一層重要になってきたと報告されている。
④　司法試験合格者１０００人の場合の就職状況
　もし、司法試験合格者数枠が１０００人に増員された場合、弁護士新規登録者は毎年８００人程度となるが、この新規参入者の職場を確保す

るには、働き盛りの４０代から６０代の弁護士層約８０００人のうち２人に１人が、常時勤務弁護士１人（勤務期間５年として４人）を雇い入れる必要があるという計算になるが、弁護士事務所にそれだけの需要はなく、就職難の発生が予測される。

　以上の事実と調査からすれば、国民の需要を喚起する条件が飛躍的に整備されない限り、予想可能な範囲内の将来においても、毎年４００人程度の弁護士をもって国民の実際の需要に応えられると思われる。

(3) 需要拡大と弁護士業務の限界、弁護士過剰
　① 需要拡大と弁護士業務の限界
　　業務の需要拡大の最大のポイントは、その業務が魅力ある「商品」を供給できるか否かにかかっている。これは需給関係の鉄則であり、司法においても例外ではない。司法を利用することの価値は裁判の品質と納期で決まると言えるが、これを高めるには、国家予算（司法予算）の増大によるサービス供給体制（裁判所等の機能）の改善・拡充なくしては不可能である。

　　弁護士は、その体制や努力によりアクセスの改善や商品の魅力を多少増加させることはできても、司法の品質や納期の改善に決定的役割を果し得ないのである。これまでも弁護士・弁護士会は、広報・宣伝や法律相談の充実や報酬規程の改善等に努力してきたが、それだけでは問題は解決しない。

　　法律事務所（裁判所を工場とすれば法律事務所は営業所にあたる）が増加することは、ある程度需要を掘り起こすことにはなるが、司法が利用者にとって魅力に欠けるものならば、需要拡大効果は限定されるのは当然である。営業所がいくら増加しても、これまでと同じ裁判所において審理される以上、商品の品質や納期は変わらない。弁護士が裁判外業務の拡充など国民のニーズに積極的に応えていく必要はあるが、裁判外の紛争解決も、迅速かつ適正な裁判を背景にして初めて促進されるものである。

　② 弁護士過剰の問題
　　法律家、特に弁護士が多いからといって、それだけで社会における法の支配がより貫徹するわけではない。あれほど弁護士が多いアメリカでも、法的救済から取り残された多くの弱者がいること、逆に濫訴に泣く人々がいることは誰もが知っている事実である。

　　弁護士に業務の自主独立性と経済的自立性が保証されていない限り、経済と依頼者との関係からくる現実的制約が生じる。経済的自立性が崩

壊し、業務に自主独立性が失われた場合、弁護士はニーズを掘り起こすことに必死になり、やたら事件を作り出し、「人権擁護の旗手」から「人権侵害のプロ」に転化しかねない。その手にかかった依頼者と、かみつかれた相手方の国民にとって被害は大きい。

また、弁護士過剰は報酬の高額化を招くことが予想され（現に、弁護士人口の極めて多いアメリカの弁護士報酬は日本より高い）、無理な需要の拡大は「過剰治療」を生じさせる。弁護士業務が工場で大量生産されるものでない以上、新しい開発で商品の質が高められることもなく、低価格が実現するものでもない。弁護士過剰による販売合戦は、顧客層にとっても社会全体にとっても有益なものではなく、そこで力を発揮するのは、経済力を使った誇大自己宣伝と、企業戦士の如く従属性を強めた職務の遂行である。そして弁護士集団は、その質を低下させ、セールス精神旺盛なバッジをつけたセールスマン集団へと成り下がりかねない。

弁護士が扱う個別事件の大半は社会的影響が小さいが、国民とってより大きな影響をもたらすのは一般法の制定、改変である。これまで日弁連と弁護士会は一般法の制定、改変に対して国民的立場で発言し、大きな役割を果してきた。弁護士過剰がこの役割の遂行にどのような影響をもたらすかを十分考える必要がある。

司法試験合格者枠増加の影響とその効果については、これを慎重に検証する必要がある。弁護士増加による過度の競争原理の導入によって弁護士のプロフェッショナルとしての業務の自主独立性や弁護士・弁護士会の人権活動を後退させないことが重要である。そのためには、弁護士人口の増員だけを先行させるのではなく、裁判官・検察官の増員、法律扶助の充実など司法基盤の整備・拡充の進捗度に応じて弁護士人口を漸増させて行くべきである。

6．法律扶助の拡充の必要性

わが国の法律扶助の事業費は、平成4年度は総額約14億円で、国庫負担金は1億6149万円、国民1人当り約1円である。平成5年度の国庫負担金は1億8849万6000円である。

イギリスの支出額は1900億円（1992年度）（国庫負担金1560億円、1人当り2851円）、アメリカは483億円（1990年度）（国庫負担金328億円、1人当り131円）、ドイツは262億円（1990年度）（全額国庫負担、1人当り326円）、フランスは82億円（1990年度）（全額国庫負担、1人当り145円）、韓国は9億円（1993年

度)(国庫負担金6億4000万円、1人当り15円)である。
　わが国の法律扶助制度は、財政的にみて余りにも貧困である。国民1人当りの国庫負担金は韓国の15分の1、イギリスの2851分の1である。訴訟援助事件の取り扱い件数は、平成4年度5336件である。イギリスは国民の約70％が扶助の対象となり、民事法律扶助件数は41万9832件で、弁護士に支払われる扶助事件の報酬は、一般事件と大差なく、バリスターの収入の43％が公的資金によるものとの報告があり、バリスターの大幅な増員を可能にしたとされている。
　現行の法律扶助制度を抜本的に改革し、裁判費用等の本人負担を軽減するために国庫負担金を飛躍的に増額し、財政規模を大きくする必要がある。

7. 被告人国選、被疑者国公選の刑事弁護の確立

　刑事裁判事件は、過去30年間に約40％(5万件)減少した。平成元年度の地裁の刑事事件の被告人の終局総人員は5万2775人、簡裁は1万1142人、合計6万4183人であり、平成4年度は、地裁4万6983人で、簡裁は9621人である。平成4年度において、地裁事件の約62％の2万8997人、簡裁事件の80％の7723人、控訴審事件の48％の2268人、合計4万0886人に国選弁護人が付された。
　平成4年の国選弁護人の報酬の支給基準は、地方裁判所事件で1件当り開廷数3回で6万8700円(平成5年7万2000円、平成6年7万4800円)であり、国選弁護報酬の総額は30億円程度である。弁護士が1件あたり費やした時間を平均20時間程度とすると、約4万件の国選弁護活動の労働総額は80万時間となり、弁護士1人の年間労働時間を2000時間とすると、弁護士400人分相当である。これは弁護士人口全体の2・6％で、司法試験合格者数700人枠のもとで増加する1年分の弁護士数の年間労働量と同じである。
　現在の国選弁護報酬は余りにも低額であり、この報酬は、地裁の私選弁護事件の着手金の最低額20万円(時給1万円)まで引き上げられるべきであり、その場合の財政規模の拡大は50億円(但し、約半額は被告人が償還)であり、弁護士1人の売上を約2500万円とすると、弁護士200人分の額である。これは700人枠のもとで増加する1年分の弁護士数の半分である。
　現在、被疑者国公選制度の実現の取り組みがなされているが、逮捕件数は年間約8万〜9万件で、将来この制度が実現し、約2分の1に相当する4万人に弁護士が付き、1件当り20時間を要するとすると、年間必要とされる弁護士の労働量は400人分程度である。そのために必要となる弁護士の労

働量は決して何千人の規模にはならない。また１件当りの弁護士報酬を２０万円とすると、必要な財政規模は８０億円（但し、被告人からの償還分が差し引かれる）であり、この金額は弁護士３２０人分の年間売上額である。

8．弁護士過疎の手当て

わが国では、経済の高度成長のもとで人口と産業が田舎から都市へ、全国的には東京、大阪圏へと集中し、その中で札幌、名古屋、福岡が地方中核都市として健闘している状況にあり、交通網の発達は、むしろこの集中を加速させたと言える。１９９３年の第８回業対シンポで発表された弁護士過疎「０－１マップ」によれば、地裁支部総数２０１のうち、５０の支部管轄地域で法律事務所０、２５の地域で１となっている。

しかし、地方における法的サービス提供体制の充実は、本来、「国民の裁判を受ける権利」の保障のための福祉行政として、国が地方に財政援助をすることにより地方自治体における法律相談の拡充・新設を促し、また、住民に法律扶助をすることにより裁判所等を利用しやすくすることが根本的対策である。弁護士需要は、基本的にはその地域の経済力と文化により規定されるものであるから、中央と地方の富の偏在及び文化のギャップを埋める意味でも、この対策が望まれる。

また、前記の通り、被告人国選刑事弁護事件の弁護士の労働を評価し、これまで極めて低額に抑えられてきた国選弁護報酬を私選弁護料に近付けること（現在の報酬額の約３倍）が、地方の弁護士の収入を増やすことにつながる足元からの過疎対策である。また被疑者国選が実現し、正当な報酬が支払われるのであれば、地方の弁護士の増収になり、地方の弁護士の増加を可能にするであろう。しかし、集中から取り残された地域の弁護士人口は少なく、現在１０００人から１５００人程度であり、増加が必要としてもその規模は１００～２００人にとどまるであろう。

弁護士過疎の問題については、大都市に企業の本社が集中しかつ本社機能が強化され、約款で大都市の裁判所が合意管轄され、企業活動から生じる弁護士需要が大都市に集中するために、地方における法的需要が減少する構造にあること、交通網の発達が大都市の弁護士の地方事件の受任を容易にしていること、さらに地価の格差等のため弁護士の報酬額が大都市と地方では大きな開きがあることなど、根本的な問題を抜きに議論することはできない。

9．法律相談の充実

法律事務所の相談業務件数の動向については、日弁連の「弁護士の経済的

基盤に関する実態調査」（平成2年3月実施）があり、「全国的にみて無料法律相談と有料法律相談を合わせた相談件数の弁護士1人当りの平均件数は前回（昭和55年）の調査結果と比べて、全国総数においてだけでなく高裁所在地を除くすべての地域、形態、年齢において減少している。その詳細をみると、弁護士1人当りの平均相談件数は全国平均23・43件で、前回調査の26・33件より約3件の減である。その割合は全国平均で11・0％の減、高裁所在地のみ11・1％の増である」（「自由と正義」1991年13号59頁）と報告されている。

一方、弁護士会の法律相談は、平成元年度において18単位会で総件数3万8413件であり、平成4年度においてセンター設置の単位会が数箇所増加して総件数は6万8695件、収入総額6億3758万円に増加した（平成6年現在の単位会設置の法律相談センターは31、準備中4）。しかし、この法律相談センターの設置や件数の変化については、弁護士会の既存の法律相談がセンターに衣がえをしたものもあり、また個別の法律事務所でなされてきた相談をセンターが吸い上げていることなどを考慮する必要があり、全体の法律相談の需要がどういう傾向にあるかについては更に検討する必要がある。前記の平成2年の調査結果を考えると、法律相談業務が拡充傾向にあるとは言えず、横ばい傾向と見るべきではないかと思う。

法律相談は、それ自体からの収入が低額であるとともに、受任率も低い。地方では弁護士会、自治体、その他の団体による法律相談の担当弁護士が不足しているとの報告もあるが、大都市では法律相談担当の弁護士の確保に困ることはないのが実情である。

第2、現行の法曹養成制度の堅持と司法試験合格者数の決定
1．現行の法曹養成制度の堅持

わが国の司法試験制度は、法曹三者共通の試験としての統一性、法曹になろうとするすべての人に開かれた開放性・平等性、そして学識及びその応用能力だけを判定基準とする公平性を優れた特質とする制度である。この統一・公正・平等の理念は法曹養成制度にも貫かれており、法曹資格者が何等の差別なく2年間同一の修習課程を学び、自己の進路にかかわらず、他の分野の実務をも同等に修習するというこの統一修習制度は、法曹一元に通じるものであり、これによって培われた法曹の素養が司法の民主的基盤を醸成するものである。この修習制度がわが国の法曹の質を維持し、法曹三者の対等で平等な信頼関係の基盤となってきたことは何人も否定しえないはずである。この現行の司法試験・法曹養成制度を堅持し、修習制度をより充実させて行か

なければならない。
　しかしながら、この民主的修習制度に対し、これを形骸化、空洞化させ、あるいは廃止しようとする動きが、これまで度々繰り返されてきた。昭和39年8月28日の臨時司法制度調査会意見書にみられる、「若年受験者の増大案と受験者の回数制度・年令制限の考え方」、「実務修習の期間を短縮する考え方」、昭和43年9月24日の司法修習運営諮問委員会答申における「実務修習を1年に短縮し、研修所修習を1年とする考え方」、「司法修習を司法研修所における修習のみにする考え方」、「司法研修所の修習を後期修習のみとする考え方」、「志望分野別分離修習を導入加味する考え方」等々である。そして、その最たるものは、昭和45年5月27日当時の小林法務大臣が明らかにし、法務省において具体化させた分離修習構想であった。
　これらの提案は、その都度日弁連を初めとする広範な「統一修習制度の擁護の運動」によって阻止されてきたが、民主的法曹養成制度の機能を失わせ、又は制度的に分離して戦前のような官僚的司法官養成制度を復活させようという考えは、いまだ一部の人々の中に根強く残っており、統一修習を守る力が弱体化すれば、直ちにこの動きが復活することは、今回の改革協における法務省の合格者大幅増、修習期間短縮の提案にみられるところである。
　法務省の修習期間の短縮、継続教育の強化による任官後の教育は、結局分離修習への途を開くものと危惧される。現行2年の修習制度を堅持し、これをより発展させていかなければならない。

2．司法試験合格者数
　司法試験合格者数は、前記の司法の基盤整備・拡充（司法改革）の進捗度に応じて必要となる法曹人口を、司法試験合格者数700人枠の増員結果を検証しつつ法曹三者で協議し、現行の2年間の統一修習制度の堅持を前提として決定すべきである。

第3．司法試験制度の運用改善
1　司法試験制度
　司法試験は、「国策上の制限はなく、いやしくもその人が法律家として必要な学識を持っているかどうかを判定することが目的」（立法時の法務庁の説明）であり、その法的性質は、法曹三者共通の資格試験であり、「必要な学識及びその応用能力を有するかどうかを判定することを目的とする国家試験」（司法試験法第1条）である。したがって、法曹になろうとするすべての人に平等で公平な機会が与えられ、学識及びその応用能力だけが判定基準

とされることが保障されていなければならない。

そのため、司法試験制度は法曹三者の共通の資格試験たる国家試験としての本質を変えることなく、現行の試験科目と試験方法のあり方の改革はもとより、司法試験と法律職のあり方、大学・大学院教育との連携、大学と法曹界の人的交流の活性化等について幅広く長期的視野に立っての検討が行われるべきである。

なお、司法試験の合格率が2～3％であることを問題視する意見があるが、司法書士は合格率2・2％（平成3年度）、弁理士3％、税理士1・9％、公認会計士3～4％であり、国家公務員試験においても法律職6％、行政職2％であり、他の試験制度でも合格率は極めて低い。司法試験制度の目的からみれば、合格率の低さのみを問題視することは的はずれである。

2．丙案実施の回避

司法試験は、その基本理念を統一・公正・平等とする法曹三者共通の資格試験である。いわゆる丙案は、受験期間3年以内の受験者をそれ以外の受験者より優遇する試験制度であり、同一試験でありながら二層の合格者層を産み出す制度はそれ自体この基本理念に反する。丙案の本質は合格者の恣意的な若年化による司法官僚の供給源の強化、さらにはキャリア司法官僚による官僚統制体制の完結したシステムを目指すものであると言わざるを得ず、法曹一元、市民の司法参加を目指す司法改革の理念にも背馳するものである。

若年者優遇は司法試験合格のためだけの知識偏重、受験技術偏重につながりかねず、受験生を大学教育軽視に走らせ、現在においても問題視されている受験予備校へ追いやる結果を招来する。平成5年度及び6年度の司法試験においては丙案実施を見込んだ「受験手控え現象」が顕著となっている。

また渉外事務所等の修習生に対する度を越した勧誘が一時的現象として終わり、また修習生が弁護士業務の先行きの暗さを察したためか、任官希望者が増加している。これまでに、任官不足の事態も改善され、現時点において検証基準の機械的適用により丙案を実施しなければならない根拠は失われている。我が国の法曹の質と一体的信頼感を維持し、将来の法曹一元制度の実現を目指すためにも丙案の実施は回避されるべきである。

臨時総会招集請求者の提案にかかる第2号議案の①②の
提　案　理　由

第一、臨時総会招集に至る経過

1. 日弁連法曹養成問題委員会は、平成4年5月に全会員に対して行ったアンケート結果と過去3年余にわたる研究と議論の成果にもとに、本年6月「法曹人口問題に関する意見書」を執行部に提出しました。その内容は裁判官・検察官についてはその不足を指摘し、増員を求めるものでしたが、弁護士人口については「今回実施された司法試験合格者増の結果をみてから判断すべきであると」し、司法試験合格者については「現段階においては、700名を越えてさらに増員すべきであるとの見解は採用しえず」との結論が出されました。

2. しかし、日弁連執行部は、この意見書を理事会に付議せず、また単位会に意見を諮問することもなく、他方において、一ケ月程度の短期間に一部の委員会に意見照会をしただけで、本年8月「司法試験制度・法曹養成制度の抜本的改革案大綱」を策定し、理事会に提案しました。その内容は、日弁連法曹養成問題委員会の前記意見書と異なり、現段階で司法試験合格者の「相当数の増員」を提案する内容でありました。

3. 執行部の大綱は、前記会員アンケート結果（700名を越えて増員すべきである・・・16.1％　700名増員の結果をみて判断すべきである・・・48.7％　700名を越えて増員すべきでない・・・27.1％）及び有志が8月に行った司法試験合格者の1000名増員に対する賛否の投票結果（反対77％）に反しており、大綱の内容について会員の合意が形成されていないと思われました。

4. また、この執行部の大綱は、平成2年3月16日の理事会において決定された司法試験改革問題についての基本方針の1「合格者を700名程度に増員し、裁判官、検察官の増員をはじめ条件整備をはかる」という条項に反しており（別添ジュリスト984号41頁）、また平成2年7月20日に理事会で承認された「法曹養成制度等改革協議会設置要綱」（法曹養成問題委員会答申書の別紙1）の「改革協議会における協議事項の具体的内容」には、「今回の具体的方策による700名増員実施後における法曹三者の充足状況等をふまえつつ、今後長期的視野にたっての司法試験合格者数や法曹人口の適正規模および整備される諸条件に関する検討」という項目があるにもかかわらず（別添自由と正義41巻10号136頁）、これに根本的に違反する内容でありました。

5. そこで法曹養成問題委員会の委員を中心とした有志は、執行部に対して、

大綱の内容について反対の意見を述べるとともに、問題の重要性からも、大綱の決定は理事会ではなく、日弁連の最高意思決定機関である総会においてなされるべきであると申し入れました。
6．予想されたとおり、8月から9月にかけての理事会では、司法試験合格者700名以上の増員の可否をめぐって激しい議論がなされ、一部の理事から今回の有志の議案とほぼ同趣旨の修正案が提案されました。

　執行部とくに土屋会長は、7月段階で、「理事会で意見が割れるようであれば、大綱案を総会にかける」と言明されていましたので、8～9月の理事会の状況からみて、当然大綱案は11月の臨時総会にかけられるものと思われました。ところが、執行部は7月の会長発言に反して、これを総会に付議することをせず、あくまで理事会において多数決で決定しようとし、終に10月12日の理事会で採決に持ち込みました。理事会では全理事77名のうち19名が執行部案に反対しました。
7．しかし、この大綱は、今後弁護士人口をどうすべきかという会員と弁護士会の将来を左右する問題につき日弁連の方針を定めるものであり、弁護士の使命、弁護士自治にも深くかかわり、国民や社会に大きな影響を与える問題であるため、その決定にあたっては会員全員が十分な議論をして決めるべきものであります。

　しかも大綱案は、この問題を長年研究し討議を重ねてきた法曹養成問題委員会の意見書と異なる内容であり、以下に述べる多くの問題点と危険性があって、理事会においても厳しく意見が対立している一方、全体の会員においてはいまだほとんど議論がなされていませんでした。
8．このような諸般の状況から、執行部の策定した大綱案がこのまま日弁連の大綱として確定することは、内容においてはもとより会内民主主義の手続きにおいても、将来に大きな禍根を残すものと考え、10月上旬、日弁連法曹養成問題委員会の委員を中心とした有志は、司法試験合格者数についての日弁連の基本方針として第2号議案の①、執行部の大綱案の対案として第2号議案の②を提案するため、臨時総会の招集請求を呼びかけたところ、1200名を越える会員が臨時総会招集請求人となり、10月12日の理事会前日に日弁連に提出し、今回の臨時総会の開催に至りました。
以上の経過により、われわれは同議案を提案する次第であります。

第二、執行部提案の第1号議案（以下執行部案という）と臨時総会招集請求者提案の第2号議案②（以下有志の案という）の違い
　1．有志の案は、司法試験合格者の700名以上の増員は、700名増員の結果を

検証した上、司法改革の進捗度に応じて決定されるべきであるとし、現状において合格者増員の提案はしないとするものです。また今後日弁連が増員の時期や数を提案・承認する場合は総会に諮ることを求めています。
2．一方、執行部案は、700名増員の結果の検証を経ることなく、司法改革の進捗具合を見届けることなく、現段階で司法試験合格者を相当数増員することを提案し、今後も増員の時期や数は理事会が決めるとしています。

第三、執行部案の問題点
① 執行部案には、司法試験合格者数を決める根拠が示されていない。
　　司法試験合格者は、司法の基盤整備の総合計画を策定した上、それに基づく具体的な法曹人口増員計画（判検事の定員枠の拡大など）を立て、そのための予算の裏付けを見通した上で決められるべき性質のものであるが、執行部案は司法試験合格者の増員を提案していながら、なぜ増員が必要であり、その数はどのようにして割り出されるのかという根拠が示されておらず、増員すべき「相当数」も不明である。
② 執行部案は、裁判官、検察官を増員するために、直ちに司法試験合格者を「相当数増員すべきである」としているが、合格者700名枠でも裁判官・検察官の増員は可能であり、これまでの裁判官数と弁護士数の比率の不均衡を考えれば、まず合格者枠700名枠で裁判官・検察官の増員を求めるべきである。
③ 司法試験合格者の700名増員により、平成8年度から毎年弁護士が400名程度（東北弁連全体の弁護士数にほぼ匹敵する数）が増加することの効果・影響を無視しており、700名以上の増員は700名増員の結果をみてから判断すべきとする大多数の会員の意思に反している。
④ 裁判官・検察官の増員と弁護士の増員をあわせて行うとしながら、その比率を示していない。適正な比率を示さない「法曹三者あわせた増員論」では、判・検事が少し増え、弁護士が大幅に増えるという従来どおりの状況を変えることはできず、判・検事数と弁護士数の著しい不均衡は是正されず、ますます悪化することになる。
⑤ 「第2項の司法改革は法曹人口の増員の条件でない」と繰り返し説明しており、司法改革より法曹人口の増員（実は弁護士の大量増加）が先行することを容認しており、弁護士過剰状態を招く危険がある。
⑥ 増員の時期や増員数という全会員にとって重大問題を、今後も理事会だけで決めようとしている。

第四、執行部案の危険性

　司法試験合格者を大量増員し、官僚司法の強化と日弁連の弱体化をめざす動きは、古く昭和３９年の臨司意見書において唱えられ、昭和６２年の法曹基本懇に引き継がれてきました。そして今や、財界の「欧米に比べて法曹の数が少なすぎる」「法曹にも規制緩和を」という根拠のない増員論や「裁判が遅い」「司法が身近でない」という国民の声を利用して、法曹（実は弁護士）大量増員の大攻勢がかけられています。

　去る１１月の改革協議会では、法務省から①司法試験合格者を２～3000名まで増員させる、②修習は座学を中心、無給とし、修習後の継続教育を強化する、③甲案（回数制限）を実施するとの案及び①司法試験合格者を1500名まで増員させる、③修習期間を１年とし有給とし、継続教育を強化する、③甲案（回数制限）を実施するとの案が示されています。

　このような状況の中で、日弁連執行部は、弁護士業務の需給について正しい認識に立たず、また弁護士過剰社会における日弁連と弁護士の変質や国民の蒙る損失や不利益を顧みず、ただ「司法改革のためには、弁護士が先に血を流すのだ」という専ら精神主義に立脚して弁護士大増員の流れに協調し、「司法試験合格者700名以上の相当数の増員を認める」といういわば白地手形を切ろうとしています。

　執行部案には、なぜ現段階で700名以上の増員が必要なのかという具体的根拠が明確でなく、相当数とはどの程度なのか、その数はどこから割り出されてくるのかが示されておらず、その結果としてどこまで増員を認めるのかその歯止めがありません。「現行統一修習の堅持」が歯止めであるとされていますが、弁護士人口の問題は司法のニーズの大きさで決まってくるのであり、修習制度という質の違うものでは歯止めになりません。

　①合格者増、②受験回数制限、③期間短縮を含む分離修習は、臨司意見書、法曹基本懇そして平成３年の改革協のスタート時においても、法務省側から一貫して主張されてきたことです。合格者が大量増員されれば、期間短縮、分離修習など現行修習制度が改悪されることは必至であり、仮りに当面表向きは「現行統一修習堅持」とされても、「期間２年の実務修習を重視した現行統一修習の中身」が実質的に変えられていくに違いありません。今回の法務省案をみればそのことが良くわかります。

　どう考えても、外部からの弁護士大増員攻勢のただ中へ、「相当数の増員」という歯止めなき増員提案をしようとする執行部案は冷静さを欠いた暴挙といわざるを得ません。

第五、有志の案と執行部案の根本認識の相違
　2つの案には、法曹人口についての現状認識、将来予測、その改善にむけての方法論とこれまでの国と最高裁の司法政策に対する批判の視点に根本的な違いがあります。
　1．弁護士人口不足と合格者枠700名増員に対する認識の違い
　　有志の案は、司法試験合格者が700名に増員されたことを極めて重視しており、700名増員の結果をみていない現段階においては、合格者枠のさらなる増員に反対しています。この案は、合格者700名枠で、弁護士人口が毎年約400名増加することを計算に入れると、今後弁護士不足を生じる可能性は低いとの認識に立ち、もしそのような事態が予想されれば、その段階で増員すれば足り、現状での700名以上の増員や司法改革と完全にリンクさせない増員は弁護士過剰を生じさせるおそれがあり、弊害が多いと考えています。
　　一方、執行部案は、まず弁護士不足の現状があり、その不足の程度は今後毎年400名の増加をもってしても埋まらないほど著しいとの認識を前提とするものと言ってよく、弁護士過剰を心配するのは弁護士のエゴであり、それでは司法改革を進めることは不可能であるとの考えに立脚していると思われます。しかし現時点で、今後毎年400名の増加をもってしても埋まらないほど著しい弁護士不足があるとは考えられないばかりか、弁護士人口の増加を先行させたら司法改革が大きく進むという保証は何もありません。このような考え方は非常に危険だと言わなければなりません。
　2．裁判官等の増員の実現方法について
　　執行部案は、裁判官・検察官の増員を実現するためには、「司法試験合格者を相当数増員すべきである」として、直ちに合格者の増員（実は弁護士の増員）へと走っています。
　　これに対して、有志の案は、まず合格者700名の枠内で裁判官・検察官を増やすことを求め、その充足状況を当分の間見極めようとしています。
　　47期の修習生には、100人近い裁判官志望者がいるとのことであり、今後毎年130人以上採用されていけば、合格者700名枠で、毎年約60人以上の裁判官増員が達成できます。執行部の言うように、弁護士を毎年400名を越えて大幅増員させなければ、判・検事の増員ができないものではなく、現状でも最高裁と法務省がその気になり、大蔵省と折衝して予算を獲得すれば、合格者枠700名枠で判・検事の増員は十分できることなのです。まず700名枠で裁判官の多数採用を求め、これ以上裁判官数と弁護士数の不均衡（現在1対5・5）を悪化させないことが肝要です。執行部案のように、

判検事の増員計画を示さずに合格者枠の増員だけを提案すれば、いくら会長が「弁護士だけを増やすつもりはありません」と叫んでも、判・検事がほんの少し増え、弁護士がどっと増えるという従来の図式は改善されず、法曹三者の不均衡はますます拡大し、裁判遅延は少しも改善されず、弁護士過剰だけが残る結果になりかねません。

3．司法改革と法曹人口の関係について

　有志の案では、今後増員が図られるべき法曹人口は、司法予算に裏付けられた司法改革の進捗度によって決定づけられるという考えに立っており、司法改革と弁護士人口の増加は完全にリンクされています。司法改革の実現の見通しが立った時点で、必要な増員をはかるという考えです。

　ところが、執行部案では司法改革は法曹人口増員の条件ではないと繰り返し説明されており、司法改革が進まなくても弁護士人口の増加は有り得るとし、むしろ、弁護士の方が増員という血を先に流すのだと言っています。しかし、どれだけ血を流すのか、すなわち、どれだけ増員するかは「相当数の増員」という曖昧な表現で逃げており、そのため将来の増員の規模はそれが導き出される根拠を欠き、歯止めがありません。日弁連は、増員の根拠と歯止めを持たない執行部案で、外部のこの大増員攻勢とどのように戦うのでしょうか。

第六、司法改革について

　執行部は、「市民のための司法改革」を「市民とともに」すすめるために司法試験合格者700名以上の増員が必要であるとしていますが、なぜ合格者を700名以上に増員しないと市民のための司法改革が進められないのか、逆に合格者が700名以上に増員されると司法改革のどの部分がどのように進む見通しがあるのかについて何の説明もありません。「市民のため」「国民のため」「公共の福祉のため」ということがことさら声高に叫ばれるときは、何か心配なことが起きるような気がしてなりません。　私たちは、国民に開かれた利用しやすい司法を築いていきたいと願っています。そのために必要なことは、裁判官を大幅に増員することにより訴訟遅延を解消し、裁判の中身を良くし、簡易裁判所を充実するなど裁判所を利用しやすくし、法律扶助を拡充して、費用の心配をしないで裁判を利用できるようにすることではないでしょうか。今国民が司法に求めているのはこれらの改革であり、こうした制度改革が実施されなければ、本当の意味で司法はよくなりません。弁護士人口の増加は司法改革の中心課題ではないし、弁護士人口の増加が司法改革の原動力になるものではありません。逆に弁護士人口だけが大きく増えて

いくならば、後に述べるように様々な弊害が生まれ、やがて弁護士業務は単なるビジネスと化し、弁護士自治は危機に瀕するでしょう。そのことによって被害を蒙るのは国民であり、国民はそのような事態を望んではいません。司法改革のためには、まず司法の基盤整備の総合計画をつくり、実現可能な具体的な計画を提案をし、そのための予算獲得運動を展開すべきであると考えます。それこそが「市民のための司法改革」なのではありませんか。

第七、弁護士大量増員は弁護士、弁護士会そして国民に何をもたらすか
1. 日弁連の宣言・決議集をひもとくまでもなく、戦後五〇年の日弁連は、刑法・少年法の改正、拘禁二法、国家秘密法、ＰＬ法など法律の制定・改廃について、常に国民の側に立って発言をしてきました。また冤罪事件、公害、消費者問題、サラ金・民暴など弱い立場の国民のために、採算を度外視した弁護活動をしてきました。これらは、日弁連が弁護士自治に裏付けられた在野性を持ち得たからこそ可能であり、国民の信頼があってこそ力になり得たのです。「弁護士の数が少なすぎて、国民のニーズに応えていない」というにわかな弁護士バッシングが行われていますが、「国民のニーズに応える」ということの真の意味は、弁護士が人権活動に邁進できる状況にあって、日弁連が国民的立場で発言力を持ち続けることであり、決して「愛想がよく使いやすい弁護士が巷に軒を連ねている」ことではないと思います。
2. 弁護士が増員に反対するのはエゴだと言われていますが、弁護士過剰が国民に与える弊害について、きちんとした認識を持ち、国民に説明しなければなりません。

    弁護士過剰時代になれば、お金になりさえすれば何でも事件にしたり、事件の掘り起こしをする弁護士が出るかも知れません。濫訴社会になれば、訴えられた国民の人権侵害が起こります。弁護士同志のパイの奪い合いの後は、司法書士や税理士など周辺業務を侵害するでしょう。また、企業法務に精通して、何とかして企業から仕事を貰おうとするでしょう。企業に財布を依存する弁護士が増えれば、日弁連の在野性は希薄になり、国や財界の政策に反する発言はしにくくなるでしょう。一方、司法試験が易しくなり、合格者数が大量に増えれば、質の良くない人間が混じってくるのは必然で、数が増えれば日弁連の指導監督も十分及ばなくなります。新聞紙上を賑わす弁護士が増えることが危惧されます。
3. これらが現実化したときは、それこそ取り返しのつかない事態となるでしょう。国民の被害はもとより、弁護士自治にも矛先が向けられることは

必至です。国民の弁護士に対する信頼が崩れていれば、弁護士自治は守り切れません。先輩弁護士が、国民のために、それこそ血を流して獲得した弁護士自治は取り上げられ、弁護士は再び国家権力の監督下に入るやもしれません。弁護士過剰は、弁護士から職務の独立性と経済的自立を奪い、弁護士自治の崩壊と弁護士の在野性の喪失を招き、日弁連を変質させます。弁護士と日弁連がこれまでのような活動を続けられなくなれば、国民は戦後の民主改革で得た大切なものをまた一つ失うことになるでしょう。それを心配するのをエゴと呼ぶ者がいるならば、日弁連は一丸となってその誤解をとかねばなりません。

4．だからこそ有志の案は、弁護士過剰を引き起こさないで司法の容量を拡大する道を選択しようと呼びかけているのです。まず700名増員の結果を検証し、司法基盤の拡充や裁判官の増員計画の実現などを見通した上で、需要に見合った弁護士の増加を図ろうということなのです。

しかし、会内の議論は未だきわめて不十分で、もっと時間をかけて論議を尽くす必要があります。このままでは、多くの会員が問題の重大性を十分認識できずに沈黙し、75％以上の会員が合格者枠700名以上の増員に否定的であるにもかかわらず、執行部案が派閥の組織力に助けられて可決され、結局は外部の「弁護士大増員政策」に流されていくのではないかと危惧します。有志の会は個人的犠牲を払って、全会員のために議論の場を設定しました。あとは会員の良識と行動次第です。

第八、まとめ

日弁連が国民のために今回の危機を乗り越えようとするならば、残された道は、執行部案で丙案が回避できるかも知れないとか、弁護士が増員という血を流せば今までガンとして動かなかった司法改革の大山が急に胎動し始めるだろうなどといった幻想（先般改革協で示された法務省と最高裁の案は、その幻想をうち破るに十分だったのではないでしょうか）を一刻も早く捨てることだと思います。そして本日の臨時総会で、有志の案を日弁連の大綱として採択し、改革協とマスコミそして国民に対して「裁判所の人的物的設備と法律扶助の大幅な拡充計画を伴わない司法試験合格者の大量増員が、国民の福祉と権利にどういう弊害を招来するか」を説明し、「まず700名増員による法曹人口の充足状況を検証すべきである」と主張し、「いま着手すべき司法改革は、合格者の増員ではなく、司法基盤拡充のための具体的計画の策定とその実施である」ことを示して、関係方面の理解を得ることしかないと考え、本議案を提案する次第であります。

1994.12.21　日弁連臨時総会

招集請求者一同

資料11　関連決議

関　連　決　議

1. 当連合会は、法曹人口のバランスのとれた増加は司法改革と不可分一体のものであり、法曹の層を厚くすることが司法改革全体の推進を促し、また司法改革の前進が現実に法曹人口の増加を可能にするものであることを確認する。
2. 裁判による国民の権利実現の強化をめざし、将来における法曹人口のあり方については、改革協の論議を踏まえつつ、法曹三者の協議により「司法基盤整備・法曹人口問題基本計画」(仮称)を策定する。
3. 「司法基盤整備・法曹人口問題基本計画」については総会の承認を経なければならない。
4. 当面の司法試験合格者数については、今後5年間800名程度を限度とし、この間に、平成3年度以降の状況も含めて法曹三者の充足状況及び司法改革の進捗状況を検証する。「司法基盤整備羽去曹人口問題基本計画」はこの検証の結果を踏まえたものでなければならない。

(提案者・辻　誠)

関連決議（案）提案理由

一、本日の臨時総会は、法曹人口問題をめぐって、会員の間には、様々な意見が存在していることを改めて明らかにした。しかし、そのほとんどの意見が、国民のための司法改革をいかに前進させていくかを真剣に考えているという点において一致している。
　したがって、この一致点を大事にしながら実証的な研究・討議をただちに着手することにより、一段高いレベルでの会内合意を形成して、全会員が司法改革に取り組んでいくことができるような状況をつくるべきである。
　この関連決議はこのような趣旨と意図のもとに提案するものである。
二、関連決議の第一項は、司法改革と法曹人口の基本的関係を明らかにしたものである。
　　この両者は「いずれが先」といった関係ではなく、不可分一体の関係にあるととらえるべきである。
三、第二項は、法曹三者の協議により、「司法基盤整備・法曹人口問題基本計画」(以下「基本計画」という)を策定すべきことを提唱するものである。
　　この提唱は、現時点において、法曹人口問題に関する日弁連としての会内合意の形成が十分とはいえない現状にかんがみ、さらに、今後実証的な研究討議を積み重ねる中で、大多数の会員が納得できる会内合意を形成し、これを法曹三者の協議に反映させようとするものである。
四、第三項では、右「基本計画」はきわめて重要なものであるから総会の承認を経ることを求めている。
五、第四項は、①司法試験合格者は、今後五年間800名程度を限度とすること、②この間に600名程度に増員された以降の状況も含めて増員による法曹三者の充足状況の結果及び司法改革の進捗状況を継続的に検証すべきこと、③「基本計画」は右検証の結果を踏まえなければならないことを求めている。
六、この関連決議を満場一致で採決することにより、日弁連が団結して司法改革に取り組んでいけるようになることを心から期待するものである。

資料12　関連決議の合意までの経過についての説明書

（関係者以外非公開）
関連決議の合意までの経過についての説明書
（文責野間）

1、関連決議の原案は、平成6年11月24日頃、名古屋の有志の会のメンバーの一人が、「このまま大綱案が裸のまま通ってしまうと大変だから、何か歯止めができないものか」と考えて作成したものである。その案は800名の増員をみとめ、そこで歯止めをかける案であったが、その頃は委任状集めのピークの時だったので、有志の会全体としては格別の検討をしなかった。

　　原案作成者の後日談によれば、「日弁連執行部を支持し、司法改革を進める会」（以下進める会という）の中心メンバーが、その頃ようやく、日弁連をまとめなければ‥という気持ちになってきたようなので、統一のための案を名古屋でつくってみたとのことである。

　　この原案は、東京の進める会の中心メンバーに送られ検討されたが、800という人数が限定された案ではまとめることが難しいということであった。「じゃどうするのか」ということになったが、よい知恵もなく、そのまま日にちが経過した。ところが12月6日の改革協で法務省から当面800という数字が示されたため、右の原案が再度浮上した。一方、執行部支持の委任状の集まりも予想以上に思わしくなかったようで、土壇場で、進める会の一部で統一決議への真剣な模索が始められたらしい。

2、12月10日（土）に、東京の進める会のメンバーから名古屋の有志の会のメンバーへ、日弁連の用紙に手書きされた「付帯決議案」なる文書（第1案）がFAXされてきた。　その案は、
　① 法曹人口の増加と司法改革とは不可分一体のものであること、
　② 将来における法曹人口のあり方については、法曹三者が策定する「法曹人口問題基本計画」によるものとすること、
　③ 基本計画については総会の承認を得なければならないこと、
　④ 司法試験合格者については、今後5年間800名を限度とし、この間平成3年度の状況も含めて法曹の充足状況を総合的に検証する。法曹人口問題基本計画はこの検証を踏まえたものでなければならない、

⑤　修習期間２年をはじめ現行司法修習制度を堅持する
⑥　丙案関連　　　　となっていた。
　これに対して、名古屋から、②の「法曹人口問題基本計画」を「司法基盤整備・法曹人口問題基本計画」に修正することを申し入れ、修正案を東京へＦＡＸした。

3、１２月１２日（月）、藤井・辻らの調停者により、統一決議について東京で会合がもたれた。進める会、有志の会からも数名が参加し、１２月１０日の名古屋の修正をいれ、「法曹人口基本計画」を「司法基盤整備・法曹人口問題基本計画」にし、⑤⑥の修習問題と丙案関係は別の決議にするという第２案（１２日案）でまとめる方向に向かうことになった。
　ところが、翌１２月１３日（火）、「東京では、第２案を執行部案の付帯決議とするから、有志の会は執行部案に反対せずに、棄権してほしいとの意見が強い」という情報が名古屋に入った。名古屋で協議の結果、「第１、第２号議案ともに採決を行う。われわれは最後まで執行部案に反対し、委任状は行使する。その上で第１、第２号議案の関連決議として、満場一致で第２案を可決するという手続きならばよい」と結論し、東京へ回答した。

4、１２月１４日（水）朝、東京から「名古屋の回答では、東京がまとまらない。もう関連決議はダメになりそうだ」という連絡があったので、その夜、名古屋の有志の会のメンバーが、稲田事務局長及び進める会の主要メンバーと電話で、直接の交渉をした。
　その交渉の結果、①手続きは名古屋の提案でよい、②内容は第２案とする、ということになり、実質的に関連決議について合意ができた。進める会のメンバーが明日執行部と会って正式に説明するということで交渉は終了した。

5、ところが、１２月１５日（木）の執行部への説明の後、調停者を中心とした１２月１２日の続会が開かれた。有志の会の東京在住のメンバーが出席していたが、この会合のことは前夜直接交渉にあたった名古屋のメンバーは知らなかったため、前夜の交渉の結果が正確に東京のメンバーに伝わっていなかった。そのため、そ

の席上で、再び８００名という数字に難色が示され、関連決議案は、８００名という数字の入らない第３案（第２案から④を抜いたもの）に一気に後退してしまった。そして第３案のペーパーが作成され、進める会、有志の会の双方がこの案で関連決議をまとめることに努力することになってしまった。
　そのあと、進める会は、夕方の会合で第３案を了承した。
　有志の会では、夜７時頃、東京から名古屋へ１２月１５日の報告書と第３案の文案がＦＡＸされた。１５日の会合のことを知らなかった名古屋は、１４日の合意との違いに驚き、深夜東京の進める会のメンバーに電話を入れ、有志の会内部の連絡の齟齬を詫びるとともに、第３案では到底のめない旨を改めて伝える。

６、１２月１６日（金）、東京で４時から有志の会の世話人会を開き、第３案は論外であることを確認するとともに、第２案にもどす交渉をすること、第２案でまとまらなければ関連決議は合意しないという方針をきめ、交渉団（滝川、今井、鈴木、友光、野間）を選出した。
　夜ホテルにて、交渉団と進める会の主要メンバー及び稲田事務総長・柳瀬事務次長と会談する。進める会から、いまさら第２案にもどすことは大変難しいが、なお努力をせよと言うのであれば、第２案の④の「司法試験合格者については今後５年間８００名を限度とし、この間平成３年度の状況も含めて法曹の充足状況を総合的に検証する。司法基盤整備・法曹人口問題基本計画はこの検証を踏まえたものでなければならない」という中の、「８００名を限度とし」という「限度」という言葉をとり、「検証」という言葉を「検討」にしてほしいと言われる。これに対して、有志の会は回答を翌日の正午まで留保した。
　この席上、関連決議がまとまった場合には、今後日弁連では、進める会と有志の会の両方が参加する新しい組織で、関連決議に基づく基本計画をつくっていくことを全員確認した。その夜、有志の会の交渉団はホテルに宿泊し、他の世話人にも手分けして連絡をとりながら深夜まで協議したが、翌朝、結論として、前夜の進める会の提案はいずれも拒否することを決定した。

７、１２月１７日（土）正午から、日弁連の来賓室にて、進める会のメンバー、有志の会の交渉団、藤井・前田ら調停者、稲田事務局長ら出席のもとに会合を開く。

交渉団は前夜の進める会からの二つの提案につき、いずれも不承諾との回答をする。途中から進める会の若手も加わり、有志の会のメンバーと進める会のメンバーとの間で激しい議論の応酬があった。進める会は、「限度」という言葉を抜きたがり、せめて「８００名程度」という表現にしてほしいと強く求めていたが、有志の会は、「われわれは７００名で足りると考えている。今回８００名という譲歩をしたのは、大綱案が増員を打ち出している以上、７００という現状維持の数字では到底まとまらないだろうから、いくらかでも７００を越える数字を認めようと考えて、現在７４０名程度合格させていることにかんがみ、７００名から８００名までを認めることにしたのであるから、『限度』という言葉は絶対に外せない」と強力に主張した。また、「検証」という言葉については、「平成３年以降の４年間と今後５年間の合計９年間の増員結果を科学的に『検証』して、その結果を基本計画に反映させるという意味であり、検証の結果により８００名を減員することも有り得るのだから、これを『検討』に変えることはできない」と強く主張した。一時は決裂しそうな局面もあったが、午後５時近くなり、ようやく進める会側の譲歩があり、「限度」も「検証」も入った第２案で関連決議を行うことに合意が成立した。
　なお、この席上、関連決議の基本計画は、今回考え方の分かれた双方のメンバーが参加する新しい組織で、十分時間をかけて策定し、日弁連の合意形成をはかることが再度確認された。提案理由は、進める会が起案し、名古屋へ送ること、総会当日の手続きとしては、第１、第２号議案の採決のあと、辻・藤井が関連決議を提案することが確認され、大体の議事進行を決めて、会合を終える。

8、１２月１８日（日）、有志の会の世話人全員へ関連決議の連絡をする。
　総会前日の１２月２０日（火）、東京から名古屋へ、関連決議の提案理由がＦＡＸされたが、内容がきわめて不当であった。驚いて、東京と連絡をとり、急ぎ上京する。新幹線の車中で対案を起案し、日弁連へ対案を持ち込んだ。午後４時から、日弁連の会議室にて、稲葉事務局長、提案者の辻らを入れて、進める会のメンバーと会合し、名古屋の持ち込んだ提案理由を示し説得した。結局名古屋案でまとまり、同日夕刻、関連決議のすべてが確定した。　　　　　　　以上

資料13　臨時総会の報告と今後のことを語り合う会（名古屋）

```
臨時総会の報告と今後のことを語り合う会
  日時　12月29日　午後6時～
  場所　かっぱ園　(☎ 951-3454)
```

上記のとおり、臨時総会のご報告と今後のことを語り合う会を緊急に開くことになりました。今年の締めくくりです。ぜひ多数お集まりください。

呼びかけ人（順不同）

森健　林武雄　加藤護治　山本正男　小川剛　桜川玄爾　伊藤典男　花田啓一　鶴見恒夫　大脇保彦　滝川治男　寺沢弘　水口敬　辻巻淑子　野間美孚子　斉木茂雄　伊藤貞利　原山恵子　松永辰男　四橋善美　二宮純子　楠田堯爾　村橋泰志　那須國宏　田口哲郎　奥村汎執　内河恵一　浅井正　山本一道　鍵谷恒夫　河内尚明　黒河扇　飯田泰啓　小川宏嗣　打田正俊　宮道佳男　小川剛　塩見渉　鈴木秀幸　斎藤洋　名倉卓二　石上日出男　在間正史　鈴村昌人　樋口明　渡辺和義　花村淑郁　浅井淳郎　鬼頭進　福岡正充　森山文昭　頼顯和義　亀井とも子　村田武茂　串田正克　若松英成　岩月浩二　福井悦子　松本篤周　後藤潤一郎　木下芳宣　北条政郎　市川博久　荒川和美　大島真人　荻原典子　角谷晴重　石井三一　三林昭典　大見宏　奥村哲司　荻原剛　瀬古賢二　天野太郎　北村栄　江坂正光　竹内裕詞　森康人　木本寛　鈴木舎美　井上紹介

総　会　ご　報　告

☆　12月21日の臨時総会には、1000名を越す出席者が東京商工会議所ホールに集まり、議場に入り切れない人たちがロビーや廊下にあふれました。その中で執行部提案の大綱（第1号議案）について、厳しい質問が集中しましたが、ほとんど十分な答弁はありませんでした。
☆　質問の主たるものは以下のとおりでした。
　① 執行部が増員しようとしている「相当数」は何名を考えているか。
　② 裁判官・検察官を増やすために、なぜ合格者を700名以上に増やさねばならないのか。600名の合格者に対しても、いわゆる「逆肩たたき」により、任官者を減らしている現状があるのに、合格者を増やしても無意味ではないか。
　③ 司法に対する国民の根本的な不満は何だと考えているか。
　④ 弁護士が増えるとなぜ司法改革が進むのか、その因果の流れを説明してほしい。
　⑤ たとえば三重弁護士会では、会館を建てて法律相談を充実させたが相談者は少ない。弁護士不足は一体どこにあるのか、その根拠を示してほしい。
　⑥ 被疑者弁護に対応するには、数千人の弁護士を増やさねばならないという意見があるが、誰がどういう試算をしたのか。
☆　これらの質疑により執行部案の問題点が浮き彫りになり、続く討論は、多くは執行部議案に反対し、請求者の議案に対する賛成の意見表明であり、請求者側の論理の正しさが議場を圧倒しました。
☆　討論の終結直前に、元日弁連会長の辻誠会員から、執行部案に歯止めをかけるための関連決議案①と丙案導入に反対する関連決議案②が提案されました。
☆　そのあと、採決に入りました。第1、第2号議案の採決の結果は以下のとおりです。

```
1号議案（執行部案）総数‥‥8972
                    本人      委任状    単位会
       賛成   5276    591    4660     25
       反対   3675    391    3265     19
       棄権     21     13       2      6

2号議案（請求者案）総数‥‥8899
       賛成   3631    272    3340     19
       反対   5160    548    4587     25
       棄権    108     46      56      6
```

☆ 以上のとおり、執行部案は、反対・棄権合わせて3700の批判票がある中で可決されましたが、単位会の投票をみると、50単位会のうち、賛成25、反対19、棄権6で、賛成単位執行部案に賛成の単位会が半分しかなかったことが注目されました。
☆ 名古屋弁護士会からは、請求者案賛成者は約20名出席しました。執行部案賛成者の出席者数は分かりませんが、10名程度のように見受けられました。
当日、行使された名古屋弁護士会の委任状の数は以下のとおりです。
委任状総数‥‥449
1号議案（執行部案）賛成‥‥136　　2号議案（請求者案）賛成‥‥313
以上の通り、名古屋弁護士会の委任状は、2号議案の賛成が1号議案賛成の2倍以上であったにもかかわらず、村瀬会長は、名古屋弁護士会の会としての1票を「棄権」票にしました。
☆ この後、関連決議案①については、質疑討論なしに採決となり、圧倒的多数で可決されました。続けて、関連決議案②も賛成多数で可決され、19時25分、散会となりました。
☆ 以上のとおり、執行部案は形の上では可決されましたが、実質的な修正案である関連決議案①を圧倒的多数で可決したことにより、日弁連の方針としては、「今後の五年間は司法試験合格者は800名程度を限度とし、この間に、平成3年度以降の状況も含めて法曹三者の充足状況及び司法改革の進捗状況を検証し、この検証を踏まえて『司法基盤整備・法曹人口問題基本計画』を策定し、総会の承認を経ること」になりました。
☆ このように、請求者らの主張の大部分がこの関連決議案の中に取り入れられ、執行部案に歯止めをかけることができ、今回の請求者らの臨時総会招集の目的は達成できました。
しかし、今後この問題の中心は、これから策定される『司法基盤整備・法曹人口問題基本計画』の内容にかかってくることになり、今後の取り組みがますます重要になってきました。

〔関連決議案 ①〕
1．当連合会は、法曹人口のバランスのとれた増加は司法改革と不可分一体のものであり法曹の層を厚くすることが司法改革全体の推進を促し、また司法改革の前進が現実に法曹人口の増加を可能にするものであることを確認する。
2．裁判による国民の権利実現の強化をめざし、将来における法曹人口のあり方については、改革協の議論を踏まえつつ、法曹三者の協議により『司法基盤整備・法曹人口問題基本計画』（仮称）を策定する。
3．「司法基盤整備・法曹人口問題基本計画」については総会の承認を経なければならない。
4．当面の司法試験合格者数については、今後五年間800名程度を限度とし、この間に、平成3年度以降の状況も含めて法曹三者の充足状況及び司法改革の進捗状況を検証する。「司法基盤整備・法曹人口問題基本計画」はこの検証の結果を踏まえたものでなければならない。

資料14 司法試験・法曹養成制度改革に関する日弁連の提案
―抜本的会改革案の策定に向けて―(案)

日弁連新聞　1995．7．1(258号)
平成7年7月21日　日弁連理事会で満場一致で採択された

司法試験・法曹養成制度改革に関する日弁連の提案
―抜本的改革案の策定に向けて―(案)

　法曹養成制度等改革協議会(改革協)がこれまでの検討の結果を取りまとめるにあたり、日弁連は、平成6年12月21日臨時総会で採択した「抜本的改革案大綱」と関連決議1及び2の趣旨に基づき、以下のとおり改革に向けての実践のプログラムを提案するものである。

提案の骨子

1．法曹三者は、国民の期待に応えるため、司法全体の体質強化を展望して司法基盤を整備しつつ、これと一体のものとして、法曹人口をバランスよく計画的に増員すること。

2．司法試験合格者数は、当面5年間は毎年800名程度を限度とし、この間法曹三者は具体的に司法基盤整備に取り組むとともに、将来に向けての「司法基盤整備・法曹人口問題基本計画」(仮称)を策定すること。

3．前2項の基本方針の下、当面5年間、毎年、裁判官150名程度、検察官100名程度を採用するとともに、常設法律相談所の設置などによる全国的法律相談体制の確立、法律扶助制度の抜本的改革、被疑者弁護制度の充実、民事訴訟の改善・改革、司法関連予算の大幅増加、市民へのアクセス強化に向けての弁護士会自身による改革、などを推し進めること。

4．司法修習制度はじめ法曹養成のあり方については、統一・公正・平等の基本理念を堅持し、現行統一司法修習制度の堅持・発展をはかり、司法修習期間の短縮等は行なわないこと。

5．司法試験管理委員会規則による合格枠制、いわゆる丙案については、制度自体の持つ問題性、同規則制定以来の検証の経過等を考慮し、平成8年度からの実施を回避すること。

提案の内容(案)全文は4・5・6面

資料15　今、日本の弁護士に問われているものは何か

―― 在野法曹アピール ――　　　　　　　　　　　　―― 日弁連臨時総会に向けて ――
95.10.11

今、日本の弁護士に問われているものは何か
際限ない妥協の繰り返しか、それとも原則的で具体的な局面の打開か
―― 在野法曹としての倫理、そして決意について ――

I．臨時総会における真の根本的な争点は何か

1．日弁連は、昨年12月の臨時総会の関連決議及び本年7月21日の理事会の日弁連提案の採択により、全会一致の合意に基づく基本方針を確立した。にも拘わらず、日弁連執行部及び一部の理事は、わずか2カ月後である9月14日理事会において、上記関連決議と理事会決定に明らかに反する案を提示し、その方針を変更する提案をなした。

　この執行部の方針変更により、その可否を問う臨時総会が11月2日に招集される予定とされ、この総会に向けて、法曹人口増問題（800名か、1000名～1500名か）、弁護士増と判検事増とのバランス問題、修習期間問題（2年堅持、1年ないし1年半への短縮か）、丙案回避問題、等々多くの争点について、大々的な討論が慌ただしく展開されようとしている。

2．しかしながら、今回の臨時総会では、これら各論の争点を前提にしながらも、真の争点はより根本的な点にあると言わなければならない。即ち、平成2年の基本合意以来、経済界・法務省・最高裁が一体として指向してきた弁護士大幅増員路線に対し、特に改革協、行革委による攻撃が厳しい局面を迎えた現在、弁護士会が根本的にどういう基本姿勢でこの難局に対応するのか、真の争点は正にここにある。

　即ち、真の根本的な争点は、日弁連が、丙案導入に道を開いた基本合意以来の誤った路線の上に権力との妥協を求めて際限のない譲歩を繰り返すのか、それとも、従来の誤った妥協路線と訣別し、真実を国民に訴える中で不当な攻撃と戦う姿勢を再確立するのか、この点にこそある。そして、恐らく、この根本的な争点に対し我々がどのように対処するかは、日本の弁護士の倫理と事実認識能力、何よりも難局に対応する決意の質を問い返すことを意味し、従って日弁連の将来の命運を左右するといっても過言ではない。

II．執行部らの方針変更の内容とその理由

1．執行部と一部の理事はその方針変更の理由について、概略以下のとおり説明する。

　①従前の関連決議と理事会決定は、会内合意に基づき形成されたものであり、その時点では正しいものであった。②しかしながら、この日弁連の方針や提案は改革協において支持されず、日弁連は孤立しており、法曹三者の合意はおよそ不可能である。③他方、行革委が規制緩和の重点項目として法曹人口問題を取り上げ、弁護士自治、弁護士法72条問題でも不当な攻撃を始めている。④行革委など法曹三者以外の勢力による不当な攻撃を回避するためには、改革協において法曹三者の合意を実現しその協力を得た方が得策である。⑤法務省との内々の打診によれば、当面1000名・将来1500名、修習期間1年半であれば法曹三者合意が可能である。⑥従って、直ちに以上の条件で三者合意を実現することが行革委等の不当な攻撃を封ずる最良の選択である。

2．要するに、より大きな敵（財界、政府）が、より不当な攻撃（弁護士自治、弁護士法72条問題）を狙ってきている状況の下で、弁護士会は、それがたとえ正論であったとしても、従来の方針に固執して法曹界で孤立化するのは得策ではない、法曹人口や修習期間等で妥協をしてでも法曹三者の合意を実現し被害をより少なくすべきである、という政策である。最も善意に見れば、こうした見解は、日弁連で日々の会務に追われ、何とかより安全な着地点を求め、常時法務省の関係者などと接触し続けている「時の執行部」が陥りやすい発想であろうが、以下に詳述するとおり根本的に誤っていると言わざるを得ない。

III．正しいことを正しいと主張し続けること ―― 法曹としての最低限の倫理の堅持

1．まず大前提として、以上の執行部及び一部の理事の見解は、「自ら正しいと信じることを主張する」という法曹としての最低限の倫理を投げ捨てている点において、その最も重要な基本姿勢が根本的に誤っている。天皇制下の戦前の日本、ナチス支配下のドイツの例を出すまでもなく、「世論」がどうであろうと、正しいことはやはり正しいのである。そして、その正しい主張を堅持することによって不当な攻撃を受け、

いかに不利益を被ろうとも、我々は、あくまで正しいと信じることを主張し続けなければならない。これは、個々の人間が自律的判断を持ち各人がそれを表明する過程において、必ずや真理が発見され正義が実現されるという民主主義社会を形成する上で、最も重視されるべき大原則であり、民主主義を尊重する者は、決してゆるがせにできない原点のはずである。

　まして、我々弁護士と日弁連は、国民から託された「社会正義の実現」のため、過去においても公害事件や再審事件などで、企業や権力が形成してきた誤った「世論」に抗し、当初は孤立していた少数者の側に立ち、正しい主張をし続け、厳しい局面を打開してきた。我々在野法曹は、このような倫理を求められており、本来の職責は、正しい社会的少数者の意見を、孤立を恐れずに擁護することにあるはずである。

2. このように、正しいことを正しいと主張し、それが少数派であっても、また、主張することにより孤立したり、新たな攻撃を受けようとも、あくまで正義の旗を守り通すことは、我々在野法曹に課せられた最低限の倫理ではなかろうか。今回の提案は、まぎれもなく、より大きな行革委の攻撃を回避し、少しでも自らの被害を少なくするため、集団自らが全員一致で確立した正しい主張を「機を逃すことなく誤ったものと自認すること」に外ならない。かかる行為は、自己の利益にのみ敏な無定見な変節を免れず、日弁連はおよそ、在野法曹としての最低限の倫理すら放棄したと言われても仕方がないであろう。

3. 戦前の日本やナチスドイツにおいて、自己にふりかかるより大きな苦難を避けるため、多くの人達が、少しずつ自己の倫理感を放棄し、「機を逃すことなく」「厳しい現実」に妥協し、正しいことを正しいと言わなくなっていったが、このことが結果としてファシズムを許し民主主義の死滅をもたらしたのである。こうした歴史の教訓からみても、一旦正しいとして確立した方針を、「厳しい現実」を口実にあまりに安易に変更すべきではなく、まして、我々在野法曹は、正しいことを正しいという最低限の倫理を、瞳の如く大切にしていかなければならないのである。

IV. 厳しい局面を直視し、総力をあげて原則的かつ具体的な打開案を
　—— 冷静な事実認識と相手の弱点について

1. 執行部及び一部の理事は、行革委の介入を著しく誇大に評価し、この介入を許せば、法曹人口の大幅増（2〜3000名）修習期間の短縮（1年）どころか、弁護士自治の崩壊、弁護士法72条の改悪にまで直結する、と声高に主張する。しかしながら、右主張は、何ら具体的事実に裏付けられておらず、冷静な情勢分析も経ないまま、極めて短絡的に結論のみが先行し、専ら事情にうとい一般会員を驚かせることのみを目的としている。そして、これまで苦労してきた執行部の言うことであれば間違いないであろうという一般会員の善意の信頼を悪用しながら、自らの方針の変更を合理化しようとしている。

　しかしながら、こうした見解には、行革委の介入という予期せぬ攻撃に驚き、あわてふためくばかりで、冷静に現実を認識した上で、行革委をはじめとする政府、議会の現状を分析しようという姿勢に欠けている。とりわけ、相手の強味と弱点とを分析しながら、反撃の突破口を見出そうという姿勢が全くみられず、一言でいえば、完全な敗北主義に陥っていると言わざるを得ない。

2. もちろん、我々は、前記のとおり、正しいことは正しいと原則的に主張し、在野法曹としての倫理を堅持しつつも、同時に改革協、行革委における「厳しい局面」を重視し、これを打開するために現実的で具体的な方策を練り上げなければならないと考えている。

　そして、その方策の大原則は、執行部のようにやたらに早めと妥協策を求め「解決」を急ぐのではなく、法曹人口問題、修習期間問題等の基本事項について、日弁連の一致した強固な姿勢を敢然として示し続けることである。どんな和解交渉においても、敗北を事実上認め「解決」を急ぐ側が、より多くの譲歩を迫られると言うのは、私たちの常識であろう。まして、今回の交渉は、民事事件の如く一回限りで紛争が終結するものではなく、財界や政府・行政が日弁連と弁護士の変質を求め続けるかぎり、半永久的に形を変えながら継続する闘いと交渉なのである。それ故、日弁連側が原則的な姿勢を堅持し、抵抗の姿勢を示し続けることが、まずもって、相手の不当な攻撃を鈍らせ思い止まらせる最大の武器だと言えよう。

3. さらに日弁連執行部らが声高にいう「行革委の介入」なるものがどこまでの危険を意味しているのかを冷静に分析してみる必要がある。財界、政府、法務省、最高裁の利害が、法曹人口・修習期間・弁護士自治・弁護士法72条等の問題で完全に一致しているのか、いささか疑問があるばかりか、むしろ行革委の唱えている規制緩和路線の反国民的性格がいよいよ明確になっている。

　第一に、規制緩和を旗印にする行革委の主たる目的は、いうまでもなく規制緩和＝行政権の縮小＝予算

の減少＝小さな政府の実現のはずである。したがって日本の如く裁判所、法務省が官僚機構に組み込まれている下においては、その目的は、本来、行政＝司法の縮小に向かうはずなのである。財界の一部は、行政の縮小により司法機能が拡大する等との口実により法曹人口の大幅増を主張しているが、右主張は本来の行政改革の目的から明らかに逸脱し、一定の矛盾を秘めているのであって、日弁連執行部の評価はあまりに過大である。まして別の問題を派生しかねない弁護士自治問題や弁護士法７２条問題にまで直結するとの主張は、いささか飛躍が過ぎると言う外はない。。

第二に、行革委が、今回の不当な介入にみられるように、法曹人口の増員と言いながら、実は判検事の増員ではなく、専ら弁護士のみの大量増員を求めてくるのであれば、それは決して国民のための司法サービスの向上につながらないばかりか、弁護士のみの大量増員は弁護士業務を単なるビジネス業務に変質させ、その本来の公共性・公益性を後退させることになる。日弁連は、こうした行革委の不当性と反国民性を明らかにすることによって、多方面にわたる不当な規制緩和＝民活路線に反対する多くの国民と連帯して闘うことが可能になる。

4. 法務省及び最高裁は、司法試験合格者の増員問題において、当初目的とした「優秀」な若手任官希望者の安定した確保を既に十二分に実現している。最近（４８期、４９期）においては、バブル崩壊にともなう弁護士事務所への就職難もあって、過半数近くが任官を希望しており、最高裁と検察庁は必死になって逆肩たたきを行い、任官をあきらめて弁護士になるよう指導しているのが現状である。

いまや法務省と最高裁は、初期の目的を十二分に達成した上で、法曹人口の大幅増による「法務サービスの商業的利用」を求める一部財界の声を背景として悪用しながら、丙案廃止に固執するあまり、どんな条件でも受け入れようとする日弁連の一部の者の協調姿勢に足場を築き、予算増加を伴わない範囲（７５０名×２４月（２年）＝１０００名×１８月（１年半）＝１５００名×１２月（１年）＝１８０００名分）において、法曹＝弁護士人口増と積年の願望であった修習期間の短縮、すなわち分離修習の実現を一挙に勝ち取ろうと狙っているのである。日弁連執行部が１０００名・２年案を提示したのに対し、法務省の意向を内々に察知した一部の理事が、丙案回避を狙って１０００名・１年半として、修習期間の短縮を明確にした背景は、まさにこの点にある。

しかし、この流れの下で、新たに大問題となって浮上した修習期間の短縮問題は、それが必ず分離修習につながり、特権的で官僚的な法曹養成に帰結していくが故に、かねてから日弁連が一貫して反対してきたことである。この問題は単なる実務上の取扱とか、予算上の制約とか、消極的理由によってしか合理化しえない全く理念なき改悪であり、心ある会員の新たな批判を呼び起こすであろう。法務省と最高裁、それに加担した執行部は、こうした弱点を恐れ、会員相互で時間をかけて討論することを回避し、やみくもに臨時総会を強行し、まさに「機を逃すことなく」妥協をすることを急いでいるのである。

5. 問題点を再度整理してみよう。

第一に、行革委の介入に対しては、以下の主張をもって、国民の前で正々堂々と議論し、その不当性を訴えて戦うことが必要である。すなわち、

①法曹人口問題は、そもそも規制緩和を目的とする行革委の本来の目的に反し、かつ法曹関係者が誰一人として関与していない場で調査や審議すること自体不当であること。②まして、弁護士自治、弁護士法７２条問題についてまで言及することは論外であること。③日本の司法機能の不十分さの最大の原因は、裁判所、検察庁の人的物的条件の不備にあり、予算措置をともなう抜本的改善こそが求められていること。④むしろ、行革委の審議方法や行き過ぎた規制緩和路線に対し、公害、環境、消費者問題等の各分野の意見を結集し、日弁連として問題提起を開始すること

第二に、改革協においては、７月の理事会決定を堅持し、検証なき法曹人口増と統一・公正・平等な２年間の修習期間の短縮は絶対に容認しない旨を表明すべきである。その結果として法曹三者合意が実現されず、法務省側があえて修習期間の短縮を実現するため裁判所法の改正にまで踏み込んでくるのであれば、司法制度の改正にはまず法曹三者の合意を必要とする旨決議した昭和４５年の参議院付帯決議をも楯にしながら、国民と国会の前で堂々と論戦を行えばよい。

要するに、厳しい状況に直面しているのであればあるほど、安易な妥協を求め譲歩を繰り返すことによって危険を回避しようとするのではなく、正しい主張の下に一致団結し、厳しい状況を直視して、困難をいとわず共に戦わなければならないのである。

V．国民の前で国民と共に戦うこと —— 日弁連の伝統と戦う決意について

1. いま日弁連にとって必要なことは、昨年の臨時総会、7月の理事会決定により全会一致で確立された正しい主張を堅持し、広範な国民の前にその内容を明らかにし、国民の理解と支持をとりつけながら、改革協、行革委等の不当な攻撃に対し、反撃の一歩を開始することである。

   執行部は、日弁連は「孤立」しているというが、決してそうではない。確かに、日弁連の従来の方針は、改革協での多数に受け入れられなかったが、もともと改革協は、ある目的を持った財界人とそれらと親密な学者やマスコミ人、そして長年にわたって司法の官僚化を指向してきた法務省・最高裁などの人間が多勢を占める場なのである。在野の日弁連が正しいことを言えば言うほど、その中で孤立することは、むしろ当然と考えねばならない。しかし、日弁連は、まだ「孤立」を云々するほどに、国民に問題提起をしておらず、国民に理解を求める努力もしていない。「孤立」を嘆くのは早すぎる。

   ①現在の司法の機能不全の最大の原因は、裁判所・検察庁の人員と施設の不足による裁判遅延であること。
   ②国民のアクセスを確保する上で法律扶助制度の抜本的改善が求められていること。
   ③これらの実現のためには司法関係予算の大幅な増加が求められていること。
   ④合格者800名でも、弁護士は毎年500名程度（医師の増加率とほぼ同じ程度）増加していき、実際の需給バランスでは、特殊な地域を除き弁護士不足の状況は生じないこと。
   ⑤日弁連は、判検事の増加と司法改革の進行に応じて積極的に弁護士人口の増加を進めていくこと。
   ⑥弁護士の職務の独立性と弁護士自治が人権擁護と民主主義の発展のために重要であり、その保持と存立には一定の条件が必要であること。
   ⑦司法の民主的な発展のためには統一・公平・平等な2年間の修習期間が必要であり、その短縮は分離修習につながり、特権的で官僚的な法曹養成に直結すること。
   ⑧丙案の実施は不当かつ不要であること。

   こうした主張を国民にわかる形で、新聞等のマスコミをはじめ、街頭でのビラまき、集会等により堂々と訴える行動を直ちに開始すべきである。

2. 日弁連執行部は、丙案導入に道を開いた平成2年の基本合意以来、改革協という閉ざされた舞台において国民不在のまま討議し続け、法務省や最高裁の一部幹部や財界等との折衝によってのみ問題の解決を計ろうとしてきた。こうした誤った行為が、結局のところ、日弁連を国民から切り離し、正しい世論形成を阻害し、今日の「厳しい状況」を生み出した最大の原因なのである。日弁連が提唱した改革協だから意見をまとめなければならないというのは、誤りの上に誤りを重ねることであり、何の合理性もない。

   日弁連は、創設以来これまで幾多の問題について、常に国民の前に問題を提起し、国民とともに戦うことにより輝かしい伝統を築き、民主主義の発達と人権の擁護に多大な貢献をしてきた歴史を持っている。執行部がいう「厳しい状況」に直面した今こそ、過去数年間の誤りを率直に反省し、原点と初心に立ち返り伝統ある闘いの一歩を攻撃的に踏み出すべきである。

3. 来るべき11月2日の臨時総会は、以上のとおり、単に法曹人口問題等の方向を決するだけではなく、この数年来の日弁連執行部の手法、すなわち国民と切り離され閉ざされた法曹関係者だけの折衝により問題の解決を計り、結果として際限のない譲歩の繰り返しを求められる状況を温存するのか、それともこうした誤った路線から訣別し、問題を広く国民に提起し国民と共に戦う日弁連を再建するのか、その岐路に立っているといっても過言ではない。

   そして、司法制度の根幹にかかわる、法曹人口問題に加え、修習期間の短縮問題も当面の焦点になっており、これ以上、日弁連執行部の誤った手法と路線を続ける訳にはいかない。全ての会員が、来る臨時総会において、日弁連執行部の再建と日本の司法の未来を切り開くため、力を合わせ戦うよう呼びかける。

【法曹人口問題を考える日弁連有志の会】
松江康司・古瀬明徳・富田秀実・畠山正誠・野間啓（東弁）、友光健七（一弁）、前田知克・上野登子・駒沢孝・鈴木達夫・（二弁）、松本輝夫（埼玉）、荒井雅彦（栃木）、嶋田久夫（群馬）、永田恒治・戸崎悦夫（長野）、今井敬弥（新潟）、坂井尚美・松浦武（大阪）、藤浦龍治・山名隆男（京都）、野間美喜子・鈴木秀幸（名古屋）、福井正明（三重）、岸本由起子（岐阜）、山腰茂（金沢）、加藤寛（広島）、指原幸一（大分）、青木幸男（熊本）、織田信夫（仙台）、安藤和平（福島）、三浦元（山形）、中林裕雄（青森）、三木正俊（札幌）、山本啓二（函館）、木下常雄（愛媛）

資料16　御礼とご報告（名古屋）

御　礼　と　ご　報　告

1、日弁連臨時総会に向けて御協力ありがとうございました。おかげで、名古屋において我が方は、総会出席者と委任状数の合計が475（昨年は約330）となり、執行部支持側は80程度でした。
2、11月2日午後1時から始まった総会は、1000名近い会員で議場があふれ、執行部案に対する鋭い質問と厳しい批判の論陣が張られました。有志の会は、7月21日の理事会で採択された日弁連提案を執行部案に対する修正案として提案し、出席メンバーが総力をあげて、昨年の関連決議と7月提案の正しさとそれを変更する理由のないことをあますところなく主張し、議場を圧しました。

　しかしながら、議場では、だれの目にもその正しさが明らかであったにもかかわらず、採決の結果は予想どおり逆になり、有志の会の修正案は否決され、執行部案が可決されました。まさに、病める日弁連を強く感じる総会でした。
3、議場で発表された採決の結果は下記のとおりです（有志の会は、総会開催前に委任状の点検を申し入れたのですが、執行部がこれを拒否したため、票数のカウントの正確性と公正さは担保されていません）。

　議場発表の採決の結果によれば、有志の会は昨年と同じ票数を獲得しましたが、東京三会などでは、執行部側が委任状集めを会務や関務と位置づけ、理事者や派閥の幹部自らが、また、派閥連合で期別責任者を決め、会や派閥の経費を使い、「執行部案が否決されたら大変なことになる」などと脅して懸命に委任状をかき集めたために、全体で約2000票の差がつきました。大雑把に言えば、東京三会で1600程度、大阪で300程度の差がついたと推定されます。

　他方、地方会では昨年より票を伸ばした会も多く、我が方が善戦し、ほぼ互角であったと思われます。
4、以上、簡単ですが、まずもって御礼とご報告をさせていただきました。私共は、正しい主張を掲げて最大限の努力をしましたが、残念ながら、執行部の誤りを阻止することはできませんでした。しかしながら、正しいことを主張し続けることが、民主的な弁護士制度と、弁護士の職務の独立性、そして司法の公共性を保持するために必要なことだと考えます。
5、今後の動きについては、「市民のための法曹」「国民のための司法」などという美名のもとに、①修習期間を2年から1年半に短縮、②丙案から受験資格制限（甲案等）、③合格者数を1000名から1500名に増加、修習期間を1年に短縮、④修習生有給制の廃止、⑤弁護士報酬に対する批判、⑥弁護士の法律事務独占の変更、⑦会内民主主義や弁護士自治の形骸化、などを目的とする動きが強まるのではないかと思います。

		本人出席	代理出席	単位会	総　数
修正案	賛　成	246	3366	11	3626
	反　対	509	5098	35	5642
	保　留	21	189	2	212
執行部案	賛　成	522	5230	38	5790
	反　対	221	3406	12	3639
	保　留	22	8	2	32

平成7年11月7日
法曹人口問題を語り合う会
青木茂雄、那須國宏、纐纈和義
木下芳宣、野間美喜子、鈴木秀幸

資料17　本間重紀先生への手紙

前略

　先日は、大変すばらしい内容の話を聞かせていただき、感激いたしました。本当に、ありがとうございました。少し前、小田中先生の論文に接したときに精神的に救われる気がしたことを思い出しました。

　それは、昨年7月頃からの私ども有志の運動が、「世論」から孤立していると言われている日弁連の中で、更にまた、その日弁連の執行部に対して楯突く者たちとして、逆賊の如き悪宣伝を浴びてきたからだと思います。

　しかし、実際には、多くの弁護士の素直な気持ちとしては、私どもが多数派です。

　名古屋では、私どもは、約700人の会員のうち475人の支持を受け、執行部支持派は80人程度でした。

　中坊会長が登場し、その後に仰々しく「司法改革」などと言い出したのが平成2年です。それ以後、日弁連を牛耳ってきた会内体制派の主張とやり方には無理があり、また、あまりに気張って、敵に対しノーガードでした。

　そして、結局のところ、対内的には、新興宗教に共通していると言える「自己改革論」などが中心的な柱になってしまい、また、対外的には、弁護士集団の変質を狙う勢力につけこまれてしまったと思います。

　小田中先生が心配され、「このことを学者は勿論のこと、高度の法律専門家であり知識人でもある弁護士も冷静に見抜き判断しなければならない」と指摘されています（法の科学23号、1995年）。

　これは、痛烈な皮肉だと思いますが、今のところ、まだ彼等にこの皮肉が十分に通じていないのです。

　しかし、事実を覆い隠すことはできません。自信をもって言えることですが、偉そうに言う先輩の先生方は、決して修習を終えた若い後輩たちに対し、十分な数の職場を提供しません。無責任なことだと思いますが、事実となるでしょう。若者が就職できずにあぶれ、不健全な事態が加速的に強まります。合格者700人でこのザマです。とても1000人など無理です。

　それにもかかわらず、更に1500人というのですから、全く悪い意図からなされていると言うほかありません。しかも、「民主的法曹」が率先して「司法改革」又は「司法改革のため」などと言って、大量増員案を一般会員にファッショ的に押し付けるのですから、あきれてしまいます。

　以上、かなり感覚的なご説明になってしまいましたが、客観的、論理的な説明は、同封の資料の中に書かれていますので、よろしくお願いいたします。

　なお、小田中先生へ差し上げた手紙に、多少詳しく私の考えと心情を書いていますので、同封させていただきました。

　何卒、今後ともお力ぞえをお願いいたします。

　高見沢先生も説明や資料提供をされたと思いますが、私の方からも送付させていただきます。水曜日の講演に間に合うよう急ぎました。

1995年11月27日
弁護士　鈴木秀幸

本間重紀先生

資料18 修習期間短縮・裁判所法改正に反対する全国弁護士討議集会

修習期間短縮・裁判所法改正に反対する
全国弁護士討議集会

日時　本日　午後6時30分～8時30分

会場　弁護士会館2階講堂「クレオ」C
（東京都千代田区霞が関1-1-3　営団地下鉄丸の内線「霞が関」駅B1-b出口直通）

　最高裁大綱案や法務省提案をはじめとする修習期間短縮論は、統一修習の理念をも変質させ、現行司法修習制度の中心に位置づけられる実務修習を大幅に短縮し、実質的な分離修習に道を開くものであって、到底許容できるものではありません。

　日弁連定期総会が開催される本年5月23日の総会終了後に、後記836人の会員の共同呼びかけにより、現行2年の司法修習期間を短縮する裁判所法改正に反対し、これを阻止する運動のあり方を討議するための場として、標記のとおり討議集会を開催しますので、多数の会員の皆様のご参加を呼びかけます。

呼びかけ人（1997.5.21現在　836人　会員名簿順）

【東弁】浅野憲一　荒木和男　伊豆飲次郎　伊東正　飯田正剛　茨木茂　内田雅敏　岡崎敬　小野幸治　河崎光成　佐藤むつみ　斎藤一好　坂井眞　坂口禎彦　下谷牧　鈴木一郎　高木肇　高見沢昭治　高山俊吉　武内庚一　床井茂　富永敏文　富永浩明　中西義徳　中根洋一　糠谷秀剛　萩原剛　長谷川直彦　畠山正紘　古瀬朔徳　星正秀　松井康浩　丸山敬朗　水上学　向井千景　村上重俊　村上徹　山田勝彦　山本栄則　【一弁】津田和彦　友光健仁　長塚安幸　西内岳　【二弁】上野登子　太田雍也　大原義一　鬼束忠則　折田忠仁　上出勝　駒澤孝　佐藤光則　坂本建之助　鈴木達夫　田鎖麻衣子　正國晴　葛永赳夫　友部富司　中由根子　西村正治　葉山岳夫　平野和己　福島瑞穂　古田典子　前田知克　森川文人　【横浜】高柳馨　安田英二郎　【埼玉】青木孝博　東由明　東陸一　網野猛美　新井岩男　飯塚英治　池本誠司　石河秀夫　石川博光　磯部静夫　市川幸永　稲葉泰彦　内田庄二　海老原夕美　大木健司　大久保賢一　大塚嘉一　岡田正樹　岡村茂樹　蔭山好信　加藤克朗　神山祐輔　加村啓二　加藤道子　鍛冶勉　木村壮　桑原昌宏　小出重義　小寺智子　佐藤善樹　坂下裕一　沢井真一　設楽あづさ　柴山眞一郎　島田浩孝　清水徹　清水利夫　杉村茂　隅田敏　高木太郎　高篠包　武笠正男　田澤俊義　田中軍司　外山太士　中村達也　中山義一　南雲芳夫　永井黄土　福地修久　北條神一郎　細田初男　堀哲郎　牧野丘　矢部喜明　山口卓男　山越悟　山下茂　山本政道　山本宜成　【千葉】井貫真亮　市川清文　岩橋進吾　植竹和弘　内海文志　大島有紀子　笠原郁子　蒲田孝代　木村龍次　小林春雄　小松昭光　真田範行　白石哲也　田久保公規　田中徹　立松彰　高橋修一　富田茂之　鳥切春雄　錦織明　西村美香　廣瀬理夫　光谷晋治　宮家俊治　守川幸男　山田由紀子　米倉勝美　【茨城】谷萩陽一　安江祐　【栃木】浅野正富　荒井雅彦　伊藤一　一木明　稲葉勉　梅澤錦治　小野瀬芳男　大木市郎治　大貫正一　大根田毅照　太田うるおう　木村博貴　近藤峰明　須黒延佳　田島二三夫　高橋信正　福田哲夫　榮瀬進　米田軍平　【群馬】杉原信二　【静岡】杉田直樹　【山梨】石川善一　内田清　田中正志　鶴田和雄　中込一男　深澤一郎　渡辺和廣　【長野】内村修　大門晶二　金子肇　栗林正清　小林正　佐藤豊　田下佳代　高井新太郎　竹内喜宣　武田芳彦　轟道弘　中嶋知文　中山修　永井勇介　長尾喜三郎　宮澤建治　柳澤修嗣　山岸重一郎　夏目根寿康　小笠原稔　上條剛　久保田嘉信　小岩井弘道　竹内永浩　竹川進一　中島鳥尚　成毛憲男　野村尚　山内道生　岩下智和　佐藤芳嗣　滝澤修一　町田淳　室賀俊郎　横山雄一　川島一慶　下秀弘　段正治　平島史彦　驚見皓平　牛山秀樹　早出由男　中富久　縄田政幸　両角達文　菊地二三　相馬弘昭　毛利正道　【新潟】伊津良治　伊藤宏　石田浩輔　今井敬弥　岩之正　岩渕浩　遠藤達雄　大倉強　大沢理尋　一樹　小林英一　近藤正道　鈴木高志　砂田徹也　高鳥章　高島民雄　高橋勝　高橋賢一　栃倉光　中村洋二郎　夏井格浩　長谷川進　長谷川均　原和弘　伴昭彦　東坂克彦　樋口正昭　比護隆便　藤田善六　藤巻志雄　松井道夫　松岡立行　丸山正　三郡正義　宮澤正雄　宮本裕将　村山六郎　柳則行　山田寿　和田光弘　渡辺隆夫　【大阪】秋田真志　植垣幸雄　植垣勝博　江角健一　小田周治　太田小夜子　太田隆徳　大野康平　大原明　岡田康夫　岡田義雄　藤

山文夫　笠松健一　河崎壽　岸本由起子　北尻得五郎　北野幸一　工藤展久　熊野勝之　河野豊　小泉哲二　小林裕明　後藤貞人　越尾邦仁　坂井尚美　坂本団　阪本政敬　佐古田英郎　桜井健雄　芝原明夫　島田信治　下川和男　瀬戸則夫　千本忠一　相馬達雄　田中茂　竹内勳　竹下政行　段林和江　辻口信良　辻田博子　辻野和一　寺田太　富崎正人　中川秀三　中嶋進治　中西清一　丹羽雅雄　西村寿　野中厚治　畑村悦雄　濱田耕一　平場安治　福居和廣　前川濆成　増田勝久　増田眞里　松浦武　松本健男　南槇忠　村瀬直一　村田浩治　村上義信　山崎தத彦　脇山拓　鷲峰啓治郎　【京都】莇立明　安保嘉博　飯田雷雄　石川晴雄　稲村五男　岩崎文子　大槻純生　大脇美保　小笠原伸児　小川邦尽　木村修一郎　小槻浩史　小林務　小林義右　近藤忠孝　坂和優　佐渡春樹　下谷靖子　白石満平　白浜徹朗　杉山潔志　鈴木治一　高田良爾　竹下義樹　武田忠嗣　田中彰寿　谷口忠武　塚本誠一　寺田幸宏　豊田幸宏　中島晃　長野浩三　中村和雄　中村利雄　中村広明　夏目文夫　藤浦龍治　藤田雅樹　北条雅英　山崎浩一　山下綾子　山名隆男　吉田誠司　吉田隆行　【神戸】北山六郎　田中秀雄　中尾英夫　【滋賀】玉木昌美　【和歌山】阪本康文　山本光彌　【名古屋】青山學　伊藤貞利　岩月浩二　加藤謹治　串田正克　鈴木秀幸　鈴木含美　竹内浩史　田中清隆　瀧康暢　鶴見恒夫　那須園宏　野間美喜子　花田啓一　【三重】福井正明　笹田参三　廣瀬英雄　南谷信子　簑輪幸代　森山幸江　矢島潤一郎　【金沢】鳥毛美祐　【富山】沢田儀一　山田博　【広島】足立茂樹　内田喜久　内堀正治　緒方俊平　開原眞弓　加藤寛　久笠信雄　久保豊年　小山雅男　坂下宗生　坂田博英　椎木タカ　島方時夫　立岩弘　田中千秋　中川憲悟　二國則昭　秦清々　久行敏夫　本田兆元　的場健　間所了　馬渕顕　山下哲夫　山一志　渡部邦昭　【山口】内山新吾　小川純生　坂元洋太郎　佐良昭夫　田畑元久　中村覚　濱本孝一　森重知之　古元浩　吉川五男　【岡山】河田英正　【鳥取】西村正男　松本光寿　安田壽朗　山崎季治　【島根】吾郷計哀　淺田憲三　大野敏之　岡崎由美子　三枝久　錦織正二　野島幹郎　原守中　【福岡】有岡利夫　安東哲　浅野秀樹　諌山博　市丸信敏　稲村晴夫　入隠秀夫　植田正男　小野山裕治　大神周一　大谷辰雄　近江団　加藤石則　金子龍大　椛島敏雅　川副正敏　國武一作　黒田慶三　小島肇　小宮和彦　古閑敬仁　作間功　田中久敏　津田聰夫　長門con之　成富睦夫　西山陽雄　羽田野節夫　橋本千尋　林田賢一　古川昭尋　堀良一　松隠金代　松坂徹也　松隠隆　萬年浩雄　三浦邦俊　三ツ角直正　美奈川成章　牟田宗朗　村山博俊　森竹彦　森部節夫　矢野正剛　八尋光秀　山口雅司　山出和幸　山本紀夫　吉田紘一　吉田保雄　吉野正二　安部弘和　安智馬子　渡邊富美子　安部千春　阿部明男　石井将　内田茂雄　金弘正則　清原雅彦　島内正人　住田宏夫　高橋直人　永松達男　福田玄祥　湯口義博　横光幸雄　内田省力　江上武幸　椛島修　高橋譲一　中尾哲郎　永尾廣久　塙秀二　馬奈木昭雄　三浦直喜　水銅立身　【佐賀】河西龍太郎　角銅立身　【長崎】石井精二　小野正章　金子寛道　川口春利　國岡弘達夫　熊谷悟郎　小林庄徳　塩飽志郎　柴田國義　高尾實　中根紀　中村照義　中村尚憲　永田雅英　原章夫　樋口信弘　福崎博孝　不尋　堀江憲二　松尾茂利　松永保彦　水上正博　峯満　森永任　森本精一　山下俊夫　山下誠　山田富康　山元昭則　吉田哲朗　吉田良尚　【大分】安郡篤宋　郡和視　小林俊雄　梅本哲　岡村正淳　清藤善二郎　鈴木宗嚴　瀬戸久夫　德田靖之　西田收　山本洋一郎　吉田孝美　【熊本】青木幸男　伊藤博士　内田光也　衛藤二男　奥村惠一郎　加藤修　河津和明　川野次郎　坂本恭一　坂本邦彦　坂本仁郎　三藤名三　塩田直弓　松本津紀雄　宮田房之　森山義大　山之内秀一　【鹿児島】亀田徳一郎　小堀清直　永仮正弘　【宮崎】増田春美　【佐賀】成見幸子　真早流踏男　【沖縄】大城純市　川満敏　儀武昌茂　金城睦　平良一郎　当山尚幸　豊川永昇　中野清光　仲山忠克　西平守儀　比嘉正幸　宮國義夫　【仙台】阿部泰雄　石神均　石田寅夫　犬飼健郎　氏家和男　宇野聡男　及川雄介　左地栄男　織田信吾　大野由七　小野由七　小野寺照東　小野寺象　角山正　鹿野哲義　鎌田健司　亀田紳一郎　官澤里美　菅野敏之　菅野芳人　小池達哉　小関真美　齋藤信一　齋藤藤祐　佐川厚子　佐々木東泉　佐野國男　庄司捷彦　杉山茂雅　鈴木裕美　十河弘　武田貴志　勅使河原安夫　手島道夫　土井浩之　長澤弘長沢由紀子　新里宏二　沼波義郎　袴田弘　花島伸行　花渕信之　馬場享　半澤力　藤田紀子　曽田祥　曽田隆男　松井恵　松倉佳紀　坂坂英明　松澤陽明　松下明夫　村松敦了　丸山小穂　門脇久美子　山岡文雄　山田忠行　山谷澄雄　吉岡和弘　我妻崇　渡邊正亦　【福島】安藤裕規　蓮藤止俊　女由純治　【山形】亦谷孝士　我妹子英彦　五十嵐幸弘　池田德雄　伊藤三之　植田裕　中澤寛康　蓮塚涼一　大江修司　柿崎碧世樹　加藤實　菊川明　倉岡憲雄　佐藤忻祇　武田正男　高橋敬一　高橋隆　外山恵一　長岡清一　新井野祐司　汀沢達雄　濱口尓浜田恒一　三浦元　諸橋香世　山川孝　山口新一　吉村和彦　脇山淑子　脇山晶　【岩手】加藤文郎　佐々木良博　菅原一郎　菅原瞳　高橋耕　藤原博　中村紀子　【秋田】虹川高範　阿部讓二　伊勢昌弘　伊藤治兵衛　近江直人　面山恭子　加賀勝已　加賀谷殷　加藤堯　狩野節子　川田繁幸　菊地修　小泉健　小林昶　金野和子　金野聡　佐々木優　荘司昊　白澤恒一　高橋敏朗　田中伸一　津谷裕貴　豊口祐一　内藤敏明　沼田敏男　平川信夫　平野一史　廣嶋清則　深井昭二　三浦清　湊貴美男　山内満　横道二郎　渡部聡　【青森】浅石たか大和　浅石紘爾　浅石晴代　石田恒久　石橋忠雄　小田切道　小野允能　葛西聡　五戸雅彦　金澤茂　竹田周平　舘田晟　中林裕雄　沼田徹　三上花啓　三上雅通　横山豊一　渡辺義弘　【札幌】田中宏　房川樹芳　村松弘康　【函館】扇谷俊雄　室田則之　山本啓二　和島崎直樹　【香川】嶋田幸信　【徳島】木村清志　【高知】梶原守光　小松英雄　田村裕　長山育男　藤原充子　松岡泰洪　南正　山岡敏明　山下道子　【愛媛】廣田伸夫　西山隆盛

資料19　臨時総会招集請求者（会員）の提案にかかる議案書

臨時総会招集請求者（会員）の提案にかかる

議　案　書

1997年7月8日

第1．議案

司法修習制度のあり方に関する日本弁護士連合会の方針を以下のとおり決議する件
1．日本弁護士連合会は、統一・公正・平等の2年間の現行司法修習制度を堅持し、これを充実させることに努め、修習目的の変更と、修習期間短縮を内容とする裁判所法の改正に反対する。
2．日本弁護士連合会は、前項の裁判所法改正を阻止するために対策本部を設置する。

第2．提案理由

1．我が国においては、戦前、在朝法曹の裁判官・検察官となる者を国費をもって養成する一方で、在野法曹の弁護士となる者の養成はなおざりにされ、両者の著しい差異により官尊民卑の状況が作られ、そのために司法の人権擁護機能が果たされなかった。そのことへの深い反省から、1947年、戦後の民主的改革の重要な柱として、日本国憲法下の司法の担い手である裁判官・検察官・弁護士の養成は、統一・公正・平等の理念に基づき、修習終了時に法曹三者いずれの職に就いても独立して職務を行い得る程度の能力と見識を修得していることを目的とすることとし、現行修習制度が定められた。これは、この制度を通じて、法曹三者が対等な力量と多角的な視野を相互に身につけ、司法の立法・行政に対する独立性と監視機能を共に自覚し、司法に日本国憲法の人権擁護の機能を強く期待したからである。

　この現行司法修習制度では、「司法修習生は、少なくとも2年間修習をした後、試験に合格したときは、司法修習生の修習を終える」と定められ（裁判所法67条1項）、2年間（前期4か月、実務16か月、後期4か月）の修習は、法曹になる者にとって必要最小限の研修期間とされ、修習終了者には、判事補、検察官、弁護士のいずれにもなりうる資格が与えられてきた。この制度が50年にわたり司法の民主化と法曹の質の向上に果たしてきた意義は極めて大きい。

2．ところが最高裁は、1996年10月に法曹三者協議会で新研修体制の大綱を提案し、修習の目的を「専ら法廷実務家の養成を目指すのではなく、多様な分野の法的ニーズに対応することができるような法曹の養成を目指すものとすべきである。」とし、「法曹として本格的に活躍するための知識・技法については、資格を取得した後の自己研さんや継続教育を通じて修得していく」ので、「司法修習の目的を達成するためには1年間の修習を必要とし、かつ、それで十分である。」として、裁判所法を改正して修習期間を1年に短縮すること（前期4か月、実務7か月、後期1か月）を提案した。法務省も、1997年5月に、修習目的の変更を唱え、修習期間を1年6か月に短縮すること（前期4か月、実務12か月、後期2か月）を提案した。

　しかし、本来ならば司法試験合格者1000名への増員に伴い、一層充実した修習体制が必要であるのに、この両案は、逆に修習期間を短縮して、修習内容を希薄化させ、水準を低下させるものである。両案は、司法の充実強化に逆行し、不十分な段階で法曹資格を与えて適正な資格制度を崩し、法曹の粗製濫造を招来すると同時に、法曹養成の重点を資格取得後の継続教育に移した分離修習案にほかならない。

3．司法の任務は、具体的紛争を法に従い妥当に解決するとともに、適正な社会規範を定立し、公正な社会を築くことにある。そのためには、司法が立法権、行政権、社会的圧力等から独立し、これらに対し十分にチェック機能を果たす必要がある。そのような司法を担う法曹を養成する司法修習は、法廷実務の修得が中心であり、法廷実務家として本格的に活躍するための能力と見識の修得を

基本目的とすべきである。「多様な分野の法的ニーズに対応」するための修習の必要性を理由に法廷実務の修得がなおざりにされてよいわけではない。最高裁案・法務省案は、国の負担で法曹を養成する責任を放棄するものであり、法曹の質の低下と専門性の希薄化をもたらし、司法の独立性、公共性及び人権擁護機能を後退させるものと言わざるを得ない。

　司法修習の中核は実務修習であり、これは修習生が志望のいかんにかかわらず法曹三者の指導を受けながら、生きた事件の流れに則して修習することにより、それぞれの実務、思考方法、心構えを等しく体得させ、法曹三者の間に互換性を持たせる制度である。弁護実務修習の経験は、裁判官・検察官になる者にとって、国民の訴えに直接触れ、人権感覚を涵養する重要な機会である。裁判・検察実務修習の経験は、弁護士になる者にとって、裁判所と検察庁の実態を知り、将来弁護士として裁判官・検察官と対等の立場に立って国民の権利擁護に十分な力を発揮するための貴重な機会である。このような実務修習の期間を短縮することは、現行法曹養成制度の明らかな改悪である。

4．日弁連は、1995年11月2日の臨時総会において、「合格者増員に伴う修習制度のあり方については、統一・公正・平等、修習期間2年の現行修習制度の原則を堅持しつつ、法曹三者にて協議する」との決議をし、1997年2月には、三者協議会において、現行統一修習制度を維持する立場から、修習期間2年を堅持し、弁護士会が一層多くの時間と労力を負担し、修習内容をより充実させるとの提案を行った。しかし、最高裁と法務省は、1997年10月には三者協議をとりまとめ、1998年初頭には修習期間短縮を含む裁判所法改正を行うとしている。

5．そして1997年5月、法務省は修習期間を1年6か月とする、あたかも最高裁と日弁連の中間をとったかのような提案をし、一気に日弁連に受諾を迫っている。この法務省案は、日弁連の法曹養成問題委員会の1997年5月27日付意見書や多くの単位会決議が的確に指摘しているように、法曹養成の理念・目的の転換、修習内容の変質・希薄化、実務修習の軽視、二回試験の変質などの点において最高裁案と全く同じものである。しかも、法務省は、本来ならば修習は1年で足りるが、新しい制度への「円滑かつ速やかな移行」を考慮する必要性から、1年6か月を提案するとし、

「新体制による修習実施の概ね3年後」から合格者1500人程度への増加についての協議を開始するというのであるから、この案は「合格者1500名のもとでの修習期間1年」への移行のための過渡的措置にすぎないことは明白である。

　1年6か月への短縮は、法曹養成制度等改革協議会の段階で既に議論されていたことであり、日弁連としては、その状況の中で、1995年11月に修習期間2年堅持の決議をしたのである。

6．日弁連は、統一・公正・平等の2年間の現行司法修習制度を堅持し、充実させることに努め、修習目的の変更と、修習期間短縮を目的とする裁判所法の改正に断固反対すべきである。日弁連が、行政改革委員会等の圧力を恐れ、法曹三者の合意に拘泥し、このような改変を受け容れるならば、戦後50年人権擁護と社会正義の実現に大きく寄与してきた民主的な法曹養成制度の歴史的改悪に加担することになり、国民と将来の法曹に対し重大な責を負うことになる。

7．今こそ日弁連は、法曹養成制度の改悪に対して全会員の叡知を結集して闘うべきであり、今を措いてその時はない。早急に強力な対策本部を設置し、国民にとって、今回の法曹養成制度の改変が司法の改善ではなく改悪であることを示して理解を求め、民主主義と人権に深くかかわる問題として国民と連帯する運動を組み、民主的な法曹養成制度を守り抜かなければならない。この姿勢を貫き通すことこそがまさに在野法曹に期待されることである。

　この方針と決意を全会員が確認し、日弁連が結束を固め、時機を失せず行動するために、本議案を提案する。

資料20　御礼とご報告――そして会合のご連絡（名古屋）

御礼とご報告――そして会合のご連絡

1997・10・20

呼びかけ人　青木茂雄　青山　學　秋田光治　岩月浩二　石井三一　井上裕介　内河惠一
　　　　　打田正俊　榎本　修　奥村欽軌　木下芳宣　串田正克　河内尚明　鈴木秀幸
　　　　　鈴木含美　髙栁　元　竹内浩史　谷口和夫　鶴見恒夫　寺澤　弘　戸田喬康
　　　　　那須國宏　野間美喜子　花田啓一　林　光佑　二村　満　堀　龍之　村田武茂

1、日弁連臨時総会に向けて御協力ありがとうございました。
　　名古屋では、2年堅持の請求者案支持の委任状と出席者が484人、執行部案支持側が98人でした。2年前の総会と比較して、会員増に伴い、双方が十数票ずつ増加したという傾向です。
2、10月15日午後1時からの総会の議場では、二つの案の提案理由の説明に続いて、互いに4人程度の質疑がなされ、更に双方から6人程度が討論をしました。議場では、執行部案に対し、鋭い質問と厳しい批判がなされました。執行部支持側は、情況主義やすり替え（研修制度や法曹一元の強調）の議論でした。午後6時20分頃採決に入り、下記の通りの結果となりました。

		本人出席	代理出席	単位会	総　数
請求者案	賛成	285	3595	16	3896
	反対	557	6470	33	7060
	保留	26	29	2	57
執行部案	賛成	627	6795	33	7455
	反対	290	3597	16	3903
	保留	18	8	2	28

3、請求者案は、約3900票でした。単位会は16票（これまで2年堅持等の決議などをした単位会は23であり16単位会より多い）であり、前回より5票多く、地方の単位会では、互角以上の戦いでした。
4、しかし、全会員1万6500人の60％にあたる9935人を占める東京・大阪において、5000対1400と3600程度の大差がつきました（推定）。東京・大阪は、会ぐるみで集票しただけではなく、派閥が総与党化し、露骨に派閥選挙的行動をとりました。砂漠と表現される大都市の地下に埋設されている巨大な集票マシン装置をフル稼働させた結果です。
　　日弁連の基本方針の決定に際し、派閥統制を強いる者が、裁判官会議の形骸化、官僚司法統制を批判して法曹一元を唱えられるのであろうか。司法改革と言うならば、まず、この点の「自己改革」からされるべきだと深く感じました。
　　今後、日弁連内民主主義のために、健全な委員会制度と単位会へのフィードバックの慣行を回復させるとともに、会員投票制を創設する必要があるのではないでしょうか。
5、会合の連絡
　　今後、1500人増員・1年短縮という大改悪が問題となります。皆で、これまでのこと、今後のことを懇談するための機会をもうけましたので、是非ご参加下さい。

会合のご連絡

日　　時　　10月31日（金）午後6時30分～
場　　所　　エル・ティポ丸の内店
　　　　　　（産業貿易会館本館のすぐ南 ℡201-7488）

御　　回　　答
10月31日の会合　　出　席　・　欠　席
お名前（　　　　　　　　　　　　　　　　）

鈴木秀幸のボックス又はFAX201-5242へお願いします。

資料21　司法制度改革と第17回司法シンポについて

司法制度改革と第17回司法シンポについて

日弁連会長
　　小　堀　　　樹　様
シンポ運営委員長
　　菅　沼　隆　志　様
司法改革推進センター委員長
　　堀　野　　　紀　様

　　　　　　　　　　　　　　１９９８年８月３１日

　　　　　　　　　　　　　　　松　井　康　浩

　シンポジウムが大きな成果をあげ、司法改革が成果をあげられますように心から期待しております。
　法曹一元制度は、弁護士の悲願として長い長い歴史をもっており、その間大きな努力をしてきましたが、実現しませんでした。それはなぜでしょうか。
　それは時の政権党の要求に基本的に反するからです。歴代政権党は司法官僚制度をもって司法を支配してきましたが、法曹一元制度はそれを否定するものだからです。
　現在の政権党の基本政策はご存知のとおり「規制緩和」です。そのために「新しい国づくり」の決意をもって司法改革をすると宣言しています。深刻な不況下、大変な政治情況にあるので、ことは重大です。
　ところでその政権党は３０兆円もの税金を用いて銀行を支援しようとする一方、国民には消費税を減税せず、医療費は値上げし、年金年齢も引き上げて消費を極端にきりつめざるをえなくして大不況を出現しています。あまつさえ国家財政は大赤字であるにもかかわらず軍事費を削減せず、却って「新ガイドライン」「有事立法」によって軍事力を強化してアメリカ軍の核戦略体制に協力しようとしています。このように現在きわめて憂慮すべき国情にあります。
　さて司法改革は、規制緩和下の司法をつくるといっていますが、司法機構をいじるだけで、実体法なしにどのように規制緩和に対応して国民の権利を守ることができるので

しょうか。
　しかも弁護士自治に介入し、また弁護士活動を国会の監視下におこうとし、法曹資格を別枠を設けて拡大するなど、弁護士に強く干渉しようとしています。
　弁護士は刑法、少年法、拘禁二法、弁ぬき法、盗聴法などに反対し、公害、医療などの被害者を救援するために長期にわたる努力をしています。そして被疑者国選制度の実現に努力しています。さらに有害無益な干拓にも反対しています。
　これらの諸活動は反政府活動でありますから、政権党が弁護士活動を規制しようとするのも当然でしょう。弁護士は政権党とはその立場が検察官とのように正反対なのです。
　「理念から実践へ」「非難から自己改革へ」「対決から対話へ」というスローガンを掲げているそうですが、何を実践するのでしょうか。どういう非難をやめようというのでしょうか。どういう対決をやめて、どういう対話をしようというのでしょうか。自己改革の必要は大いにあります（自由と正義8月号の拙稿参照）が、何を実践しようというのでしょうか。
　誰だって非難、対決は好きではありません。しかし正論を述べるのに誰はばかるところもありません。これを非難対決と称してやめようとするのは人権擁護と社会正義実現の使命からして問題ではないでしょうか。こういう考えをとると無原則的譲歩につながるおそれはないでしょうか。国家権力を甘くみるわけにはいきません。
　政権党はアメとムチをもっています。ムチだけで政策を実現することは困難だからです。したがって日弁連の希望する事項も政策に入れます。それが本気なのか、リップサービスに過ぎないのか。実現しようとする本命の事項は何か、執行部としてはそれを見きわめる必要がありましょう。アメの部分はもらったらよいのです。しかしそれによってムチの部分を許してはなりません。（沖縄県知事の対応が一つの参考になりましょう）
　悪政を是正させるのは有権者たる国民大衆です。選挙で議席を失うことが彼らの泣きどころですから暴走を止める有効な方法はご指摘のとおり国民運動です。法学者、マスコミ、各政党、労組、婦人・青年団体などに訴えこれを統合する国民組織をつくり、大きな運動を起こしましょう。

　　　　　　　　　　　　　　　　　　　　　　　　　　　　以　上

司法制度改革問題について
自民党の悪政は、大変なものがあり、深刻きわまる事態になっています。司法制度改革攻撃もその一環です。決して別物ではありません。

自民党は国民の批判が強くなるにしたがって、あせっているように思われます。

正々堂々と批判していかなければならず、決してこれを甘くみてはならないと思うのです。いうべきことをいわないで妥協することは許されません。

日弁連のつき方に疑問を感じ、別紙の意見書を送りました。参考にして頂ければ幸です。

一九九八・八・三一

松井康浩

氏住

資料22　弁護士人口チーム報告書

1999年8月5日

弁護士人口チーム報告書

1　討議の経過

チームメンバー（四位直毅・東京、大橋正春・第一、岡田和樹・第二、川中宏・京都、野村裕・滋賀、林光佑・名古屋、舩木孝和・広島、青木正芳・仙台、村松弘康・札幌、斎藤浩・大阪）

チーム10人全員が討議に参加した。責任者を除く9人のメンバーのうち8人が自己の考えを記したペーパーを提出した。

以下の論述は、メンバーの意見を整理し、まとめ方についても論議し、一致した結論である。

2　結論

弁護士人口は増員すべきであり、そのため、現行司法試験を前提すれば、その合格者は1500人程度にすべきである。更に必要であるとの具体的提起があれば、1500人以上をも十分検討すべきである。

これらの際発生する問題点が仮にあるとすれば、その克服方法を十分講じながら増やすべきである。

3　理由

(1) 今の弁護士人口をどうみるか

少ないので増員すべきであるという結論では一致した。

ニュアンスの分かれは次のようなものである。

　　弁護士は足りない
　　圧倒的に足りない
　　大幅増員が必要である

なぜ少ないと考えたのか。その理由付けの分かれは次の通りである。

　　先進諸国でいちばん少ないフランスに比べても4分の1程度
　　事件屋、示談屋がはびこっている
　　サラクレ・離婚・少額事件等でも対応不十分
　　法廷中心、事務所形態小さい、専門分野もない、ネットワーク乏しい
　　被疑者公的弁護や扶助などの重要課題を実行するのに不足している
　　72条の本旨のためにも積極増員（過疎が72条を空疎化）

(2) どの程度の増やし方をするのか

その意見の分かれは次の通りである。

　　弁護士数の想定自体が不適切とする意見
　　予め適正な弁護士数を想定し、これを上限として弁護士数を規制することは適当でない。
　　弁護士を法律実務家としての基本的資格と考えるべきである
　　計量設定できなければ消極という姿勢、基盤整備先行論は事実上の増員反対論
　　司法試験に需給調整機能を持たせるべきでない

数と増員のペースは利用者である国民が決めるべきである。
　　被疑者公的弁護や扶助などの重要課題積み上げシミュレーションをおこない必要な数を増やすべき
　　良質の多くの弁護士の必要
　　　良質な弁護士を如何に供給するか
　　　良質とは、専門性（専門的知見と処理技能保有）、倫理性を備えていること
　　能力のある弁護士（法的能力と職業的自覚）を増加させる必要があり、粗製乱造は避ける
　　　１０００人増員状況を解析し、拡充策を策定公表し実行する
　　　１５００人の増加計画を法曹三者で協議する
　　急激なやり方でなく増員、５年ごとに見直し
　　　１５００人体制の立案を１年以内に
　　　２０００人程度にはすべきである
　　　２０００人を越える場合には、養成方法を変える必要（弁護士養成、分校、１年など）
　　　増員のためには法科大学院構想（法学部３年、大学院２年、司法試験受験資格、２箇所以上の　研修所で１年、研修弁護士）
　　　ロースクール、法曹一元と直結しないで増員すると分離修習と一層悪しきキャリアシステムを生む
(3) 増員消極論に対する批判
　　次のような様々な批判がある
　　　弁護士の生活が不安定になると人権活動に不参加となるなどという論理が誤り
　　　アメリカでは低所得層の弁護士で人権活動が担われている。
　　　窮乏化増員反対論は世論の支持を到底得られない
　　　増員が人権活動を活発にする側面重要
　　　増員になれば事件の掘り起こしも行われる
　　　増員が司法制度の基盤整備を進める
(4) 増員で出てくる問題点を克服する方法
　　弁護士研修の強化
　　偏在解消と都市弁のスラム化防止のための独自施策必要
　　　偏在対策独自施策（県弁を１００名規模以上にする。そのためには修習生配属その他 95.3.20 の偏在対策要綱重要）
　　　出身地への帰省開業、新人・若手・中堅など老若を問わず新天地に進出するための具体策の検討
　　ブロック弁護士会制度への発展
　　３０条の改正と行動規制の新設
　　自治を崩壊させないために倫理基準の再構築や合意形成システムの改良と専門家集団による運営
　　　自治破壊の可能性論に対する批判
　　　　増員と自治とは相関関係にない。自治の形骸化は不断の努力がないと増員の有

無に関係なく起こりうる。
　弁護士自治が国民から付託されている意味を深める必要。その際、綱紀懲戒などの規制的側面だけでなく、負託に応える実践の具体策を論議すべき。
　会内合意形成や弁護士の質の問題は弁護士自治の制度目的ではない。
　会内合意は重要で、それには王道はなく、定石（選挙や人事の民主化、公報活動の拡大強化、機関審議の充実と徹底、創意工夫）どおりやること。会内合意にも会外の理解がいる。
(5) 増員してどのような方面に進出するのか
　兼業禁止廃止、法廷弁護士からの脱却
　他士業との協同
　ADR、立法（議員秘書）・行政（行政官・金融再生委・外部監査人など）・司法（調査官）、企業（社員として法務担当、社外監査役）、諸団体（NGO、企業組合、業者団体、消費者団体など）にも参入すべき。
　法律扶助、被疑者国公選弁護、成年後見制度、弁護士保険を積極的に
　法曹一元、陪審制の十分条件のためにも必要

資料23 市民にやさしい司法を目指して　国民署名用紙

市民にやさしい司法を目指して

日本弁護士連合会

日本の司法が変わります

皆さん、ご承知でしょうか。

昨年7月に、内閣は「司法制度改革審議会」を設置し、各界の有識者13名の委員による審議が急ピッチで進んでいます。

この審議会は、21世紀に向けて、日本の裁判制度はもちろん、司法全体の現状を総点検し、抜本的な改革方向を打ち出そうとしており、この秋にも中間報告を行い、来年の7月には最終報告が取りまとめられる予定です。

内閣はその報告を実施する責任を負うことになりますから、この審議会の動向は私たち市民の生活や権利にも決定的な影響を及ぼすことになります。

裁判は私たちの生活に関係ない？

そう思っている方が多いかも知れません。しかし、ほとんどの方は日常生活の中で「こんな馬鹿なことが許しておけるか」と感じた経験はお持ちだと思います。

戦後50年、私たちは生活に重大な影響のある事柄について、ほとんど官僚任せにしてきました。

健康の問題も、環境の問題も、教育の問題も、そして大破綻を来している金融の問題もそうです。不透明なルール、不合理な規制、政・財・官の癒着、情報隠しなど、怒りを感じない人はいないでしょう。

お上に任せておけばよいという時代は今終わりを告げようとしています。

国民主権の憲法、基本的人権の憲法、三権分立の憲法の原点に帰って、司法を生き返らせ、司法を元気にすることなくして正義や公平は守れないことを日に日に痛感させられています。

司法を元気にすることで市民の困り事や悩みの解決も手軽に、安く、早く行われるようになります。

改革の方向は？

まず、第一に、立法、行政に比べて小さくなっている司法を大きくすることです。

「小さな司法」の被害を受けるのは社会的弱者です。

第二に、司法の分野でも、国民が、市民が主人公という方向を追求することです。官僚制の弊害は司法にも現れています。

この機会に、官僚裁判官制を見直し、社会経験の豊かな弁護士などの中から、市民のメガネにかなう人を裁判官に選任する「法曹一元制度」の実現を考えてみませんか。また、市民自身が裁判に参加する「陪審制（陪審員として市民が事実認定をします）」、「参審制（市民が裁判官と一緒に裁判をします）」などについても考えてみませんか。

日弁連では、このようなことを含め、司法の民主的な改革を提言しています。

弁護士も自己改革に取り組みます

司法の分野で市民に一番身近にいるのが弁護士です。その弁護士自身が敷居を高くしていては司法改革も単なるおまじないになってしまいます。

地域社会のあらゆる場面でその専門的な力を市民のために発揮し、市民の中で働ける仕組みを実現します。

弁護士が見えないといった苦情がなくなるように、人数を増やし、情報を提供し、専門化を進めたり、法律相談センターを全国各地に開設するなど、開かれた弁護士にイメージチェンジを図っています。

どうか一緒にこの署名運動に取り組んでください。

司法制度改革審議会　御中

―市民に身近な司法を―

　私たちは、21世紀を迎えるにあたり、市民に暖かい司法、市民が困ったり被害を受けたときに容易に利用できるような司法を実現するために、貴審議会に対し、次のような改革を求めます。

1、適正で迅速な裁判ができるように、司法関連予算を大幅に増額して、司法を支える「人」「物」を充実させること。
2、公設法律事務所の設置など、いつでもどこでも、だれでも気軽に弁護士に相談し、解決できるようなシステムを作ること。
3、行政の不正や怠慢を正し、市民の生活と権利が守れるよう、行政事件訴訟法などを利用し易く改正すること。また消費者や勤労者、中小企業者など社会的弱者の権利や利益が守られる法制度を整備すること。
4、官僚裁判官制度を廃止して、市民参加の推薦システムにより、経験豊かな弁護士などから、裁判官を選ぶ「法曹一元制度」を実現すること。
5、「陪審」「参審」など、市民も裁判に参加できる制度をできるところから実現すること。
6、お金がなくても相談や民事裁判ができるよう法律扶助制度の抜本的拡充を、また国費で刑事事件の被疑者、少年事件の少年に、弁護人・付添人を依頼できる制度を実現すること。

　私たちはこんな改革を求めます
（　　　　　　　　　　　　　　　　　　　　　　　　　　　　　　）

氏　　名	住　　所

資料24　弁護士人口算出例

弁護士人口算出例
1　外国の「弁護士－国民人口」比率との比較による方法
　　　　　　　　　　　　　　　（裁判所便覧平成11年度版より算出）
　　　　フランス並み　6万5203名
　　　　ドイツ並み　15万767名
　　　　イギリス並み　19万6419名
　　　　アメリカ並み　43万8078名

2　国内における「弁護士－住民人口」比率との比較による方法（別紙資料）
　全国津々浦々における弁護士へのアクセスの機会均等を実現するという視点から、国内における「弁護士－住民人口」比率のうちから「モデル値」を設定し、その値が全国的に満たされるにはどの程度の弁護士数を必要とするかを算出する方法。
　「モデル値」を「弁護士－日本国民人口」とする場合　2万4291名
　「モデル値」を「弁護士－大阪住民人口」とする場合　3万8355名
　「モデル値」を「弁護士－東京住民人口」とする場合　8万2564名

3　需要から導く方法
　何らかの数値的な法的需要を設定して、その法的需要を満たすに必要な弁護士数を算出する方法である。
　① 各種アンケート結果から導く方法
　　改革協アンケート及び法律扶助アンケートの結果を踏まえ、年間200万件が日本の1年間の法律問題総数（通産省経済活動と司法制度に関する企業法制研究会第2回2000年1月25日　千葉大学菅原郁夫助教授作成資料）とし、弁護士一人が年間に受ける新件（法律相談含む）を50件と仮定するとすると4万人必要。
　② 当番弁護士の完全実施に必要な数　5万名
　　平成10年度の警察から検察庁への身柄送致数10万8698件（検察統計年報平成10年度）につきすべてに弁護士が対応するとして、年間総弁護士数の半分が年に4件担当する場合、約5万名が必要。

4　経済指標から導く方法
　① ＧＤＰの実質伸び率と法曹人口伸び率を同じとした場合
　② 法人数伸び率と法曹人口伸び率を同じとした場合

5　均衡点と均衡数について
　弁護士人口は、ある年の新規参入数と死亡・転身・引退などによる退出数との差の分しか増加しない。絶えず新規参入数を増加しない限り、一定の時期から弁護士人口は増減なしの状態となる。この増減なしになる時期を均衡点といい、その時期の数値を均衡数という。均衡点は、新規参入数を一定とする限り、弁護士が平均してどのくらいの期間稼働するかによって決められることになる。

6　因みに、わが国には、下記関連資格者が存在する。
　　司法書士　　　　　約1万7000名
　　弁理士　　　　　　約　4000名
　　税理士　　　　　　約6万3000名
　　行政書士　　　　　約3万5000名
　　社会保険労務士　　約2万5000名
　　関連資格者数　　　合計14万4000名

資料25　いわゆるロースクール構想について

いわゆるロースクール構想について

2000年（平成12年）4月15日
日本弁護士連合会正副会長会

　いかなる法曹養成制度が採用されるかは、わが国の司法の将来にとって極めて重大な意味を持っている。日本弁護士連合会は、いわゆるロースクール構想については下記の各事項の真摯な検討が欠かせないものと考える。

記

1　司法改革において実現されるべき法曹養成制度は、法曹一元制を目指し、弁護士養成を眼目としたものでなければならない。

2　ロースクール（法科大学院）のカリキュラムは、法曹の果たすべき公益的役割を理解させ、倫理的責任を自覚させると共に、高度の学識のみならず、分析能力、応用能力、表現能力及び基礎的で実践的な実務的技能を習得させるものでなければならない。また、法曹養成における実務修習の重要性を認識し、これを適切に行うものでなければならない。

3　ロースクール（法科大学院）は、全国に適切に配置されなければならず、その設立と運営は地域社会に根ざしたものでなければならない。

4　ロースクール（法科大学院）は、経済的理由で進学が困難な者にも、他学部・他大学の出身者にも、社会人にも広く門戸を開放するものでなければならない。

5　新しい法曹養成制度は、認可基準の策定、実務家教員の確保、新司法試験運営、実務修習などその全過程において弁護士会が主体的且つ積極的に関与するシステムとされなければならない。

以上

資料26 自民党の報告書における陪審制否定・法曹一元の見送り決定と
中坊流司法改革構想の本質的性格について

自民党の報告書における陪審制否定・法曹一元の見送り決定と
中坊流司法改革構想の本質的性格について

平成12年5月30日
鈴木秀幸

1、自民党司法制度調査会の報告書の特徴について

自民党調査会は、平成12年5月18日付で司法制度改革の報告書をまとめた。マスコミ報道の見出しが、この報告書の特徴をよく表現している。「法曹一元見送りへ、弁護士人口に偏り」(読売5月12日)、「法曹人口大幅増を提言、参審制の導入も」(朝日5月18日夕)、「一審判決は原則2年以内に、国民の裁判官登用も検討」(毎日5月18日夕)。

今回の自民党の報告書の特徴点は以下の通り。

① 裁判外紛争処理制度の充実……裁判機能の相対的低下
② 裁判の迅速化
③ 知的財産権の保護の強化
④ 法曹人口をフランス並みに目標を設定して増加……弁護士の大量増員
⑤ 専門家同志の流動化のために学部4年次の時期の「法律専門家統一試験」を実施、多様性の広がりをもった法曹養成制度と司法試験制度を目指して日本型ロースクール(法科大学院)を検討……統一司法試験、統一司法修習の消極的評価
⑥ 限定的な参審制度の採用を検討……陪審制度の不採用
⑦ 検察審査会の審査員の選任方法の見直し……国民からの無作為抽出方法の否定
⑧ 法曹一元の見送り

2、法曹一元の見送りを決定

自民党の報告書は、法曹一元について、次のように述べている。

「法曹一元制度については、臨時司法制度調査会において、これを実現するための前提となる諸条件が指摘されたところであるが、今日に至るも、一定の前進は認められるものの未だ多くの点において整備されたとは到底言えない」。今後、条件整備に向けた努力としては、「まずは、弁護士人口の大幅な増加、弁護士偏在の解消や弁護士事務所の共同化を進めるなどの諸条件が整備される必要があるし、臨司の意見書でも指摘されている弁護士に対する国民の信頼度の向上、弁護士倫理の高揚や弁護士会の体質改善等の弁護士の公共的性格の強化等について、弁護士や弁護士会の自己改革が期待され、法曹が一体となって司法の運営に協力していく態勢を築いていかなければならない」と指摘している。

要するに、同報告書は、これまでの弁護士や弁護士会の体質を問題とし、弁護士集団が自己改革(変質)を終え、法曹が一体となる態勢が築かれるようにならなければ、法曹一元の

実現は無理であると断言しているのである。

官僚司法の方向へ一元化するのか、在野法曹の方向へ一元化するのか、同じ一元化でも方向性が全く違う。同報告書は、これまで官僚司法と体質を異にしてきた在野法曹の変質を強く迫るものであり、小田中教授も指摘しているように、「逆法曹一元制度」の主張である。

そもそも、政・財界とマスコミを中心とする弁護士バッシングや、中坊氏以来の弁護士自己改革論は、性質上、本来の法曹一元思想と逆方向のものであり、本来の法曹一元の実現を阻む結果を招来してきたと言うべきであり、この風潮が止まらない限り、本来の法曹一元制度の実現は一歩も進まず、後退するのみであると考えねばならない。

3、自民党が目指す司法改革

この自民党の報告書では、法曹一元も陪審制度も全く「脈がない」と判断するのが普通である。ところが、日弁連会長のコメントは、「同報告書は‥‥‥法曹一元制度実現に向けて積極的に歩みを開始すべきことを求めている」「同報告書は、陪審制度について‥‥‥直ちに導入することは少なからぬ問題があるとの慎重意見を述べつつ、司法制度改革審議会の論議に委ねた」と評価している。しかし、同報告書は審議会に対し、「法曹一元は見送り、陪審制度も採用しない」という強い圧力を加えることを意図したものと判断すべきである。

自民党が目指す司法改革は、弁護士人口の大量増員と弁護士統制により、法曹養成を文部省の管理下に組み入れ、弁護士集団を変質させ、外部の法曹無資格者を裁判官に送り込んで裁判に介入しようとするもので、「発言力を弱体化させた、迅速に規制緩和を追認する司法」の実現であると読み取るべきである。

4、司法改革と司法の独立

司法改革を検討するためになされるべき基本的な作業は、これまでの司法のどのような点が、どのように問題であり、どこにその原因と責任が所在するのかを歴史的に検証することである。正しくその検証をするならば、司法改革にとって最も大切なことは、裁判官、検察官及び弁護士の職務上の独立、それを確保するための環境条件の整備、更に国民の司法利用の財政的な助成策であることが分かる。そのための諸施策こそ、司法を利用する価値を高め、需要を拡大することになる。このことを忘れた議論、責任逃れの的外れの議論は、必ずや、司法の改悪をもたらす。

逆に、過当競争で弁護士が経済的自立の基盤を喪失させることや、「公益性」を強調する弁護士法の改訂と「刑事弁護ガイドライン」の新設などによって弁護士活動を統制しやすくすることは、自由業たる弁護士及び司法全体にとって危機であると言わねばならない。

(資料配布) 民主的な司法の実現に努めて来られた学者・文化人・各種団体役員によって構成されている「司法改革市民会議の意見書」を、先日配布しました。

また、青年法律家協会の会報に掲載された高山俊吉弁護士の意見書「司法審路線と中坊司法改革路線に敢然と対決しよう」を配布します。自民党の司法改革の本質と日弁連の中坊氏以後の司法改革路線の本質を理解するのに役立つ資料ですので、是非お読み下さい。

資料27　法曹養成制度に関する意見書

2000年6月14日

法曹養成制度に関する意見書

名古屋弁護士会
　会　長　山　田　幸　彦　殿

司法問題対策特別委員会
　　委員長　奥　村　牧　帆

意見の趣旨

1　法科大学院（ロースクール）構想は、現行の法曹養成制度に関して主張されている問題点を是正・解消するものではなく、現行の法曹養成制度に関して主張されている問題点よりも遙かに重大な問題点を内在するものであると言わざるを得ず、賛成出来ない。

　　特に次のような制度については反対である。
　(1)　法科大学院の修了を司法試験の受験資格とする制度。
　(2)　法科大学院の修了者の7～8割を司法試験に合格させる制度、及び法科大学院修了者に司法試験科目の一部免除などの特典を与える制度。
　(3)　法科大学院の修了者とそれ以外の者とで異なる試験制度を設ける制度。
　(4)　法曹養成において、法学教育のプロセスを重視する必要があるとの理由により、法科大学院の入試選抜に内申書制、推薦制など不透明で統制的な選抜方法を導入する制度。
　(5)　文部省が大学・大学院教育の範囲を超えて、法曹養成に関与する制度。

2　法曹養成制度の改革は、大学における法学教育を充実させるとともに、現行司法試験司法修習制度において、その運営を民主化し、その試験と修習の内容を改善・充実させることによってなされるべきであり、それは十分に可能である。

意見の理由

第1　現行の法曹養成制度（司法試験・司法修習制度）の意義と評価

1　法曹養成制度の歴史を振り返ると、戦前は、①弁護士と裁判官・検察官が別の試験によって資格が認められ、弁護士のみ養成制度がなかった時代、②試験は統一されたものの、弁護士のみ養成制度がなかった時代、③弁護士にも弁護士試補という養成制度が作られたが、弁護士試補は無給じあり、裁判官・検察官の養成制度（司法官試補）とは区別されたものであった時代と、3つの時代があるが、いずれの時代も弁護士は裁判官・検察官と区別され、弁護士のみ官費による養成制度がなく、裁判官、検察官に比べ一段低い位置に置かれていた。現行の法曹養成制度（司法試験・司法修習）は、戦前の人権抑圧に対する強い

反省から、官尊民卑の構造を改善するため生み出されたものであり、統一・平等・公正の理念のもとに、統一試験・統一修習が行われることとなった。このことにより、在野たる弁護士の力と地位が向上し、法曹三者の対等平等が実現し、国民の権利擁護に大きな成果をもたらしたのである。

このうち、統一試験は、司法試験の受験資格に一切の制限を加えることなく、誰に対しても開かれた平等な試験とすることで、様々な経歴をもった多様な人材を法曹界に迎え入れてきた。

また、統一修習は、生の事件に接し事実から学ぶという機会を与える実務修習を中心に運用されてきた。実務修習は、生の事件に触れ、マンツーマン教育で法曹三者の仕事を直接体験することができるものであり、裁判官志望者にとっては、生の事件や当事者の気持ちに直に触れる唯一の機会といえる。しかも、実務修習は、修習終了後の進路が決まらない段階において、志望外の分野についても修習を受けるものであり、極めて高い教育的効果を有しているものである。さらに、統一修習には、弁護士と裁判官・検察官になる者が全く同じ研修を受けることにより、法曹三者の対等関係を築き、かつ、一体感と相互理解を深めるという意味もあり、法曹三者の共通の基盤を提供する制度として、法曹養成の段階で法曹一元を実現したものといわれている。また弁護士も国費で養成することにより、弁護士の公共的使命に対する自覚の高まりが生まれるという点でも、他の制度によっては得られない多くの効果を生んできた。

このように現行の統一・平等・公正の概念に基づく法曹養成制度のはたしている役割は極めて大きい。

本年4月、名古屋弁護士会において、会員を対象に実施した「法学教育と法曹養成に関するアンケート」においても、国費による統一司法修習制度に賛成する回答が約90％を占め、反対は約5％という極めてはっきりした結果となっている（資料1）。

2　日弁連も、1997年10月5日の臨時総会において、「現行司法修習制度が半世紀にわたって果たしてきた役割を高く評価し、今後も統一司法修習の原則を堅持することを確認する」ということを決議した。そして、この決議を受けて、法曹三者協議会においても、「現行司法修習制度の目的とこの制度がこれまで果たしてきた役割を踏まえ、法曹三者いずれの道に進む者についても法曹として国民の負託にこたえ得る水準を充足する統一修習を行うとの原則を維持するとともに、時代の要請に適応した法曹養成制度を構築するとの観点から、社会に対する広い視野を持ち、高い識見と柔軟な思考力を備えた、21世紀を担うのにふさわしい法曹を養成するため、修習の内容及び方法について配慮と工夫を行う」という旨合意されている。

第2　法曹養成制度改革に関する議論の状況
　1　現行司法試験・司法修習制度に関して主張されている問題点
　　　現在、司法試験受験生の大多数が、司法試験受験予備校を利用して司法試験を受験している現状があり、予備校の弊害や大学離れが指摘されている。すなわち、大学の講義に出席せず、法学の基礎をじっくりと勉強する機会もないまま、早期から司法試験受験予備校に通って受験技術を身につけることにより、司法試験に合格する受験生が多くなっているということである。また、司法研修所についても、最高裁判所の統制の下での官僚法曹養成制度であり、人権感覚・市民感覚に基づいた教育が不十分であるとか、法廷技術論の修得に偏しているとの批判がある。このため、現行の法曹養成制度では、高度化・複雑化・国際化した社会に対応できていないとか、市民感覚とかけはなれた裁判官が生まれているなど問題点が指摘されている。
　　　また、今後、法曹人口を大幅に増加するためには、現在の法曹養成制度では応じきれないので、法曹養成制度を抜本的に改革すべきであるとの意見もある。
　2　法科大学院構想について
　　　このような問題点を是正し、法曹養成制度を抜本的に改革する案として、法科大学院（ロースクール）構想に関して活発な議論がなされている。各大学が次々とシンポジウムを開催し、司法制度改革審議会でも、法曹養成制度改革にあたって法科大学院構想は有力な方策であるとして、その具体的な制度設計については、文部省において大学関係者および法曹三者の参画の下に適切な場を設けて専門的・技術的見地から検討するとした。このように、法科大学院問題は、その具体的構想に関する実務レベルでの検討が行われる段階にまで到達している。
　　　現在議論されている法科大学院構想は諸説があるが、基本は、法学部（4年）は存置する、法科大学院（2～3年）の卒業を司法試験受験の要件とする、法科大学院の卒業者については7～8割が司法試験に合格できるようにする、司法試験合格後に司法研修所で実務修習（1年）を行うというものである。
　　　以上から明らかなとおり、現在語られている法科大学院構想は、法学部、司法試験、司法研修所という現行制度の存置を前提にするものであり、現行の法曹養成制度との違いを整理すれば、大きな点は、①法科大学院に入らなければ法曹資格が得られなくなる、②司法試験の合格率が7～8割になる、③司法試験の合格までの期間が法科大学院の期間（2～3年）長くなり、逆に司法修習の期間が更に短縮（1年）されるということに集約されると言ってもよい。

第3　法科大学院構想の問題点
　1　現行の法曹養成制度に関して主張されている問題点の解消の可能性

法科大学院構想が現行の法曹養成制度に関して主張されている問題点を是正するものとして議論されている以上、法科大学院構想は第2の1で述べたような問題点を是正し、これを解消するものでなければならない筈である。

しかしながら、以下に述べるとおり、法科大学院構想によって現行の法曹養成制度に関して主張されている問題点が是正され、解消されるとは到底考えられない。

① 予備校の弊害や大学離れについて

大学の講義に出席せず、法学の基礎をじっくりと勉強する機会もないまま、早期から司法試験受験予備校に通って受験技術の習得に力をそそいで司法試験に合格する受験生が多くなっており、大学教育の空洞化や予備校の弊害が生じているとの指摘があるが、大学の空洞化現象の実態については、未だ実証的なデータに基づく調査研究が十分尽くされたとは言えないし、予備校についても、予備校を利用している受験生の実態や、予備校の講義内容について、何ら調査研究がされないまま、「弊害」が指摘されているようである。

本年4月、名古屋弁護士会において、登録10年以下の若手弁護士を対象に司法試験と法学部及び予備校の講義に関するアンケートを実施した（資料2）。このアンケート結果によれば、まず、大学の講義について、過半数の受験生が大学の講義を「ほとんど受講した」「半分程度受講した」と回答している。講義に半分以上出席していれば、不十分ながらもその講義をほぼ履修していると評価してよいと思われ、一般に言われるほど司法試験受験生の大学離れは進んでいないことが伺える。次に、同アンケートでは、①法律知識の修得、②法律解釈論の理解、③法的思考方法の修得の3点にわたって、大学と予備校のそれぞれの講義が役に立ったか否かを質問したところ、①から③のいずれについても、大学の講義は「役に立たなかった」とする回答がかなり多いが、予備校はこれが非常に少なく、全体として大学の講義よりも予備校の講義の方が受験生から高い評価を受けているという結果となった。特に、「法的思考方法の修得」に関しても、大学の講義は役に立たなかったという回答が多く、役に立ったという回答も予備校に肩を並べられており、受験技術以外についても、予備校の講義の評価の高さと大学の講義の評価の低さが明らかとなったものである。したがって、大学教育の空洞化の対策としては、大学における法学教育を充実させることによって、学生が大学の講義を評価し、自発的に講義を受講するようにすることが重要なのであり、単に法科大学院という制度をつくったからといって、問題点が是正される訳ではない。なお、予備校の弊害として指摘される受験技術の点についても試験の合格はあくまでも通過点であり目的でない以上、それを短期間、省労力でクリアする受験技術を身につけようとすることは悪いことではないはずであ

る。
　また、法科大学院をつくって予備校から大学に受験生を呼び戻すといっても、「法科大学院をつくれば、予備校がなくなる」というのは幻想でしかあり得ない。法科大学院構想が実現されれば、今度は「よりよい法科大学院に入学するための予備校」が興隆することになることは容易に予想されることであり、法科大学院に入学した後においても、そこでの講義が、現在大学法学部で行われている講義と同じようなものであれば、学生は再びわかりやすい講義をしてくれる「司法試験のための予備校」に通うことになるであろう。この点からも法科大学院構想そのものによって、問題点が是正されるわけではない。
② 司法研修所の教育に対する批判について
　現在の司法研修所が最高裁判所の統制下での官僚法曹養成制度になっているとか、法廷技術論の習得に偏しているとかいった批判には耳を傾ける必要性があるが、これはあくまでも司法研修所の運営の問題であり、前述したとおり法科大学院構想も司法研修所を存置することを前提としているのであるから、法科大学院構想そのものによって問題点が是正される訳ではない。
③ 法曹人口の観点からの批判について
　司法研修所のキャパシティーを理由に、法曹人口を大幅に増加するためには現在の法曹養成制度では応じきれないという批判については、法科大学院構想自体が司法研修所を存置することを前提にしていることからして、法科大学院構想によっても何ら変わるところはない。
2　法科大学院構想に内在する問題点
　法科大学院構想が現行の法曹養成制度に関して主張されている問題点を是正・解消するものでないことは以上のとおりであるが、それに止まらず、法科大学院構想には、現行の法曹養成制度に関して主張されている問題点よりも遙かに重大な問題点が内在する。
① 司法修習の廃止につながるおそれ
　法科大学院構想においては、様々なカリキュラムの改革案が出されており、少人数のゼミやクラスを主体としたきめ細かな教育をしたり、法律実務家を講師として迎えるなどの案が出されているが、実践的な実務教育を法科大学院において行うのは不可能であることはほぼ共通した認識になりつつある。各大学の法科大学院構想においても、法科大学院では理論教育を行い、司法研修所で実務教育を行うのを基本とする点でほぼ一致しており、研修所も存置する考えとなっている。
　しかしながら、法科大学院構想が実現すれば、卒業後に実施される司法研修所における司法修習が縮小に向かうのは避けられない。なぜなら、第1に、

法科大学院がアメリカのロースクールを参考にした制度である以上、わざわざ司法研修所で実務教育を行う必要はなく、アメリカのロースクールにおいて行われている程度の実務教育を法科大学院で行えば足りるとなる可能性が高く、第2に、法科大学院の設置により司法試験合格者が大幅に増加すれば、現在の司法研修所の体制を維持することが物理的経済的理由に藉口して困難になるし、第3に歴史的にみても、分離修習が行われていた時代があって、分離修習の容認論がある上に、修習期間が2年から1年半に短縮されたように、現在でも司法修習は短縮の流れにあるからである。したがって、いずれは、現在の司法修習の核心であり、国費を投入する司法修習は廃止され、法曹三者がそれぞれ実務教育を担う分離修習となる危険性が高い。

現行法曹養成制度の重要な特徴は「統一性」にあり、裁判官・検察官・弁護士のいずれを志望する人も、司法試験という全く同じ試験を受け、全く同じ修習を経験するという「統一試験・統一修習」制度が法曹三者の質の均質化と向上、その完全な平等と一体感を保障する上で、極めて重要な歴史的役割をはたしてきたことはすでに述べたとおりである。法科大学院構想は、この「統一性」を破壊するものであり、到底容認出来ない。

② 法曹に多様な人材が輩出されなくなる

現在の司法試験は、受験資格には一切の制限がなく、すべての人に法曹になる機会を与え、誰に対しても開かれた平等な試験である。この徹底した「解放性・平等性」が日本の司法試験の最大の特徴であり、それは様々な経歴をもった人々を法曹界に迎え入れることを助けている。

法科大学院が設置されれば、司法試験を受験するためには原則として法科大学院を卒業しなければならなくなる。その結果、なんらかの原因で大学を卒業できなかった人や社会人など多彩な経歴を持った人が法曹界に参入することは、現在より困難になるだろう。

現在、大学を卒業して企業等に就職した後に、進路を変更して司法試験を受験しようという社会人が数多くいる（資料3）。これらの社会人受験生の中には、いったん実社会に出た経験から問題意識も高く、よりよい法曹の資質を有している人が数多く含まれている。これら、一方で働いて収入を得て生活を維持しながら、法曹を志している人が法曹になる道を閉ざすことになってはならない。

③ 文部省の管轄下で統制が強化される。

現在の法科大学院構想は文部省の主導で進められており、大学に法科大学院を置く以上、法科大学院は文部省の管轄下に置かれることになる。しかしながら、文部省において、より良き法曹の養成という理念の実現に責任をもって対応できるかというときわめて疑問であるし、司法の独立との関係も問

題となる。ちなみに、アメリカにおいては、文部省、国立大学というものがなく、ロースクールについては、ＡＢＡが絶大な力を持ち、現に深く関与しているが、日本では、今次、法科大学院に関する検討が文部省に付託されたことにも如実に現れているとおり、法科大学院の管理（ひいては、法曹養成制度そのものの管理）が文部省の管理下で行われることになる恐れが極めて高い。

また、現在の司法研修所は官僚法曹養成の場となっていて、弁護士会の意見が適切に反映されていないので、大学の自治の下で自由な批判精神も基づいた法曹養成教育を行った方が良いという意見もあるが、大学の自治といっても、予算の問題がネックとなり、文部省の文教政策によって様々な制約を受けているのが実状であり、法科大学院になって文部省の管轄下に置かれれば、ますます弁護士会の意見をその運営に反映することは困難となる。さらに、法科大学院が設置された場合には、その質を一定以上に保つために、教育内容や施設について第三者評価機関による評価を受ける必要性が生じてくるが、このことにより、大学の自治そのものが弱まっていく危険性がある。

④ 一部の大学の「特権化」と大学間の序列化をもたらす。

法科大学院構想は、一部の限られた大学にのみ法科大学院を設置するというものであるから、法科大学院を有する一部の大学に「特権」を付与する一方、法科大学院をもたない大学法学部は二流と評価されることとなってしまう。さらに、「優秀」な人材を求める裁判所や法務省は、東大京大といった一部の法科大学院出身者でなければ、裁判官・検察官に採用しなくなり、大学間に序列ができる可能性も高く、大学教育における差別と選別が強化される可能性が強い。このことは、ひいては、どこの法科大学院出身かによって、法曹の中に序列化や格差を生み、弁護士自治や弁護士のアイデンティティの喪失に至る危険性がある。

⑤ 「プロセス」選抜の問題点

法科大学院構想の多くは、「司法試験という『点』のみによる選抜ではなく法学教育・司法試験・司法修習を有機的に連携させた『プロセス』としての法曹養成制度を新たに整備することが不可欠である」との認識に立ち、法科大学院入学の合否判定にあたっては、学部の学業成績も加味するという内申書制や推薦制などが考察されている。しかしながら、このような内申書制や推薦制などにより、客観的な合否判定基準が不明確になり、法科大学院の選抜制度が不透明になるとともに、この選抜制度では、例えば私立大学医学部で指摘されているような多額の入学金による不公正な選別や、大学が不適格であると判断した学生の入学を認めないという人材統制に利用される危険があり、法曹の質の低下と画一化につながる恐れがある。

⑥ 学費負担の問題

アメリカでは、ロースクールを卒業するまでに１０万ドル（１０００万円以上）近い債務を負担するという。日本のロースクールにおいてもその学費を国家が負担することはあり得ない以上、学費及び卒業するまでの生活費は学生が自らが負担する必要がある。このため、法科大学院構想では奨学金制度の創設が盛り込まれているが、たとえ奨学金制度があったとしても、法曹を志しながら、経済的理由で断念せざるを得ない学生が出てくることは否定できない。さらに、いったん社会人となり、結婚して家庭をもっている人が、多額の学費と生活費を自ら負担して法科大学院に通うことはますます困難となるであろう。

さらに、このように多額の費用を投入して法科大学院を卒業し、法曹資格を得た場合、その投下した資金の回収に大きな関心をもつようになることは容易に予想できる。そうであると、現在よりもますます、法曹資格取得後は利益の追求に走るという傾向が強まり、公益的な仕事を積極的に行う弁護士が減少することが懸念される。

⑦ 法曹の質の低下につながるおそれ

法科大学院は、現在の司法研修所にかわる法曹養成機関として構想されている以上、その教育形態は、マスプロ教育（大教室での講義）でなく、少人数のゼミまたはクラスを主体としたきめの細かい教育を実施する必要がある。このためには、多数の学生を教育する能力に長けた教員数を確保することが必要であるが、法科大学院において、果たして必要な教員数を確保することが可能であろうか。一人一人の学生に目の行き届いた、きめの細かい充実した教育が徹底的に保障されない限り、法科大学院卒業者の７割から８割が法曹資格を取得するという基本構想は、法曹の質の低下につながりかねない危険性を有している。

なお、ほとんどの法科大学院構想が、実務家を教員として登用することを提案しているが、実務家教員が担当できるのは法学実務教育であって、法科大学院におけるカリキュラムの中核となる法学専門教育（実定法、基礎法等に関する高度な学問的教育）を実務家教員が担うのは、原則として困難である。

大学が法曹養成教育に積極的に関与していくことは、良質な法曹を輩出する上で重要なことであるが、卒業生の７割から８割を法曹にしても問題がないといえるだけの充実した教育が法科大学院で保障できるかどうかについてはかなり不安が残ると言わざるを得ない。現状の大学院は法曹養成に何らの実績も有していない。このように実績もない大学院に、法曹養成の最も重要な局面を全面的に委ねることが果たして妥当なのか、極めて疑問である。

⑧ 法曹人口の根拠なき大量増員となるおそれ

　法科大学院が実現すると、毎年の司法試験合格者の数は、ほぼ法科大学院の総定員数によって規定されることとなるが、法科大学院を持たない大学は二流と評価される恐れがあるため、各大学は先を争って法科大学院を設置しようとすることが予想される。この結果、日本において必要な法曹人口はどの程度か、という議論が全くないまま、法曹人口の大量増員につながる危険性がある。

第4　まとめ（法曹養成制度の改革の方向性）
1　以上述べてきたとおり、法科大学院構想は、現行の法曹養成制度に関して主張されている問題点を是正・解消するものではなく、却って現行の法曹養成制度に関して主張されている問題点よりも遙かに重大な問題点を内在するものである。

　その原因は、法科大学院構想が、国立大学の独立法人化の問題や、少子化に伴う大学入学者の減少という激動のときを迎える大学の生き残り政策として急浮上してきたものであり、そもそも良質の法曹を養成するという観点から出てきたものではないことに大きく関係していることであり、そのような法科大学院構想の導入には賛成できない。

　他方、司法試験・司法修習という現行の法曹養成制度は、第1で述べたように優れた意義を有しているのであるから、現状の問題点に対しては、現行司法試験・司法修習制度のもとで、まず、次のような法曹養成制度改革を行って、その問題点の克服に努めるべきである。

2　第1に、大学における法学教育を充実させることである。

　前述の名古屋弁護士会のアンケートの結果からも明らかなように、現在の大学の講義に対する学生の評価には大変厳しいものがある。従って、大学は制度改革によって安易に学生を大学に呼び戻そうと考えるのではなく、学生の良識と自発性に依拠し、学生が講義に出席する意欲がわくよう自ら教育内容の改善に努めるべきである。現状の大学における法学教育では、大教室におけるマスプロ教育と安易な単位認定が、講義の質の低下をもたらすとともに、学生の学習意欲を減退させている。したがって、大学における法学教育が学生の知的要求と成長意欲を十分満たすものになるように、カリキュラムや教授内容等、大学教育の中身自体を改善し、法学教育を充実させることが必要である。今回、各大学が発表している法科大学院構想では、様々なカリキュラム改善案が示されているが、そのような改善案を、まず、現行の大学法学部において実施すべきである。

3　第2に、現行の司法修習制度の民主的な発展とその充実・強化を図ることで

ある。
　現在の研修所が官僚法曹養成の場になっているとの問題点は、司法研修所という制度そのものに由来するものではなく、研修所の運営を最高裁判所が単独で行っているところに原因がある。したがって、研修所を法曹三者が共同で運営するように組織改革を行い、司法修習の運用を民主化することが必要である。また、修習内容については、先端科目や基礎法等に関する講義を、大学の協力を仰いで、研修所教育の中に取り入れることにより、現在、不足している先端科目や基礎法等の知識を補うとともに、法曹倫理、事実認定論、尋問技術、交渉技術等に関する教育も充実させることが必要になる。
　そのためには、修習期間を今よりも延長することが必要になる。これは、修習期間短縮に向かっている現在の流れに反するのではないかとの疑問も生じるかも知れないが、修習期間の短縮は、修習生の増員に伴う予算の増額を避けるためにやむを得ず実施されるようになったものである。現在、法科大学院を設置すれば新しい予算がつけられるというのであるから、その予算を研修所の充実・強化に使えば十分可能なはずである。

4　第3に、現行の司法試験の改善を行うことである。
　これまでも司法試験の運用改善はいろいろと実施されてきたが、まだまだ不十分であり、中には丙案（合格枠制）のように、制度改革によって法曹養成に悪影響を与えたものもあった。したがって、丙案を廃止すること、短答式試験の出題傾向を改善すること、論文式試験の法律選択科目を復活させることなどの改善を行うべきである。

5　このように、現状の問題点に対しては、まず、大学における法学教育の充実と現行の司法試験・司法修習制度の改革を行って、その問題点の克服に努めるべきであり、また、それは十分に可能である。そのような改革を何ら行わないまま、これまで法曹養成に全く実績がなく、現状の問題点の解決にも結びつかず、かつ先にのべたような多くの内在的な問題点が想定される法科大学院構想を導入することには、到底賛成できないものである。

資料28　司法制度改革審議会集中審議（第1日）議事次第

司法制度改革審議会集中審議（第1日）議事次第より

【中坊委員】私らこの前やったんだけれども、警察でも550人に1人で、それを外国並みの500人に1人と言っている世の中に、弁護士が7,000人に1人だというのは、やはり絶対的な数字が大きくそれを物語っておると、私はそのように思うんです。

　仮にこれが5万人としても、今度は2,400人に1人なんです。だから、私も弁護士だから、余り急激に増えるのはいけないけれども、国民の立場に立ったときには、せめてそれくらいの人数になって、そのときにも条件付けたみたいに、先ほどからも出ているように隣接種との関係をどうするのか、それらを全部合わせれば10何万人もいるということですから、そういうところとの関係を言うならば、私は5万人か6万人というものを我々の具体的な頭に描いて、弁護士人口の増加を考えなければならないのではないかということを言ったわけです。

　5万人、6万人にしていこうと思うと、今、私は具体的には毎年3,000人の弁護士が新しく生まれる一方で、毎年500人が死んだりやめたりするとして、2,500人が毎年新しく増えていくとする。現在の1万7,000人がその勘定でどうなっていくかというと、ロースクールというものがこれからできてきて、新司法試験になって、2003年くらいになって、3,000人の数が入ってくるとして、おおざっぱに計算して、2018年にならないと5万人の数にはならないわけです。まず極めておおざっぱにそういう数字をもって言わないと、今、司法制度改革審議会を国民が注視しているんですから、それに対してインセンティブのある数字というものを提示しなければ、私は世の中の人にも、この司法制度改革審議会の在り方が問われると思うんです。

　そういう意味では、私は法曹人口ということから言えば、まず、ロースクールができて、新司法試験に受かる人は毎年3,000名という提案をしていくべきではないか。そうしないと、何もかもすべてが、今おっしゃったようにロースクールだって、仮に卒業生の8割が新司法試験に合格するとしたら、1学年に4,000人くらいがロースクールにいるということになってくるわけでしょう。そういうものを想定しないで、相当数であるとか、急激に増加するとかいう言葉だけでは、我々司法制度改革審議会が国民に対峙したときに、本当にそれでいいのかという問題がある。

　確かに水原さんのおっしゃるように、世の中というのは一般におっしゃるように、社会の需要というものをどう考えるのかということを考えなければいけない。これは確かにおっしゃるとおりなんです。しかし、需要というものは、余りにも今の在り方が違って、だから、懸け離れてしまって、司法がこれほど病的現象になっているというので、これは非常に長くなりますけれども、私は住宅金融債権管理機構・整理回収機構というところで、年間40億円を弁護士さんに払ってきたんですよ。日本最大の依頼者として私はやったんです。そういう弁護士さんの在り方を見て

おったら、弁護士さんは全部会社に来てもらっているんですよ。弁護士事務所などへは私の方は行っていないです。約 400 人の弁護士に、我々としては契約して動いてもらう。そうすると、弁護士の在り方から何から何までがもっと根本的に変わっていただかないと進まない。そういう意味で言えば、需要というものも、そういう意味において重要なんですよ。だから、私はこれから企業内弁護士というのは当然生まれてくるべきではないかと思います。事務所へ来てくれなどと言っておったら話にならない。住専の不良債権は、1兆円とか2兆円とか、ごつい数字ですよ。その不良債権を回収するんだと言われたら、弁護士さんの事務所へ行っていたら話にならない。会社へ来ても、支店長の隣に席が置いてあるわけですよ。あるいは、班長さんの隣に席を置いて、それでやってあれだけの債権が回収できたわけなんです。だから、弁護士の在り方というのはこれから変わらないといけない。

そういうことで言えば、非常におおざっぱな数字で言えば国民1人に対して幾らだよということを聞いたときに、今の数字では余りにも少ない。それでは、これからどうするのかと具体的に言われたときに、その合格者の人数ですら、「相当数」ということでは、審議会としての国民に責任を果たしたことにはならないと思うんです。

私は一つの提案ですけれども、毎年3,000人の新司法試験の合格者をこれから採用していくんだということを審議会の方針として打ち出していくことが、今、必要なのではないか。私はそのように思います。

資料29 来る11月1日の、日弁連臨時総会決議に反対する委任状のお願い

来る11月1日の、日弁連臨時総会決議に反対する委任状のお願い

一、来る11月1日の、日弁連臨時総会決議案は3,000人の大増員とロースクール制度を容認するものです。

このことは提案理由中で、司法審がまとめた「年間3,000人程度の新規法曹確保」について、「日弁連としては‥‥真摯に受け止め」としていること及び法曹人口の大幅増員を大前提とするロースクール制度を支持、協力するとしていることから明らかです。

二、弁護士過剰は国民に大きな弊害をもたらします。

弁護士過剰は、アメリカ、ドイツでのように、全体として弁護士の倫理的質、技術的質を低下させ、プロボノ活動の大幅な減少、金儲け志向、乱訴、不誠実な訴訟活動、国民の弁護士に対する信頼の甚だしい低下など社会的、国民的弊害が生じます。

このような弁護士では、「社会生活上の医師」の役割は果たさず、「信頼し得る正義の担い手」にもならず「市民のための司法」にも役立ちません。

また、この弁護士の質の低下は、倫理教育や、懲罰を増加させても効果はなく、弁護士数を合理的な限度に保ち、倫理基準違反を生み出している構造的条件を変革しない限り解決されません。

三、日本の弁護士は、今回の増員により弁護士過剰となる蓋然性はきわめて高いのです。

1. 弁護士増員の必要理由としてよくあげられるのは、「法律扶助」、「当番弁護士」ですが、「法律扶助」は、先発の西欧先進国の経験として、訴訟を殆ど増加させるものではないといわれています。また、「当番弁護士」は、30数年前より刑事審公判事件が激減していることから、刑事弁護業務全体としては、「当番弁護士」を加えても、弁護士一人あたりで減少しています。従ってこれらの業務による弁護士増員のニーズはないと考えられます。

2. 第16回日弁連司法シンポジュウムにおける弁護士人口に関する会員アンケート調査によれば、修習終了者1,000人時代の予想として、「弁護士が大変過剰」（39.7％）、「弁護士がやや過剰」（26.7％）としており、事件を直接扱っている弁護士の実感として、1,000人であっても「過剰」合計は66.2％に達しています。これは3倍となる今回の3,000人の増員は破滅的な弁護士大過剰のおそれが高く、実証的・科学的調査を尽くしたうえ決定されなければ、弁護士制度が大変なことになります。

四、ロースクール制度（法科大学院構想）の問題点

ロースクール制度は、第1に弁護士人口の大量増員を大前提とするものですから、弁護士過剰を引き起こし、社会的・国民的弊害が生じます。第2に、アメリカでは、ロースクール制度のもとで弁護士の倫理的質が低下し、弁護士への国民の信頼が著しくて低下しているといわれています。これは人権と社会正義実現を使命とする弁護士を育てる目的からは制度の失敗であり、戦後50年間弁護士の社会的評価を高めた現行修習制度より劣る可能性が強く、十分な検証もなくとるべき制度ではありません。

五、21世紀のあるべき弁護士制度

人間（人類）の最大の願いは、「安心して暮らせる社会」です。それはまさに「人権と社会正義が貫徹される社会」によってこそ実現されるものです。弁護士は、適正数のもとに、人権擁護と社会正義の実現を期する倫理的質を維持し、国民のため「人権と社会正義が貫徹される社会」を築くことに貢献すべきです。このことが社会・国民から最も求められる、21世紀の弁護士・弁護士制度です。

六、適正弁護士人口について実証的・科学的な調査を抜きにした今回の議案は、無責任であり、社会的・国民的立場からも認めるべきものではありません。

1. 平成9年10月15日の日弁連臨時総会は、執行部提案のもとに「1,500人の増員については平成14年10月に3年にわたる1,000名増員の影響を調査・検証して決する」と決議しました。この決議は弁護士過剰は社会・国民に対し弊害が生ずることから当然のことであります。今回一転して、検証なく3,000人を認めることは、社会・国民に対し無責任であります。
   新聞報道によれば、日弁連会長は8月29日の司法審のヒヤリングにおいて、前記総会決議に反して合格者3,000人容認の意思を表明していますが、これは、会内民主主義から決して許されない行為です。
2. また、前記総会では、「現行修習制度が半世紀にわたって果たしてきた役割を高く評価し、今後も、統一司法修習の原則を堅持する」。「司法修習期間は最低1年6ヶ月の期間を確保する」との決議をしました。今回議案のロースクール制度の容認・協力は、実証的・科学的な調査研究もなく、これまで高く評価していた現行修習制度に変え、人権と社会正義実現の立場からは失敗とみられるロースクール制度に安易に乗り換えるものであります。これは国民に対する影響につき、きわめて無責任、無定見であり、許されないことです。
3. なお議案の司法審への要望事項は、3,000人の増員とロースクール制度の承認を前提とするものですから、その限りにおいて、今回議案とすることは反対です。

七、反対の委任状による会員意思の表明を

司法審の方針に迎合し、実証的検証をすてて、弁護士大過剰を推進する今回の議案が議決されれば、国民のための弁護士制度を破壊し、社会・国民にとって取り返しのつかない最悪事態となります。

私たち弁護士は、国民の人権擁護と社会正義実現について重大な責任を有するものとして、この議決案を皆様の過半数の賛同を得て否決し、今後日弁連の総意として、国民生活の安心と幸福のために、弁護士過剰に留意した、司法審対策、国会対策を展開すべきであり、そのことに日弁連は総力をあげるべきだと考えています。

検証を伴わない3,000人の増員とロースクール導入の決議に反対の方は、別紙委任状に署名捺印（認印可）のうえ、呼びかけ人か、松浦武まで、レターケースまたは郵便等でお届け下さい。
なお、受任者欄は記入しないで下さい。当方で適当な総会出席者を選定し記入致します。

なお、恐れ入りますが、活動資金として、一口 1,000円のカンパを戴けることができれば幸いです。
☆銀行振込口座　関西銀行　梅田支店　普通預金　口座番号５６１８３１
　　　　司法と弁護士制度を考える会　代理人　松浦　武

呼びかけ人　　　　　　　　　　　　　　　　　　　　　　　　2000年9月25日
井上二郎　大石一二　太田眞美　太田隆徳　大野康平　岡田義雄　大川一夫
遠藤比呂通　加納雄二　金井塚康弘　金子利夫　岸本由紀子　熊野勝之　小泉哲二
佐野正幸　桜井健雄　坂井尚美　里見和夫　在間秀和　竹内　勤　田中幹夫　富崎正人
中川秀三　中殿政男　畑村悦雄　藤田一良　持田明広　前川清成　松浦　武　松本健男
八重澤總治　養父知美　山上益朗

資料30 「法科大学院と司法修習に関する全国弁護士アンケート」の結果報告書

「法科大学院と司法修習に関する全国弁護士アンケート」の結果報告書

日弁連法曹養成センター
　　委員長　坂　本　秀　文　殿

２０００年９月２６日
　　　　日弁連法曹養成センター委員
　　　　　荒井雅彦　今井敬彌　上野登子　木村　壯
　　　　　佐久間敬子　鈴木秀幸　立松　彰　野口敏夫
　　　　　野間美喜子　福井正明　藤浦龍治　森山文昭

１、アンケート実施の経緯

　本年４月、名古屋弁護士会において、司法問題シンポジウム「法曹養成のあり方とロースクール―アメリカ・イギリスの実情―」が開催されたが、このシンポジウムに向けて、全会員を対象に、「法学教育と法曹養成に関するアンケート」が実施された。

　日弁連の法曹養成センターの４月と５月の委員会においても、日弁連の全会員を対象とする法曹養成と法科大学院に関するアンケートの実施について議論がなされた。この議論の中で、発言者の多くから、日弁連が全国的にアンケートを実施した場合、名古屋弁護士会で実施したアンケートの結果とほぼ同じ結果になるのではないかとの指摘がなされたが、日弁連としてアンケートを実施するか否かについては意見が分かれ、５月２３日の委員会において、賛成１９票、反対１２票により、全国の会員を対象に、名古屋弁護士会のアンケートと同種の内容のアンケートを実施することが決定され、その後、分量を絞り込む検討を行い、１１問のアンケートとした。

　しかし、その後、日弁連執行部の承認が得られる見通しがないまま時が経過したため、事の緊急性を考え、やむなく委員の有志１２名で行うことにした。

　全部の単位会で実施されるように、単位会ごとに協力者を募ったり、または直送方式がとられた。全単位会においてアンケート実施体制をとり、７月中旬から８月上旬にかけて実施されたが、結果として、実施できた単位会は４６単位会、回答総数１７２２人であった。

２、法学教育と法曹養成に関するアンケート集計結果
　(1) 法律実務教育と現行統一司法修習
　　問１の法律実務教育を法科大学院に移すことについて、反対７５％、賛成１１％であった。問８の現行の国費による統一司法修習制度を廃止することについては、反対８９％、賛成は４％であった。
　(2) 法科大学院構想
　　問６の(3)の法科大学院の定員を年間２０００～４０００人とし、法科大学院修了者の司法試験の合格率を７～８割とする構想については、反対７５％、賛成１１％、わからな

い9％、その他5％という回答状況であった。

アンケート結果によれば、現行の国費負担による統一修習制度を強く支持し、現在提唱されている法科大学院構想に反対していることが分かる。

(3) 法科大学院制下の司法試験

問2の法科大学院が設置された場合、その修了を司法試験の受験資格とすることについて、反対80％、賛成11％、わからない5％であり、問4の司法試験の合格率を7～8割とすることについて、反対77％、賛成8％、わからない10％であり、問5の司法試験の合否判定に法科大学院の学業成績を含めることに、反対80％、賛成8％、わからない8％であった。

回答者の多くが、試験制度において大切なことは公正・平等であると考えていることが分かる。

(4) 司法試験合格者数1500～3000人の影響

法科大学院制度下で司法試験合格者が1500～3000人となった場合、問6の(1)の法曹資格者の需給バランスについて、過剰となる66％、過剰とならない12％、問6の(2)の弁護士の質について、低下する70％、低下しない9％という回答状況である。

回答者の多くが、弁護士の過剰、質の低下、修習のレベルダウンを心配している。

(5) 統一司法修習の将来

問7の法科大学院制度が実施されると、将来、現行の統一修習制度がどのような影響を受けるかについて、いずれ全面的に廃止される61％、1年に修習期間が短縮されて維持される17％、1年半が維持される2％、わからない16％という回答状況であった。

回答者の多くが、現行の国費負担による統一修習が廃止される危険性を強く感じている。

(6) 法曹一元、日弁連の関与

問9の法科大学院構想と法曹一元制の関連性について、ほとんど関連性はない59％、ある程度は関連性がある18％、大変に関連性がある6％、問10の日弁連の関与について、司法研修所方式の方が深く関与できる58％、法科大学院方式の方が深く関与できる7％、わからない27％という回答状況である。

回答者の多くが、法科大学院制と法曹一元は、特に親和的な関連性があるわけではないし、日弁連の関与を深くできるわけでもなく、むしろ、文部省の管轄に入り、口出しは困難になると考えている。

(7) 予備校利用と法学部教育の空洞化

法科大学院構想を浮上させている理由として予備校利用と法学部教育の空洞化の問題が挙げられているが、今回のアンケートでは、法科大学院を新設し司法試験を変えても、受験戦争や予備校利用を減少させる効果がないとする回答が59％である。

法学部教育の空洞化への対応としては、「現行の法学部教育の仕組みを基本的に維持しつつマスプロ教育や安易な学位授与を改善し、法学部教育と司法試験の乖離を少なくするなどの改善をする」（複数回答で539）、「現行の司法試験制度を基本的に維持しつつ

改善し、法学部教育と司法試験を近づける」（同８３７）という回答が多かった。
3、感想
(1) まず、我が国における法曹養成の歴史的流れを大まかに指摘したい。

　明治以来、判事・検事は独自に採用され、国費により養成されてきた。一方、弁護士は、養成制度自体が存在せず（弁護士無修習時代）、昭和１１年になって弁護士補制度が作られたが、修習機関もなく、無報酬で単に法律事務所に世話になるだけであった。そのためこの制度はひどく不評で、ほとんど成果をあげられなかった。戦後いち早く、戦前の人権抑圧に対する強い反省から、官尊民卑の構造を改善するため、昭和２１年、法曹三者について厳格で平等な統一試験と国費負担による統一修習制度という画期的な改革が行われた。この戦後の民主的な改革については、昭和４０年代、主に自民党と右翼集団からの偏向判決批判とともに分離修習へ戻す動きが起こり、これに日弁連は全力で反対運動を展開し、戦後の民主的改革を守った。

　現在、にわかに登場してきた法科大学院構想は、このような歴史的な統一・平等の司法試験と司法修習制度に対し、大きな影響を与えるものと考えるべきである。

　大陸法の我が国と違って、法学部も司法修習制度もないアメリカを母国とするロースクール制度の日本版だと称する法科大学院構想は、細部においてどのような制度となろうとも、我が国の伝統ある大学法学部や司法試験と修習制度に深刻な影響を与えることになるであろう。そのため、我々は、今、この問題に重大な関心を抱き、極めて慎重に対応しなければならないのではないかと思う。

(2) 法科大学院構想は、我が国の司法全体にとっても、個々の会員にとっても、極めて重大な問題である。自治組織である日弁連の民主制のあり方としては、早期に全国の単位会及び会員に、直接に意向を尋ね、日弁連の方針は、それにもとづいて形成され、最終的に理事会及び総会にかけられるという手順がとられるべきであった。司法官僚制を批判し、法曹一元を主張し、国民の陪審制を説く日弁連としては、当然のことではなかろうか。

　会員の意思を尊重し、会内民主制を最大限追求する姿勢を捨て去ったとき、日弁連は一般会員との距離を大きくし、求心力を失い、活力を失って弱体化し、普通の団体に変質してしまうのではないかとの危惧の念を抱かざるを得ない。

資料31　司法制度改革に関する日弁連執行部案について十分な議論を

司法制度改革に関する日弁連執行部案について十分な議論を

日弁連会員　各位

平成12年10月5日

司法研修所刑事弁護教官
- 弁護士　萬場友章
- 弁護士　柴田龍太郎
- 弁護士　鈴木利治
- 弁護士　冨田秀実
- 弁護士　権藤世寧
- 弁護士　横井弘明
- 弁護士　比佐守男
- 弁護士　箕輪正美
- 弁護士　野々山哲郎
- 弁護士　久江孝二
- 弁護士　佐藤順哉
- 弁護士　鈴江辰男
- 弁護士　木村美隆
- 弁護士　後藤仁哉

　今般、平成12年11月1日の日弁連臨時総会に提出される「法曹人口、法曹養成制度並びに審議会への要望に関する決議(案)」が明らかになりました。
　その内容を要約すると以下のようになると思います。

(1) 現在の統一修習の理念は事実上放棄され、1年の実務修習は弁護修習が中心になる(裁判所、検察庁での修習は所属した法律事務所から通う形となり、その実質は裁判所、検察庁への見学に近いものになるのではないかと懸念する声も強い)。

(2) 明確な文言はないが司法研修所前期、後期修習も廃止される可能性が高い。

(3) 司法試験受験資格を取得するために大学卒業後、2年あるいは3年間の「法科大学院(仮称)」(以下「ロースクール」という)を経なければならない。更に法曹資格を取得する為には1年の実務修習の履修を要するので法曹資格取得年齢は最年少でも25歳となる。

(上記決議案の問題点)

(1) 日弁連の唱えている法曹一元(弁護士等から裁判官を任用する制度)の実現が疑問視されています。このような状況のもとで、上記の案を採択することは、日弁連の意図に反し、統一修習の形骸化、事実上の分離修習容認だけが一人歩きする危険性があります。
　ロースクールの弊害等を具体的に指摘するのがチェックパーソンとしての日弁連に期待される役割と思うのですが、その期待に十分応えないばかりか、何故、現時点で司法研修所の廃止、統一修習の理念放棄、分離修習の容認とも受け止め得る上記案を提出するのか理解できません。
　ちなみに、現時点で、研修所廃止、統一修習の理念放棄とも受け取れる案を打ち出しているのは、日弁連執行部案だけです。

(2) ロースクールの教官確保に何ら具体的ビジョンが示されていません。
　大学の若手学者の中には研究を捨ててロースクールの教官になる意欲も魅力もないと明言する人もおり、大学関係者でさえ、ロースクールの教官確保を疑問視しています(日弁連法務研究財団フォーラム議事録参照)。
　ロースクール教官には実務家を充てればよいとの意見もありますが、全国で百数十名と見込まれる教官を真に確保できるのか極めて疑問です(教官の講師料水準も

-1-

本来の大学講師の講師料とのバランスから満足のいくものとなるか予断を許しません）。
　なお、執行部の中には元研修所教官を充てればよいという見解もあるようですが極めて安易な御都合主義という他ありません。

(3) 日弁連執行部案もロースクールの公平性、開放性を唱え、学費等の公的助成を訴えていますが、真にそれが実現するかは保証の限りではなく、現在以上に裕福な者しか法曹になれない危険性を内包しています。
　また、司法制度改革審議会の構想では、当初の設置基準を満たしたロースクールも、後に第三者機関の審査により教育水準を満たしていないということになると、その卒業生は司法試験受験資格を取得しないことになります。かような事態は、司法試験受験資格取得を信じてロースクールに入学した学生にとって予想外の打撃を与えることになります。

(4) 実務修習の費用負担は明確ではありませんが、日弁連がかなりの部分を負担する可能性もあるように思います。

(5) 刑事弁護の観点からは上記案がもたらす帰結は深刻です。
　1年の実務修習で否認事件、無罪事件にめぐりあう確率は極めて低いわけですが、従来、その点は司法研修所の前期、後期の白表紙起案、講義等でフォローしてきました。
　しかし、仮に司法研修所の前期、後期も廃止されるのであれば、多くの法曹が刑事事件についての基本的素養を欠いたまま誕生する可能性があります。

(6) また、現在の司法試験制度は、大学教育を経ない司法試験第1次試験合格者に第2次試験受験資格を与える制度を確保していますが、上記案は、逆に門戸を現制度より更に狭くし、ロースクール卒業生にのみ司法試験受験資格を与えようとするもので、この点からも妥当性を欠いたものとなっています。

(7) 批判のある予備校問題にしても、ロースクールに入学する予備校、司法試験に合格するための予備校と、逆に予備校が関与する機会が増加する懸念もあり、受験生にとっては、かえって経済的負担が増加する可能性もあります。

　ロースクールがこれらの問題点を持つことを明確に国民に訴えるのが日弁連の使命ではないでしょうか。

　以上のような重大な問題をはらんでいる決議案であるにもかかわらず、一般会員に問題点すら十分に開示されていないと思います。
　現時点では情報がかなり錯綜しており、上記の記述には私どもの誤解や理解不足もあると思いますが、十分な情報提供や議論がなされていないことも事実です。問題点を明確にするためにも、後に禍根を残さないためにも十分な議論をお願いしたいと思います。
　　　　　　　　　　　　　　　　　　　　　　　　　　　　　　以　　上

資料32　横浜からの反対の風を全国へ！！（これでいいのか日弁連!?）

横浜から反対の風を全国へ！！
〈これでいいのか日弁連！？〉　No.2
２０００年１０月１６日　文責　横浜弁護士会会員・常議員　茄原正道

11.1. 日弁連臨時総会決議に反対する行動のお願い

今、これまで以上に最悪の、取り返しのつかない決議がなされようとしています。ここで日弁連の会員が毎年３０００人という無謀な増員と分離修習への道を拒否しなければ、在野法曹と民主的司法は死を迎えると言っても過言ではありません。

☆【私達呼びかけ人は、１０月２０日の横浜弁護士会常議員会において、「日弁連臨時総会決議案には反対」との決議をされることを要望します。】

1. もしも、「執行部は間違ったことはしない」との考えの下に、とりあえず白紙委任状ないし賛成の委任状を出した方もまだ間に合うと思います。是非とも撤回して下さい。次の書式の要領でいいです。そして、反対の行動をお願いします。

```
　　　　　　　　　　　　　　　　　　　　　２０００年１０月　　日
　横浜弁護士会
　　会長　永井　嵩朗殿
　　　　　　　　　代理人選任届撤回書
　　　　　　　　　　　　　氏名　　　　　　　　　　　㊞
　私が貴会会長宛に提出した日弁連臨時総会（１１月１日開催）の「代理人選任届」（議案に賛成する趣旨として扱われるもの）は、撤回致します。
　　　　　　　　　　　　　　　　　　　　　　　　　　以　上
```

2　今回の日弁連執行部提案が出された経緯については、当初、「法曹一元」「陪・参審制」の言葉はなかったことに注意して下さい。決議案の第２・３項が右のこととは無関係であることは、夏の研究合宿で、日弁連執行部自身が語っています。そして、日弁連の当初の提案理由には「法曹一元」の言葉は消えていたため、それを付け足して出されたのが最終的な提案理由であります。また、今回の決議案に対しては、東京三会を除く関東十県会の理事が当初、各理事の異論や懸念の声をとりまとめて、法曹一元・陪審制の導入要望決議を第１項に格上げすることを要望する旨の意見書を作成し、結局それを執行部が採用することをもって矛を納めたようです。それでは各単位会は全然納得していないのが現状です。

3　よく考えていただきたいのですが、そもそも法曹一元制等への要望を日弁連としては既に本年５月の定期大会で宣言済みであり、今回も元々決議案には最初はなかったのです。今、再度、その要望を決議しようというのは、８月の司法審で打切りが行われたから、意味があるとでもいうのでしょうか。右打切りの内容・経過について会員に知らせないまま、あらためて法曹一元を付け加えるのは、屋上屋を重ねるだけではなく、反対をそらすための枕詞でしかありません。

もう、自らの幻想の下に、弁護士・弁護士会自治を売り渡すことは止めようではないですか。分離修習への道を開くことも阻止すべきです。

4　１０月１１日に、当横浜弁護士会での今回の臨時総会に向けた会内討論集会に、日弁連執行部から、３名、急遽かけつけてきました。そこで、１項法曹一元はもう２０年も前から言っていることだ、今何故？との指摘に対し、「今現実性が出てきたからだ」と答えて、呆れられています。８月に、司法審で法曹一元の議論は打切り、という決定が出された後の、このような回答は欺瞞としか言いようがありません。ヒアリングで、３０００名も増えて大丈夫か？と委員からさえ心配されて、久保井会長が懲戒手続や研修で対応できる、と言うのと同じです。全然答えになっていないのです。なぜか認識が根本的におかしいのです。

5　また、恰も日弁連の方針が通っているかのような幻想が撒かれています。
一部だけの国民参加の司法手続が司法審から、日弁連執行部への応援（？）として言われると、さも自らの言い分が通ったかのように「陪・参審制の実現」と

ニュースでは言っています。しかし、新聞報道でさえ、既に、「この国民の参加を考えるのは、所謂『陪・参審制』とは無関係」と報道されているのです。
6　細かく批判すればキリがありませんが、現在執行部は大慌てで、次々にニュースを出しては、大本営発表を行っています（支持は急速に失われています）。
　研修所の刑弁教官の意見書に対して「司法研修所は存続」とのニュースも然りです。今、そういうことを言うなら、どうして、早くから、そのような積極的な説明が出来なかったのでしょうか（「ロースクールを」と喧伝していたのではないのですか？）。大体、総会議案書自体が、司法研修所存続を否定しているのです。13～14頁で述べています。「現在の司法研修制度は、量的な養成能力という点で限界に達しており、…このままのシステムでは困難である。」と。又、「司法修習も固定的なものと考えているわけではない。」（日弁連速報・審議会版№33）等々。そもそもが、何故、日弁連が自ら考え出したりしたわけでもない司法審路線の方針を後追いして、説明したり弁解してやったりしなければならない破目に陥っているのでしょうか？今回の決議案は日弁連が自ら考えついたものでもなく、その決議案について、「文部省の説明では…文部省の考えでは…」という形でしか説明できないのは何故でしょうか（横浜での10月11日の日弁連執行部資料）？ロースクールに関する、実に多数に上る大問題も答えられないまま強行していいのでしょうか？何故議論を避けるのでしょうか？
　みなさん、今は、ただこの決議案反対の1点に結集しましょう！！
　是非総会に出席して反対を（出席通知は10月23日迄に横浜弁護士会に連絡必要）！　反対の議決権行使のための委任状は、10月23日までの認証を受ける必要がありますので、まだの方は、今日、明日中に、大至急、「受任者欄白紙」で、集約先としての下記の私宛にお送り下さい。間に合うようにお願いします。
　　〒216-0004　川崎市宮前区鷺沼3-1-22鷺沼ビル2階A
　　　　　　　茆原法律事務所　　弁護士　茆ぅ原はら　正道
（電話044（855）5414　・　ファクシミリ044（855）5657）
弁護士会では決議反対の方から受任者白紙で認証を求められて困っているようです。私の方で行使者分担を決め認証手続を取りますので、私の方に送って下さい。1人30票しか行使できないため、死票が出ないようにする必要があります。
☆下記の方々が、日弁連執行部提出決議案に反対の態度を明らかにしています。
【横浜弁護士会呼びかけ人】（敬称略・五十音順）更に呼びかけ人参加募集中！

青木　孝	阿部雅彦	飯田直久	伊澤一美	石井幹夫
板谷　洋	井上　啓	岩田恭子	岩田武司	榎本勝則
大河内秀明	大友秀夫	岡部光平	小川直人	小川光郎
小沢弘子	小沢靖志	小比賀正義	織裳　修	折本和司
加藤　徹	鎌田泰輝	河合秀樹	工藤　昇	久保田壽治郎
黒田和夫	黒田陽子	小嶋干城	呉東正彦	小林秀俊
小林將啓	小柳憲冶郎	小山冶郎	齋藤尚之	斉藤秀樹
齋藤芳則	酒弁正(45期)	酒弁正(52期)	佐賀悦子	佐藤進一
佐藤　裕	佐藤嘉記	三宮政俊	島　進	鈴木一徳
高岡俊之	高橋　温	高橋　優	竹森裕十	出寸　埣
田中俊夫	田村彰浩	千木良正	茆原正道	茆原洋子
月本善也	遠矢　登	中野和明	中野　新	中村俊規
浜田　薫	原　勝己	東　玲子	彦坂敏之	平岩敬一
福島武司	藤田敏宏	本田敏幸	本田正男	本間　豊
松本幸男	三浦　修	宮澤廣幸	宮島才一	村田恒夫
森下　忠	安田英二郎	山本一郎	山本祐子	横溝久美
横溝　徹	横山裕之	若田　順	若林正弘	若林律夫
渡辺利之				

（名前出さない方の反対の意思表示も圧倒的多数の状況です。）

資料33 ご報告と反省会のお知らせ

平成12年11月6日

ご 報 告 と 反 省 会 の お 知 ら せ

法曹人口・法曹養成を考える名古屋有志の会

連絡担当　寺澤　弘　野間美喜子　打田正俊　鈴木秀幸
　　　　　纐纈和義　森山文昭　秋田光治　鈴木含美

1、　11月1日の日弁連臨時総会は、討論の段階で発言通告者が五十数名いて、18番目の発言者とされた者が、意見を述べずに打ち切り動議を出し、これに対し、続会の動議、議長不信任の動議などが出され、議事の進め方に対立が生じました。執行部案の採決の結果は、次の通りでした。
単位会の数は52ですから、表決に加わらなかった単位会が五つあることになります。

	賛　成	反　対	棄　権
本　人	583（名古屋17）	362（名古屋27）	15
代　理	6822（名古屋126）	3049（名古屋438）	53
会	32	14（名古屋1）	1

（注）名古屋の本人出席は当日少し増加

　不正確ですが、事前及び会場で得た情報では、執行部案反対の委任状の方が多い単位会は、旭川、札幌、函館、青森、秋田、山形、福島、栃木、群馬、横浜、名古屋、金沢、広島、山口、大分などで、拮抗している単位会は、仙台、埼玉、岐阜、三重、熊本などです。
　弁護士会と派閥が委任状をかき集めた東京で約3200票、大阪で約800票、合計4000票の差があり、全体の差とほぼ同数であり、東京と大阪を除くと、ほぼ五分五分ではなかったかと思います。

2、反省会
　司法制度改革審議会の中間報告が、11月20日頃に発表されます。
　これまでのこと、中間報告のこと、今後のことについて、意見交換の機会を設けたいと思います。
　若手の弁護士の先生方のご出席を、特に期待しています。

日　時	11月24日（金）午後6時
場　所	とり要（中区丸の内3-7-39 ℡971-1697）
	大津橋の南のチサンマンションの裏手で一本西側
費　用	若手弁護士5000円、先輩弁護士は当日計算。

・・・・・・・・・・・・・・・・・・・・・・・・・・・・・・・・・・・・・

出　欠　届

11月24日の反省会　　　出　席　　・　　欠　席

　　　　　　　　　　　　お名前（　　　　　　　　　　　　　　　　　　　　）

鈴木秀幸のボックス又はFAX（201-5242）へなるべく早くご返事下さい。

資料34　単位会における状況の照会

平成12年11月18日

単位会における状況の照会

横浜弁護士会
茆原正道　先生

名古屋　鈴木秀幸
大阪　松浦　武
仙台　佐久間敬子

大変に、ご苦労さまでした。何か立場があるわけではありませんし、一方的な照会で申し訳ありませんが、至急にお願い致します。

1、11月1日の日弁連臨時総会は、討論の段階で発言通告者が五十数名いて、18番目の発言者とされた者が、意見を述べずに打ち切り動議を出し、これに対し、続会の動議、議長不信任の動議などが出され、議事の進め方に対立が生じました。執行部案の採決の結果は、次の通りでした。

	賛成	反対	棄権
本人	583	362	15
代理	6822	3049	53
会	32	14	1

単位会の数は52ですから、表決に加わらなかった単位会が五つあることになります。

2、不正確ですが、私が事前及び会場で得た情報では、執行部案反対の委任状の方が多い単位会は、旭川、札幌、函館、青森、秋田、山形、福島、栃木、群馬、横浜、名古屋、金沢、広島、山口、大分などで、拮抗している単位会は、仙台、埼玉、岐阜、三重、熊本などです。弁護士会と派閥が委任状をかき集めた東京で約3200票、大阪で約750票、合計約4000票の差があり、全体の差とほぼ同数であり、東京と大阪を除くと、ほぼ五分五分ではなかったかと思います。

3、今後のためにも、ほぼ正確なところを把握しておきたいと思いますので、下記の該当するところに数を記入して、至急ご返送下さい。

	賛成	反対
単位会の総会		
常議員会	若7	15
その他の方法		
会員の委任状数（約）	61	154
本人出席（約）	約15	20
単位会の票		○

※資料としてまとめたいと考えていますので、各地の反対意見書、チラシなどの原本もご送付下さい。

（送付先）〒460-0002　名古屋市中区丸の内2-2-7　丸の内弁護士ビル801号
弁護士　鈴木秀幸　TEL052(201)5241　FAX052(201)5242

上記者様です。
11/13(月)　茆原正道

資料35　単位会における状況の照会

平成12年11月13日

単位会における状況の照会

札幌弁護士会
村松弘康　先生

名古屋　鈴木秀幸
大阪　　松浦　武
仙台　　佐久間敬子

　大変に、ご苦労さまでした。何か立場があるわけではありませんし、一方的な照会で申し訳ありませんが、至急にお願い致します。

1、　11月1日の日弁連臨時総会は、討論の段階で発言通告者が五十数名いて、18番目の発言者とされた者が、意見を述べずに打ち切り動議を出し、これに対し、続会の動議、議長不信任の動議などが出され、議事の進め方に対立が生じました。執行部案の採決の結果は、次の通りでした。

	賛成	反対	棄権
本人	583	362	15
代理	6822	3049	53
会	32	14	1

単位会の数は52ですから、表決に加わらなかった単位会が五つあることになります。

2、　不正確ですが、私が事前及び会場で得た情報では、執行部案反対の委任状の方が多い単位会は、旭川、札幌、函館、青森、秋田、山形、福島、栃木、群馬、横浜、名古屋、金沢、広島、山口、大分などで、拮抗している単位会は、仙台、埼玉、岐阜、三重、熊本などです。弁護士会と派閥が委任状をかき集めた東京で約3200票、大阪で約750票、合計約4000票の差があり、全体の差とほぼ同数であり、東京と大阪を除くと、ほぼ五分五分ではなかったかと思います。

3、　今後のためにも、ほぼ正確なところを把握しておきたいと思いますので、下記の該当するところに数を記入して、至急ご返送下さい。

	賛成	反対	
単位会の総会	38	112	棄5
常議員会			
その他の方法			
会員の委任状数（約）	38	119	棄2
本人出席（約）	2	17	
単位会の票		1	

※　資料としてまとめたいと考えていますので、各地の反対意見書、チラシなどの原本もご送付下さい。

（送付先）　〒460-0002　名古屋市中区丸の内2-2-7　丸の内弁護士ビル801号
　　　　　弁護士　鈴木秀幸　TEL052(201)5241　FAX052(201)5242

資料36　綱紀審査会制度新設に対する批判

2002年11月13日

綱紀審査会制度新設に対する批判

鈴木秀幸、寺澤弘、野間美喜子、谷口和夫、打田正俊、福島啓氏、纐纈和義、
森山文昭（名古屋）　松浦武、熊野勝之、岸本由起子（大阪）　福井正明（三重）
藤浦龍治（京都）　上野登子（第二東京）　立松彰、井上隆行（千葉）　星山輝男、
茆原正道（横浜）　織田信夫、佐久間敬子（仙台）　木村壯、新穂正俊、小川修（埼玉）
荒井雅彦（栃木）　金城睦（沖縄）　野口敏夫（熊本）　三浦元（山形）　山本啓二（函館）
薦田伸夫（愛媛）　武本夕香子（兵庫）

> 弁護士法上の機関として議決に法的拘束力を認める綱紀審査会制度は、外部の者だけで委員を構成したうえで、単位会及び日弁連の綱紀委員会の上級審として、綱紀委員会の議決を破棄して懲戒委員会に付す権限を与える制度であり、弁護士自治に対する重大な制約である。
>
> それにもかかわらず、日弁連の執行部から、市民の弁護士への支持と信頼を高め、弁護士自治を堅持、発展させる制度であるとして提案されている。
>
> しかし、国民が信頼するのは、何ものにも従属せず、自由で独立した、質の高い弁護士集団であり、弁護士自治への介入・制約を強める制度改革こそが、むしろ弁護士への社会的信用性を低下させることになる。
>
> 弁護士の社会的信用性を低下させる原因は、現行の自治的な懲戒制度ではなく、①法科大学院を乱立させて卒業者に特権を与える安直な司法試験制度（2〜3年間の学費400〜600万円程度を出せば手に入る法曹資格の乱売制度）、②弁護士過剰による業務のビジネス化と倫理の低下、③外部の勢力の弁護士自治介入、官製の公益活動の義務化、執行部の会員軽視、大単位会の横暴な派閥活動などによる不当な弁護士統制と日弁連支配である。
>
> 国民の弁護士への信頼を高めるためには、法曹資格の質を高く維持し、弁護士人口を適正に保ち、弁護士に完全なる自治と職務の独立と自由を保障することである。

1　司法と弁護士自治の原理と国民
　(1)　日弁連執行部は、「市民が参加して構成される綱紀審査会」と表現し、「市民の参加」「市民の理解と支持」という言葉を繰り返し、綱紀審査会構想を提唱してきた。
　　　しかし、多数決原理によって支配される立法・行政と異なり、個人の人権保障と社会正義の実現を使命とする司法は、真理と正義の追求、国民の基本的人権擁護という別の原理によって支配されるべきであり、そのためには、司法の独立が保障され、司法内部において、官僚的統制が排斥され、構成員の良心と知性に依拠した完全なる自治の体制が確立していることが不可欠である。
　　　弁護士の自治権は、裁判官の独立や学者の学問の自由と同様に、長く厳しい歴史を経て、弁護士のプロフェッショナルな専門家としての職務の性質を根拠に、弁護士が中心となって、権力者に認めさせてきたものである。我が国においても、戦後の民主的改革において、

日本国憲法は、国民に基本的人権を保障し、司法権の独立を謳い、刑事被告人の弁護士依頼権を定め、それらを支え保障する制度として、人権擁護と社会正義の実現を使命とする弁護士制度を要請している。そして、この弁護士制度にとって不可欠な基盤である、自由で独立した弁護士によって弁護士集団が規律され運営されなければならないとする弁護士自治も、憲法上の要請という位置付けがなされなければならない。
(2) 弁護士自治が、自治である以上、弁護士会の運営と弁護士の規律保持に外部の者の介入を認めず、構成員が自らの手によって適正さを確保することは、国民に対する責務である。自治が攻撃を受けるときには常に、独善、特権、仲間内という感情的で悪意の言葉が使われてきたが、我が国の弁護士集団は、「弁護士の権益の擁護や独善」に陥ることなく、適正に自治権を行使する自覚と能力を持っている。「弁護士自治の堅持と発展」は、組織外の者を頼りとすることをせずに、構成員の自覚と自らの責任においてなされるべきで、それは十分に可能であり、また、そのようにすることによって国民の信頼も得られる。国民の役割としては、弁護士自治に組織外の者が介入しないように監視し、介入があれば排除を要求することであり、そうすることにより、弁護士が国民の利益を守る存在であり続けることができる。
2　弁護士自治における専門家と国民の関係
(1) 綱紀審査会を提案する日弁連執行部は、要するに「弁護士自治が天賦の制度保障ではなく、市民から負託されたものであることを深く認識し、市民の理解と支持のもとにこれを維持・発展させていかなければならない」「弁護士自治を、市民的基盤に支えられたものとして更に強化していくことにあり、その手段として市民からなる開かれた制度としての綱紀審査会を設置しようとするものである」（平成14年12月5日の日弁連臨時総会議案9頁、7頁）という短絡的な論法をとることにより、国家権力の自治介入は排除するが、「市民」の自治介入を認めるとし、弁護士自治への介入自体を正当化しようとしている。しかし、この国家権力と「市民」の使い分けは間違いである。
　　日弁連の執行部案では、弁護士自治は「市民」より負託されたとあるが、もし負託主体を言うならば、「市民」ではなく、主権者である国民であるが、弁護士自治の正当性の究極の根拠が国民にあることを、ことさらに論じる必要はない。この究極の根拠から、弁護士会の運営や懲戒に関し、国民に対して無条件に説明責任を負うとか、国民の代表を手続に直接参加させるという結論を導く考えは誤りである。このような短絡的な論法による自治に対する市民参加論は、結局のところ、弁護士自治の論拠を決壊させ、綱紀審査会にとどまらず、懲戒審査会や司法審査を容認することになる。自治の強化と言うが、この論は、自治の制限論、否定論以外の何ものでもない。
(2) 政治的民主主義であるならば、その一部を間接民主制から直接民主制に戻すことが考えられる。しかし、弁護士の資格は、国民の選挙によって与えられるものではないし、弁護士自治は、個々の弁護士が国民一人ひとりの人権と正義にかかわる専門的職業であるために、人権と正義の思想にもとづいて、国民が弁護士集団に認めてきたものである。
　　それ故に、自治権返上は、国家機関にも市民にも為されるべきではなく、国家機関への返上は危険で、市民への返上は危険ではないとする論法は、歴史と現実を無視した誤った考えである。
3　弁護士自治返上は国民に対する裏切り
　　弁護士自治は、歴史的に極めて明確な目的をもって獲得され、弁護士集団が担ってきたも

のであるが、これまでも、戦後の民主的改革の中で、弁護士自治が認められたことを快く思わなかった者が、弁護士自治を制約し、いずれは剥奪しようとし、既に昭和39年の臨司意見書で官僚司法の強化と弁護士自治の制約を目標に据え、ことあるごとに弁護士自治を攻撃してきた。しかし、弁護士自治を制限しようとする者は、支配層と利用者団体の一部の者であって、一般の国民ではない。支配層と一般の国民の間には大きな隔たりがある。一部の者の返上要求に応じて、弁護士が、弁護士自治を、部分的であれ「少数の一部の国民」(選ばれた委員)に返上し、自治に介入させることは、一般の国民に対する専門家集団の無責任な責任放棄であり、一般の国民にとって、失うものこそあれ、得られるものは何もない。自治の返上は、国民の弁護士自治に寄せる期待に対する裏切りである。弁護士自治の目的が不要とならない限り、弁護士が自治を返上することは許されない。

4 綱紀審査会の狙い、自治の空洞化
 (1) 現在、綱紀委員会は弁護士委員だけに議決権があり、その過半数が反対すると懲戒手続に付すことができない。綱紀審査会は、この制度を打ち破るために、単位会及び日弁連の綱紀審査会の議決を覆す権限を有する上級審として位置付ける制度である。

   これまで、綱紀審査会の制度を正当化するために、裁判所による司法審査(懲戒処分に対する請求人側の出訴権を含む)などの自治否定の動きに対する最大の防壁であるとか、最終的な懲戒権を留保しているから構わないとか、自治権を堅持し発展させるためであるとかの理由が述べられてきた。

   今回の議決に拘束力を認める綱紀審査会制度は、外部委員だけの構成で、その3分の2で単位会の懲戒委員会に付す権限を認めようとするものである。単位会や日弁連の綱紀審査の懲戒相当の議決でさえ、被請求人の弁護士に深刻な打撃を与えるが、綱紀審査会での懲戒相当の議決はもっと大きな影響力を持つ。弁護士を自己規制させ、その後の単位会と日弁連の懲戒委員会にも大きな影響を及ぼす。

   懲戒委員会は、既に弁護士委員が過半数ぎりぎりであるために、外部委員と弁護士の一部が結びつけば、弁護士の多数意見が懲戒不相当であったとしても、逆の議決となる。これを、自治の空洞化、自治の侵害と言わずして何と言うのであろうか。しかも、もし綱紀審査会の決定がその後の手続で覆されようものなら、更なる制度改悪に突き進むことは必至である。そのとき、再び、市民負託論による市民参加が論拠に使われるに違いない。

 (2) これまで、日弁連執行部は、綱紀・懲戒委員会の弁護士でない委員の過半数化に反対し、その理由として「外部委員を過半数にすると、それは単なる『公正さの担保』という要請を越えて、弁護士の処分を実質的には弁護士以外のものに委ねてしまうこととなり、弁護士自治の趣旨に反する」(平成13年1月日弁連綱紀・懲戒制度改革原案)、「強制加入制廃止論や外部委員の過半数化論、さらには懲戒請求者への出訴権付与論といった意見は、いずれも弁護士自治を損なうものであり、このような意見・批判に対しては、弁護士自治の意義や必要性を真正面から掲げて反論することが不可欠である」「各弁護士会及び日弁連の綱紀委員会及び懲戒委員会は、弁護士自治の趣旨に鑑み弁護士である委員が過半数を占めるものとし」(平成14年2月28日日弁連臨時総会決議19、20頁)と説明してきた。

   しかし、「市民」だけで構成される綱紀審査会こそ、外部委員の過半数化をはるかに越えて、「弁護士の処分を実質的には弁護士以外のものに委ねてしまうことになり、弁護士自治の趣旨に反する」ものである。外部委員の過半数化に反対しながら、全委員が外部委員で構成される綱紀審査会制度に賛成することは、全くの矛盾である。

(3) 制度上、弁護士のようには自由や独立が保障されておらず、また専門分野の理解が不十分な「市民」によって構成される審査会に対して、裁かれる側の弁護士が弁護士の職務と事案の理解度に強い不安と危険を感じるのは当然のことであり、「市民」の審査会は、「公正さの担保」要請をはるかに越える存在である。
5 綱紀審査会による綱紀・懲戒制度の透明化、充実・実効化とは何か
　綱紀審査会が新設の理由として強調する「綱紀・懲戒制度を充実させ、透明化、実効化」とは何を意味するのか。制度の透明化とは、くだけた言葉では「ガラス張り」であるが、それは「公開」・「公表」までであって、運営権や議決権を与えることは「制度の透明化」を越えて、「介入」である。弁護士が市民に信頼されるためであると言ってみても、自治の侵害そのものであることには変わりがない。
　また、綱紀・懲戒制度の充実・実効化とは、弁護士自治に対する介入を強化し、懲戒の範囲を拡大しようとするもので、弁護士の職務の独立と正当な利益を侵害することを意図していると言わざるを得ない。
6 市民とは誰か
(1) 日弁連は、昭和39年の臨時司法制度調査会意見に対し、官僚司法の強化を批判し、司法の独立を守るために反対運動をしてきたが、平成2年に日弁連は反対ばかりして国民の為にならなかったとする中坊元会長が登場して以後、「市民」、「大きい司法」、「弁護士自己改革」が連発され、外部やマスコミによる弁護士バッシングが助長され、会内民主制を軽視し、弁護士集団の意思をねじ曲げてきた。しかし、「市民のため」と繰り返しても、「市民参加」が実現されても、貧弱な司法予算、統制され消極的で利用価値の低い司法が続く限り、国民のための司法は実現しない。
(2)「綱紀・懲戒手続に参加する市民」、「弁護士会の運営に参加する利用者たる市民」は、一体誰を言うのであろうか。真の意味の国民代表や利用者の代表を選ぶことは困難である。
　普通の市民が、弁護士の懲戒手続の関与を望むとは思えず、委員になるには大変に無理がある。結局のところ、「市民」の中には普通の市民は含まれず、また、組織も労組、消費者団体、マスコミに限られず、必ず政・財・官を代弁する者が含まれることになる。行政や裁判所による審査は弁護士の職務の独立を侵害する危険があるが、このような「市民」の審査会にはその危険がないと考えるのは、歴史と現実に目を瞑るものである。権力者やその代弁者を含んだ「市民」によって、人民裁判的な判断がなされたり、国家統制の道具とされる危険性を十分に予想すべきである。専門家と国民の代表を集めたという各種審議会や、支配層やマスコミが利用する「国民の声」が、上からの統制を正当化するものとして使われてきたことを知らない者はいない。
(3) 外部の者と一部の弁護士が結びつくことにより、弁護士の真の多数意見が排除され、外部の勢力により会内の意思決定が影響されるならば、それこそ弁護士は国民の信頼を失い、国民は貴重なものを失うことになる。我が国で問題なのは、専門家の独善ではなく、独立した専門家が軽視されていることである。
(4) 我々が為すべきことは、国民に対し、自由で独立した専門家が存在することの大切さを訴え、専門家集団が、外部の介入を受けずに弁護士会を運営し、弁護士の職務の独立性を保持することが、国民のためになるという理を説き、国民が弁護士自治の擁護者になることを訴え続け、最後まで戦うことである。このような姿勢を放棄して、国民の信頼を得ることはできない。

7 市民参加と懲戒請求権者、自治侵害主体
　　現行法は、何人にも懲戒請求権が認められており、懲戒請求権者は国に限定されていない。弁護士の職務の独立は、政府、行政機関、検察庁、裁判所にとどまらず、国会、政党、経済的権力、マスコミ、各種団体、市民、顧客、相手方による侵害も想定しなければならない。
　　「市民」ならば、その侵害者になっても構わないとは言えない。また、市民の方が、司法審査の裁判官より弁護士の職務の独立の全てに理解があるとする根拠はない。
　　そのために、懲戒制度は、全ての侵害主体から完全に独立していなければならない。
8 市民参加は類例のない特異な懲戒制度
　　民間企業はもとより、裁判官、検察官、議員及び一般公務員の懲戒権も内部の者によって行使されている。裁判官の罷免を決める国会の弾劾裁判所が唯一の例外である。国民参加の懲戒制度はどこにも存在しない制度である。外国においても、弁護士懲戒に一般人が関与する制度はない。検察審査会は、一般の犯罪の不起訴の当否を審査するもので、綱紀審査会と全く異なる制度であり、検察官の懲戒を審査するものではないから、綱紀審査会を新設する根拠にはならない。このように、綱紀審査会は、歴史上全く特異な制度である。
9 市民による審査と判断基準の特質
　　弁護士は、治外法権的に刑事訴追や民事裁判を免れているわけではなく、懲戒は、それらに加えて責任を問われるものである。綱紀・懲戒審査は職業上の規律違反（倫理）が判断対象であり、審査基準とされる懲戒事由は、罪刑法定主義に反する抽象的規範概念が多く使われ、一般の刑罰法規の要件該当性の判断と同じではなく、実情を知らない者にとって大変難しい判断が要求される。市民が、一体、どのようにしてそれを調査して審査するのか。しかも、綱紀審査会は東京に唯一つ設置され、年間数百件という事件数を書面で審査することになるが、適切な審査を保証する体制をとることができるのか、不安を抱かざるを得ない。これらのことを踏まえない制度設計は間違いであると言わざるを得ない。
10 3回の綱紀審査はデュープロセス違反
　(1) 外部の者の意見を聞くという制度趣旨からすると、綱紀審査会は、既にある綱紀委員会の外部委員制と重複した制度である。現在でも、懲戒請求者は、単位会の綱紀委員会の懲戒不相当の決定に対し日弁連に異議申立ができる制度になっているが、今後は、更に綱紀審査会にも異議申立ができるようになり、そのため、懲戒請求を受けた弁護士は、単位会の綱紀委員会、日弁連の綱紀委員会、今回の綱紀審査会と、三段階で対応しなければならなくなる。言わば、起訴するかどうかで3回の審査が繰り返されることになる。このように被請求人に不合理な負担をかけさせる制度は、デュープロセスの原則に反する。しかも、その後に単位会の懲戒委員会と日弁連の懲戒委員会の審査が待ち受けている。
　(2) 弁護士の対応としては、綱紀委員会の杜撰な審査により、嫌疑不十分の事案が懲戒委員会に付されたり、適切な防禦権が保障されない危険な手続に付されるならば、困難な事件を避け、不当な請求を呑んでトラブルを終わらせようとするし、不当な訴訟指揮や捜査に厳しく対決しなくなる。そのことにより被害を受けるのは国民である。
11 懲戒事件の処理状況、法曹資格の質の低下と弁護士統制
　(1) 制度改革は、立法事実の存否の検証から始める必要があるが、綱紀審査会の新設は、それがなされていない。実態としては、懲戒請求は著しく濫訴の状況にあり（有罪率5％程度）、誣告的な懲戒請求が余りに多い。単位会で綱紀と懲戒と二段階の審査方法をとっている制度のもとでは、濫訴的な請求が綱紀審査で懲戒不相当と判断され、多くの事件が懲戒審査に

回らないことは当然のことである。むしろ運用としては、単位会の綱紀委員会の判断が弁護士に厳しく、その結果、懲戒委員会で約40%もの事案が懲戒不相当となっている。単位会の綱紀委員会は、これまで不当に起訴が抑えられている状況にはなく、中央に綱紀審査会を新たに設置する必要はない。逆に、実際は懲戒不相当であるにもかかわらず懲戒委員会に付された多くの弁護士が、耐え難い苦痛を受けているというのが実態である。
(2) それにもかかわらず、敢えて綱紀審査会を新設しようとするのは、法曹資格者の無計画な大量増員に伴う弁護士の質の低下、不祥事の多発と弁護士統制と密接な関係がある。

今後、法科大学院が乱立し、司法試験の合格率が7～8割となり、親が400～600万円程度の法科大学院2～3年間の学費を投資すれば、子は法曹資格を取得できることになる。しかし、新規参入者の多くが司法界に職がなく、法曹資格を携えて官庁や企業に就職する者、いきなり独立して他の仕事も兼業する者、無給で先輩の事務所に机だけ置かせて貰う者などが続々と出現し、弁護士資格をひどく拡散し格下げしたことになる。その結果、人権擁護と社会正義の実現を使命とする弁護士が、食わんがために、逆に、人権侵害と不正義の協力者に成り下がることになる。弁護士過剰による独立性の喪失と倫理の低下こそ、弁護士の社会的信用を低下させる。

また、今回の綱紀・懲戒制度の改革は、弁護士の職務の公益性の強調と公益活動の義務化の動きとも関連している。今後も、国の貧弱な司法政策が続き、これまで以上に弁護士が、無償又は不当に低額な報酬で事件を請負わされ、ADRの拡大などによる公務就任の増大、国庫負担の法曹養成の改廃による肩代わりなどの官製の公益活動の負担が増大する。このような公益活動を強制することに懲戒制度が利用され、安上がり司法の補完策、秩序維持のための弁護士統制を強制する手段として機能することになる。

12　進むべき道―存立基盤と質の確保、自治的・民主的な意思形成
(1) このような改革方向に対し、真理と正義の追求及び人権擁護という司法の目的を担う弁護士集団としては、自主・独立の弁護士の存立基盤を守り、弁護士の職務の独立と質を確保するために、公正厳格な司法試験、国費負担の統一司法修習及び弁護士の適正人口を維持する必要性を説き続けるべきである。
(2) そして、懲戒制度の改善は、現行制度下の実態を正しく検証し、その結果を踏まえ、自治的な方法を選ぶべきである。弁護士集団は、外部の者に任せなければ適正に自治権を行使できない無自覚、無責任な集団ではない。

自治組織に最も大切なことは、構成員が独立した存在として遇され、自主的民主的な意思形成にもとづいて運営されることである。弁護士会内部の意思形成において、支配的勢力やマスコミの力を借りて他を圧しようとすることは、自治組織としては自殺行為である。

「市民参加」を利用した弁護士会の弁護士統制を自律権の強化などと見間違えてはならない。弁護士会の自治機能の強化は、弁護士の独立性をより強く保障する方向でなされるべきであって、弁護士の独立を脅かし、弁護士統制の危険性に対しては、断固として反対しなければならない。
(3) 人権を守り正義を求める法律専門家は、物事を理性的に捉え、普遍的な事と一時的な言説を見間違えることなく、発言しなければならない。いかなる状況でも、歴史は真理を覆い隠したままでは終わらないことを確信し、ひるまない勇気と誇りを持ち続けなければならない。弁護士自治の存在理由が、ここにある。

資料37 「適正な弁護士人口政策を求める決議」を中弁連大会で採択する件の最後のお願い

中部弁護士連合会所属弁護士各位

「適正な弁護士人口政策を求める決議」
を中弁連大会で採択する件の最後のお願い

【呼びかけ人・賛同者】

(愛知県) 青木茂雄　浅井正　浅野了一　秋田光治　浅賀哲　朝倉寿宜　浅野豪　安達実知子　天野茂樹　荒川和美　家田安啓　池山豊二郎　石井三一　石川明子　石川智太郎　石堂功卓　異相武憲　磯部美智子　伊藤邦彦　伊藤貞利　伊藤雅宜　伊藤義豊　稲垣清　稲垣智彦　井上祥子　岩田修一　岩月浩二　上田和孝　上野泰好　臼井幹裕　打田千恵子　打田正俊　江本泰敏　大島真人　大津卓也　大辻美玲　大橋厚志　大矢和徳　岡偏人　尾崎夏樹　尾関信也　鹿倉祐一　加島光　数井恒彦　片岡憲明　片山正彦　加藤郁江　加藤孝規　加藤睦雄　加藤洋一　可児晃　亀井とも子　萱垣建　川口一幸　川口創　川口直也　河村直樹　神田勝吾　北口雅章　北村明美　北村栄　木下芳宣　木村良夫　木本寛　串田正克　國田武二郎　藏冨恒彦　古井戸康雄　郷成文　纐纈和義　小谷聖　後藤潤一郎　後藤弘　小林修　坂口良行　佐藤成俊　篠原宏二　柴田肇　柴田幸正　正村俊記　新信聡　杉浦龍至　杉本徳生　菅生興弘　鈴木泉　鈴木健治　鈴木秀幸　鈴木博之　鈴木順二　関口悟　髙木修　髙木道久　高柳元　高山光雄　滝博昭　竹田卓弘　田邉裕喜　谷口和夫　谷口典明　田巻紘子　玉田斎　辻顕一朗　辻巻真吾　堤真吾　鶴見恒夫　鶴見秀夫　手島嘉宏　寺澤左千夫　寺澤弘　寺部光敏　寺本ますみ　戸崎源三　冨田俊治　永田友和　中谷雄二　永冨史子　中根常彦　中村成人　中村貴之　長屋誠　長屋容子　南谷直毅　西尾幸彦　二宮純子　野口新　野口葉子　野田葉子　野間美喜子　橋本修三　籏進　服部優　服部郁　服部豊　花田啓一　原島正　原山恵子　原山剛三　春馬学　林川政雄　阪野公夫　平井朝　平井宏和　平田米男　平野保　平林拓也　廣瀬誠　深津治　福井悦子　福井欣也　福本剛　細井靖浩　二村豊則　堀田崇　堀田千津子　松川正紀　松隈知栄子　松本卓也　水野泰二　水野幹男　宮博則　三宅信幸　宮道佳男　村上満宏　村瀬桃子　村田武茂　村松貞夫　村松ちづ子　村山智子　元松茂　森雄　森剛　森美穂　森山文昭　八木眞　矢崎信也　矢田政弘　柳瀬陽子　山﨑拓哉　山田克己　山田信義　山田靖典　山田洋嗣　横山貴之　吉川哲治　吉野守　吉見幸造　吉見秀文　和辻Ⅲ朝了　渡邊　平47期　渡邉和義（岐阜県）伊藤知恵子　大岡琢美　尾関恵一　可児恵太　木下貴子　國光健宏　冨田武生　林真由美　廣瀬英雄　簔輪幸代　簔輪弘隆　美和勇夫　（三重県）大塚耕二　川嶋冨士雄　杉岡治　出口崇　堂前美佐子　中村亀雄　福井正明　増井瑞穂　森一恵　山本伊仁（金沢）飯森和彦　岩淵正明　織田明彦　加藤喜一　蕪城哲平　川本蔵石　木梨松嗣　蔵大介　清水雅志　菅野昭夫　敦賀彰一　出口勲　戸水武史　鳥毛美範　中西祐一　中村王紀　西徹夫　野田政仁　萩野美穂子　長谷川紘之　細見孝次　本光章浩　前川直善　松本哲哉　宮西香　山腰茂広　山﨑利男　山村三信　山本啓二　米澤龍信　渡邊習美（富山）内山弘道　金川治人　杉木正幹　福島重雄　福島武司　藤井邦夫　水谷敏彦（福井）安藤健　笠原浩　河合良志　川村司　前波寛　森口功　山本晋太郎（以上257名　五十音順）

拝啓　私たちは、一昨年の中弁連大会におきまして、司法試験年間合格者3000人計画を見直し、国民の需要に見合った適正な法曹人口政策を採ることを求める決議をしました。

　しかしながら、政府並びに日弁連は、これを根本的に見直すには至っていません。

　就職難の状況は益々拍車がかかり、弁護士の需給の関係は一層バランスを欠くに至っています。このような状況は、弁護士の経済的基盤を掘り崩し、質の低下を招くとともに、職務の独立性を保障し基本的人権の擁護と社会正義の実現を使命とする弁護士制度を崩壊させることが懸念されます。更には、法科大学院志望者を激減させ、法科大学院を破綻的状況に陥れています。

中弁連司法問題委員会が、先日行った中弁連会員に対する「司法試験合格者数に関するアンケート」の結果によれば、合格者は年間1000人程度以下が適当とする回答が約65％を占め、2000人以上の回答は約7％に過ぎません。今、弁護士人口政策を根本的に見直さなければ、将来取り返しのつかない事態を招くことになりかねません。

　そこで、本年10月16日の中弁連大会（名古屋市）におきまして、下記の決議を発議し、採択したいと考えています。

　<u>皆様には賛同者に名を連ねていただきますとともに、ご多忙中のところ誠に恐縮ですが、当日のご出席をお願い申し上げます（中弁連大会は、委任状出席が認められず、本人が出席する必要があります。決議は、当日の午後3時頃になるものと思われます。）。</u>

敬具

平成21年10月8日　呼びかけ人代表
縫嶋　和義　　打田　正俊　　鈴木　秀幸

適正な弁護士人口政策を求める決議

　我が国の弁護士が、社会的使命を果たし、適正に職務を行い、自治権のある弁護士制度を維持・発展させるためには、実際の需要に見合った適正な弁護士数を保つ必要があり、そのためには、2001年6月の司法制度改革審議会の意見書以後、現在までに行われてきた大幅な弁護士増加政策を見直し、今後、司法試験の合格者を段階的に減少させて、早期に年間1000人程度にすべきである。

　以上のとおり、決議する。

回　答　書

　　　　賛同者　　　　承諾する　　　・　　　承諾しない

ご芳名＿＿＿＿＿＿＿＿＿＿＿＿＿＿＿＿＿＿　（　　　　　　）弁護士会

あとがき

　司法改革は、百年の大計である。それにもかかわらず、裁判所及び検察庁改革はほとんど素通りされ、法曹人口問題については、弁護士は多ければ多い方がよいといった程度の杜撰な根拠により弁護士の数のみが大幅に増員されることが決められた。更に法科大学院、法テラス、裁判員制度などに至っては、弁護士の間でさえ制度内容について必要な議論が行われない間に決められてしまった。司法問題について議論する経験が浅かった者にとっては、あたかも一夜（2000年11月1日午後10時近くまでの日弁連臨時総会）にして決定され、実施に移された感じを強く持ったものである。この臨時総会の体験は、2011年3月11日の東日本大震災の津波と原発の恐ろしい映像と同じように、今も私の目に焼き付いている。

　司法改革には様々な問題があり、司法が良くなるどころか、より悪くなるという意見を持った弁護士は少なからずいたのである。この本の執筆者は、司法改革に対する反対意見をこの数年で持ち始めたのではない。

　しかし、2000年より前から、「司法改革に対して反対する弁護士は『自分の利益しか考えない悪徳弁護士』」で、「司法改革を進める弁護士は『自分の利益を厭わない善良なる弁護士』」というレッテル張りがされ、非常に問題があることを説明しても、聞く耳を持ってくれる人は極めて少なかった。司法改革に対し反対意見を述べることで、私たちがマスコミのみならず、同業の弁護士から、どれほど迫害されてきたかは、筆舌に尽くしがたい。

　ところが、司法改革の社会的弊害が顕著になるにつれ、司法改革に反対してきた者たちの意見に注目が集まるようになり、近年、司法改革を進めてきた人々も、表だって司法改革礼賛を表明する人が少なくなった。

　そして、日弁連法曹人口政策会議における激論を経て、日弁連の理事会は、2012年3月15日、「司法試験合格者数をまず1500人にまで減員し、更なる減員については法曹養成制度の成熟度や現実の法的需要、問題点の

改善状況を検証しつつ対処していくべきである」とする「法曹人口政策に関する提言」を採択するに至った。ところが、その途端に、同月25日の朝日新聞は、「司法改革の初心に立ち返れ」という批判の社説を掲載した。既に司法改革の失敗が明らかになっているにもかかわらず、未だにこのようなキャンペーンが張られるのである。2000年当時の言論封殺が、いかに凄いものであったかは想像に難くないであろう。

そのため、過去の出版物でも司法改革の素晴らしさを喧伝する書物は多数存在したが、司法改革という政策の誤りと失敗について、歴史的な経緯をたどり、論理立て、体系的に記述された書物は、私の知る限り存在しなかった。

本書物の出版に漕ぎ着けたことの歴史的意義は、大変に深いものであると思う。「やっとここまで来たか」との思いである。

しかし、にわかに、昨年から、環太平洋経済連携協定（TPP）問題が大きくクローズアップされ、司法改革に対する批判も、虚しさを感じるようになった。TPPには、これまで司法改革と闘ってきたことが、水泡に帰す危険性があるからである。TPPの内容には、法的サービスも含まれている。マスコミは、TPPがあたかも農業にしか関係していないかのごとき誤った報道をしているが、そうではない。TPPには、ありとあらゆるサービスが含まれている。更に恐ろしいことに、TPPについて十分な情報開示や議論が行われていない。あたかも、TPPの加入により司法サービスその他のあらゆるサービスがどのような影響を受けるのかといったシミュレーションを拒むかのようである。

マスコミによる報道においては、「TPPに加入すれば国益につながり、加入しなければ国益につながらない」といった抽象的イメージ戦略が行われている。まさに司法改革が推し進められた頃を彷彿とさせる胡散臭さである。急いで、TPPの動向及び加入後の社会に対する影響について、論理的及び統計的検証が行われなければならない。

いずれにしても、この書物を世に出すに至ったのは、司法改革の失敗が歴史的にも客観的にも明らかになったことに加え、司法改革に疑問を抱き、戦後の自主独立の弁護士制度を守るために、この難局に対して日弁連が団

結して立ち向かうことを願いつつ、司法改革批判の本を出版したいという情熱を持っておられた花伝社の平田勝氏のお陰である。そして、編集担当の佐藤恭介氏には、本書物を出版するにあたり大変なご尽力とご協力を頂戴したことにこの場をお借りして感謝したい。

 2012年4月

武本夕香子

著者略歴

鈴木秀幸（すずき・ひでゆき）
1970年、東京大学法学部卒業。1973年、司法研修所入所（27期）。1975年、名古屋弁護士会登録。現在、愛知県弁護士会所属。鈴木秀幸法律事務所所長。
〈主な経歴〉
日本弁護士連合会司法問題対策委員会委員、日弁連司法シンポジウム委員（第11回、第16回大会基調報告者）、日弁連法曹養成センター委員、愛知県弁護士会司法問題対策委員会委員長、同会憲法問題委員会委員、戦争と平和の資料館ピースあいち理事・運営委員、弁護士会野球部員（選手、監督、部長）。

武本夕香子（たけもと・ゆかこ）
京都大学大学院法学研究科修士課程（法学修士）修了。1994年、司法研修所入所（48期）。1996年、兵庫県弁護士会登録。現在、兵庫県弁護士会所属。ウェリタス法律事務所所長。
〈主な経歴〉
近畿弁護士会連合会理事、日本弁護士連合会国際刑事立法委員、兵庫県弁護士会消費者保護委員会委員長、兵庫県弁護士会法曹人口問題プロジェクトチーム座長、兵庫県弁護士会副会長、日弁連法曹人口政策会議委員。

鈴木博之（すずき・ひろゆき）
2001年、名古屋大学法学部卒業。2004年、司法研修所入所（58期）。2005年、愛知県弁護士会登録。現在、愛知県弁護士会所属。栄三丁目法律事務所所長。
〈主な経歴〉
愛知県弁護士会司法問題対策委員会委員、同会法曹人口政策協議会委員、同会労働審判制度対策委員会委員。

打田正俊（うちだ・まさとし）
1968年、中央大学法学部卒業。1970年、司法試験合格。1971年、司法研修所入所（25期）。1973年、名古屋弁護士会登録。現在、愛知県弁護士会所属。打田法律事務所経営。
〈主な経歴〉
日本弁護士連合会司法制度委員会委員、名古屋弁護士会地方法廷委員会委員長、同会司法修習委員会委員、同会司法修習指導弁護士、同会綱紀委員会委員、同会紛議調停委員会委員、愛知県弁護士会司法問題対策委員会委員。

松浦　武（まつうら・たけし）
1951年、司法試験合格。1952年、関西大学法学部法律学科3年修了。1952年、司法研修所入所（6期）。1954年、大阪弁護士会登録。現在、大阪弁護士会所属。松浦・畑村法律事務所所長。
〈主な経歴〉
大阪弁護士会副会長、同会広報委員会委員長、日本弁護士連合会「弁護士倫理」に関する委員会副委員長、大阪弁護士会司法委員会委員長、日弁連理事、日弁連司法シンポジウム委員（第16回大会）。

司法改革の失敗 ── 弁護士過剰の弊害と法科大学院の破綻

2012年4月20日　初版第1刷発行

著者 ──── 鈴木秀幸、武本夕香子、鈴木博之、打田正俊、松浦　武
発行者 ─── 平田　勝
発行 ──── 花伝社
発売 ──── 共栄書房
〒101-0065　東京都千代田区西神田2-5-11 出版輸送ビル
電話　　　03-3263-3813
FAX　　　03-3239-8272
E-mail　　kadensha@muf.biglobe.ne.jp
URL　　　http://kadensha.net
振替　　　00140-6-59661
装幀 ──── 澤井洋紀
印刷・製本 ─ シナノ印刷株式会社

©2012　鈴木秀幸、武本夕香子、鈴木博之、打田正俊、松浦　武
ISBN978-4-7634-0632-3 C3036